Le marketing digital pour les nuls

Le marketing digital pour les nuls

Ryan Deiss,
Russ Henneberry

FIRST Editions

Le marketing digital pour les Nuls

Titre de l'édition originale : Digital Marketing For Dummies®

Pour les Nuls est une marque déposée de Wiley Publishing, Inc.
For Dummies est une marque déposée de Wiley Publishing, Inc.

Collection dirigée par Jean-Pierre Cano
Traduction : Marc Rosenbaum
Mise en page : maged

Edition française publiée en accord avec Wiley Publishing, Inc.

Éditions First, un département d'Édi8
12 avenue d'Italie
75013 Paris
Tél. : 01 44 16 09 00
Fax : 01 44 16 09 01
E-mail : firstinfo@efirst.com
Web : www.editionsfirst.fr
ISBN : 978-2-412-02081-4
Dépôt légal : 2e trimestre 2017

Imprimé en France

Sommaire

Introduction

Félicitations ! En achetant ce livre, vous avez franchi un grand pas vers l'utilisation du marketing digital pour motiver vos troupes, multiplier les prospects et accroître les ventes de votre entreprise.

Quiconque crée une entreprise ou envisage de se consacrer à une activité commerciale en ligne trouvera dans ce livre une foule d'idées et de nombreux conseils stratégiques. Cependant, si votre objectif est simplement de développer vos compétences en marketing digital et de vous familiariser avec les tactiques et les ressources les plus récentes en la matière, alors ce livre vous est également destiné.

Il ne fait aucun doute que le marketing en ligne est en évolution rapide. Chaque mois, de nouveaux instruments et de nouvelles applications apparaissent (tandis que d'autres périclitent). Sur les blogs, une tactique de marketing est à la mode pendant une semaine, puis elle est condamnée la semaine suivante. Dans ces conditions, comment un ouvrage sur le marketing digital peut-il éviter d'être dépassé avant même que son encre soit sèche ? C'est simple. Aujourd'hui, le marketing digital est moins un problème digital qu'un problème de marketing.

Certes, l'Internet a engendré des bouleversements dans tous les secteurs, de la vente de vêtements au détail aux services de taxi, mais avec le temps, de nouveaux domaines fondamentaux ont constitué la base du marketing pour toute organisation dans l'univers numérique. Comme on pourra le remarquer à la lecture de ce livre, le marketing digital repose sur des principes fondamentaux intemporels qui demeurent d'actualité, quels que soient l'outil, la tactique et l'application.

À propos de ce livre

Le marketing digital, lorsqu'il est mis en œuvre de façon adéquate, a quelque chose de magique et de subtil, et il n'est pas nécessaire de justifier d'un niveau technique extrêmement élevé pour y exceller. Si vous proposez un produit ou un service qui est en demande sur le marché, vous pourrez connaître le succès en ligne en appliquant les techniques apprises dans ce livre.

L'objet du Marketing digital pour les Nuls n'est pas de vanter les dernières tactiques tape-à-l'œil du marketing, qu'il soit digital ou non. Ce livre traite des domaines fondamentaux que sont le marketing de contenu, le marketing des médias sociaux et le marketing électronique, toujours dans le contexte des objectifs qui comptent pour les entreprises. Ces objectifs sont l'acquisition de nouveaux prospects et de nouveaux clients, la monétisation des prospects et des clients déjà acquis et la constitution de communautés d'ambassadeurs et de promoteurs de la marque.

Afin de faciliter l'assimilation de ces concepts, ce livre utilise les conventions suivantes :

- Les expressions que vous êtes censé écrire telles qu'elles apparaissent dans ce livre sont **en gras**.
- Lorsque nous vous donnons un exemple de déclaration, nous utilisons l'*italique* pour indiquer une donnée qui vous est propre, comme par exemple le *nom de votre entreprise*. À vous de remplacer l'expression en italique par la donnée en question.
- Nous écrivons également en italique les termes dont nous donnons la définition.
- Les adresses Internet figurent en `police courrier`. Si vous êtes en train de lire la version numérique de ce livre sur un appareil relié à Internet, vous pouvez cliquer sur le lien pour vous rendre sur un site Internet comme par exemple `http://www.dummies.com`.

Idées reçues

En rédigeant ce livre, nous nous sommes livrés à certaines suppositions vous concernant :

- **Vous avez un bon produit :** n'oubliez pas que sur le long terme, même l'annonceur le plus talentueux ne pourra jamais bien vendre un produit ou un service de mauvaise qualité. C'est particulièrement vrai dans le monde du numérique, où le bouche-à-oreille peut se répandre aux quatre coins du monde en un clin d'œil.
- **Vous n'êtes pas nécessairement très versé dans la technique :** or, le niveau technique exigé par le marketing digital ne dépend que de vous. Si vous voulez savoir comment fonctionne un serveur Web ou apprendre à écrire en

code PHP, libre à vous. Cependant, ce qu'il importe de connaître pour réussir dans le domaine du marketing, c'est le marketing, pas le code. Vous pourrez vous reposer sur un as de l'informatique pour l'aspect technique des choses, mais pas pour le marketing.

» **Vous êtes prêt à développer et à adapter :** pour obtenir des résultats, vous devez agir en fonction des connaissances acquises. Contrairement aux techniques de commercialisation qui utilisent l'écrit, la télévision et la radio, le marketing digital permet de passer d'une idée à sa mise en application en l'espace de quelques minutes. Dès lors que vos campagnes de commercialisation adoptent un format numérique, vous pouvez à tout moment changer pratiquement tout ce que vous faites.

Icônes utilisées dans ce livre

Comme il se doit, ce livre utilise différentes icônes pour attirer l'attention sur certaines informations importantes :

Cette icône signale des conseils qui vous feront gagner du temps et avancer plus vite sur le chemin du succès dans le domaine du marketing digital.

Cette icône attire l'attention sur des aspects fondamentaux du marketing digital. Si vous cherchez à mieux connaître les principes fondamentaux, repérez cette icône dans les différents chapitres de ce livre.

Dans le domaine du marketing digital, évitez de commettre ces erreurs afin de ne pas risquer de compromettre la réussite de vos projets.

Par quoi commencer ?

Comme toujours dans la collection Pour les Nuls, vous n'êtes pas obligé de commencer par le Chapitre 1 et de tout lire dans l'ordre. Chacune des parties de ce livre étant indépendante, gardez-le à portée de main pour vous y référer à de multiples reprises au cours de la mise en œuvre de vos campagnes de marketing digital. Cela étant dit, de notre point de vue, rien ne vaut la lecture de l'ensemble du livre, de la première à la dernière page, si vous en avez le temps.

Si vos efforts dans le domaine du marketing digital ne sont pas encore très payants, ou si cette activité est nouvelle pour vous, lisez la Première partie afin de vous assurer que les tactiques de marketing que vous utilisez sont cohérentes avec vos objectifs commerciaux. La Deuxième partie est consacrée au marketing de contenu, un domaine fondamental dont l'impact sur chacune de vos campagnes de marketing digital sera déterminant. Si vous cherchez à accroître le nombre de visites sur votre site Web, consultez la Troisième partie qui traite du marketing de recherche, du marketing sur les réseaux sociaux, du marketing électronique et de la publicité numérique. Dans la Quatrième partie, vous étudierez l'évaluation et l'optimisation de vos campagnes de marketing digital. Dans la Cinquième partie, nous vous montrons comment éviter les dix erreurs les plus courantes dans le domaine du marketing digital, afin que vous restiez sur le chemin de la réussite. Vous y découvrirez aussi les dernières compétences à acquérir, ainsi que les outils qu'il vous faut pour lancer vos campagnes de marketing digital.

Pour une question particulière, consultez la table des matières et l'index afin de trouver rapidement la section dans laquelle vous trouverez une réponse.

Vous détenez maintenant la clé de la réussite dans le marketing digital !

Initiation au marketing digital

DANS CETTE PARTIE...

Familiarisez-vous au rôle du marketing digital et déterminez clairement la valeur que vous apportez sur le marché. Sachez précisément qui sont vos clients et quelles sont les étapes qu'ils franchissent dans ce processus que l'on appelle le parcours client.

Prenez connaissance des six objectifs courants du marketing digital et de la manière dont il convient d'utiliser les trois types de campagne de marketing digital les plus importants.

Découvrez les types d'offres que vous pouvez faire aux prospects, à vos nouveaux clients et aux clients qui reviennent, et l'ordre approprié pour la présentation de ces offres.

Chapitre 1

Notion de parcours client

DANS CE CHAPITRE

» **Déterminer clairement votre client idéal**

» **Apprécier la valeur que vous apportez sur le marché**

» **Apprendre comment faire d'un prospect froid un vrai « fan »**

Songez à votre dernier achat important d'un produit ou d'un service. Peut-être avez-vous acheté récemment une voiture, ou bien vous avez engagé une baby-sitter, à moins que vous n'ayez changé de fournisseur de café au bureau. Avant cela, vous avez probablement utilisé Internet pour lire des critiques, ou pour obtenir des recommandations de vos amis ou de vos proches sur un réseau social, sur Facebook par exemple, et vous avez étudié les caractéristiques, les possibilités et le prix du produit ou du service avant de faire votre choix. De nos jours, de plus en plus souvent, les achats se font en ligne et les décisions d'achat se prennent en ligne. De ce fait, quoi que vous vendiez, vous avez besoin d'être présent sur la toile pour pouvoir tirer parti de cette tendance.

Cependant, l'impact de ce nouveau contexte numérique sur les organisations ne se limite pas à la génération de ventes et de prospects. Les entreprises avisées utilisent l'Internet pour attirer l'attention sur ce qu'elles ont à offrir, mais aussi pour faire des acheteurs occasionnels des promoteurs qui leur achèteront davantage et qui inciteront des membres de leur réseau à en faire autant.

Dans le marketing, à bien des égards, rien n'a changé. Le marketing consiste toujours à développer une relation mutuellement bénéfique avec les prospects, les leads et les clients. Le développement de cette relation est ce que nous appelons le parcours client. Dans ce chapitre, vous allez apprendre à créer un parcours client pour votre entreprise et vous aurez un aperçu du rôle que joue le marketing digital dans ce parcours. Le reste de ce livre vous fournit les moyens de concevoir et de réaliser des offres et des campagnes de marketing destinées à faire franchir intentionnellement les étapes de ce parcours par les clients.

Le rôle de votre marketing digital est d'aider le prospect, le lead ou le client à passer d'une étape à l'étape suivante de ce parcours.

Créer un avatar client

Sachant que votre marketing doit consister à faire franchir une série d'étapes à des personnes, c'est-à-dire à transformer un prospect froid en ardent promoteur, il vous faut tout d'abord clarifier les caractéristiques de votre client idéal. Il s'agit de bien cerner les objectifs de celui-ci, les difficultés auxquelles il est confronté dans le cadre de leur réalisation, et l'espace dans lequel il consacre son temps à consommer des informations et des distractions. C'est en créant un avatar de votre client que vous réaliserez cette clarification. L'avatar client est aussi désigné par d'autres termes comme acheteur potentiel, public cible ou simplement cible, mais avatar client est l'expression que nous avons choisi d'utiliser dans ce livre.

L'avatar client est une représentation générale, une image de votre client idéal. À moins que votre produit ou votre service soit positionné sur une niche étroite, il est raisonnable de considérer que vous envisagerez plusieurs avatars clients pour chaque campagne. Les gens sont loin de se définir simplement par leur âge, leur sexe, leur appartenance ethnique ou religieuse, leur métier, etc. Il est difficile de ranger les gens dans des cases, et c'est la raison pour laquelle les vastes campagnes de marketing à visée générale n'ont qu'une efficacité limitée en matière de conversion : elles ne captent pas bien votre public. Il est absolument primordial que vous assimiliez cette notion d'avatar client et que vous définissiez votre avatar client de façon aussi précise que possible, afin d'être en mesure d'élaborer un contenu et des offres personnalisés et de lancer des campagnes de marketing qui susciteront l'intérêt de votre public ou qui permettront aux gens de résoudre leurs problèmes. Cet exercice de création d'un avatar client influe pratiquement sur chaque aspect de votre marketing :

» **Marketing de contenu :** quels articles de blog, vidéos, podcasts, *etc.*, devez-vous créer pour attirer et faire évoluer votre avatar ?

- **Marketing de recherche :** quelles solutions votre avatar recherche-t-il sur des moteurs de recherche comme Google, YouTube (mais oui, YouTube est un moteur de recherche) et Bing ?
- **Marketing des médias sociaux :** sur quels réseaux sociaux votre avatar passe-t-il du temps ? Quels sont ses sujets de discussion préférés ?
- **Marketing électronique :** quel avatar doit faire l'objet d'une campagne de communication spécifique par e-mails ?
- **Trafic payant :** à quelles plateformes publicitaires devez-vous acheter du trafic, et comment allez-vous cibler votre avatar ?
- **Création de produit :** quels problèmes votre avatar s'efforce-t-il de résoudre ?
- **Rédaction :** dans vos courriers électroniques, dans vos annonces et dans vos lettres de vente, de quelle manière devez-vous décrire vos offres pour inciter votre avatar à acheter ?

Quand vous avez clairement déterminé votre avatar client, chaque partie du processus de commercialisation et de vente qui est en lien avec le client (autant dire l'ensemble du processus) s'améliore. Après tout, c'est bien une personne réelle que vous visez : une personne qui achètera vos produits ou vos services. Il est utile de bien cerner les caractéristiques de cette personne, afin de pouvoir la trouver et lui présenter un message qui la motivera à agir.

Ce dont votre avatar client sera constitué

L'avatar client comporte cinq grandes composantes :

- **Des buts et des valeurs :** déterminez ce que l'avatar s'efforce d'obtenir, et les valeurs qui lui sont chères.
- **Des sources d'information :** cherchez quels livres, quels magazines, quels blogs, quelles chaînes d'information et autres ressources l'avatar consulte pour s'informer.
- **Des données démographiques :** établissez l'âge, le sexe, le statut matrimonial, l'appartenance ethnique, le revenu, la situation d'emploi, la nationalité et la préférence politique de l'avatar.
- **Des problèmes et des soucis :** qu'est-ce qui empêche l'avatar d'atteindre ses objectifs ?

» **Des objections :** pour quelles raisons l'avatar renoncerait-il à acheter votre produit ou votre service ?

Dans certains cas, vous avez besoin d'enquêter auprès de vos clients actuels pour pouvoir définir avec précision votre avatar client. Dans d'autres cas, vous connaissez déjà très bien les caractéristiques de votre client idéal. Dans tous les cas, allez de l'avant. Ne comptez pas sur des enquêtes ou des interviews à mener pour élaborer la première ébauche d'un avatar. Lancez-vous, formulez des hypothèses, même en l'absence de données et de retours, et ajoutez ces recherches à votre courte liste de tâches à effectuer. Parallèlement à cela, vous pouvez commencer à tirer parti de l'avatar que vous avez créé.

Donner un vrai nom à un avatar client permet de donner vie à ce personnage fictif. En outre, vos collaborateurs peuvent ainsi plus facilement faire référence à chaque avatar au cours de leurs discussions.

À partir des cinq éléments décrits dans cette section, nous avons créé une fiche que nous remplissons chaque fois que nous constituons un nouvel avatar client. Cette fiche vous permet de définir le client idéal et de lui associer le message qui lui correspond. Dans les sections qui suivent, nous étudions cette fiche plus en détail, de telle sorte que vous puissiez vous en servir dans votre propre activité.

Agency Eric, un exemple d'avatar client

En avril 2015, DigitalMarketer a lancé un nouveau type de produit dans le domaine de la formation au marketing digital : un cours de certification, avec des examens, des certificats et des badges, à l'attention d'un nouveau client idéal. Bien sûr, qui dit nouveau client idéal dit création d'un nouvel avatar client.

Nous avons donc défini quatre types d'acheteurs distincts pour les certifications et la formation proposées par notre société :

» **L'indépendant :** il voudrait se distinguer des autres entrepreneurs indépendants avec lesquels il se trouve en concurrence sur le marché.

» **Le responsable d'agence de marketing :** il voudrait étoffer les services qu'il peut proposer à ses clients et affûter les compétences de son personnel.

» **Le salarié :** il voudrait se distinguer sur son lieu de travail ou obtenir un meilleur poste, ou bien une promotion.

» **L'entrepreneur :** il voudrait renforcer ses propres compétences en marketing ainsi que celles de ses collaborateurs en interne.

Sur la base de ces profils d'acheteurs, quatre nouveaux avatars clients ont pris forme. Celui qui est représenté sur la Figure 1-1, nous l'avons appelé Agency Eric.

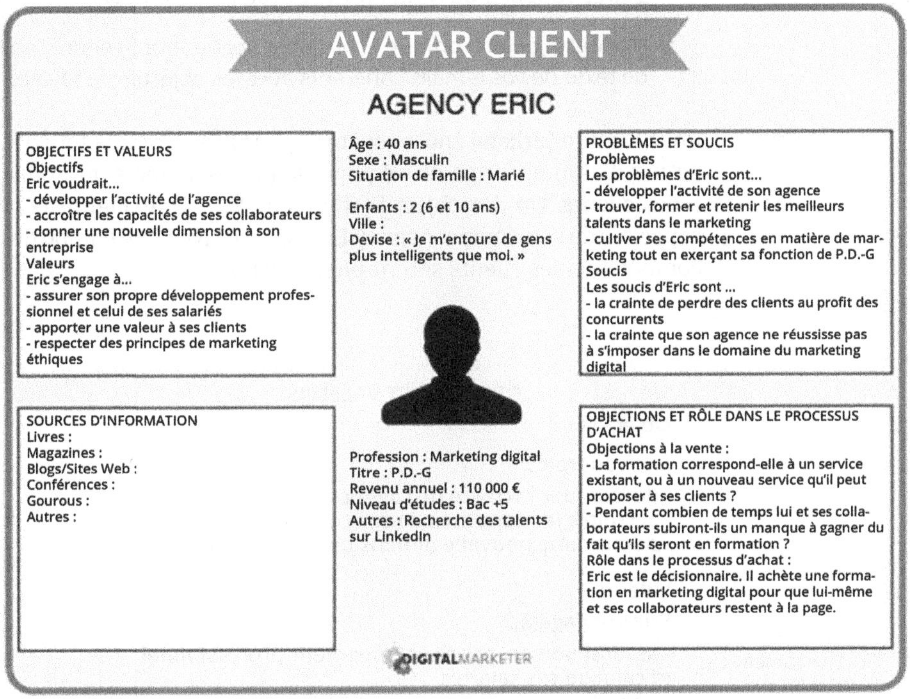

FIGURE 1-1 Agency Eric est un avatar client qui achète le produit de certification de DigitalMarketer.

La section suivante décrit la méthode pour remplir les différentes rubriques de la fiche d'avatar client et définir ainsi un avatar.

Clarifier les objectifs et les valeurs

Le processus de création d'un avatar client commence par la détermination des buts et des valeurs d'un de vos clients idéaux. Notez les objectifs et les valeurs qui correspondent aux produits ou aux services que vous proposez.

La détermination des objectifs et des valeurs de l'avatar client guide les décisions que vous prenez dans les domaines suivants :

- **Création de produits :** quels produits ou services pouvez-vous développer pour aider l'avatar à atteindre ses objectifs ?
- **Publicité :** comment pouvez-vous décrire ces offres dans vos annonces et dans votre accroche commerciale ?
- **Marketing de contenu :** à quels articles de blog, podcasts, newsletters et autres supports de contenu votre avatar va-t-il répondre ?
- **Marketing électronique :** comment pouvez-vous rendre l'objet et le corps de texte de vos e-mails cohérents avec les objectifs de l'avatar ?

Chez DigitalMarketer, notre avatar Agency Eric est à la tête d'une agence de marketing digital et dirige une équipe de professionnels qui fournissent des services à des clients. Un des objectifs d'Agency Eric (voir Figure 1-2) est d'accroître les capacités de son équipe. Agency Eric sait qu'avec une équipe de collaborateurs plus compétents, les clients seront plus satisfaits.

OBJECTIFS ET VALEURS

Objectifs

Eric voudrait…

- développer l'activité de l'agence
- accroître les capacités de ses collaborateurs
- donner une nouvelle dimension à son entreprise

Valeurs

Eric s'engage à…

- assurer son propre développement professionnel et celui de ses salariés
- apporter une valeur à ses clients
- respecter des principes de marketing éthiques

FIGURE 1-2 Il est important de comprendre quels sont les objectifs et les valeurs de votre avatar.

Compte tenu de cet objectif, Agency Eric devrait être attentif à cet e-mail de promotion de la certification de marketing de contenu de notre société, et y répondre :

Besoin d'une formation en marketing de contenu ?

Trouver des sources d'information et de distraction

Cette partie de la fiche d'avatar client est essentielle pour savoir où votre avatar client passe son temps, en ligne et hors ligne. Quels livres et blogs lit-il ? À quelles célébrités s'intéresse-t-il ? Ce sont là des informations primordiales quand on se demande où passer des annonces publicitaires et comment les cibler. La publicité digitale et le ciblage des annonces publicitaires sont abordés au Chapitre 10 de ce livre.

Pour comprendre véritablement quelles sont les sources auprès desquelles votre client s'informe et se distrait, le secret est de déterminer les créneaux particuliers qu'il utilise. L'identification de ces créneaux est facile si vous utilisez la technique du « Mais il serait le seul ». Pour cela, il vous suffit de compléter des phrases comme celles-ci :

- Mon client idéal lirait [*tel livre*], mais il serait le seul.
- Mon client idéal s'abonnerait à [*tel magazine*], mais il serait le seul.
- Mon client idéal assisterait à [*telle conférence*], mais il serait le seul.

L'idée est de trouver les livres, les magazines, les blogs, les conférences, les célébrités et autres centres d'intérêt par lesquels votre client idéal serait attiré, mais qui n'attireraient personne d'autre. Ainsi, par exemple, si vous vendez des articles de golf, la célébrité à laquelle vous vous intéresserez ne sera pas Tiger Woods. Tiger Woods est certes une célébrité à laquelle votre avatar client s'intéresserait, mais un fort pourcentage des gens qui s'intéressent à Tiger Woods ne sont pas des golfeurs et ne sont donc pas susceptibles d'acheter vos produits.

En choisissant plutôt un golfeur comme Rory McIlroy, qui intéresse un public plus étroit, vous pouvez mieux définir votre client idéal et exclure les gens pour qui vos produits n'ont pas d'intérêt. En cernant de telles niches lorsque vous achetez du trafic sur des supports publicitaires comme Facebook (voir Chapitre 10), vous pouvez souvent cibler plus précisément votre public en concentrant vos efforts sur les prospects qui partagent ces intérêts spécialisés, tout en excluant les prospects qui ne correspondent pas à votre idéal.

Ajouter des données démographiques

L'utilisation de données démographiques rend votre avatar client plus vivant. Dans cette section, vous allez ajouter à votre avatar des renseignements comme son âge, son sexe, sa situation familiale et sa ville.

Bien que les données démographiques usuelles soient primordiales, l'exercice qui consiste à remplir le champ « Devise » (Figure 1-3) peut vous être particulièrement utile si vous voulez savoir ce qui se passe dans la tête de votre client idéal. Ce champ indique la manière dont votre avatar pourrait se définir lui-même en une phrase, ou la devise dans laquelle il se reconnaît. Pour Agency Eric, par exemple, la devise est « Je m'entoure de gens plus intelligents que moi. »

Cette phrase en dit long sur le caractère de cet avatar et sur sa motivation à acheter nos produits de formation au marketing. Réfléchissez à des idées de citation pour votre avatar, avec vos collaborateurs ou avec quelqu'un qui connaît bien votre activité et votre entreprise.

Âge : 40 ans
Sexe : Masculin
Situation de famille : Marié
Enfants : 2 (6 et 10 ans)
Ville :
Devise : « Je m'entoure de gens plus intelligents que moi. »
Profession : Marketing digital
Titre : P.D.-G
Revenu annuel : 110 000 €
Niveau d'études : Bac +5
Autres : recherche des talents sur LinkedIn

FIGURE 1-3 Les données démographiques rendent l'avatar client plus vivant.

Les données démographiques relatives à votre avatar client sont utiles également pour choisir les options de ciblage sur des plateformes publicitaires comme Facebook. Rendez votre avatar le plus « vivant » possible, en allant jusqu'à visualiser la personne si vous le pouvez, sachant que lorsque vous rédigerez du contenu, un e-mail ou un argumentaire de vente, il peut être préférable de vous exprimer de la même manière que si votre avatar était assis en face de vous. Des données démographiques comme l'âge, le sexe et la ville donnent à votre personnage un aspect, un « look ».

Ajouter les problèmes et les soucis

Cette partie de la fiche peut servir à guider le développement d'un nouveau produit ou service. Elle peut aussi vous inspirer pour la rédaction de l'argument commercial et de l'annonce publicitaire que vous utiliserez pour pousser à l'action votre client idéal. L'argument commercial est un écrit qui constitue votre annonce, votre e-mail, votre page Web, ou votre publication sur un réseau social ou sur votre blog. L'annonce publicitaire est un objet qui communique des informations sous forme visuelle, par exemple une image fixe, une image animée ou GIF (graphics interchange format), une vidéo, un document infographique ou une autre forme de représentation utilisée pour transmettre votre message. C'est au moyen de l'argument commercial et de l'annonce publicitaire que vous vous adressez à votre public, que vous attirez l'attention des gens et que vous leur faites valoir que votre produit ou votre service ajoute de la valeur à leur existence en résolvant un souci ou un problème auquel ils sont confrontés.

Pour vendre des certifications à Agency Eric, par exemple, notre société serait bien avisée d'élaborer des solutions à ses problèmes et à ses soucis et d'employer un langage adapté dans ses messages promotionnels. Cet avatar répondrait à des arguments commerciaux comme celui-ci :

> N'en avez-vous pas assez de perdre des opportunités simplement parce que vous n'offrez pas des services de marketing de contenu à vos clients ? Certifiez votre équipe grâce à la formation et à la certification en marketing de contenu de DigitalMarketer.

Un argument commercial comme celui-ci reçoit une réponse de la part d'Agency Eric parce qu'il concerne de façon spécifique un de ses soucis, la crainte de perdre des opportunités de vente au profit de ses concurrents (voir Figure 1-4).

Prévoir les objections

Dans la dernière partie de la fiche d'avatar client, expliquez pourquoi votre avatar client pourrait décider de décliner votre proposition de vous acheter votre produit ou votre service. Les raisons pour lesquelles votre avatar n'achète pas s'appellent les objections, et vous devez en tenir compte dans votre activité de marketing. Ainsi, par exemple, si nous savons qu'Agency Eric se préoccupe du temps pendant lequel ses collaborateurs ne travailleront pas parce qu'ils seront en formation à l'extérieur, nous pouvons lui envoyer un e-mail répondant à cette objection, intitulé comme suit :

Obtenez une certification en marketing de contenu (en un seul jour ouvrable).

Vous pouvez préparer votre propre avatar client avec l'aide de DigitalMarketer. Consultez la page www.digitalmarketer.com/customeravatar.

Déterminer clairement la valeur que vous apportez

Une composante importante de la préparation du marketing digital est la détermination de la valeur que votre organisation apporte sur le marché. La valeur apportée par votre entreprise est bien plus grande que les produits ou les services qu'elle vend. En réalité, ce ne sont pas des produits ni des services que les gens achètent, mais des résultats.

PROBLÈMES ET SOUCIS

Problèmes

Les problèmes d'Eric sont...

- **développer l'activité de son agence**
- **trouver, former et retenir les meilleurs talents dans le marketing**
- **cultiver ses compétences en matière de marketing tout en exerçant sa fonction de P.D.-G**

Soucis

Les soucis d'Eric sont ...

- **la crainte de perdre des clients au profit des concurrents**
- **la crainte que son agence ne réussisse pas à s'imposer dans le domaine du marketing digital**

FIGURE 1-4 La bonne compréhension des problèmes et des soucis de votre client rend vos efforts de marketing plus efficaces.

Imaginons un groupe de personnes qui seraient mécontentes, pour une raison ou une autre. Leur situation est ce que nous appellerons l'état « Avant » (voir Figure 1-5). Peu importe ce que vous vendez, il s'agit d'atteindre un groupe de clients potentiels qui se trouvent dans l'état « Avant ». Pour en avoir un aperçu, notez les adjectifs qui décrivent votre client potentiel avant qu'il ait eu une expérience de votre produit ou de votre service. Est-il triste ? Abattu ? Découragé ?

À présent, faites un saut dans le futur, pour atteindre le moment où votre client potentiel aura eu une expérience de votre produit ou de votre service. À quoi ressemble son état « Après » ? Qu'est-ce qui a changé chez lui ? Là même où vous aviez pris des notes concernant son état « Avant », décrivez son état « Après ». Est-il plus heureux ? En meilleure santé ? Plus enthousiaste ?

Le passage de l'état « Avant » à l'état « Après » est précisément ce que votre client achète. Ce changement (ou ce résultat) est la valeur que votre entreprise apporte sur le marché. Qui plus est, le rôle de votre marketing est de formuler ce passage de l'état « Avant » à l'état « Après ».

La bonne compréhension de cette transition entre Avant et Après est ce qui vous permet d'élaborer ce que l'on appelle une déclaration de valeur. Cette déclaration est importante, car elle résume la valeur de votre produit ou de votre service. Pour créer votre déclaration de valeur, remplissez simplement les blancs dans la phrase qui apparaît sur la Figure 1-6.

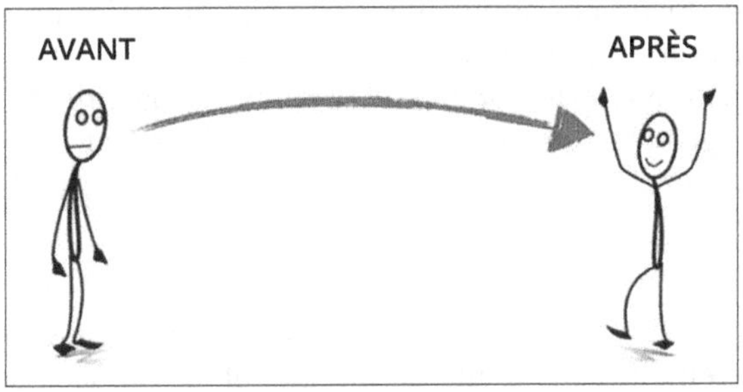

FIGURE 1-5 Les entreprises apportent de la valeur en faisant passer les prospects d'un état « Avant » à un état « Après ».

Source : https://www.digitalmarketer.com/customervalue-optimization/

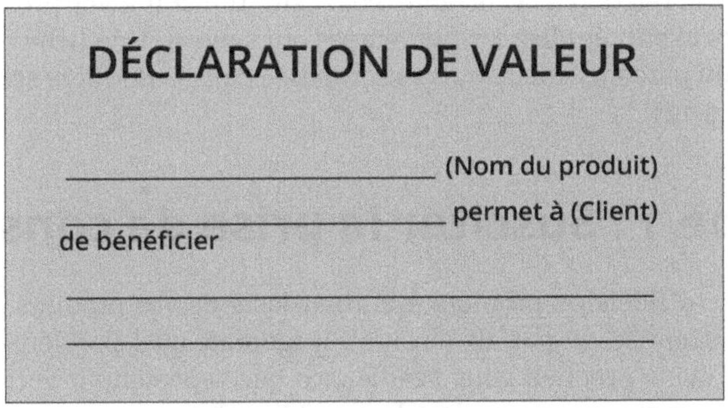

FIGURE 1-6 Remplissez les blancs sur votre déclaration de valeur.

Source : http://www.digitalmarketer.com/launching-a-business/

Le rôle de votre activité de marketing est d'aider à faire passer un prospect, un lead ou un client d'une étape du parcours client à l'étape suivante. Au début de ce parcours, votre client se trouve à l'état « Avant ». À la fin, votre client aura parcouru le chemin qui mène à l'état idéal, l'état « Après ».

Connaître les étapes du parcours client

Même si votre entreprise n'a encore qu'un seul client, une certaine forme de parcours client est déjà instaurée. Ce parcours client n'a peut-être pas été créé de façon intentionnelle, mais il n'en existe pas moins. Peut-être lui donne-t-on un autre nom au sein de votre organisation, peut-être parle-t-on, par exemple, de pipeline marketing ou de pipeline des ventes.

Quel que soit le nom que vous lui donnez, l'objet de votre activité de marketing est de diriger de façon intentionnelle le cheminement des prospects, des leads et des clients existants à travers les étapes de ce parcours. Une fois que vous avez tracé comme il convient le parcours client idéal, vous identifiez rapidement les goulots d'étranglement qui restreignent le flux de l'état de prospect à l'état de lead, de l'état de lead à l'état de client, et de l'état de client à l'état de supporteur enthousiaste.

Nous ne saurions surestimer l'importance de cet enchaînement dans le marketing, particulièrement dans le marketing digital. Le passage des prospects froids d'une étape à l'autre du parcours client doit se faire de façon subtile et sans heurt. D'un parfait inconnu, vous ne ferez pas un promoteur de votre marque du jour au lendemain. Cependant, vous pouvez faire passer graduellement le prospect d'une étape de la relation à la suivante. Pour faire franchir à vos prospects les étapes du parcours client, étudiez les huit étapes qui suivent. Une fiche de visualisation des étapes du parcours client vous est proposée dans la dernière section de ce chapitre (Figure 1-12).

Étape 1 : Susciter la prise de conscience

Tout client fidèle ou promoteur enthousiaste de vos produits a d'abord été pour votre entreprise un parfait inconnu. Il ignorait quel problème vous pouviez résoudre, quels produits vous vendiez, ce que représentait votre marque. La première étape du parcours, c'est la sensibilisation du prospect. Nous abordons en détail les tactiques plus loin dans ce livre, mais si votre problème est de susciter la prise de conscience du prospect, vous devriez employer les tactiques de marketing digital suivantes :

- **Publicité :** la publicité, en ligne et hors ligne, est une méthode fiable et efficace pour attirer l'attention.
- **Marketing des médias sociaux :** des milliards de gens accèdent chaque jour à des sites de réseaux sociaux comme Facebook, Twitter et LinkedIn. Le marketing sur les médias sociaux est une méthode de sensibilisation peu coûteuse.
- **Marketing de recherche :** chaque jour, des sites comme Google et Bing traitent plusieurs milliards de requêtes. Des techniques fondamentales de marketing de recherche vous permettent de diriger une partie de ce trafic vers votre site Web.

La Figure 1-7 montre une campagne de sensibilisation de TransferWise, une entreprise créée par ces mêmes personnes qui avaient fondé Skype. TransferWise est une entreprise relativement nouvelle dans le secteur des transferts d'argent, et elle utilise la plateforme de publicité de Facebook pour faire connaître le service qu'elle propose. Dans cette annonce, vous remarquerez que le langage utilisé sert à informer de ce qu'est TransferWise et des avantages de l'utilisation de ce service.

FIGURE 1-7 Une publicité sur Facebook privilégiant l'objectif de la prise de conscience.

Source : http://www.digitalmarketer.com/launching-a-business/

Étape 2 : Générer l'engagement

Il ne vous suffit pas de simplement attirer l'attention d'un prospect froid sur votre activité, sur vos produits et sur votre marque. Vous devez concevoir votre marketing de manière à capter l'attention de votre prospect et à « l'engager ». Pour un praticien du marketing digital, cet engagement prend presque toujours la forme d'un contenu de valeur délivré gratuitement sous une des formes suivantes :

- Articles de blog
- Podcasts
- Vidéos en ligne

Ainsi, par exemple, la chaîne Whole Foods se vante de commercialiser des aliments frais issus de l'agriculture biologique dans ses centaines de supermarchés. Sa stratégie en ligne inclut son blog Whole Story, qui délivre au client idéal un contenu relatif aux produits qu'elle vend. Des articles de blog avec des titres comme 9 boissons rafraîchissantes pour l'été que vous devez essayer tout de suite (voir Figure 1-8) montrent aux clients actuels et potentiels comment utiliser les produits en vente chez Whole Foods.

Un prospect, un lead ou un client peut demeurer aussi bien quelques minutes que plusieurs années à n'importe laquelle des étapes du parcours client. Ainsi, par exemple, un prospect peut faire connaissance avec votre blog et le fréquenter pendant un an ou plus avant de passer à l'étape suivante du parcours. D'autres traverseront plusieurs étapes du parcours en l'espace de quelques minutes. Dans la clientèle d'une entreprise saine, on trouve à tout moment des groupes de personnes à toutes les étapes du parcours.

Étape 3 : Susciter des souscriptions

L'étape suivante, dans le parcours client, c'est le passage du prospect de l'état « simplement averti et engagé » à l'état de souscripteur ou de lead. On appelle souscripteur quiconque vous a autorisé à engager une conversation avec lui. Les spécialistes du marketing digital qui savent y faire dressent des listes de souscripteurs en créant des liens sur des réseaux sociaux comme Facebook et Twitter, ils attirent des abonnés aux podcasts sur des services comme iTunes et Stitcher, ou ils génèrent des souscripteurs à partir des inscriptions aux conférences en ligne.

Les entreprises hors ligne peuvent susciter des souscriptions en ligne en offrant aux prospects sensibilisés et engagés la possibilité de recevoir un courrier physique ou de demander une visite de vente ou une démonstration du produit.

FIGURE 1-8 Une publication engageante sur le blog de Whole Foods.

Source : https://www.wholefoodsmarket.com/blog/9-refreshingsummer-drinks-you-need-try-right-now

Cependant, le Graal de la production de leads dans le domaine du marketing digital est l'abonnement au courrier électronique. Le courrier électronique est de loin la méthode la moins chère et la plus efficiente pour faire franchir à un prospect les autres étapes de ce parcours client. Le marketing électronique est abordé plus en détail au Chapitre 11, mais nous allons déjà examiner un exemple de campagne de marketing électronique efficace, celui du plus gros distributeur de mobilier au monde, IKEA.

IKEA cultive les souscriptions sur Facebook, Twitter, Pinterest et autres réseaux sociaux, mais l'acquisition d'abonnés aux courriers électroniques est clairement le point de mire du marketing digital d'IKEA. Quand vous vous rendez sur le site Internet d'IKEA, il vous est proposé de faire partie de leur liste de diffusion. La Figure 1-9 représente un formulaire de souscription du site Internet d'IKEA.

Étape 4 : Obtenir davantage de conversions

À cette étape, l'objectif est d'élever le niveau d'engagement du prospect en lui demandant de vous accorder un peu de temps ou d'argent. Les produits ou services,

FIGURE 1-9 Une proposition d'abonnement d'IKEA.

Source : http://www.ikea.com/us/en/

webinaires et démonstrations à faible coût sont autant d'offres qui peuvent être utiles au cours de cette étape.

Jusqu'ici, la relation avec ce prospect, au cours des trois premières étapes du parcours client, est restée passive. L'objectif de l'étape 4 n'est pas la rentabilité, mais plutôt un rapprochement plus poussé entre le prospect et votre entreprise. Une compagnie qui réussit bien cette conversion est GoDaddy, qui vous permet, entre autres, d'enregistrer un nom de domaine pour un site Web et qui vous offre aussi l'hébergement et la conception d'un site pour votre entreprise. GoDaddy propose une offre d'enregistrement de nom de domaine à prix réduit avec engagement d'achat sur deux ans (voir Figure 1-10) afin d'attirer des clients et d'accroître leur niveau d'engagement.

Étape 5 : Susciter l'enthousiasme

Votre activité de marketing doit consister à inciter votre client, de façon délibérée, à profiter de l'offre à laquelle votre lead ou votre client s'est intéressé à l'étape 4. Convaincre un prospect de profiter d'une offre, c'est recruter un nouveau client. Que le passage à l'étape 4 consiste à vous consacrer du temps ou de l'argent, la relation avec ce client ou ce prospect a bien plus de chances d'être un succès si la transaction lui a apporté de la valeur.

Chez DigitalMarketer, nous avons une communauté appelée DigitalMarketer Lab, qui regroupe des milliers d'entrepreneurs, d'indépendants et de micro-entrepre-

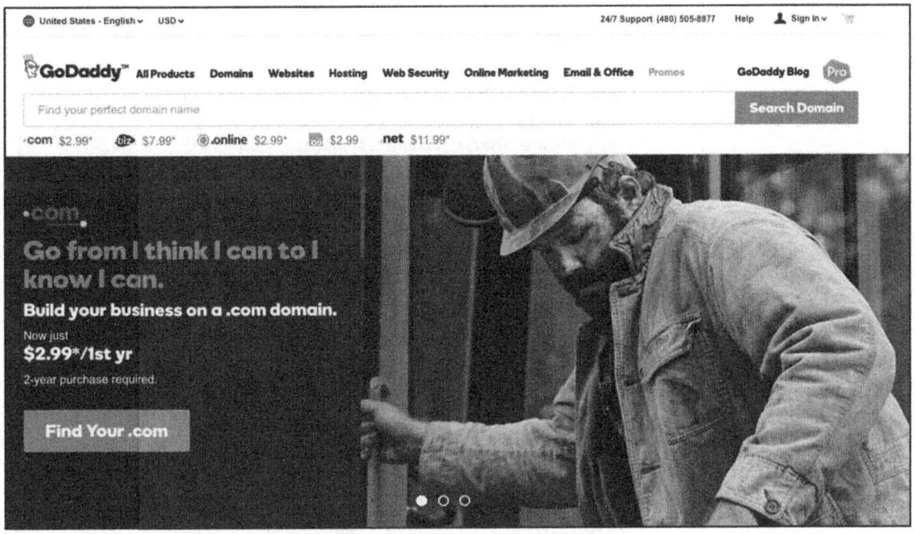

FIGURE 1-10 Une offre bon marché de la compagnie d'enregistrement de noms de domaine GoDaddy.

Source : https://www.godaddy.com/?isc=gofd2001sa&ci=

neurs. Chaque nouveau membre de DigitalMarketer Lab reçoit par la poste une plaquette (voir Figure 1-11) qui lui explique comment tirer parti de son nouvel achat. Cette plaquette suscite son enthousiasme, car elle lui explique tous les avantages qu'il y a à devenir membre, et elle lui précise la méthode pour commencer à bénéficier de ces avantages. En suscitant l'enthousiasme et en apprenant à nos clients à réussir, nous avons obtenu une baisse considérable du nombre de résiliations.

La valeur des offres que vous proposez doit compenser largement le prix payé par votre client. Mettez sur le marché de bons produits et de bons services, et créez des campagnes de marketing qui incitent à utiliser ces produits et ces services. Vos clients ne continueront sans doute pas à acheter et à promouvoir vos produits ou vos services s'ils ne les utilisent pas eux-mêmes.

Étape 6 : Traduire l'offre principale en ventes, et plus encore

À cette étape, les prospects ont noué un lien avec votre marque. Ils lui ont peut-être déjà consacré un peu de temps ou d'argent. Des personnes qui développent cette relation avec votre entreprise seront bien plus susceptibles de vous acheter un produit ou un service plus important, plus cher ou représentant pour eux un plus grand risque. Ce passage de l'état de prospect passif à celui d'acheteur est ce que nous appelons l'ascension de l'acheteur.

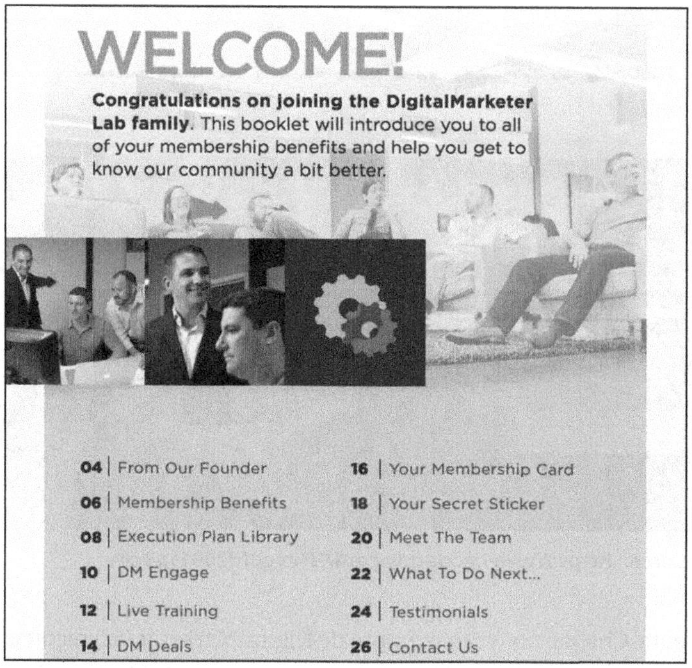

FIGURE 1-11 Cette plaquette de bienvenue suscite l'enthousiasme et explique au client comment utiliser notre produit au maximum de ses possibilités.

Malheureusement, dans un grand nombre d'entreprises, c'est là que le marketing commence et se termine. Certaines entreprises demandent aux prospects de prendre le risque de consacrer du temps et de l'argent à une compagnie dont ils ignorent tout. C'est comme proposer le mariage à une personne que l'on rencontre pour la première fois. Le taux de réussite est faible. D'autres enseignes cessent leur activité de marketing dès que le client potentiel a effectué sa conversion (c'est-à-dire dès qu'il a effectué un premier achat) au lieu de garder le contact avec lui pour en faire un client fidèle.

Dans la phase d'ascension, les clients et les prospects achètent des produits ou des services de valeur, prennent des abonnements pour lesquels ils recevront une facture chaque mois, ou deviennent des clients fidèles. En supposant que vous ayez accompli le dur travail des étapes 1 à 5 du parcours client, vous devriez constater que certains de vos leads et de vos clients sont disposés à acheter davantage, et à acheter de façon répétitive. En effet, vous avez établi avec eux des liens et vous avez su leur montrer quelle valeur vous pouviez leur apporter. Quand vous suivez cette logique avec vos clients, vous les faites progresser sur le chemin qui les fera devenir des promoteurs de votre enseigne (voir les prochaines sections, à propos des étapes 7 et 8). Au Chapitre 3, à propos des vecteurs de maximisation du profit, nous étudions différentes stratégies pour vendre davantage à vos clients actuels.

Étape 7 : Faire de vos clients des défenseurs de votre enseigne

Les défenseurs de votre enseigne vous délivrent des témoignages sur la fabuleuse expérience qu'ils ont vécue avec votre produit. Ils adorent votre entreprise, ils se font les ambassadeurs de votre enseigne sur les réseaux sociaux, et ils publient sur des sites comme Yelp ou Amazon des avis dithyrambiques concernant vos produits ou services.

Votre capacité de faire de vos leads et de vos clients des ambassadeurs de votre enseigne dépend de la relation que vous entretenez avec eux. Quand vous avez atteint cette étape, votre client et votre entreprise sont comme de bons amis, dans la mesure où le développement de la relation jusqu'à ce niveau a demandé du temps et des efforts et où le maintien de cette relation — laquelle doit être bénéfique aux deux parties — demandera aussi du temps et des efforts.

Vous créez cette relation en ajoutant de la valeur, en fournissant un produit qui tient ses promesses (ce qui signifie qu'il fait réellement ce que vous affirmez qu'il doit faire) et en offrant un service client réactif. En fournissant toujours des produits et des services de qualité, vous pouvez faire de vos clients des ambassadeurs de votre enseigne, et finalement, les faire accéder à la dernière étape : celle des promoteurs.

Étape 8 : Acquérir des promoteurs

Les promoteurs de votre enseigne ne se contentent pas de vous défendre, ils en font bien davantage : ils se font tatouer votre logo sur la poitrine (songez à Harley-Davidson), ou bien ils consacrent leur temps libre à exhiber leur amour pour votre enseigne sur les blogs et les réseaux sociaux. La différence entre ambassadeur (étape 7) et promoteur est que le promoteur s'emploie activement à répandre la bonne parole sur votre activité, tandis que l'ambassadeur, ou défenseur, est plus passif.

Vos promoteurs sont des gens qui ont pleinement intégré votre entreprise dans leur existence. Ils savent qu'ils peuvent lui faire confiance et en dépendre. Ils croient en vous, car votre marque et vos produits ont maintes fois fourni une valeur exceptionnelle. Ils vous consacrent non seulement leur argent, mais aussi leur temps.

Préparer la feuille de route du parcours client

Pour les entreprises performantes, le parcours client ne se produit pas de façon fortuite. De brillants professionnels du marketing digital conçoivent des campagnes de marketing qui font intentionnellement passer les prospects, les leads et les clients d'une étape à la suivante. Une fois que vous savez à quoi ressemble le parcours de votre client idéal, les tactiques que vous devez employer (celles qui sont expliquées dans les prochains chapitres de ce livre) deviennent évidentes.

Ainsi, par exemple, si vous constatez que l'acquisition de souscripteurs (étape 3 du parcours client) est pour vous un problème, vous allez devoir déployer des tactiques qui génèrent des leads par le biais du courrier électronique (voir Chapitres 3 et 11) et des liens sur les réseaux sociaux (voir Chapitre 9) pour que vos clients franchissent cette partie du parcours.

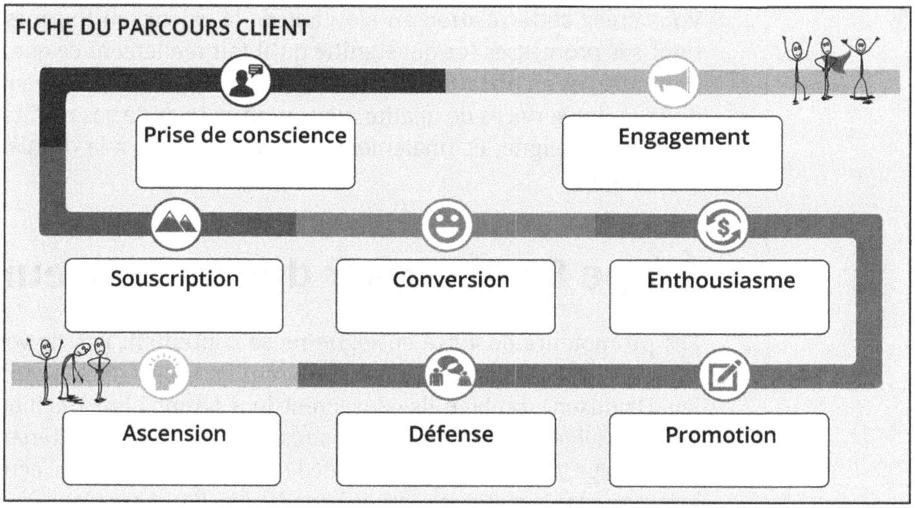

FIGURE 1-12 Créez la feuille de route du parcours client pour au moins une de vos principales offres.

La création d'une feuille de route pour le parcours client qui définisse clairement les huit étapes que nous présentons dans la section précédente de ce chapitre (concernant cette feuille de route, voir Figure 1-12) est un excellent moyen de planifier et de visualiser la trajectoire que suivra le client idéal pour passer de l'état de simple prospect à celui de promoteur de l'enseigne. Réunissez les parties prenantes dans votre entreprise, et mettez au point la feuille de route d'un parcours client pour au moins un de vos principaux produits ou services. Réfléchissez aux campagnes et aux offres (voir Chapitres 2 et 3) que vous devez utiliser à chaque étape du parcours du client pour attirer son attention sur votre produit et le faire passer de l'étape de la prise de conscience à son état « Après » désiré, sur le chemin qui mène au promoteur de la marque.

Vous pouvez créer votre propre feuille de route à l'aide des outils proposés par DigitalMarketer, en vous rendant sur la page www.digitalmarkter.com/customer-journey.

Chapitre 2
Choisir la bonne campagne de marketing

DANS CE CHAPITRE

- » **Définir les objectifs de votre marketing digital**
- » **Utiliser les trois principaux types de campagnes de marketing digital**
- » **Savoir quelle campagne utiliser, et quand l'utiliser**

L'expression marketing digital est un terme général qui peut désigner aussi bien la publication d'une image de votre produit sur Facebook que la conception de l'intitulé d'un courrier électronique ou l'optimisation d'un message de blog pour obtenir davantage de visites à partir des moteurs de recherche. Le marketing digital fait appel à un certain nombre de tactiques sans lien apparent, d'où l'importance de ce chapitre.

Ce chapitre vous permet de comprendre ce qu'est une campagne de marketing. Nous y expliquons quels sont les trois différents types de campagnes, et comment et quand les utiliser pour que ces stratégies soient efficaces dans vos campagnes de marketing digital.

Toute entreprise cherche à générer des leads, à réaliser des ventes, à fidéliser ses clients et à leur vendre davantage de produits ou de services. Cependant, la réalisation de chacun de ces objectifs demande une approche différente. Dans ce chapitre, nous vous aidons à décider des résultats que vous comptez obtenir de votre marketing digital grâce à la détermination de vos objectifs commerciaux, sachant que de ces objectifs devraient dépendre les campagnes que vous concevrez, et en fin de compte, les tactiques que vous emploierez.

Fixer des objectifs commerciaux

Avant de créer un blog, d'ouvrir un compte sur Pinterest ou de commencer à recueillir des adresses électroniques, vous devez fixer vos objectifs commerciaux. C'est en sachant ce que vous voulez réaliser que vous serez en mesure de consacrer votre énergie aux bonnes campagnes de marketing et d'employer les tactiques qui vous permettront d'optimiser les bons indicateurs commerciaux.

Voici six objectifs courants que votre stratégie de marketing digital peut viser à atteindre :

» **Faire progresser la sensibilisation aux problèmes et aux solutions :** votre marketing en ligne peut faire prendre conscience à vos clients potentiels d'une chose dont ils auraient besoin, un effet appelé *prise de conscience d'un problème*. Votre marketing peut aussi leur faire prendre conscience que votre entreprise apporte une solution à un problème : on parle alors de *sensibilisation à une solution*. Votre objectif est de permettre aux gens de se rendre compte que vous pouvez les faire passer de l'état « Avant », un état dans lequel ils sont confrontés à un problème, à l'état « Après » désiré, dans lequel ils ont obtenu une solution positive (cette notion est étudiée plus en détail au Chapitre 1).

» **Acquérir de nouveaux leads et de nouveaux clients :** pour la plupart des entreprises, avoir davantage de leads et de clients est un objectif essentiel. Faute d'acquérir de nouveaux leads et de nouveaux clients, votre entreprise ne pourrait jamais poursuivre sa croissance. Pour pouvoir développer votre activité, vous avez besoin de lui apporter du sang neuf.

» **Activer des leads et des clients :** à moins d'avoir démarré votre activité dans les tout derniers mois, vous avez probablement des leads qui ne vous ont encore rien acheté et des clients dont le dernier achat remonte à quelque temps déjà. Vous pouvez recourir à une campagne de marketing digital pour inciter les gens à vous acheter quelque chose pour la première fois, mais aussi pour rappeler à ceux de vos clients qui ne vous ont rien acheté récemment quelle est la valeur que vous apportez et pour leur proposer une raison de vous acheter à nouveau quelque chose. Vos campagnes de marketing digital peuvent être le moyen de réveiller ces leads et ces clients « dormants » et d'éviter qu'ils vous oublient.

- **Monétiser les leads et les clients existants :** trouver de nouveaux leads et de nouveaux clients coûte cher et demande du temps. N'oubliez pas que vos campagnes digitales doivent répondre à l'objectif de vendre davantage de produits ou de services à ces nouveaux leads et à ces nouveaux clients. Les campagnes de monétisation consistent à proposer des ventes additionnelles, des ventes croisées ou d'autres types d'offres pour vendre davantage à vos meilleurs leads et clients.
- **Accueillir les nouveaux leads et les nouveaux clients :** les nouveaux leads et les nouveaux clients méritent un traitement particulier, simplement parce qu'ils sont nouveaux. Il faut leur dire qui vous êtes et comment leurs achats les satisferont. Dans ce but, créez un contenu, comme par exemple des e-mails ou des plaquettes de bienvenue, dans lesquels vous leur expliquerez comment ils doivent utiliser votre produit ou votre service, ce qu'ils peuvent en attendre et où ils pourront obtenir une aide en cas de besoin.
- **Créer une communauté de défenseurs :** pour que vos prospects, vos leads et vos clients aillent au-delà d'une relation transactionnelle superficielle, vous devez organiser des campagnes propres à faire naître des communautés d'ambassadeurs et de promoteurs de votre enseigne. Pour cela, les réseaux sociaux sont particulièrement efficaces : vous pouvez notamment créer un groupe sur Facebook ou une page sur Twitter, et les gens pourront s'en servir pour poser des questions concernant votre produit ou votre service, ou pour en dire du bien. En créant un exutoire, vous favorisez chez vos clients le sentiment d'appartenance à un groupe, avec à la clé davantage de satisfaction et de fidélité. Pour en savoir plus sur les tactiques à employer sur les réseaux sociaux, consultez le Chapitre 9.

Concevoir une campagne de marketing digital

Si vous voulez atteindre vos objectifs commerciaux et faire en sorte que de simples prospects franchissent les étapes du parcours client (voir Chapitre 1) jusqu'à devenir des supporteurs enthousiastes, vous devez prendre certaines mesures. Ces mesures, lorsqu'elles sont correctement coordonnées, sont ce que nous appelons des campagnes. Les campagnes de marketing digital, telles que nous les concevons dans ce livre, présentent une série de caractéristiques particulières :

- **Elles sont basées sur les objectifs :** les campagnes de marketing digital sont des actions coordonnées dans le but d'atteindre un objectif commercial spécifique.

» **Elles comportent plusieurs volets :** toute campagne de marketing digital repose sur des actifs comme les pages de contenu, les pages de renvoi et des outils comme les logiciels de messagerie électronique et les formulaires Internet. Cependant, ces actifs ne suffisent pas pour assurer le succès de votre campagne : encore faut-il que vous ayez la possibilité de rendre ces actifs visibles. En d'autres termes, il vous faut du trafic. Toute campagne doit encore comporter un suivi des mesures du trafic, afin que vous puissiez juger de son rendement.

» **Elles sont subtiles et sans à-coups :** il est utile de souligner que ces campagnes constituées de plusieurs étapes et de plusieurs volets sont plus efficaces lorsque vous faites progresser le prospect d'étape en étape sur le parcours client (à propos du parcours client, voir Chapitre 1). Pour ce faire, vous devez inclure dans votre campagne un appel à l'action. L'appel à l'action est une instruction que vous délivrez à votre public et qui est conçue pour provoquer une réponse immédiate. Il s'agit généralement d'utiliser un verbe à l'impératif pour suggérer l'urgence, comme « achetez maintenant », « cliquez ici », « rendez-vous dès aujourd'hui », « regardez cette vidéo », « appelez-nous » ou « visitez un de nos magasins ». Ensuite, une campagne de marketing bien huilée élimine les éventuelles sources de friction entre le prospect et l'action que vous espérez de lui. Un exemple extrême consisterait à demander à un simple prospect d'acheter un produit ou un service qui coûte 8 000 euros. Une telle tactique ne serait ni subtile ni sans à-coups. Dans les chapitres qui suivent, nous vous montrons comment structurer vos campagnes de manière à transformer vos simples prospects en clients fidèles et en acheteurs de produits coûteux.

» **Elles sont adaptables :** le mot *campagne* fait souvent référence à une initiative à court terme, mais telle qu'elle est définie dans ce livre, une campagne peut aussi bien ne durer qu'une journée que s'étaler sur plusieurs années. L'avantage des campagnes digitales sur les campagnes physiques (comme le publipostage) est que dans un contexte numérique, les petites modifications et même les changements massifs sont bien plus simples. En conséquence, vous pouvez optimiser vos campagnes de marketing digital en cours de route, afin d'obtenir les meilleurs résultats.

Le plus important de cette section est qu'une campagne est un processus, et non pas un événement isolé constitué d'un certain nombre d'étapes et de volets. Les campagnes de marketing digital vous semblent peut-être encore compliquées, mais soyez assuré qu'elles peuvent être extrêmement simples et nous en aborderons tous les aspects dans ce livre, de la création d'actifs à la mesure du trafic.

PRÉPARER UNE BELLE CAMPAGNE DE MARKETING DIGITAL

Intéressons-nous à la campagne de marketing digital d'une société comme LasikPlus, qui commercialise l'opération chirurgicale au laser de la myopie Lasik. Comme la plupart des entreprises, LasikPlus désire trouver de nouveaux leads et de nouveaux clients pour cette procédure.

Dans le cadre de la campagne de marketing de cette société, un prospect pourra tout d'abord tomber sur une annonce publicitaire comme le bandeau qui apparaît sur la figure suivante.

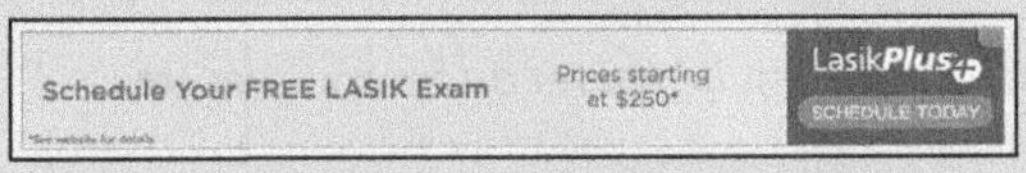

Source : http://www.menshealth.com/sex-women/boyfriend-voice?utm_source=t.co&utm_medium=Social&utm_term=593110700&utm_campaign=Men%27s%20Health

Quand le client potentiel clique sur l'annonce, il se retrouve sur une page d'atterrissage (figure suivante) qui explique les avantages qu'il y a à s'adresser à LasikPlus et présente un appel à l'action pour la programmation d'une consultation.

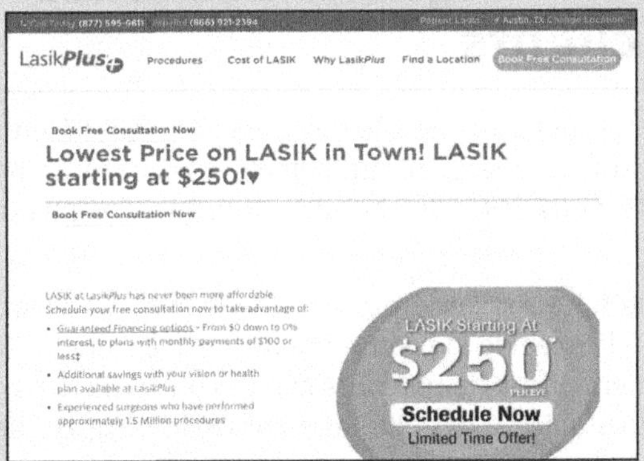

Source : http://www.lasikplus.com/lasik-affordable-250_quiz

Quand le prospect sélectionne l'option pour programmer un rendez-vous, il se retrouve sur une page qui lui propose de choisir l'antenne LasikPlus qui lui convient le mieux pour sa consultation. Une fois qu'il a choisi le lieu, le prospect se retrouve sur une page qui affiche un calendrier et lui permet de choisir l'heure de la consultation, comme le montre la dernière illustration de cet encadré. La dernière étape de la prise de rendez-vous consiste à saisir son nom, son adresse électronique, son numéro de téléphone et sa date de naissance pour enfin confirmer le rendez-vous.

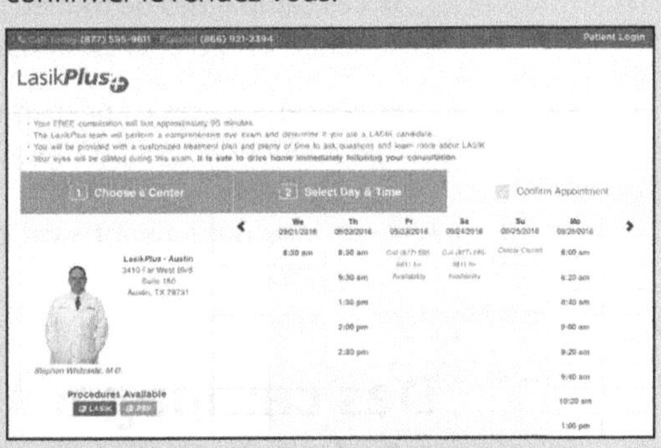

Source : https://www.lasikplus.com/am/#/Austin/schedule?latitude=30.352204&longitude=-97.7504

Mais ce n'est pas fini. La campagne LasikPlus se poursuit par voie électronique. Des courriels séparés sont envoyés pour confirmer le rendez-vous, pour renseigner le candidat éventuel sur la procédure, et pour rappeler au prospect son prochain rendez-vous. Il importe de noter également que LasikPlus, au lieu de demander au prospect un paiement immédiat après lecture de l'annonce, lui offre une consultation. Cette campagne entraîne subtilement et facilement le prospect vers l'état de client.

Distinguer les trois grands types de campagnes

Il se peut que vous cherchiez à satisfaire un certain nombre d'objectifs commerciaux avec votre marketing digital, mais vous constaterez que vous pouvez atteindre la plupart de vos objectifs en utilisant trois grandes catégories de campagnes de marketing digital : Acquisition, Monétisation, et Engagement.

Chacun de ces types de campagnes de marketing digital a un rôle très spécifique à jouer dans votre activité :

- Les campagnes d'acquisition consistent à trouver de nouveaux prospects et à obtenir de nouveaux clients.
- Les campagnes de monétisation consistent à générer du revenu avec les leads et les clients existants.
- Les campagnes d'engagement consistent à créer des communautés d'ambassadeurs et de promoteurs de l'enseigne.

Les sections qui suivent expliquent plus en détail en quoi consistent ces types de campagnes.

Des campagnes pour acquérir des leads et des nouveaux clients

Si votre objectif est de sensibiliser les gens aux problèmes que vous résolvez ou aux solutions que vous proposez, ou si vous cherchez simplement à acquérir de nouveaux leads et de nouveaux clients, vous devez lancer une campagne d'acquisition.

Le rôle de votre marketing est de faire passer le prospect, le lead ou le client de l'étape de la prise de conscience à l'étape de la promotion de votre enseigne. Pour accomplir cette tâche sur la première partie du parcours client, vous allez déployer des campagnes d'acquisition dont l'objectif sera de faire passer le prospect de la prise de conscience à la conversion (voir Figure 2-1).

Les étapes du parcours client que les campagnes d'acquisition permettent de franchir sont les suivantes :

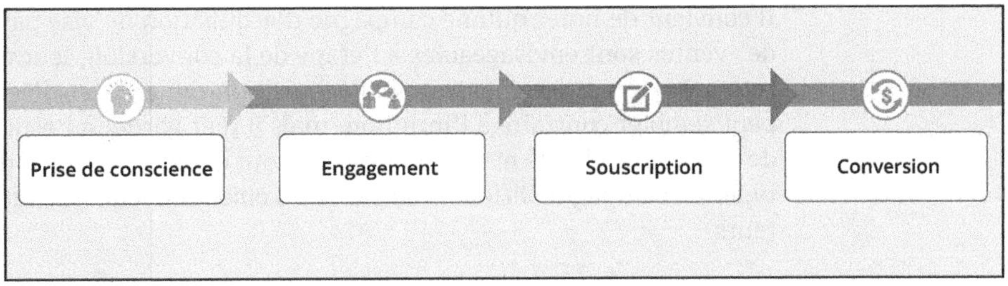

FIGURE 2-1 Les campagnes d'acquisition font passer les prospects de la prise de conscience à la conversion.

- **Sensibiliser :** pour acquérir des leads et des clients, vous devez attirer l'attention de personnes qui sont de parfaits inconnus. Structurez vos campagnes d'acquisition de manière à atteindre des prospects qui ignorent totalement le problème que vous résolvez et les solutions que vous fournissez.
- **Engager :** le passage de la prise de conscience à l'engagement se réalise souvent en apportant de la valeur au prospect, généralement sous forme de distraction, d'inspiration ou de contenu pédagogique, avant de lui demander d'acheter quoi que ce soit ou de vous consacrer du temps. C'est ce que l'on appelle le *marketing de contenu*, une méthode de marketing stratégique centrée sur la création et la distribution d'éléments utiles, pertinents et cohérents conçus pour attirer le client, le retenir, et finalement le conduire à agir d'une manière qui vous apporte un profit. Le marketing de contenu englobe un vaste ensemble d'activités et de types de contenu : articles de blog, vidéos, publications sur des réseaux sociaux, images, *etc.* Le marketing de contenu est abordé plus en détail au Chapitre 4.
- **Souscrire :** à cette étape, le prospect vous a donné l'autorisation de le solliciter. À tout le moins, il est entré en contact avec vous sur les réseaux sociaux (Facebook, LinkedIn et autres), et dans le meilleur des cas, il s'est abonné à votre liste de diffusion. L'étape de la souscription est une phase critique de la mise en relation, car c'est ce qui vous permet de poursuivre l'échange en lui proposant davantage de contenu et d'offres.
- **Convertir :** la transformation d'un prospect, simplement intéressé et abonné, en « converti » est l'étape finale d'une campagne d'acquisition. À ce stade, le prospect a accordé sa confiance à votre organisation en vous envoyant de l'argent ou en vous consacrant une partie non négligeable de son temps. N'oubliez pas que votre marketing doit être graduel et sans heurt, surtout en ligne, où vous devez souvent gagner la confiance d'une personne que vous n'avez jamais rencontrée. Si cette étape finale de votre campagne d'acquisition passe par une vente, il ne faut pas que ce soit pour le client un achat risqué (c'est-à-dire coûteux ou complexe). Ici, le but est seulement de transformer la relation pour faire d'un prospect un client.

Il convient de noter qu'une campagne d'acquisition ne vise pas le profit. Même si des ventes sont envisageables à l'étape de la conversion, leur objectif n'est pas le retour sur investissement, mais l'acquisition de leads et d'acheteurs. Cette idée peut sembler contraire à l'intuition, mais il faut garder à l'esprit que l'acquisition de leads et de clients et la monétisation sont deux choses bien distinctes. Ces deux types de campagne diffèrent de par leurs objectifs, leurs tactiques et leurs indicateurs.

La plupart des campagnes que vous lancez pour acquérir de nouveaux leads et de nouveaux clients peuvent aussi servir à activer des leads et des acheteurs qui ne vous ont encore jamais rien acheté, ou qui ne vous ont rien acheté depuis un certain temps. Nous appelons ces campagnes des campagnes d'activation. Une entreprise saine compte un grand nombre d'acheteurs récents, et le cas échéant, d'acheteurs fréquents. Lancer des campagnes pour activer des souscripteurs et des acheteurs « dormants » est une bonne manière d'employer son temps et son énergie. Concernant les types d'offres qui permettent d'activer ces leads et ces acheteurs, vous trouverez davantage d'informations au Chapitre 3.

Des campagnes qui monétisent les leads et les clients existants

Si votre objectif commercial est de vendre davantage aux clients que vous avez déjà ou de vendre des produits ou des services plus chers et plus élaborés qui vous permettent de maximiser votre profit (voir Chapitre 3), il vous faut lancer une campagne de monétisation. Pour faire court, le but d'une campagne de monétisation est de faire des propositions de vente bénéficiaires aux leads et aux clients que vous avez acquis grâce à vos campagnes d'acquisition.

Ne commencez pas par lancer une campagne de monétisation si votre entreprise n'a pas déjà des leads, des souscripteurs et des clients existants. Les campagnes de monétisation servent à vendre davantage, ou à vendre plus souvent, à ceux qui connaissent déjà votre entreprise, qui l'apprécient et qui lui font confiance.

Les étapes du parcours client que les campagnes de monétisation permettent de franchir, et qu'illustre la Figure 2-2, sont les suivantes :

» **Susciter l'enthousiasme :** vos campagnes de monétisation doivent cibler des consommateurs qui ont déjà consacré du temps à s'instruire à votre sujet, ou qui ont déjà acheté un de vos produits. Les meilleurs spécialistes du marketing digital conçoivent des campagnes qui incitent les prospects et les clients à tirer de la valeur des interactions qu'ils ont déjà eues avec votre entreprise.

» **Générer l'ascension des clients :** sur tout groupe d'individus qui achètent quelque chose, une certaine proportion d'entre eux aurait acheté davantage, ou plus souvent, s'ils en avaient eu la possibilité. Ainsi, par exemple, parmi ceux qui s'achètent une montre Rolex, un certain nombre en auraient acheté une deuxième (voire une troisième ou une quatrième !) ou se seraient acheté la Rolex la plus chère si l'opportunité s'était présentée. Ce concept est fondamental, non seulement pour le marketing digital, mais aussi pour vos objectifs commerciaux. Vos campagnes de monétisation doivent capitaliser sur ce concept avec des offres qui augmentent la valeur de vos leads et clients existants.

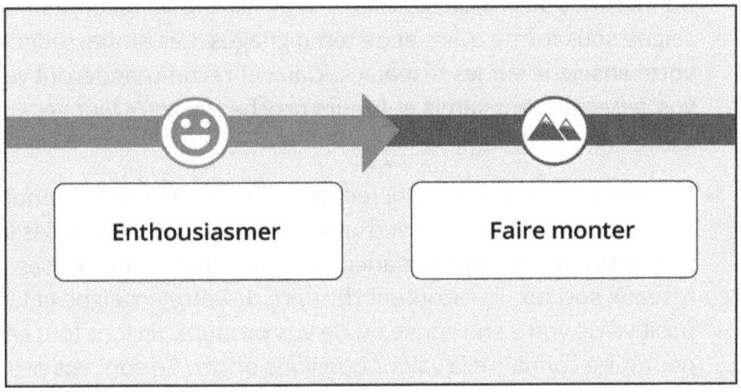

FIGURE 2-2 Les campagnes de monétisation suscitent l'enthousiasme et l'ascension des leads et des clients existants, qui ainsi achèteront davantage.

Des campagnes qui génèrent l'engagement

Si l'objectif de votre entreprise est d'obtenir de nouveaux clients et de susciter l'enthousiasme des nouveaux prospects, leads et clients, ou de créer une communauté autour de votre entreprise, de votre marque ou de vos produits, vous devez lancer une campagne d'engagement. Les entreprises que les gens aiment le plus sont celles qui créent sur Internet des possibilités pour leurs clients et leurs prospects d'avoir des échanges entre eux et avec l'enseigne. Les entreprises qui suscitent l'engagement dans leurs activités de marketing profitent des avantages de ces interactions qui vont au-delà de la simple transaction d'achat de biens ou de services.

Les étapes du parcours client que les campagnes d'engagement permettent de franchir, et qu'illustre la Figure 2-3, sont les suivantes :

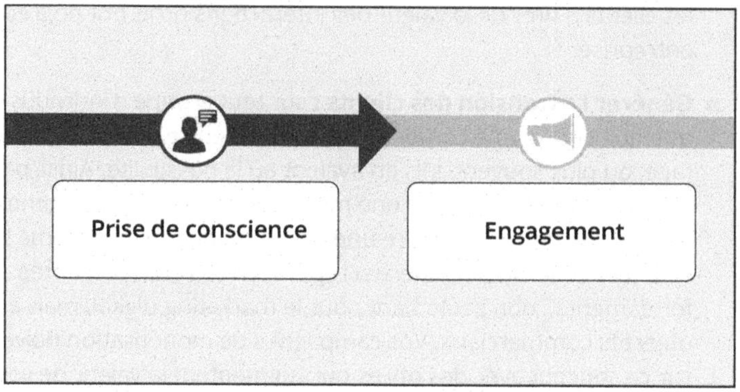

FIGURE 2-3 Les campagnes d'engagement génèrent des ambassadeurs et des promoteurs de l'enseigne.

- **Défendre :** vous pouvez mettre sur pied des campagnes de marketing qui donneront à vos meilleurs clients la possibilité de recommander votre enseigne sous forme d'avis et de témoignages. Ces ambassadeurs défendront votre enseigne sur les réseaux sociaux et recommanderont vos produits ou vos services à leurs amis et à leurs proches lorsqu'il leur sera demandé leur avis.
- **Promouvoir :** les clients qui recherchent activement à promouvoir votre enseigne valent leur pesant d'or. Ce sont ceux qui créent des blogs et des vidéos sur YouTube pour parler de vos produits et de vos services. Sur les réseaux sociaux, ils racontent l'histoire de votre enseigne et leur expérience positive de votre entreprise ou de vos produits. Ils font tout ce qu'ils peuvent pour faire connaître la valeur que vous offrez. Ce sont vos promoteurs.

Pour susciter des ambassadeurs et des promoteurs, il faut tout d'abord vendre un produit ou un service de qualité supérieure et justifier d'une expérience de service client à la hauteur. Les nouvelles vont vite dans le monde du numérique, et si vous n'apportez pas de la valeur, votre marketing engendrera exactement l'inverse des ambassadeurs et des promoteurs. Vous ne ferez qu'accélérer la diffusion d'informations relatives aux mauvaises expériences que vos clients auront eues. Avant d'essayer de créer un engagement et une communauté, optimisez la valeur que vous apportez à votre clientèle.

Menées comme il convient, les campagnes d'acquisition, de monétisation et d'engagement font progresser facilement le public cible sur le parcours client. Ces trois stratégies font passer les gens de l'état « Avant », caractérisé par un problème à résoudre, à leur état « Après » désiré, celui de l'obtention d'un résultat positif grâce à votre produit ou à votre service (le parcours client est abordé plus en détail au Chapitre 1). La Figure 2-4 montre toutes les étapes que les gens pourront franchir, dans le meilleur des cas, sur le parcours client. Pour les faire avancer sur

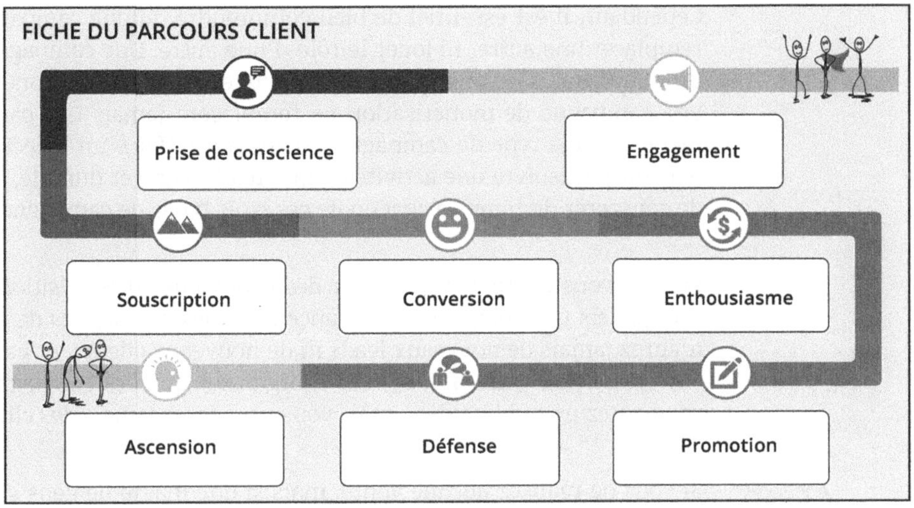

FIGURE 2-4 Utilisez les campagnes d'acquisition, de monétisation et d'engagement pour faire progresser les gens sur le parcours client.

ce parcours, utilisez les tactiques d'acquisition, de monétisation et d'engagement présentées dans ce chapitre.

Mettre au point votre calendrier de campagnes de marketing

Vous vous demandez peut-être quelle campagne vous allez devoir utiliser dans votre activité ? Ce n'est pourtant pas la bonne question. La bonne question est de savoir quelle campagne vous devriez utiliser dans votre activité en ce moment. Toute entreprise doit recourir à chaque type de campagne à différents moments et en ciblant un public différent. Il s'agit donc de réfléchir aux questions suivantes :

» Voulez-vous davantage de leads et de clients pour votre entreprise ?

» Voulez-vous vendre davantage aux clients que vous avez déjà et activer les clients et les leads qui n'ont rien acheté depuis un certain temps ?

» Voulez-vous faire de vos clients des supporteurs enthousiastes prêts à acheter tout ce que vous leur proposerez, à vous offrir leurs témoignages et à recommander vos produits ?

Naturellement, la réponse à ces trois questions est oui.

Cependant, il est essentiel de bien comprendre qu'une campagne ne peut pas en remplacer une autre, ni jouer le rôle d'une autre. Une campagne d'acquisition ne produira jamais les mêmes résultats qu'une campagne de monétisation. De même, une campagne de monétisation ne remplacera jamais une campagne d'engagement. Chaque type de campagne excelle à satisfaire un objectif particulier. Pour pouvoir poursuivre une activité commerciale saine et durable, vous devez prévoir de consacrer du temps à chacun de ces trois types de campagnes.

Si vous vous contentez de lancer des campagnes d'acquisition, votre activité ne sera jamais rentable. Si vous ne lancez que des campagnes de monétisation, vous n'aurez jamais de nouveaux leads ni de nouveaux clients, et par conséquent votre entreprise ne croîtra pas. Si vous n'organisez que des campagnes d'engagement, vous aurez un public fidèle, mais vous n'en ferez jamais des clients.

Si vous ne réalisez aucune vente, mais si une masse de gens s'intéressent à vous sur les réseaux sociaux, si votre blog est très fréquenté, si vos podcasts ont de nombreux abonnés ou font l'objet de nombreux téléchargements, alors vous maîtrisez l'art de créer des campagnes d'engagement. Au moins, vous avez mené à bien la tâche la plus difficile en matière de marketing digital : vous créer un public. En complétant votre mix marketing par des campagnes d'acquisition et de monétisation, vous pourrez faire de cette audience une affaire rentable.

Choisir la campagne dont vous avez besoin maintenant

Dans ce chapitre, nous vous expliquons que votre entreprise a besoin des trois types de campagnes : acquisition, monétisation, et engagement. Pour que votre entreprise soit saine et durable, vous devez acquérir de nouveaux leads et de nouveaux clients, les monétiser, et engager vos clients à défendre et à promouvoir votre enseigne. Cependant, si vous n'avez pas encore l'habitude de lancer des campagnes de marketing digital, il convient que vous vous attachiez tout d'abord à mettre sur pied une campagne unique :

- Si vous démarrez une toute nouvelle activité ou si vous n'avez encore aucun lead et aucun souscripteur, lancez une campagne d'acquisition.
- Si vous avez des leads et des clients, mais qui ne vous achètent pas autant de produits ou de services que ce que vous souhaiteriez, lancez une campagne de monétisation.

» Si vous estimez avoir suffisamment de leads et de souscripteurs et si leur monétisation est satisfaisante, lancez une campagne d'engagement.

Si vous ne savez franchement pas par quoi commencer, lancez d'abord une campagne d'acquisition, car toute entreprise doit savoir comment elle peut acquérir de nouveaux leads et convertir de nouveaux acheteurs. Dans les prochains chapitres de ce livre, nous vous proposons un certain nombre de techniques pour développer la prise de conscience de votre enseigne, de vos produits et de vos services et pour faire en sorte que cette prise de conscience se traduise par des leads et des clients.

Votre marketing digital vu sous l'angle des campagnes

À partir de maintenant, planifiez votre stratégie et vos tactiques de marketing digital en les mettant en phase avec les objectifs des trois grands types de campagnes : acquisition, monétisation, et engagement. Ne décidez plus jamais d'ouvrir un nouveau compte sur les réseaux sociaux avant d'en avoir fixé le but ultime. Les entrepreneurs et les experts en marketing qui éprouvent une frustration à l'égard du marketing digital n'ont généralement pas une vision d'ensemble.

Les experts en marketing digital qui se découragent ne comprennent pas, par exemple, que les blogs puissent être un excellent moyen de sensibilisation, tout en n'étant d'aucune utilité pour la monétisation. Ils ne se rendent pas compte que la publication d'articles et la communication avec les consommateurs sur une page Facebook peuvent créer une communauté engagée, mais qu'il existe de meilleures techniques, plus efficaces, pour générer des leads et acquérir de nouveaux clients.

En présentant des tactiques de marketing digital particulières dans les chapitres qui suivent, nous revenons souvent sur l'idée qu'il importe de ne pas perdre de vue vos objectifs commerciaux et de ne pas oublier quelles campagnes vous permettront de les réaliser. En poursuivant votre quête de la maîtrise de l'art et de la science du marketing digital, concentrez-vous sur ce qui compte vraiment : faire croître votre activité.

Chapitre 3
Élaborer des offres gagnantes

DANS CE CHAPITRE

- **Obtenir plus de leads grâce à une offre accessible après identification**
- **Transformer les leads en clients**
- **Remplir des listes de contrôle pour obtenir beaucoup d'options d'adhésion et de conversions**
- **Augmenter les bénéfices**

Qu'il s'agisse de convaincre les gens de vous acheter quelque chose, de vous transmettre leurs données de contact ou de consacrer du temps à lire votre blog, vous leur faites une offre. Or, de la manière dont vous présentez vos offres – et peut-être plus important, de leur organisation dans le temps – dépendra votre succès en ligne.

Envisagez la création et l'entretien des relations avec vos clients de la même manière que vous développez des relations avec vos amis et vos proches. Votre entreprise peut vendre à une clientèle d'entreprises (business to business, ou B2B) ou de particuliers (business to consumers, ou B2C), mais toute vente se fait fondamentalement par des humains à des humains (human to human, ou H2H). Ceux qui achètent vos produits ou vos services sont des personnes en chair et en os.

Songez à la façon dont deux parfaits inconnus deviennent un couple marié. La demande en mariage est une offre qui succède à une série d'autres offres ayant été agréées par les deux parties. Certes, il arrive qu'une demande en mariage soit formulée lors de la première rencontre, mais la plupart des relations de couple commencent par une série d'interactions positives qui se déroulent sur un certain laps de temps.

Bien que la plupart des gens ne parlent pas de mariage dès la première rencontre, beaucoup d'entreprises font l'équivalent avec leurs prospects. Elles demandent à de simples prospects de leur acheter des produits et des services complexes, onéreux, risqués, avant même que la relation soit suffisamment mûre pour une telle offre. Au contraire, un client qui aura bénéficié d'une importante valeur apportée par votre entreprise sur une période prolongée sera bien plus susceptible d'effectuer un achat important, complexe ou comportant un risque.

Dans ce chapitre, nous examinons les différents types d'offres que vous pouvez lancer, les objectifs de ces offres et l'ordre dans lequel vous devez les présenter à vos clients potentiels, à vos nouveaux clients et à vos clients fidèles. Les offres abordées dans ce chapitre concernent les campagnes d'acquisition et de monétisation (traitées au Chapitre 2).

Offrir de la valeur à l'avance

Faire des affaires en ligne, ce n'est pas la même chose que faire des affaires dans le cadre d'un contact direct ou même par téléphone. Bien souvent, le client potentiel ne dispose pas d'autres renseignements sur votre activité que ce qui lui est présenté en ligne. Pour acquérir de nouveaux leads et de nouveaux clients, vous devez instaurer la confiance et apporter de la valeur, de manière à nouer un lien avec vos prospects ou vos clients.

Une relation fructueuse est fondée sur la réciprocité. Il faut que les deux parties en tirent profit, et lorsque vous désirez nouer une telle relation avec un prospect, il est logique que vous commenciez par lui apporter de la valeur. Un prospect ne deviendra pas un client fidèle si vous ne commencez pas par lui apporter de la valeur de manière à instaurer la confiance, avant que vous lui demandiez d'effectuer un achat. La bonne nouvelle est que vous pouvez lui apporter cette valeur grâce à quelque chose d'aussi simple qu'une publication pertinente sur un blog ou un podcast judicieux qui lui permettra de résoudre un problème. Vous fournirez cette valeur gratuitement et sans conditions, afin de commencer une relation saine et mutuellement bénéfique.

Nous parlons d'acquisition à propos d'offres associées à un point d'entrée, qui sont l'équivalent de la proposition d'offrir un café à une personne avec qui l'on envisage une relation. Cette invitation à boire un café, qui a été le point de départ de nombreuses relations intimes, est une proposition relativement sans risque qui se traduit par l'apport d'une première valeur. Quand votre objectif est d'acquérir un client (et non pas de trouver l'âme sœur), l'offre au point d'entrée est un moyen de permettre à un grand nombre de clients potentiels de découvrir votre entreprise, de l'apprécier et de lui faire confiance sans prendre beaucoup de risques.

On distingue trois types d'offres au point d'entrée :

» **L'offre accessible sans identification :** vous présentez généralement ce type d'offre sous forme de publication sur un blog, de vidéo ou de podcast, et elle représente une valeur, sans pour autant nécessiter la collecte des coordonnées de la personne, ni un achat de sa part.

» **L'offre accessible après identification :** la personne doit vous transmettre certaines informations personnelles (nom, adresse électronique, *etc.*) avant que vous puissiez lui apporter une valeur.

» **L'offre à prix réduit :** cette offre implique un achat, mais avec une très forte réduction, généralement de 50 % ou plus.

Il est payant d'apporter une forte valeur à vos clients potentiels quand vous vous efforcez de gagner leur confiance. Cette idée peut certes sembler paradoxale à ceux qui ne voient pas le retour immédiat sur cet investissement.

Le but de votre marketing est de faire passer les gens de l'état d'ignorance totale de vos produits et de vos services à l'état de supporteurs enthousiastes qui feront la promotion de vos produits ou de vos services auprès de qui voudra les entendre. La relation que vous instaurez avec vos clients se fonde sur des offres qui leur apportent de la valeur avant tout achat.

Concevoir une offre accessible sans identification

Les offres qui n'impliquent aucune prise de risque par les clients potentiels sont le moyen le plus efficace de commencer à cultiver de bonnes relations avec les clients. Une offre accessible sans identification comme un article informatif, une vidéo ou un podcast apporte une valeur sans exiger de données personnelles de contact ni d'achat. Il s'agit tout de même d'une offre. Vous offrez de la valeur aux prospects en échange de leur temps. Or, aux yeux de beaucoup de gens, aucune ressource n'est plus précieuse que le temps.

La valeur apportée par l'entreprise est généralement mise à la disposition des prospects au moyen d'un contenu comme des articles de blog, des publications sur les réseaux sociaux ou des vidéos. Les meilleurs spécialistes du marketing digital fournissent un contenu gratuit qui apporte une des valeurs suivantes :

» **La distraction :** les gens paient cher pour se distraire, et un contenu qui fait rire est un contenu dont on a des chances de se souvenir. C'est pourquoi les spots publicitaires visent à faire rire (songez à la marmotte de Milka, ou aux anciens spots télévisés de Darty) : dans un laps de temps de 30 à 60 secondes seulement, la publicité doit faire en sorte que le produit ou le service reste gravé dans votre mémoire. Les publicités sur YouTube, celles pour Friskies et celles pour le produit Dear Kitten de Buzzfeed, par exemple, sont de bons exemples de contenu amusant servant à faire passer un message.

» **L'inspiration :** les gens sont très sensibles à un contenu qui leur fait ressentir quelque chose. L'industrie du sport et de la remise en forme exploite ce principe quand elle utilise des slogans comme « Just do it », de Nike, ou quand la publicité pour Fitbit montre des gens ordinaires (par opposition aux célébrités et aux athlètes professionnels) qui atteignent leurs objectifs grâce aux produits Fitbit. Les spécialistes de l'amincissement utilisent aussi ce genre de contenu inspirant, avec des témoignages de clientes satisfaites, et des images « avant » et « après ».

» **L'instruction :** qui n'est jamais allé regarder sur YouTube une vidéo didactique ? Qu'il s'agisse de restaurer soi-même un meuble, de réaliser une cocotte en papier ou de réassembler un moteur de voiture, on trouve facilement sur Internet du contenu éducatif. Les gens recherchent la connaissance, et celui qui la délivre inspire confiance. On trouve des blogs, des sites Internet, des chaînes YouTube et des entreprises qui se consacrent entièrement à l'instruction du public, et avec un grand succès. C'est ce qui explique qu'à peu près 16 milliards de pages de Wikipédia soient visionnées chaque mois.

Les deux premiers types de propositions de valeur (distraction et inspiration) peuvent être difficiles à matérialiser, mais le troisième est à la portée de n'importe quelle entreprise. Dans les Chapitres 4 et 5, nous étudions plus en détail la forme et la fonction des divers types de contenus pouvant être produits et délivrés sans obligation d'identification.

La production de contenu par les enseignes a atteint un sommet sans précédent. Les blogs, les chaînes YouTube et les réseaux sociaux produisent chaque jour une surabondance faramineuse de contenu. Il est vrai qu'il existe toujours une demande insatiable de contenu ouvert. Ne faites pas l'erreur de croire que si ce contenu est en libre accès, il ne mérite pas que vous lui consacriez le même temps et la même énergie qu'à vos autres offres. Dans bien des cas, ce type d'offre est la première transaction qu'un client potentiel effectuera avec votre entreprise, par conséquent, vous devez faire en sorte qu'elle soit un succès.

Concevoir une offre accessible après identification

Pour pouvoir faire passer quelqu'un de l'état de prospect à l'état de lead, vous avez besoin de proposer une offre obligeant les prospects à vous transmettre leurs coordonnées s'ils veulent recevoir de la valeur. Une offre accessible après identification (gated offer) consiste à fournir une petite quantité de valeur permettant de résoudre un problème spécifique pour un marché spécifique et elle est accordée en échange des données de contact du prospect. En général, ces données de contact comportent au minimum une adresse électronique. Pour reprendre l'analogie avec la rencontre amoureuse, faite précédemment dans ce chapitre, une offre accessible après identification est l'équivalent d'un premier rendez-vous. Elle peut prendre la forme d'un livre blanc, d'une étude de cas ou d'un webinaire. La Figure 3-1, par exemple, montre de quelle manière OpenMarket délivre des informations utiles sous forme d'un livre blanc accessible sous condition que l'utilisateur fournisse ses données de contact.

Une offre accessible après identification est un échange de valeur. Aucune somme d'argent ne change de main, mais vous fournissez à votre nouveau lead quelque chose qui représente une certaine valeur en échange du droit de le contacter dans le futur. Une telle offre est gratuite, et dans le milieu du marketing digital, il est souvent considéré que cette offre étant accordée de façon totalement gratuite, le produit ou le service offert n'a pas besoin d'être de bonne qualité. C'est là une erreur. Gratuit ne veut pas dire de mauvaise qualité. Quand une personne vous donne ses coordonnées et vous accorde l'autorisation de vous intéresser à elle et de reprendre contact avec elle, elle vous fournit ainsi une valeur, et une transaction se réalise. Ce prospect vous donne quelque chose qui revêt généralement un caractère privé, confidentiel, et il vous accorde son temps et son attention. Vous devez lui retourner cette valeur si vous voulez espérer établir la relation nécessaire à l'acquisition d'un client sur le long terme. L'objectif final d'une offre « gated » est d'acquérir des leads, qui pourront devenir des clients avec le temps.

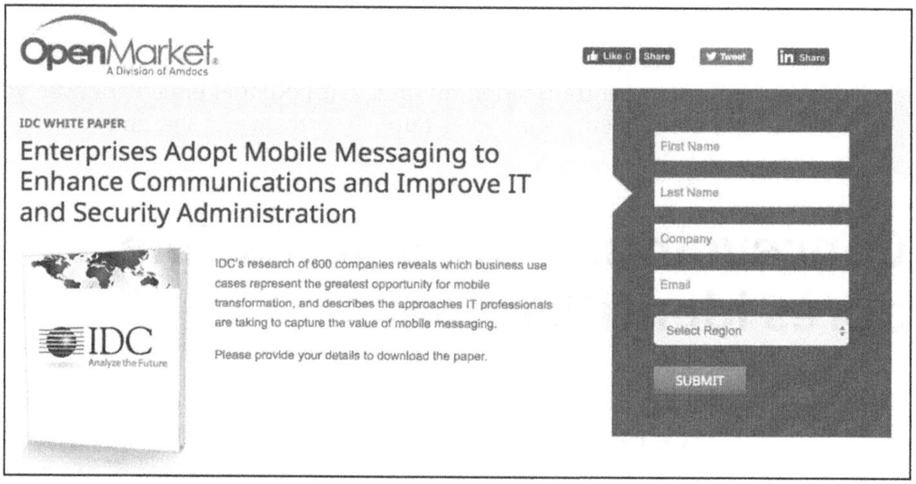

FIGURE 3-1 OpenMarket demande à l'utilisateur ses données de contact en échange de ce livre blanc.

Source : http://www.openmarket.com/download/idc-mobile-security/

Relisez la définition d'une offre accessible après identification (« une offre accessible après identification consiste à fournir une petite quantité de valeur permettant de résoudre un problème spécifique pour un marché spécifique et elle est accordée en échange des données de contact du prospect »), et accordez une attention particulière à ce qui est « spécifique ». La spécificité est la clé d'une offre « gated » productive, car c'est ce qui fait que votre offre est adaptée à votre cible. Une proposition qui consiste simplement à écrire « Abonnez-vous à notre newsletter » ne vous fera pas obtenir beaucoup de conversions, car elle ne résout pas un problème spécifique. Dans la prochaine section de ce chapitre, nous vous expliquons comment faire pour que votre offre soumise à condition d'identification convertisse les prospects. Il s'agit de la rendre spécifique en termes de résolution de problèmes, pour qu'elle soit mieux adaptée à vos clients potentiels.

Concentrer ses efforts sur ce qui compte

Dans la précédente section, nous avons souligné l'idée qu'une offre accessible après identification, spécifique et pertinente, est plus efficace lorsqu'il s'agit de générer beaucoup d'options d'adhésion (opt-ins). Cependant, rendre l'offre spécifique et pertinente, qu'est-ce que cela suppose ? Les offres qui génèrent beaucoup de conversions comportent un ou plusieurs des cinq aspects suivants, sous une forme particulière :

- Une promesse
- Un exemple
- Un raccourci
- Une solution
- Une remise

Utilisez au moins un des cinq éléments qui précèdent, et vos taux de conversion seront plus élevés. Chacun de ces éléments est étudié dans les sections qui suivent.

Formuler une promesse spécifique

Formuler une promesse spécifique est un des trucs les plus simples pour accroître le nombre de leads générés par une offre accessible après identification. Avant de lancer cette offre, demandez-vous comment vous pourriez en rendre l'avantage plus évident. Réfléchissez au résultat spécifique désiré par votre prospect et à la manière dont vous pourriez répondre à ce désir.

Énoncez une promesse claire, puis faites-la apparaître dans le titre de votre offre. Un titre trop général ou trop subtil ne favorise généralement pas les conversions. Les services de marketing font souvent l'erreur d'employer des titres mièvres ou de formuler leurs titres dans leur jargon que les prospects ne comprennent pas nécessairement. Dans le titre de votre offre, parlez moins de votre produit et parlez plus de votre public cible. Communiquez le bénéfice que cette offre apportera à votre cible. Songez aux réflexions que se fait votre client, dans sa tête, plutôt qu'à celles que vous échangez autour d'une table ronde commerciale. Demandez-vous quels sont ses préoccupations, ses craintes et ses désirs. Réfléchissez au résultat final que votre client voudrait obtenir, et mentionnez-le dans le titre de l'offre. L'exemple de la Figure 3-2 est une offre contenant une promesse spécifique en phase avec le marché concerné.

Donner un exemple spécifique

D'après notre expérience, le meilleur moyen de donner un exemple spécifique dans votre offre sous condition d'identification est de lui donner l'aspect d'une étude de cas. Si vous connaissez des exemples de clients et de prospects réels qui ont résolu des problèmes grâce à votre produit ou à votre service, vous pouvez, à partir de là, élaborer des offres performantes.

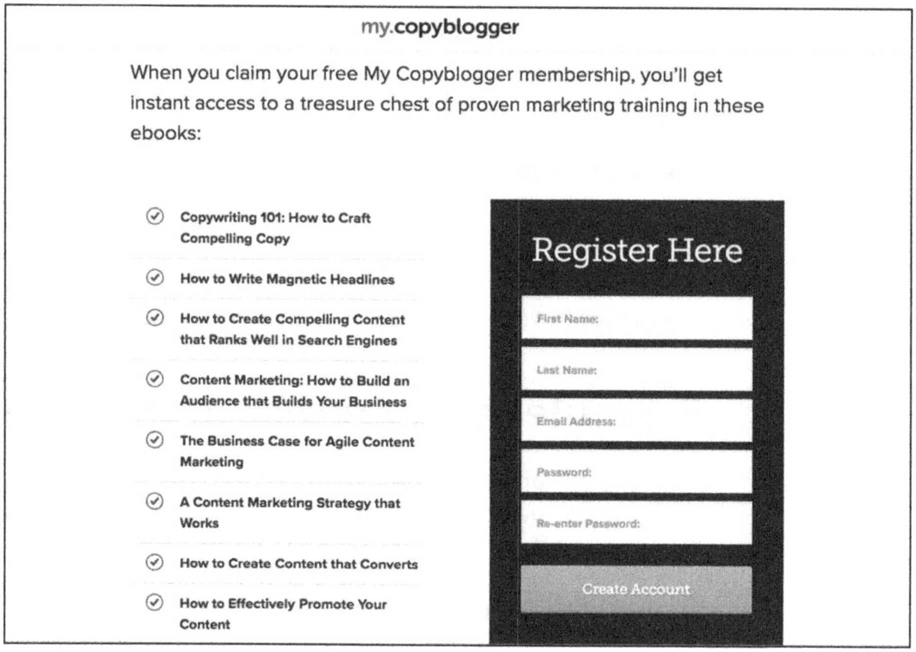

FIGURE 3-2 L'offre sous condition d'identification de Copyblogger indique clairement ce que peut espérer obtenir la personne qui saisira ses données de contact.

Source : http://my.copyblogger.com/free-membership/

Ainsi, par exemple, si votre entreprise vend des caméras de surveillance aux établissements d'enseignement supérieur, vous pouvez concocter une étude de cas intitulée « Comment la délinquance a diminué de 73 % dans les universités », dans laquelle vous expliquerez le rôle joué par vos caméras de surveillance. Un tel titre indique clairement le bénéfice à attendre du produit, et l'utilisation d'un exemple ajoute de la spécificité à l'offre.

Proposer un raccourci spécifique

Une offre accessible après identification, lorsqu'elle permet à la personne d'économiser du temps, est intéressante et engendre souvent un grand nombre de conversions. Ainsi, par exemple, une liste d'en-cas sains pouvant être consommés tout au long de la journée constitue un raccourci utile pour quiconque envisage un régime plus nutritif.

Répondre à une question spécifique

Le quatrième moyen dont vous disposez pour rendre votre offre plus spécifique consiste à poser une question spécifique et à y répondre. Si la réponse est utile, vos prospects rempliront le formulaire pour l'obtenir, et une fois que vous aurez répondu à la question, vous aurez tenu votre promesse et vous vous serez imposé comme une autorité en la matière, si bien que vous inspirerez confiance au prospect et l'inciterez à devenir client.

Offrir une réduction spécifique

Les réductions de prix peuvent être un excellent moyen de stimuler les ventes, et de nombreuses entreprises offrent des bons de réduction pour susciter une frénésie d'achats. Cependant, plutôt que de distribuer directement des réductions, demandez à vos prospects de s'inscrire pour en obtenir. Le titre de votre offre pourrait être par exemple : « Rejoignez notre Discount Club et bénéficiez d'une remise de 10 % sur toutes vos commandes. » Une telle formulation est efficace, car elle indique spécifiquement au prospect combien il va économiser.

Générer des leads grâce à un contenu instructif

Dans cette section, nous allons voir cinq formes que vous pouvez donner à votre offre. Il s'agit d'apporter une valeur au lead en l'instruisant sur un sujet particulier lié à votre enseigne, tout en mentionnant certains aspects d'une solution, d'un produit ou d'un service que vous fournissez.

Votre offre n'a pas besoin d'être aussi longue qu'un roman de Tolstoï. Il faut qu'elle soit très spécifique, mais aussi, facile à assimiler : il ne saurait s'agir d'une formation sur deux semaines, ni d'un livre de 300 pages. Il importe que l'offre en question puisse être consommée rapidement, car il s'agit d'apporter une valeur au lead aussi rapidement que possible. Plus vite votre offre apporte une valeur, plus vite le lead peut devenir un client qui achète et qui paye. La plupart des offres peuvent être proposées par voie numérique, et donc transmises de façon instantanée, ce qui permet au lead de recevoir rapidement la valeur de l'offre. Dans le meilleur des cas, les prospects reçoivent cette valeur dans les minutes qui suivent l'envoi de leurs données de contact. Apporter rapidement de la valeur permet d'établir une relation positive avec les leads et de les faire avancer rapidement sur le parcours client (à propos du parcours client, voir Chapitre 1).

Les rapports gratuits

Les rapports (ou guides) font partie des types d'offres les plus courants et sont généralement constitués de textes et d'images. Ces rapports contiennent des faits, des informations et des bonnes pratiques qui concernent votre secteur d'activité et votre marché cible. Toutefois, si vous envisagez d'utiliser un rapport en guise d'offre sous condition d'identification, certaines précautions s'imposent. Un rapport peut être long et compliqué, et s'il faut beaucoup de temps pour le lire, sa valeur sera produite moins rapidement. Par conséquent, vos rapports doivent rester aussi succincts et spécifiques que possible, de manière à établir ou renforcer rapidement une relation positive avec votre lead ou votre client.

Les livres blancs

À l'instar du rapport, le livre blanc est un guide informant le lecteur, de façon concise, sur un sujet complexe et permettant aux leads de mieux appréhender un problème et de le résoudre, ou de prendre une décision plus éclairée. Un livre blanc vous permet d'instruire vos prospects, mais aussi de promouvoir vos produits ou vos services. C'est souvent un bon moyen de créer des leads dans un contexte business to business (B2B).

La recherche primaire

La recherche primaire est une recherche effectuée par vous-même ou par votre entreprise, sous forme d'interviews et d'observations. En prenant le temps de procéder à une nouvelle recherche, vous fournissez un service et vous évitez à d'autres de devoir effectuer leurs propres recherches primaires. C'est pourquoi les gens sont prêts à donner leurs coordonnées pour obtenir une offre de cette nature.

Les webinaires de formation

Si vous êtes un expert dans votre domaine ou si vous pouvez former un partenariat avec un expert, alors vous pouvez gérer une formation en ligne sous forme d'un webinaire traitant d'un sujet qui intéresse aussi bien votre enseigne que votre public cible. Créez une offre obligeant les prospects à remplir un formulaire d'inscription. Ainsi, vous recueillez les coordonnées de vos prospects et cela vous permettra de rester en contact avec eux à l'issue de la formation.

Le matériel de vente

Dans certains cas, les renseignements les plus recherchés sur votre marché sont les prix et la description de vos produits ou de vos services. Ce sont ces renseignements qui permettent aux personnes intéressées par l'achat de vos produits ou de vos services de prendre des décisions éclairées. Une offre de matériel de vente, accessible après identification, est généralement plus longue en termes de contenu, notamment de texte, d'images ou de vidéos de témoignages de clients, que les autres exemples traités jusqu'ici dans ce chapitre. Cette longueur est cependant nécessaire, car les gens ont généralement besoin d'obtenir davantage de renseignements avant d'effectuer un achat, surtout s'il s'agit d'une grosse dépense. Cependant, cela signifie aussi que quiconque donne ses coordonnées a plus de chances d'être un lead qualifié. Un lead qualifié est une personne qui recherche activement des renseignements complémentaires sur vos produits ou vos services parce qu'elle envisage de vous acheter quelque chose (contrairement à un lead non qualifié avec qui la relation n'est pas encore assez mûre pour qu'il effectue un achat, ou qui ne sait pas encore très bien en quoi consistent vos prestations ou même, quelle solution il recherche).

IKEA nous donne un magnifique exemple d'offre de matériel de vente conditionnée à l'identification du prospect. La chaîne scandinave recueille des données de contact en échange de son catalogue, lequel présente l'ensemble des produits. La Figure 3-3 illustre cette offre d'IKEA, et comme IKEA peut fournir son catalogue par voie numérique, l'apport de valeur au nouveau lead s'en trouve accéléré.

Générer des leads à l'aide d'outils

Les outils font de bonnes offres accessibles après identification, car ils permettent souvent d'apporter une valeur bien plus vite que les offres d'informations dont il a été question dans la section précédente. Alors que les livres blancs, les rapports et les études de cas supposent un certain investissement en temps de la part du destinataire, un outil présente généralement une utilité immédiate.

Un prospectus ou un aide-mémoire

Similaires au rapport gratuit, le prospectus et l'aide-mémoire apportent cependant une valeur différente aux prospects. Ils sont généralement courts (une page environ) et leur contenu se limite à un sujet très spécifique, ce qui fait que l'information est facilement assimilable. Vos prospectus et vos aide-mémoire peuvent être des listes de contrôle, des cartes heuristiques ou des schémas, pour ne citer

FIGURE 3-3 Le catalogue d'IKEA est un des meilleurs exemples d'offre de matériel de vente conditionnée à l'identification.

Source : https://info.ikea-usa.com/signup

que quelques exemples. La Figure 3-4 montre un exemple de prospectus utilisé comme offre conditionnée à l'identification du prospect.

Une liste de ressources

Quand les gens s'initient à un domaine dans lequel vous êtes un expert, il y a de bonnes chances qu'ils aient envie de savoir quels outils vous utilisez. Ce type d'offre prend la forme d'une liste d'outils ou de ressources (qui peuvent être des applications, des produits physiques, des appareils, etc.) à la disposition du nouveau lead ou du nouveau prospect. Grâce à une liste intégrée, le lead n'a plus besoin de continuer à rechercher des informations.

Un modèle

Un modèle est l'exemple parfait d'un raccourci éprouvé pour obtenir de meilleurs résultats. Un modèle peut donc constituer une offre tout à fait appropriée. C'est une recette de succès qui donne moins de travail à la personne qui l'utilise, et qui

FIGURE 3-4 Ce genre de prospectus constitue un excellent exemple de contenu utile pouvant être conditionné au remplissage d'un formulaire de contact.

Source : https://www.leadpages.net/blog/blogging-for-businessesshould-you-blog/

peut prendre, par exemple, la forme d'une feuille de calcul préconfigurée pour le calcul des dépenses, ou bien le plan sommaire d'une maison particulière. Les modèles conviennent particulièrement bien parce que le prospect peut en faire un usage immédiat.

Un logiciel

Un logiciel peut constituer une bonne offre accessible après identification. Vous pourriez, par exemple, proposer l'accès complet à un outil logiciel gratuit que vous auriez développé, ou bien l'essai gratuit de votre logiciel (pour une durée de deux semaines) en échange d'une adresse électronique. Les éditeurs de logiciels proposent fréquemment un essai gratuit de leurs produits, en guise d'offre conditionnée à la fourniture de données de contact. Ce type d'offre sans risque peut souvent amener un lead sur le point d'acheter le produit à passer à l'acte, tout en vous permettant de garder contact avec lui.

Les clubs d'escompte et les bons de réduction

Les clubs d'escompte et autres systèmes de bons de réduction conditionnés à une adhésion consistent à offrir des réductions exclusives et un accès en avant-première aux produits en vente. C'est un type d'offre efficace pour obtenir les données de contact des prospects et pour pouvoir poursuivre le dialogue en attirant l'attention des membres sur des offres spéciales et des récompenses qui leur sont destinées.

Les jeux-questionnaires et autres sondages

Les jeux-questionnaires et les sondages sont amusants et attrayants, et peuvent constituer un excellent moyen de générer de nouveaux leads. Ainsi, par exemple, un institut de beauté peut proposer un jeu sous forme de questionnaire sur le thème « Quel est votre type de peau ? ». Ce genre de contenu est de nature à capter l'attention de vos prospects, qui voudront connaître les résultats du jeu ou du sondage. Pour les obtenir, le prospect devra tout d'abord s'enregistrer en saisissant son adresse électronique. Si ces résultats apportent une valeur sur votre marché, alors ce type d'offre peut être d'une grande efficacité.

Une évaluation

Vous pouvez mettre au point une offre consistant à évaluer ou à tester les prospects sur un sujet particulier. À la fin du processus d'évaluation, délivrez aux prospects un score et des informations sur ce qu'ils peuvent faire pour améliorer ce score, sachant qu'il s'agira sans doute d'un outil ou d'un service dont vous êtes le fournisseur. Il peut s'agir, par exemple, d'évaluer un article sur un blog. La Figure 3-5 représente une offre d'évaluation qui génère depuis des années des leads pour HubSpot, une société qui vend des logiciels de marketing. Les leads peuvent se servir de l'offre de HubSpot pour évaluer leur marketing et l'améliorer.

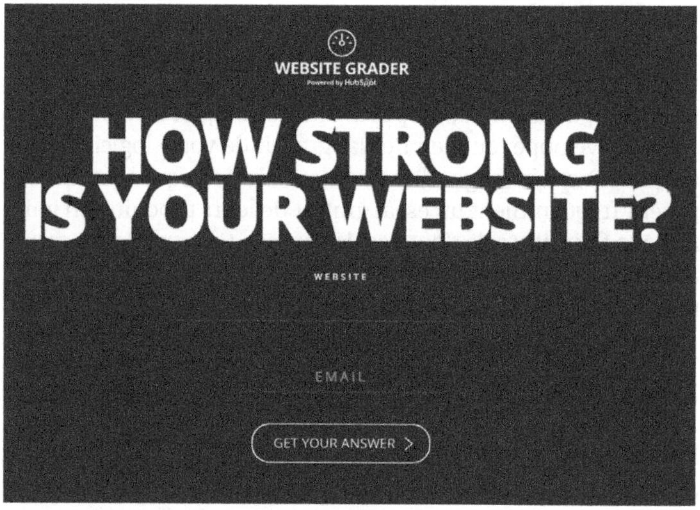

FIGURE 3-5 HubSpot génère des leads grâce à son offre d'évaluation de site Internet.

Source : https://website.grader.com/

Remplir la liste de vérification de l'offre accessible après identification

Dans notre société, nous avons testé ces offres dans un ensemble de niches différentes et nous avons mis au point une liste de vérification en huit points des facteurs pouvant améliorer votre niveau de réussite global grâce à des offres plus efficaces. Il n'est pas nécessaire de pouvoir cocher chacun des facteurs de cette liste, mais si vous constatez que votre offre ne satisfait qu'à une petite partie de ces critères, alors il y a matière à préoccupation.

Nous abordons chacun de ces facteurs de la liste de vérification dans les sections qui suivent.

Point 1 : Votre offre est-elle très spécifique ?

Plus la promesse contenue dans votre offre sera spécifique, plus l'offre sera payante une fois la promesse tenue. En tenant votre promesse, vous transmettez une valeur, en supposant bien sûr que votre promesse soit convaincante pour le marché que vous visez. Votre offre ne doit pas être vague, et il faut que ce soit une solution ultra spécifique pour un marché ultra spécifique.

Point 2 : N'offrez-vous pas trop ?

Croyez-le ou non, votre offre sous condition d'identification sera plus efficace si vous offrez « un gros truc » plutôt qu'un certain nombre de choses. Nous vivons dans un monde multitâche, aussi s'agit-il d'être sûr que votre offre concerne un sujet ou un thème unique et propose à votre lead une seule voie à suivre. Si vous proposez trop de voies ou d'offres, vos leads risquent de se laisser distraire et de faire fausse route en essayant de suivre toutes les idées que vous leur présentez, si bien qu'ils ne donneront pas suite. Dans la mesure du possible, proposez une solution unique à un problème unique plutôt que plusieurs solutions à plusieurs problèmes.

Point 3 : L'offre correspond-elle à un résultat final souhaité ?

Vos prospects recherchent des solutions. Que veulent-ils vraiment ? Si vous pouvez mettre au point une offre qui leur promette une solution, ils se feront un plaisir, en échange, de vous transmettre leurs données de contact (et de vous accorder leur attention).

Point 4 : L'offre procure-t-elle une gratification immédiate ?

Votre cible veut une solution et elle la veut maintenant. Déterminez et précisez-lui le temps qu'il faudra aux leads pour consommer votre offre et en tirer une valeur afin qu'elle sache à quoi s'attendre. Si cela demande plusieurs jours ou plusieurs semaines, alors votre offre ne procure pas une gratification immédiate : loin de là.

Point 5 : L'offre fait-elle évoluer la relation ?

Les meilleures offres ne font pas qu'informer : elles changent pour de bon l'état et l'état d'esprit de vos prospects, si bien qu'ils sont disposés à faire affaire avec votre entreprise. Une fois que vos leads ont profité de votre offre, déterminez dans quelle mesure la valeur qu'elle leur procure les convaincra de vous faire confiance et de devenir vos clients. Ainsi, par exemple, si vous vendez des outils et des fournitures pour le jardinage, une liste de vérification intitulée « Les 15 outils qu'il vous faut pour aménager une belle terrasse verdoyante » instruira les prospects en leur montrant de quels outils ils ont besoin, tout en les disposant à acheter les produits que vous vendez.

Point 6 : La valeur perçue de l'offre est-elle élevée ?

Ce n'est pas parce que votre offre est gratuite qu'elle doit paraître sans valeur. Faites appel à des professionnels de l'infographie et de l'imagerie pour mettre au point une offre sous condition d'identification qui sera perçue par vos leads comme ayant une valeur élevée.

Point 7 : La valeur réelle de l'offre est-elle élevée ?

La bonne information au bon moment peut avoir une valeur inestimable. Une offre qui procure une valeur inestimable engendrera des taux de conversion élevés, mais il faut que vous fournissiez bel et bien la valeur que vous promettez. Une offre en échange des données de contact représente une valeur réelle élevée lorsqu'elle tient ses promesses.

Point 8 : L'offre permet-elle une consommation rapide ?

Votre offre ne doit pas être un obstacle sur le parcours client, surtout en amont de l'étape à laquelle le lead devient un consommateur. Avant de vous acheter quelque chose, les consommateurs veulent bénéficier de la valeur associée à votre offre. Celle-ci doit conduire le lead à l'étape suivante, donc sa valeur doit être transmise immédiatement, dans la mesure du possible. En d'autres termes, évitez les longs livres électroniques et les séries de séances de formation qui ne délivrent leur valeur que sur une période de plusieurs jours, voire plusieurs mois.

Pourquoi insistons-nous sur la rapidité et la facilité de consommation du contenu de votre offre ? Parce qu'une fois que ce contenu aura été consommé, vous devrez lancer l'offre suivante dès que possible. Le meilleur moment pour lancer une offre, c'est (généralement) lorsque votre cible vient juste de profiter de l'offre précédente. Vous obtiendrez peu d'acheteurs parmi ceux qui n'auront pas encore reçu la valeur de votre dernière offre, votre offre sous condition d'identification. Par conséquent, faites en sorte que celle-ci procure rapidement cette valeur, afin de passer à l'offre suivante, celle qui propose aux bénéficiaires de vous acheter quelque chose et que nous étudions dans la section suivante.

Concevoir des offres à prix réduit

Acquérir des leads est l'objectif de l'offre accessible après identification étudiée dans la section précédente, mais comment obtiendrez-vous des acheteurs ? N'oubliez pas qu'en ligne, la clé du succès est la succession des offres que vous adressez à vos nouveaux leads et à vos nouveaux clients. Le meilleur moyen d'avoir des acheteurs est d'émettre une offre dont la décote sera suffisamment importante pour qu'il soit difficile de la refuser. Une réduction de prix vraiment importante est une offre irrésistible qui sert à transformer les leads et les prospects en acheteurs.

L'objectif d'une forte réduction de prix n'est pas le profit. Vendre à prix réduit peut même entraîner une perte nette pour votre entreprise. Le principe d'une telle offre peut donc sembler contre-intuitif, mais l'objectif est d'avoir des acheteurs. Ce type d'offre entraîne un changement de relation : le prospect devient un client, ce qui n'est pas rien. Un prospect qui vient de vous acheter quelque chose pour la première fois a bien plus de chances d'effectuer un nouvel achat. Une offre à prix réduit vous fait franchir une étape vers la réalisation de votre objectif, qui est de transformer un prospect en client fidèle, et peut-être même en supporteur enthousiaste.

Dans les sections suivantes, nous étudions les six différents types d'offres à prix réduit auxquels vous pouvez recourir.

Un cadeau physique

Comme son nom l'indique, le cadeau physique est un objet, un produit physique. Offrez quelque chose qui réponde à un désir, et offrez-le avec une réduction très substantielle. DIY Ready, une société spécialisée dans le bricolage et la décoration intérieure, propose à ses nouveaux clients un bracelet gratuit à fabriquer soi-même, d'une valeur de 19 dollars. Il suffit de saisir son numéro de carte bancaire et de payer les frais d'expédition pour le recevoir. C'est un produit physique qui ne peut que plaire à quiconque aime fabriquer des petits objets.

La Figure 3-6 montre à quoi ressemble ce cadeau physique proposé par la société DIY Ready.

FIGURE 3-6 L'offre « gratuite » avec facturation des frais d'expédition, un exemple typique.

Source : https://nationalcraftssociety.org/products/1sc/best-diy-beaded-bracelet-kit/

Un livre

Un livre « papier » peut constituer une excellente offre à prix réduit. La valeur perçue d'un livre est très élevée, sa valeur réelle également. Si vous avez besoin de vous imposer sur un marché et d'inspirer confiance avant de pouvoir lancer des offres plus élaborées ou représentant une valeur plus élevée, un livre peut être un très bon choix. Proposez-le à un prix nettement réduit, ou gratuitement moyennant les frais d'expédition. Nous ne vous recommandons pas d'offrir un livre papier ou électronique pour générer des leads, mais c'est un bon moyen de transformer les prospects et les leads en clients. N'oubliez pas que l'objectif de ce type d'offre est de changer la relation avec le lead ou le prospect et d'en faire un client.

Un webinaire

Les webinaires constituent une des offres les plus adaptables dans le domaine du marketing digital. Vous pouvez organiser des webinaires gratuits pour générer des leads, et vous pouvez aussi offrir un webinaire en guise de produit. N'oubliez pas qu'à partir du moment où vous faites payer un produit ou un service, en particulier un webinaire, vous devez fournir une valeur qui dépasse le prix demandé pour en bénéficier.

Quand vous utilisez un webinaire en guise d'offre à prix réduit, mieux vaut éviter d'utiliser le mot webinaire dans votre offre. En effet, ce terme évoque généralement quelque chose de gratuit. Utilisez plutôt une expression comme téléconférence, formation en ligne ou entraînement à distance. La séance pourra être préenregistrée, ou bien organisée en direct.

Un logiciel

Les logiciels, les plug-ins et autres applications peuvent constituer de bonnes offres à prix réduit, car un logiciel fait économiser du temps et de l'énergie. Ce sont donc des produits recherchés. Si votre offre est un logiciel, l'importante réduction de prix peut engendrer une « frénésie d'achat », si bien que votre campagne d'acquisition sera un grand succès.

Fragmenter un service

Si votre entreprise met sur le marché un produit ou un service coûteux, vous pouvez parfois proposer séparément à la vente un élément de ce produit ou de ce service. L'idée est de proposer à un prix exceptionnellement bas un élément pouvant avoir une utilité en tant qu'objet autonome.

Un exemple d'entreprise utilisant cette méthode est Fiverr, une plateforme en ligne qui propose des tâches et des services à partir de 5 dollars. La Figure 3-7

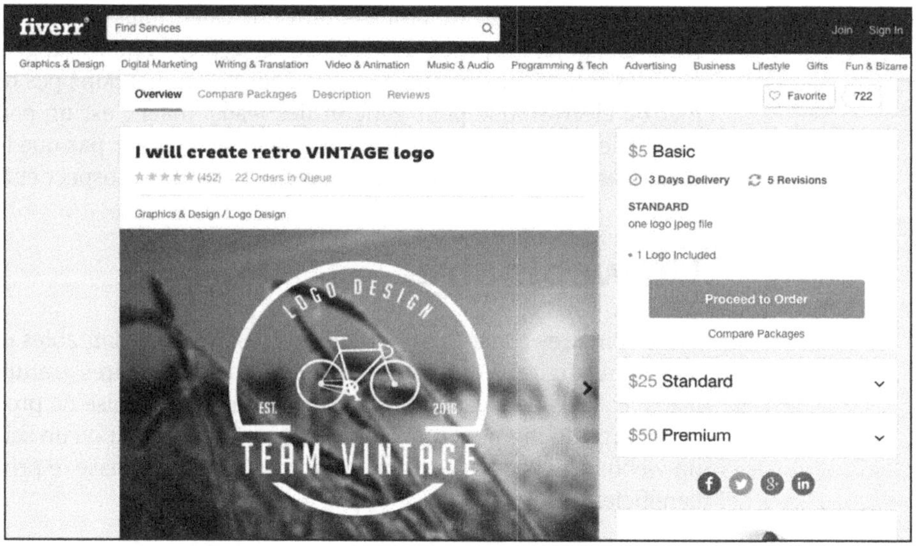

FIGURE 3-7 Fiverr est un exemple de services décomposés en projets plus petits.

Source : https://www.fiverr.com/gfx_expert2/create-retro-vintage-logo

montre un de ces services de Fiverr, la création de logos pour les entreprises. C'est là un excellent exemple d'offre d'un élément d'un service très recherché à un prix très réduit, qui permet de transformer un lead en client, et en fin de compte, à accroître les ventes. Quiconque vous achète quelque chose est susceptible de vous acheter à nouveau quelque chose par la suite.

Sachant que vous séparez un élément du reste du produit ou du service, vous n'avez pas besoin de créer un nouveau service. Vous offrez une partie d'un produit ou d'un service qui existe déjà.

Réfléchir à des « petites victoires » à offrir à vos leads

Parce qu'elles sont à prix réduit, peu risquées et recherchées, ces offres conduisent les leads à ne plus avoir d'appréhensions concernant votre activité ou votre produit. Face à un risque financier très réduit, ils sont prêts à tenter leur chance et à devenir vos clients. Cependant, il peut être plus difficile pour un service commercial ou un entrepreneur de faire en sorte que les leads ne doutent plus d'eux-mêmes et de leur propre capacité d'atteindre l'état « Après » que votre produit ou votre service leur promet. C'est pourquoi les meilleures offres à prix réduit sont celles qui procurent au client une « petite victoire ».

Une « petite victoire » est quelque chose qui inspire vos leads et qui leur donne l'assurance de pouvoir réaliser la solution ou l'objectif que vous leur proposez, et d'y parvenir grâce à votre produit ou service. Elle donne aux prospects de l'espoir et l'envie de sauter le pas, pour ainsi dire. Gardez à l'esprit que les petites victoires s'obtiennent rapidement en général, et qu'elles contribuent à procurer une valeur à vos clients.

Si vous exercez votre activité dans le secteur de l'amincissement, par exemple, vous pouvez proposer votre cure de jus de fruits de sept jours sous forme d'offre à prix réduit. Dans la description de l'offre, vous expliquerez aux acheteurs potentiels que cette cure est la partie la plus difficile de votre programme d'amincissement, sachant que le plus dur est souvent de commencer. S'ils parviennent à suivre ce régime pendant sept jours, ils sauront qu'ils ont déjà accompli le plus difficile.

En passant en revue vos produits et vos services en vue de déterminer lequel pourra constituer la meilleure offre à prix réduit, demandez-vous quelle petite victoire ce produit ou ce service procurera à vos clients. Cherchez ce qui pourra faire que cela leur fera espérer quelque chose et triompher du doute. En leur permettant de voir que le succès est possible, non pas seulement pour les clients souriants que leur montrent vos annonces publicitaires, mais également pour eux-mêmes, vous rendrez votre offre plus parlante et plus convaincante et vous pourrez nouer des relations positives avec ces clients nouvellement acquis.

Cocher la liste de vérification de l'offre à prix réduit

Les sections précédentes traitent des diverses formes que peut prendre votre offre à prix réduit et de l'importance des petites victoires. Voyons maintenant la liste de vérification de l'offre à prix réduit, qui comporte cinq points et qui est présentée dans les sections qui suivent. Ainsi, vous pourrez vous assurer que votre offre est bel et bien susceptible de transformer vos leads et vos prospects en acheteurs.

Point 1 : Abaisse-t-elle la barrière à l'entrée ?

Au départ, votre offre à prix réduit doit comporter très peu de risque. Elle ne doit pas être onéreuse, elle ne doit pas demander du temps à son destinataire, et elle ne doit poser aucune difficulté de compréhension. Les meilleures offres, à ce stade, correspondent souvent à des achats impulsifs comme le paquet de gomme à mâcher qu'on attrape quand on est dans la file d'attente de la caisse du supermarché. Le prix de votre offre dépend de votre marché. Les leads ne doivent pas être obligés de se demander s'ils ont les moyens ou non de profiter de votre offre : le prix doit éliminer cette barrière. Là encore, l'objectif d'une telle offre n'est pas le profit. En règle générale, il convient de fixer un prix inférieur à 15 euros.

Point 2 : La valeur est-elle évidente ?

Votre offre à prix réduit ne doit poser aucun problème de compréhension. Il s'agit d'en préciser rapidement la valeur et d'inciter le lead à réaliser l'achat. Il faut donc éviter toute complexité. Les achats impulsifs ne répondent pas aux offres compliquées.

Point 3 : Est-elle utile et en même temps incomplète ?

Ici, le mot-clé est utile. Votre offre ne doit pas être un simple appât. Si elle ne tient pas sa promesse, votre relation avec le client sera gâchée. Vous aurez peut-être réalisé une vente rapide, mais vous aurez perdu un client que vous auriez pu fidéliser. Cette offre doit être utile en elle-même, sans être le produit ou le service complet.

Point 4 : Sa valeur perçue est-elle élevée ?

Comme dans le cas de l'offre précédente, celle faite sous condition d'identification, optez pour un design et une impression de bonne qualité. Il ne s'agit pas que vos nouveaux clients aient le sentiment de s'être fait arnaquer. Au contraire, il faut qu'ils soient sûrs d'avoir fait une bonne affaire.

Ce qui intéresse les gens sur Internet, ce ne sont pas tant des produits et des services que des représentations et des descriptions de produits et de services. Si vous voulez vendre en ligne, utilisez un design et un texte qui communiquent la valeur des produits et des services que vous proposez.

Point 5 : Sa valeur réelle est-elle élevée ?

Assurez-vous que votre offre à prix réduit honore bien sa promesse et procure de la valeur. C'est ainsi que vous inspirerez confiance à vos nouveaux clients, et quand ils seront prêts à effectuer un nouvel achat, ils se souviendront de l'expérience positive qu'ils auront eue avec vous.

Découvrir votre offre à prix réduit

L'offre qui vous permettra d'acquérir de nouveaux clients existe probablement déjà au sein de votre offre principale, qui est un produit ou un service coûteux ou plus complexe. Votre offre principale est souvent votre produit phare. Examinez-la et voyez quels éléments de cette offre pourraient se suffire à eux-mêmes. Que pouvez-vous isoler et utiliser séparément pour procurer une valeur ?

Voici quelques questions à vous poser en vue de déterminer votre offre à prix réduit :

» **Quel est le chouette gadget que vos cibles peuvent désirer sans nécessairement en avoir besoin ?** Quel achat impulsif vos clients pourraient-ils effectuer ? Dans un supermarché, ce peut être du chewing-gum : et chez vous ?

» **N'y aurait-il pas une chose dont tout le monde aurait besoin sans nécessairement la désirer ?** Il pourrait s'agir d'un produit ou d'un service dont les gens savent qu'ils peuvent difficilement se passer, sans que cela les réjouisse. Ce pourrait être un produit peu attirant, mais essentiel dans un processus dans lequel les gens s'engagent. Ainsi, par exemple, une personne dont le hobby serait de fabriquer des bougies ne trouverait sans doute pas les mèches aussi amusantes ou intéressantes que la cire colorée ou les huiles parfumées, or la mèche n'en est pas moins un ingrédient essentiel des bougies.

» **Quel service utile pourriez-vous fournir rapidement et à peu de frais, qui produirait à l'avance des résultats et qui serait pour ainsi dire votre porte d'entrée ?** Il ne s'agit pas seulement d'offrir un devis ou une estimation gratuite, mais de donner au client un aperçu de l'impact positif que vous pouvez exercer sur son quotidien. Un couvreur, par exemple, pourrait proposer un nettoyage de gouttière sous forme d'offre à prix réduit. Après avoir terminé ce travail, il signalerait les travaux de réfection nécessaires sur le toit, ou sur la gouttière. C'est là un exemple d'offre à prix réduit apportant une valeur, tout en permettant au prestataire d'être déjà dans la place pour une suite.

» **Quelle(s) petite(s) victoire(s) votre offre à prix réduit représente-t-elle pour le client ?** Comment aidez-vous votre client à ne plus douter ?

Maximiser le profit

Comme expliqué dans ce chapitre, vous utilisez des offres accessibles sans identification, après identification et à prix réduit pour acquérir de nouveaux clients et de nouveaux acheteurs. Mais à quel moment allez-vous réellement faire du profit ? Le coût d'acquisition de nouveaux clients est souvent le coût le plus important. Une fois que vous avez un acheteur, il paraît approprié de l'inciter à vous acheter autre chose. Ce client, vous avez consacré beaucoup de temps et d'argent à l'acquérir : il vous faut à présent en faire un client fidèle.

Les campagnes de marketing qui vous servent à vendre plus, ou plus souvent, aux leads et aux clients que vous avez acquis, sont appelées campagnes de monétisation, et différents types d'offres leur sont associés. Dans les sections suivantes, nous vous expliquons comment mettre sur pied et améliorer vos offres associées aux campagnes de monétisation.

La plupart des entreprises lancent des campagnes de monétisation (avec des offres coûteuses et complexes comme celles dont il est question au Chapitre 2) qui s'adressent aux prospects les plus froids et aux tout nouveaux leads. Il serait certes merveilleux de pouvoir faire du profit sans avoir besoin de « chauffer » un prospect par des offres accessibles sans identification, après identification et à prix réduit, mais c'est très difficile. La succession des offres est extrêmement importante si vous voulez éviter d'être une entreprise qui sollicite ses prospects de façon excessive et prématurée.

Proposer une vente additionnelle ou une vente croisée

Le premier type d'offre de monétisation que nous allons étudier est la vente additionnelle immédiate. Elle vous est sans doute déjà familière, même si vous ne connaissiez pas encore ce terme. Un exemple de vente additionnelle immédiate est cette fameuse offre de McDonald's : « Voulez-vous des frites avec ça ? ». La vente additionnelle consiste à proposer au client quelque chose de plus que ce qu'il est en train d'acheter. L'achat qu'il est en train de faire et la vente additionnelle doivent lui procurer le même résultat final désiré. Dans l'exemple de McDonald's, l'ajout de frites à la commande complète le repas. Quant à l'offre de vente croisée, elle consiste à proposer au client un achat différent ayant un lien avec le premier achat. Ainsi, par exemple, un vendeur d'articles d'habillement au détail pourra proposer une paire de chaussures de ville à un client qui vient juste d'acheter un costume.

Amazon.com (comme pratiquement tous les autres détaillants en ligne qui réussissent) utilise des offres de vente additionnelle et de vente croisée pour accroître le nombre d'articles achetés par chaque client. Les rubriques « Produits fréquemment achetés ensemble » et « Les clients qui ont acheté cet article ont aussi acheté... » sont constituées d'offres de vente additionnelle immédiate et de vente croisée qui contribuent à la réalisation de la vente et peuvent accroître la taille du panier. Ainsi, par exemple, nous avons sélectionné un livre qui coûte 17,98 $ et Amazon nous suggère d'autres articles que nous pourrions aussi désirer acheter (Figure 3-8). Si nous acceptions toutes les ventes additionnelles suggérées, le montant de notre achat passerait de 17,98 $ à 44,96 $.

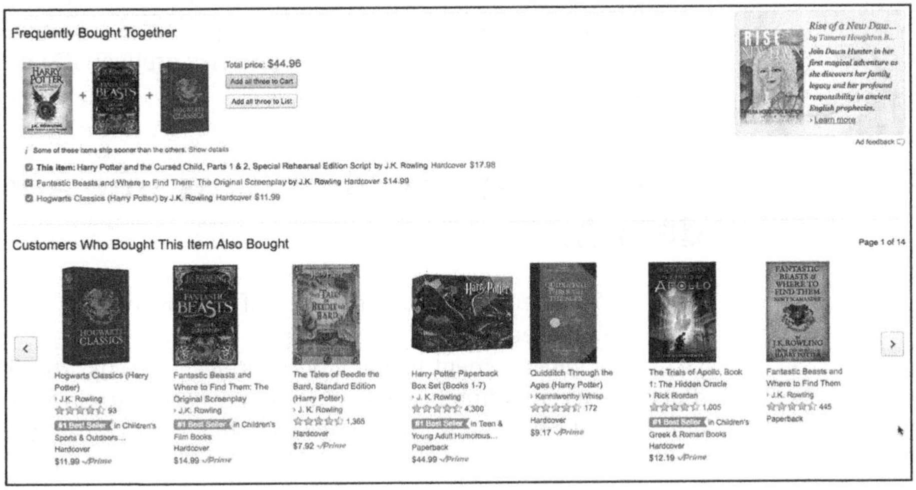

FIGURE 3-8 Amazon utilise habilement des ventes additionnelles et des ventes croisées pour accroître la taille du panier de son client et obtenir la vente.

Source : https://www.amazon.com

Sur la Figure 3-8, l'article cherché est Harry Potter et l'Enfant maudit, et Amazon propose des livres ayant un rapport avec Harry Potter en guise de vente additionnelle qui augmenterait la taille du panier. Mais Amazon propose aussi des ventes croisées sous forme d'autres livres de science-fiction qui sont susceptibles d'intéresser un passionné de Harry Potter parce qu'ils appartiennent au même genre de littérature.

La proposition de vente croisée n'étant pas nécessairement aussi pertinente par rapport au premier achat, elle peut être perçue comme incongrue et indésirable. C'est pourquoi vous devez rester prudent avec les ventes croisées, si vous ne voulez pas risquer d'importuner vos clients. Imaginez que vous achetiez un ordinateur Mac et qu'avant même que vous soyez ressorti du magasin, Apple vous propose d'acheter aussi un iPhone ou un iPad. Néanmoins, si la vente croisée complète réellement l'achat initial, vos clients accueilleront l'offre favorablement, et vous accueillerez favorablement les recettes supplémentaires.

Les groupes de produits et les kits

Votre offre de monétisation peut aussi consister à proposer un groupe de produits ou un kit. Choisissez un produit qui se suffit à lui-même et joignez-y d'autres articles associés que vous vendez aussi ou qu'un de vos partenaires commerciaux vend. Si vous vendez des rasoirs pour homme, par exemple, vous pouvez y joindre un kit de rasage comportant tout ce dont un homme peut avoir besoin pour se raser : brosse, after-shave, etc. Ce « nécessaire de rasage » coûtera plus cher que le rasoir seul, si bien que votre revenu par vente sera plus élevé. Auriez-vous des produits ou des services que vous pourriez grouper afin de créer une nouvelle proposition de valeur ?

Proposer un produit dans une autre échelle de prix

Cette tactique peut avoir un impact décisif sur vos recettes. Il s'agit de proposer un produit ou un service à un niveau de prix bien plus élevé que votre offre normale. Le prix est généralement 10 à 100 fois plus élevé que vos offres habituelles. Ce produit ou ce service n'intéressera qu'une petite partie de votre marché, mais ceux qui effectueront cet achat feront grimper notablement vos recettes.

Chez Starbucks, par exemple, on peut consommer un thé ou un café, mais la maison vend aussi des cafetières. La cafetière coûte considérablement plus cher qu'un café à 4 ou 5 euros. La plupart des consommateurs s'en tiennent à leur boisson habituelle et ignorent la cafetière, mais quelques-uns l'achètent. Quand un produit présente un tel écart de prix par rapport à l'offre de base, il suffit d'en vendre une petite quantité pour changer la donne.

Une facturation récurrente

La facturation récurrente, parfois aussi appelée offre de continuité dans le milieu du marketing digital, consiste à facturer de façon périodique, généralement à une fréquence mensuelle ou annuelle. Elle peut se faire dans le cadre de l'adhésion à un club, ou bien il peut s'agir d'un abonnement, à une salle de sport par exemple : dans ce cas, le client s'acquitte d'une cotisation 12 fois par an. La facturation récurrente se pratique aussi pour les abonnements à des contenus ou à des publications, par exemple des magazines comme Cosmopolitan, ou dans le commerce électronique pour des produits comme Dollar Shave Club ou Birchbox. Faites le point sur vos produits ou services, et cherchez comment réaliser une vente ponctuelle et obtenir des versements récurrents.

La facturation récurrente ne va pas de soi, compte tenu de l'engagement qu'elle suppose. Pour surmonter cette difficulté, annoncez clairement l'avantage que procure votre offre et limitez le risque perçu en précisant clairement quelles sont les possibilités d'annulation. La compagnie Blue Apron par exemple, qui est spécialisée dans la vente et la livraison de plats préparés, précise souvent dans ses offres qu'il est possible d'annuler à tout moment. Si nous reprenons l'analogie avec la rencontre amoureuse utilisée précédemment dans ce chapitre, une offre de facturation récurrente est comme une demande en mariage. Au client de décider s'il veut s'engager envers vous sur une période prolongée.

II

Utiliser un contenu pour générer des supporteurs, des adeptes et des clients

DANS CETTE PARTIE…

Utilisez du contenu pour susciter une prise de conscience, générer des leads, segmenter votre public, faire avancer vos prospects sur le parcours client, et réaliser des ventes.

Apprenez des méthodes pour concevoir des idées de blog, des techniques pour écrire des titres accrocheurs et des stratégies pour mettre à contribution les lecteurs de votre blog. Suivez les dix étapes de contrôle de votre blog et garantissez sa qualité et son efficacité.

Libérez votre écriture avec 57 idées d'articles de blog pour informer, distraire et engager vos prospects, tout en laissant rayonner la personnalité et l'humanité de votre enseigne.

Produisez rapidement des articles de blog de qualité qui vous permettront d'établir des liens avec votre public.

Chapitre 4

Rechercher la perfection dans le marketing de contenu

DANS CE CHAPITRE

- **Créer un contenu pour générer des leads et des ventes**
- **Sensibiliser les prospects froids à votre enseigne**
- **Préparer des campagnes de marketing de contenu**
- **Utiliser les quatre principales méthodes de distribution de contenu**

Le contenu est le cœur et l'âme mêmes de toute campagne de marketing digital : c'est le fondement de vos campagnes de recherche, de vos campagnes sociales, d'e-mails et de trafic payant. Sans contenu, Google n'aurait rien à indexer sur votre site Internet, les fans de Facebook n'auraient rien à partager, les newsletters n'auraient rien à publier, et les campagnes de trafic payant ne seraient plus que des argumentaires unidimensionnels.

Le contenu, ce ne sont pas seulement les blogs : ce sont aussi les vidéos sur YouTube, les pages de présentation de produits et de tarification sur les sites de commerce électronique, les publications sur les réseaux sociaux, et bien d'autres choses encore. Tout contenu contribue à paver le chemin qui conduit du lead au client, et du client à l'acheteur assidu.

La Deuxième partie de ce livre est consacrée aux techniques pour acquérir des fans, des supporteurs et des clients grâce au contenu. Ce chapitre commence cette recherche par une présentation de la stratégie souvent mal comprise qui sous-tend le marketing de contenu. Nous allons examiner les différentes formes que peuvent prendre le marketing de contenu et son utilisation et suivre le parcours sur lequel un prospect devient un client fidèle.

Connaître la dynamique du marketing de contenu

Pour l'essentiel, l'Internet est un lieu où les gens se rencontrent pour découvrir du contenu, interagir avec du contenu et partager du contenu. Ce contenu peut être aussi bien une vidéo amusante montrant un chat dont les facéties vous font rire, qu'un émouvant podcast montrant une mère célibataire qui a survécu à un cancer ou un article expliquant comment réparer un robinet qui fuit. Dans tous les cas, il s'agit de quelque chose que beaucoup de gens recherchent.

Trouver un contenu intéressant est une expérience naturelle sur Internet. Les gens sont attirés par un contenu qui leur apprend quelque chose, qui leur donne des idées, ou qui les fait rire, ou pleurer, et les gens aiment partager un contenu et parler d'un contenu qui leur a apporté une valeur, sous une forme ou une autre.

Le coût d'une publication sur des plateformes comme WordPress, YouTube ou iTunes étant très faible voire nul, même l'enseigne la plus modeste peut produire du contenu pour le Web. Cette facilité de publication est cependant à double tranchant, car en raison de la nature changeante de l'Internet, la production de contenu doit être rapide. Il s'agit pour votre enseigne de profiter des avantages considérables que procure la publication de contenu, mais se lancer sans suivre un plan précis peut être source de frustration. Il existe une demande presque insatiable de contenu sur Internet. À chaque minute, selon les estimations les plus prudentes, ce sont plus de mille publications qui sont produites sur les blogs et 72 heures de vidéo qui sont téléchargées sur YouTube. Cette boulimie de contenu montre l'importance qu'il y a à ne recourir au marketing de contenu qu'après avoir conçu un plan. En effet, vous devez créer du contenu de qualité pour pouvoir vous faire remarquer, et la qualité suppose un plan. Sans plan, il n'est pas impossible que votre contenu ait du succès, mais ce serait alors un vrai coup de chance. Un plan est ce qui vous permet d'assurer le succès de votre campagne de marketing digital.

Les gens du marketing font souvent une confusion entre blogging et marketing de contenu. Le blogging est certes un vecteur efficace et flexible pour le marketing de contenu, mais il ne peut constituer qu'une partie d'une stratégie de contenu équilibrée. Si vous faites partie de ces nombreux spécialistes du marketing qui publient sur des blogs sans une orientation bien définie, nous ne pouvons que vous conseiller de consacrer quelques heures à la conception d'un plan de contenu avant de rédiger votre prochaine page de blog. Un bon marketing de contenu consiste à prévoir le contenu qui sera produit et à décider à qui il s'adresse et à quelle fin. Les entreprises qui sont frustrées par le marketing digital sont souvent celles qui ont consacré beaucoup de temps à créer du contenu sans avoir clairement défini leur public ou leur objectif. L'ensemble du processus vous paraîtra bien plus facile et bien plus lucratif lorsque vous saurez précisément où vous allez.

Vers un marketing de contenu parfait

Un marketing de contenu « parfait », ce n'est pas une formule creuse, mais quelque chose que l'on peut réellement obtenir. À partir d'une bonne compréhension des vraies règles de cette discipline essentielle et en établissant le lien entre le marketing de contenu et tous les autres éléments de votre mix marketing digital, vous pourrez rapidement trouver le chemin de la perfection.

Le marketing de contenu consiste à anticiper les besoins de vos clients et de vos prospects et à créer des ressources de contenu qui satisfassent ces besoins. Freshbooks, par exemple, un éditeur de logiciels basé « dans le nuage », a anticipé le besoin d'informations sur la tarification de ses clients potentiels. La page Web de la Figure 4-1 représente le marketing de contenu parfait dans une telle situation : le contenu explique de façon claire et succincte les différences entre ses plans et la manière dont varient les prix, affiche des données de contact pour ceux qui auraient d'autres questions et qui aimeraient parler à un représentant, et propose un essai gratuit. Le contenu de cette page satisfait totalement le besoin d'informations sur la tarification.

Un client potentiel de Freshbooks qui voudrait prendre une décision d'achat éclairée a besoin de la page de tarification. Avant de s'engager, les gens veulent savoir ce qu'ils achètent et combien cela va leur coûter. L'entreprise qui ne fournit pas les renseignements nécessaires de la manière qui convient s'expose à perdre des ventes.

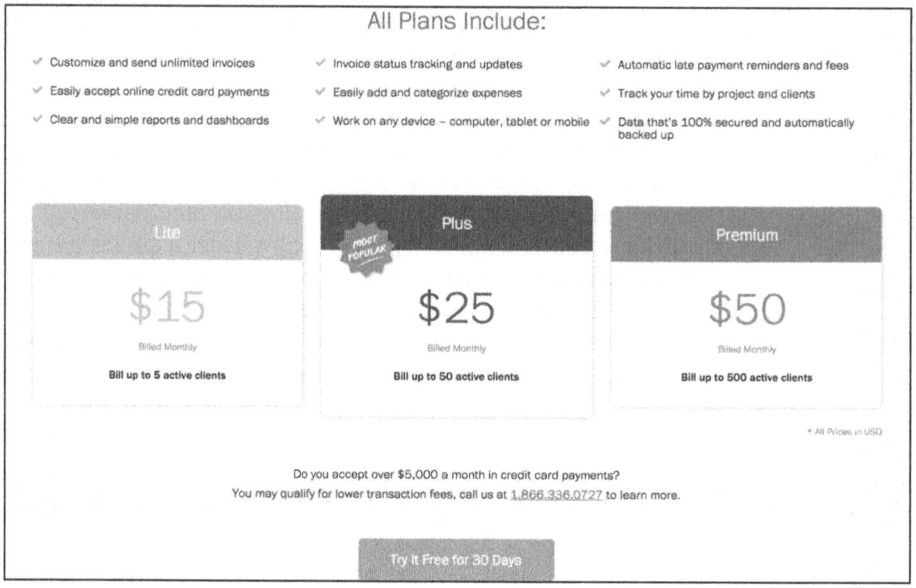

FIGURE 4-1
Ce contenu, publié par Freshbooks, est conçu pour répondre aux besoins des clients potentiels qui veulent connaître les prix des produits.

Source : https://www.freshbooks.com/pricing

Comprendre le principe de l'entonnoir de conversion

Le parcours du parfait inconnu à l'acheteur est souvent illustré par la métaphore de l'entonnoir. Les prospects froids entrent dans l'entonnoir par le haut, qui est large, et vous pouvez espérer qu'une partie d'entre eux en ressortiront par le bas, bien plus étroit, sous forme de clients. Le contenu doit aider le prospect à passer d'un étage de l'entonnoir à l'étage suivant.

Le modèle de base de l'entonnoir de conversion est constitué de trois étages. Le prospect qui les franchit devient acheteur :

- **Sensibilisation :** le prospect doit d'abord prendre conscience d'un problème et savoir que vous pouvez lui apporter une solution.

  Sensibiliser au problème et à sa solution, c'est à cela que servira votre blog. Utilisez-le pour instruire, inspirer ou distraire les prospects et les clients existants.

- **Évaluation :** ceux qui franchissent l'étape de la prise de conscience doivent ensuite évaluer les différentes options qui se présentent, y compris les solutions proposées par la concurrence, et bien sûr, l'option qui consiste à ne rien faire du tout. Ils peuvent aussi choisir de vivre avec le problème et renoncer au produit ou au service qui permettrait de le résoudre.

» **Conversion :** ceux qui franchissent l'étape de l'évaluation atteignent le moment de vérité : le stade de l'achat. À cette étape, l'objectif est de convertir les leads pour en faire des acheteurs réguliers et intéressants.

Ces trois étapes, celles de la prise de conscience, de l'évaluation et de la conversion, forment ce que l'on appelle l'entonnoir de conversion, ou entonnoir de vente (Figure 4-2).

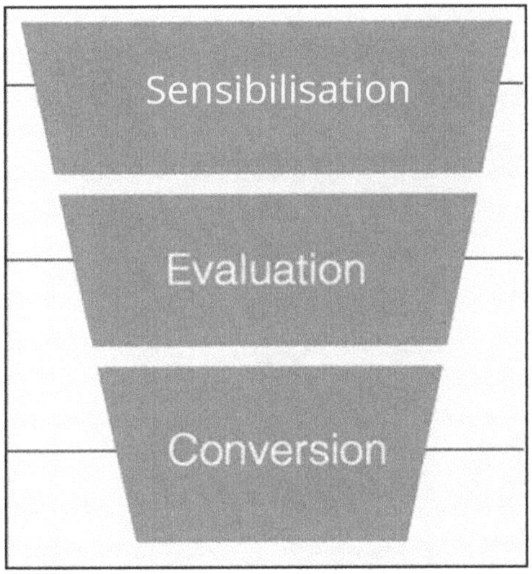

FIGURE 4-2 L'entonnoir de conversion et ses trois étages.

Source : http://www.digitalmarketer.com/content-marketing/

Les prospects froids ne peuvent pas évaluer votre solution avant d'avoir d'abord été sensibilisés au problème et à votre solution. Tant qu'ils ignorent le problème ou la solution que vous proposez, qui est votre produit ou votre service, ils n'achèteront évidemment pas. Les conversions sont donc impossibles tant que les prospects n'ont pas évalué les différentes options, c'est-à-dire l'achat de votre produit, l'achat du produit d'un concurrent plutôt que le vôtre, ou ne rien faire. Pour que vos prospects traversent l'entonnoir, il faut que vous leur présentiez un contenu conçu pour satisfaire leurs besoins à chacun des trois étages :

» Le contenu en haut de l'entonnoir (*top of funnel*, ou TOFU) facilite la sensibilisation.

» Le contenu au milieu de l'entonnoir (*middle of funnel*, ou MOFU) facilite l'évaluation.

» Le contenu en bas de l'entonnoir (*bottom of funnel*, ou BOFU) facilite la conversion.

Les blogs sont un excellent moyen de faciliter la prise de conscience (TOFU), mais ils ne font pas l'affaire lorsqu'il s'agit de l'évaluation (MOFU) ou de la conversion (BOFU). Or, au risque de verser dans le truisme, l'évaluation et la conversion sont extrêmement importantes pour votre entreprise. Pour que les prospects traversent le milieu et le bas de l'entonnoir, il faut utiliser d'autres types de contenu, comme le montre la Figure 4-3, et comme nous l'expliquons en détail dans les sections suivantes.

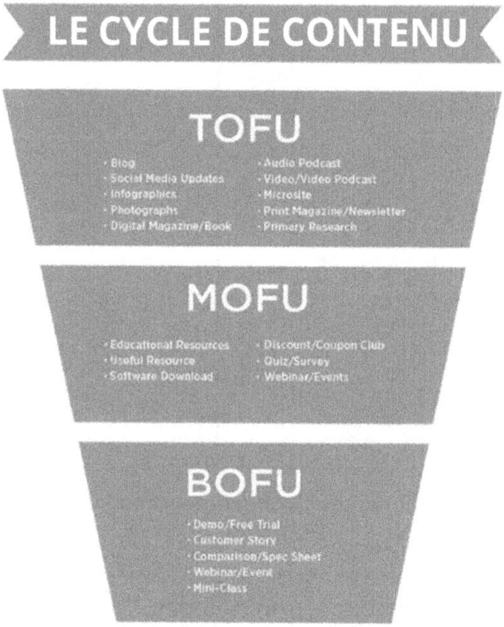

FIGURE 4-3 Il vous faut un type de contenu différent à chaque étage de l'entonnoir de conversion.

Source : http://www.digitalmarketer.com/content-marketing/

Le marketing de contenu en haut de l'entonnoir (TOFU)

Les prospects qui arrivent en haut de l'entonnoir ne sont pas au courant de votre solution et ils ignorent souvent qu'ils ont un problème à résoudre. En conséquence, vous avez besoin d'un contenu en accès libre, par opposition au contenu accessible aux prospects seulement lorsqu'ils transmettent leurs données de contact ou effectuent un achat. En effet, il vous reste à leur prouver votre valeur.

En haut de l'entonnoir, délivrez un contenu accessible sans identification (voir Chapitre 3) apportant aux prospects une des valeurs suivantes :

- Distraction
- Instruction
- Inspiration

Choisissez deux ou trois des types de contenu suivants pour proposer un contenu TOFU qui sensibilisera les prospects aux solutions que vous proposez sous forme de produits ou de services :

- **Les publications sur les blogs :** il s'agit sans doute de la forme de contenu en ligne la plus typique. Les blogs sont un excellent outil de sensibilisation. L'entreprise de mode J. Crew, par exemple, sensibilise son public à ses produits en créant des pages de blog consacrées aux styles d'habillement et comportant des conseils pour les accessoires. Le lecteur du blog de J. Crew (qui est un client potentiel) y trouve de l'inspiration et des solutions au problème de savoir quoi porter et comment être à la mode : le blog rappelle aussi qu'avec les articles d'habillement de J. Crew, vous serez toujours « dans le coup ».
- **Les publications sur les réseaux sociaux :** comme les blogs, les plate-formes de réseaux sociaux (comme Facebook) sont d'excellents outils de sensibilisation. Qu'il s'agisse d'une rubrique sur Pinterest dans laquelle Dreyer's Ice Cream énonce tous les parfums des glaces qu'elle vend ou d'un tweet d'Airbnb sur les dix meilleures expériences gastronomiques à vivre à Paris, ces publications apportent à l'utilisateur une information utile et gratuite, tout en lui présentant les principales solutions proposées par l'annonceur.
- **Les infographiques :** les infographiques sont un moyen intéressant et motivant d'afficher du contenu. En général, les infographiques contiennent des images distrayantes et accrocheuses aux couleurs contrastées, et la façon dont le texte est morcelé rend cette forme de contenu facile à consommer. Il s'agit d'un outil très efficace pour fournir rapidement un contenu à la fois distrayant et informatif. Que ce soit IMDb qui vous présente le film de l'année ou Casper Mattress qui vous suggère de meilleures habitudes de sommeil, ce type de contenu apporte au consommateur une valeur dont il est demandeur et le sensibilise efficacement à une enseigne.
- **Les photos :** les photos sont un bon outil, car une seule image peut être très parlante. Elles permettent aussi de scinder des paragraphes dans le contenu, afin d'éviter que ce contenu devienne ennuyeux et que les gens renoncent

à le lire. Avec des photos, un cuisiniste peut montrer des projets terminés et faire ainsi connaître son activité tout en attirant l'attention sur la façon dont il peut transformer la cuisine d'un autre client.

» **Les magazines et livres numériques :** les magazines et les livres numériques ont du succès, et constituent une autre manière de distribuer du contenu et de sensibiliser à une enseigne. Les livres et magazines électroniques sont similaires aux stratégies de blog présentées dans les Chapitres 5 et 6. Vous pouvez donc vous inspirer de votre blog pour créer le contenu de votre livre électronique ou de votre magazine électronique.

» **Les podcasts audio et vidéo :** une autre forme de contenu utilisable en haut de l'entonnoir est le podcast. Avec un podcast, vous ne conditionnez pas ni ne distribuez votre contenu de la même manière que si c'était un contenu textuel. Le contenu peut être consommé à tout instant. Les souscripteurs peuvent écouter le podcast pendant leur trajet vers leur lieu de travail ou leur séance de sport, ou à n'importe quel autre moment. Ils disposent d'un moyen plus souple de consommer le contenu, par rapport à une publication sur un blog ou sur un réseau social qui serait moins compatible avec le multitâche. Par ailleurs, vous pouvez utiliser des podcasts pour promouvoir votre produit ou votre service, tout en apportant une valeur à vos prospects. Si vous vendez des matériels de loisirs d'extérieur, par exemple, chaque épisode de votre podcast peut contenir des conseils ou des astuces concernant la chasse, la pêche, le camping et autres activités de plein air, tout en rappelant subtilement à vos auditeurs que le matériel est en vente dans votre magasin.

» **Les microsites :** un microsite est essentiellement un blog auxiliaire consacré à un sujet particulier et installé sur un site différent, avec ses propres liens et sa propre adresse. On y accède principalement à partir d'un plus grand site. DadsDivorce.com, par exemple, constitue un domaine distinct du cabinet juridique Cordell & Cordell, spécialisé dans le droit de la famille. Le microsite DadsDivorce.com offre du contenu gratuit pour les pères qui divorcent et il est conçu pour faire connaître les services et les solutions que propose Cordell & Cordell.

» **Les magazines et lettres d'information imprimés :** ce type de contenu est souvent plus coûteux pour l'utilisateur que le contenu sous forme numérique, mais dans la mesure où il est compatible avec votre budget, il reste un bon vecteur de sensibilisation. Ainsi, par exemple, le *Lego Club Magazine* propose de nombreux contenus distrayants dans le style des bandes dessinées, destinés aux consommateurs cibles de Lego. Les magazines et les newsletters favorisent les ventes en donnant des idées aux gens.

» **La recherche primaire :** il s'agit des recherches que vous effectuez sous forme de sondages, d'interviews et d'observations. Rassembler ces données peut poser des difficultés et demander du temps, mais la recherche primaire est un outil performant, car elle n'existe qu'en quantité limitée. En particulier, quand vous prenez le temps d'effectuer des recherches, vous fournissez un service aux autres en leur évitant de devoir se lancer eux-mêmes dans ces recherches. C'est pourquoi la recherche primaire peut être un moyen efficace de sensibiliser vos prospects.

Avez-vous besoin de tous ces types de contenu en haut de l'entonnoir ? Sans doute pas. La plupart des entreprises se contentent de publier du contenu sur un blog et sur des réseaux sociaux comme Facebook, Twitter, LinkedIn ou Pinterest. Une fois que vous maîtrisez ces outils, vous pouvez songer à ajouter à votre mix davantage de contenu TOFU, par exemple un podcast ou une lettre d'information imprimée.

L'objectif principal en haut de l'entonnoir est de rendre les prospects « conscients du problème » et « conscients de la solution ». Sur la Figure 4-4, remarquez la façon dont Whole Foods utilise son blog Whole Story pour faire connaître les aliments et les plats vendus par sa boutique. Ce faisant, la société Whole Foods rappelle à son public cible quels sont les produits qu'elle vend et elle le rend « conscient de la solution » tout en lui proposant des recettes qui l'intéressent.

FIGURE 4-4 Whole Foods sensibilise le public de son blog à ses produits, tout en lui apportant une valeur.

Source : http://www.wholefoodsmarket.com/blog/my-favorite-new-recipes-tilapiaequals-easy-weeknight-dinners-0

Malheureusement, le haut de l'entonnoir est l'étape à laquelle la plupart des entreprises commencent et cessent leurs efforts de marketing de contenu. Or, les plus avisées savent qu'avec un peu plus d'efforts, elles pourront faire passer leurs prospects de la prise de conscience à l'évaluation, c'est-à-dire du haut au milieu de l'entonnoir.

Le marketing de contenu au milieu de l'entonnoir (MOFU)

Concernant le contenu utilisé au milieu de l'entonnoir, le principal objectif est de convertir les prospects « conscients du problème » et « conscients de la solution » pour en faire des leads. À ce stade, vous cherchez à allonger votre liste de diffusion et à obtenir davantage de leads. Chez DigitalMarketer, nous nous servons d'un contenu gratuit pour inciter les prospects à nous transmettre leurs données de contact (notamment leur adresse électronique) et à s'inscrire, afin d'assurer notre futur commercial en échange d'un contenu utile. Ce type de contenu est ce que nous appelons des offres accessibles après identification (voir Chapitre 3).

Une offre accessible après identification est un petit échantillon de valeur qui résout un problème spécifique sur un marché spécifique et qui est offert aux prospects en échange de leurs données de contact.

Les offres accessibles après identification prennent souvent la forme d'un contenu comme les exemples suivants :

- **Ressources instructives :** comme l'explique le Chapitre 3, les ressources instructives pour les offres accessibles après identification prennent souvent la forme de rapports, de livres blancs, de recherche primaire, de formation par webinaire ou de matériel de vente. Ces types de ressources de contenu instruisent le consommateur sur un sujet particulier en lien avec votre enseigne, tout en soulignant certains aspects d'une solution, d'un produit ou d'un service que vous vendez. Une ressource instructive peut être une étude de cas accompagnée de trucs de professionnels et d'une série de détails sur certaines de vos stratégies.

  Les ressources instructives (et même, toutes les formes de contenu MOFU) doivent être de bonne qualité, faute de quoi le consommateur risque de se sentir floué. Par ailleurs, si les prospects ont l'impression que le contenu que vous leur avez délivré en échange de leurs données de contact est douteux, ce ne sera pas bon du tout pour la sensibilisation à votre enseigne. N'oubliez pas que la finalité du MOFU est de permettre aux gens d'évaluer votre entreprise et de les inciter à effectuer un achat. On tente les gens avec de la qualité, pas avec de la cochonnerie.

» **Des ressources utiles :** les ressources utiles sont des outils comme par exemple :

- les prospectus et les aide-mémoire ;
- les listes de ressources ;
- les modèles ;
- les logiciels ;
- les enquêtes ;
- les évaluations ;
- les clubs d'escompte et les bons de réduction ;
- es jeux-questionnaires et les sondages.

Ces ressources utiles, qui peuvent constituer un contenu efficace pour le MOFU, sont présentées au Chapitre 3. Plutôt que de mobiliser le temps dont dispose le consommateur (comme un livre électronique dont la lecture peut prendre une heure ou davantage), ces ressources sont la promesse non seulement d'instruire vos prospects, mais aussi de leur épargner du temps. Ces ressources leur font économiser du temps, car le contenu est facile à consommer et elles sont complètes : elles ne dépendent pas d'une autre ressource pour délivrer leurs valeurs, elles se suffisent à elles-mêmes. Ainsi, par exemple, une société qui vend des outils de jardinage peut créer une ressource appelée « Fiche conseil pour l'ensemencement » qui permettra aux personnes intéressées par le jardinage de savoir rapidement quel est le meilleur moment pour semer différents légumes dans leur jardin.

Ne mettez pas tous vos espoirs de génération de leads dans une offre passive accessible après identification sur votre page d'accueil ou dans un encadré sur votre blog, car cette offre risquerait de passer inaperçue parmi les divers éléments de votre site Internet. Si les leads passent à côté de votre offre, elle sera vaine. Ne manquez pas non plus de créer une page d'atterrissage (landing page) dédiée pour chaque offre et dirigez le trafic directement vers cette page en vous servant des réseaux sociaux, du marketing électronique, de l'optimisation pour les moteurs de recherche et du trafic payant. Une page d'atterrissage dédiée, comme nous le verrons plus en détail au Chapitre 7, accroît l'implication des clients potentiels. La Figure 4-5 montre un exemple de page d'atterrissage.

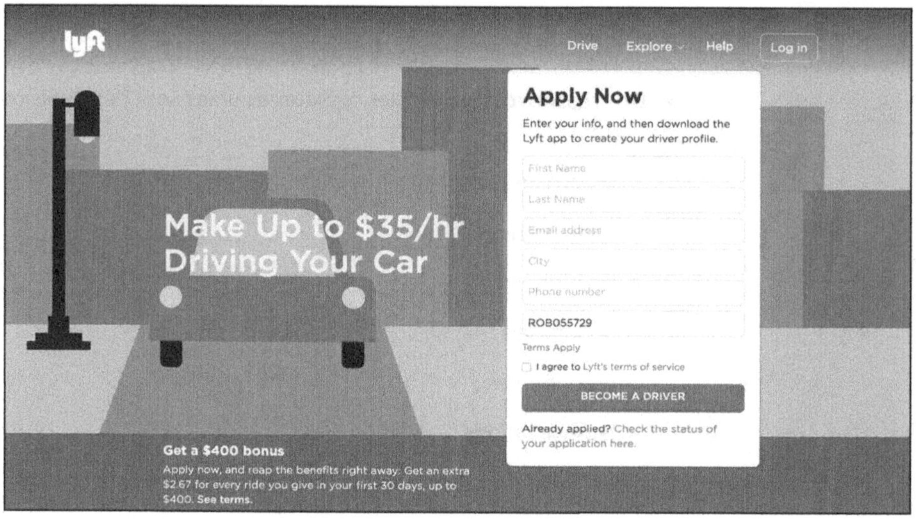

FIGURE 4-5 La société de covoiturage Lyft utilise une page d'atterrissage pour le démarrage de son processus de recrutement de conducteurs.

Source : https://www.lyft.com/drive-with-lyft?ref=ROB055729

Au milieu de l'entonnoir, l'objectif est de convertir les prospects qui ignoraient votre produit ou votre service en prospects avec lesquels vous pourrez dorénavant garder le contact. Toutefois, on ne peut pas déposer ses leads à la banque. Pour générer des recettes, vous avez besoin d'un contenu qui aide vos prospects à prendre une décision au point de vente.

Le marketing de contenu au bas de l'entonnoir (BOFU)

Au BOFU, il s'agit pour vous de convertir vos leads pour en faire des clients et de faire de vos clients des acheteurs assidus. De quels types de contenu vos nouveaux leads auront-ils besoin pour pouvoir prendre une décision d'achat éclairée ? Peut-être lisent-ils votre blog et peut-être téléchargent-ils vos offres (et tout cela favorise leur conversion), mais pour leur faire franchir l'étape de l'achat, vous avez aussi besoin de leur offrir un contenu qui les incitera à prendre la décision d'acheter.

Voici des exemples de types de contenus appropriés au bas de l'entonnoir :

» **Démonstrations :** l'inconvénient de l'achat en ligne est que le consommateur ne peut pas prendre le produit dans ses mains. Il ne peut fonder sa décision d'achat que sur une ou deux photos et une description, si bien qu'il peut être hésitant. Une démonstration peut permettre de résoudre ce problème. Elle montre comment le produit ou le service peut être utilisé, comment cela fonctionne. Derrière un écran, il n'y a pas mieux, à défaut de toucher le produit. Par conséquent, trouvez un moyen d'effectuer une démonstration de votre produit ou de votre service sous forme d'un contenu comme une vidéo, des captures d'écran, des webinaires ou des schémas.

» **Témoignages de clients :** les témoignages et les avis de vos clients font merveille au bas de l'entonnoir, car ils permettent au prospect de constater que quelqu'un d'autre a été satisfait de votre produit ou de votre service. Il s'agit pour ainsi dire d'une évaluation par les pairs, qui exerce un puissant impact sur la décision du prospect. Comme le montre la Figure 4-6, Salesforce.com fournit aux leads qui sont au stade du BOFU de nombreux exemples de clients satisfaits afin de leur prouver que son produit répond bien à leurs besoins.

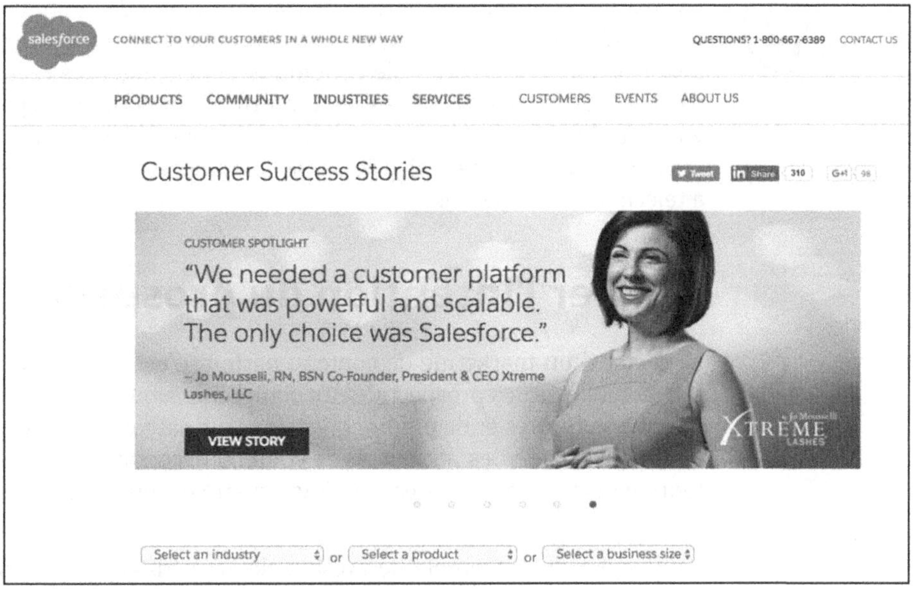

FIGURE 4-6
Salesforce crée un contenu qui facilite la conversion au BOFU grâce à des exemples de clients satisfaits.

Source : http://www.salesforce.com/customers/

» **Comparatifs et fiches techniques :** au BOFU, les comparatifs et les fiches techniques sont des ressources pratiques permettant aux consommateurs de comparer les produits (qu'il s'agisse de comparer des produits similaires que vous proposez, ou bien votre produit et celui d'un concurrent). Ainsi, par exemple, TurboTax, qui commercialise des logiciels de préparation de déclarations d'impôt, pourrait présenter un comparatif des caractéristiques et des tarifs entre son produit et le produit concurrent, TaxAct.

» **Webinaires et autres événements :** comme on l'a vu précédemment dans ce chapitre et au Chapitre 3, vous pouvez utiliser des webinaires et autres événements au milieu de l'entonnoir de conversion pour rassembler des leads, mais vous pouvez aussi en utiliser au bas de l'entonnoir pour convertir ces derniers. Au bas de l'entonnoir, le webinaire peut servir à rassembler les clients potentiels en un lieu unique où ils pourront poser des questions sur un produit ou un service complexe, coûteux ou dont l'achat implique une prise de risque.

- **Miniformations :** une miniformation est un événement organisé pour former le public cible sur un sujet pertinent. À la fin de la miniformation, vous vantez votre produit ou votre service. Vous devez fournir à vos interlocuteurs des ressources instructives de qualité, mais en fin de compte l'objectif est de vendre un produit plus cher.

La création d'un contenu de sensibilisation en haut de l'entonnoir est-elle importante ? Absolument. Cela dit, et plus particulièrement dans le cas d'une enseigne déjà existante, la création de contenu commence généralement au bas de l'entonnoir. Vos prospects ont besoin d'informations comme les prix ou la façon dont votre produit se compare à ceux de la concurrence. Créez un contenu qui réponde à ces questions fondamentales avant de commencer à rédiger des articles de blog et à télécharger des podcasts.

Étudier l'intention du prospect

Le secret d'un marketing de contenu parfait, c'est la compréhension de l'intention actuelle de vos prospects. Cette compréhension vous permet d'anticiper leurs intentions futures et de prédire quel sera leur parcours. Fort de cette anticipation, vous pouvez créer les ressources de contenu nécessaires pour répondre à cette intention vingt-quatre heures sur vingt-quatre et sept jours sur sept.

Pour reprendre l'exemple de Freshbooks, cet éditeur de logiciels évoqué précédemment dans ce chapitre, un consommateur se trouvant au stade de l'évaluation ou de la conversion, dans l'entonnoir, pourrait souhaiter comparer Freshbooks à QuickBooks. La page Web de la Figure 4-7 répond à cette intention, aussi bien au milieu qu'au bas de l'entonnoir de conversion. Freshbooks propose au prospect un comparatif qui lui permet de connaître les différences entre son produit et celui de son concurrent, QuickBooks. Cette entreprise a compris que ses clients potentiels désiraient savoir comment Freshbooks se compare à QuickBooks. Satisfaire ce désir au stade de l'évaluation permet d'entraîner les prospects vers l'étape de la conversion.

Si vous éprouvez des difficultés à trouver des idées de contenu qui répondent bien aux intentions de vos prospects, réunissez les membres de votre organisation qui

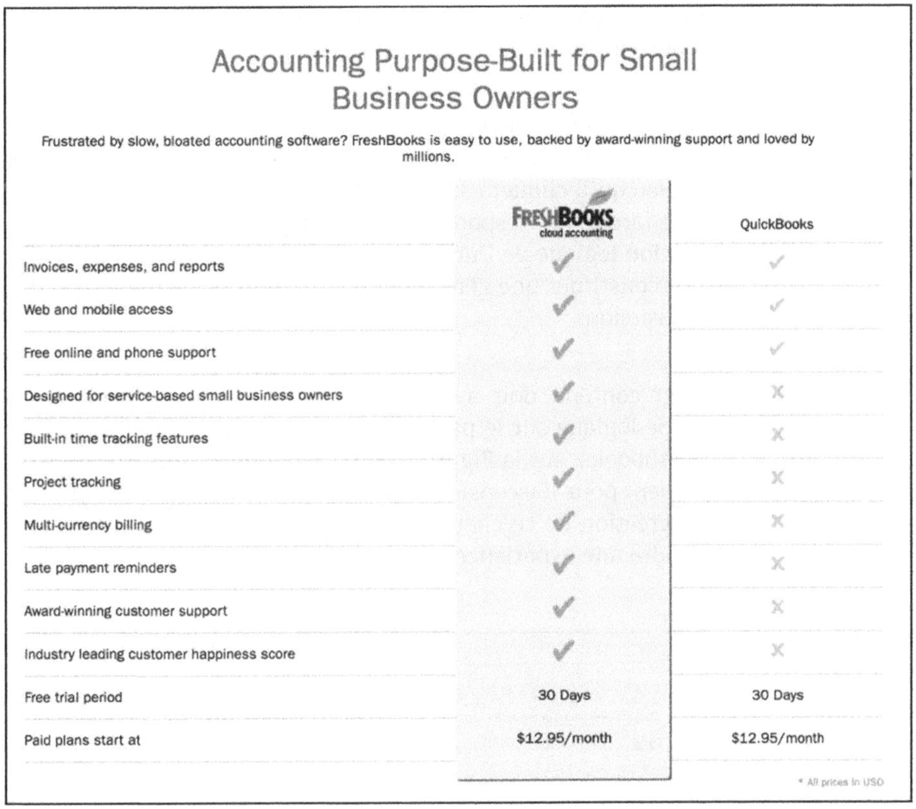

Accounting Purpose-Built for Small Business Owners

Frustrated by slow, bloated accounting software? FreshBooks is easy to use, backed by award-winning support and loved by millions.

	FreshBooks cloud accounting	QuickBooks
Invoices, expenses, and reports	✓	✓
Web and mobile access	✓	✓
Free online and phone support	✓	✓
Designed for service-based small business owners	✓	✗
Built-in time tracking features	✓	✗
Project tracking	✓	✗
Multi-currency billing	✓	✗
Late payment reminders	✓	✗
Award-winning customer support	✓	✗
Industry leading customer happiness score	✓	✗
Free trial period	30 Days	30 Days
Paid plans start at	$12.95/month	$12.95/month

* All prices in USD

FIGURE 4-7 Freshbooks affiche un comparatif pour entraîner le prospect vers la conversion.

Source : https://www.freshbooks.com/compare/quickbooks-alternative

sont en contact avec vos clients et vos prospects : vos commerciaux, les membres de votre service clients, ceux qui participent aux foires commerciales, etc. Ils vous aideront à mettre au point un contenu approprié.

Réfléchissez à ce que peuvent être les intentions de vos prospects aux trois étages de l'entonnoir de conversion. Ensuite, décidez quelles ressources de contenu il convient de créer pour y répondre, depuis la sensibilisation des prospects jusqu'à leur conversion.

Tracer le chemin vers l'étape suivante

En tant que responsable marketing, vous devez faciliter le chemin d'un élément de contenu au suivant. En général, les gens sont occupés et n'ont pas le temps ni la patience de rechercher sur votre site l'information pertinente. Il faut qu'ils trouvent rapidement ce qu'ils cherchent.

Ne pas rendre évident le parcours vers l'étape suivante n'est pas seulement faire du mauvais marketing, c'est aussi exposer l'utilisateur à une mauvaise expérience, si bien qu'il cliquera sur le bouton « Retour » et quittera votre site Internet sans plus tarder. Les responsables marketing les plus avisés anticipent la prochaine intention logique de l'utilisateur et éliminent autant que possible tout ce qui pourrait constituer une gêne ou une « friction », de manière à dégager la voie vers la conversion.

Tout contenu doit avoir pour but de conduire le prospect vers la prochaine étape logique sur le parcours client. Dans l'exemple de la page de tarification de Freshbooks, sur la Figure 4-8, on remarquera que Freshbooks a prévu un chemin évident pour l'ascension de l'utilisateur vers un « essai sans risque » du logiciel. La création de ce chemin ascendant est le signe d'un bon marketing et elle engendre une expérience positive pour l'utilisateur.

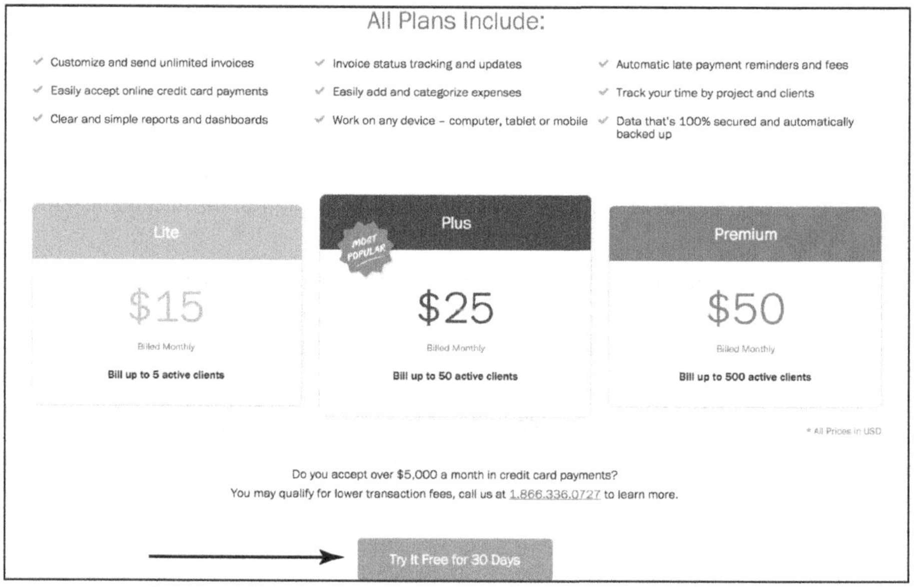

FIGURE 4-8 Freshbooks anticipe la prochaine intention logique du visiteur qui a besoin d'informations sur les prix.

Source : https://www.freshbooks.com/pricing

L'efficacité d'une telle offre dépend de sa pertinence. Prenez le temps d'anticiper la prochaine étape logique sur le parcours client, et créez des offres qui soient applicables au contenu que l'utilisateur est en train de consommer. Sur la page de tarification de Freshbooks (Figure 4-8), par exemple, demander à un visiteur d'écouter un épisode d'un podcast (un type de contenu adapté au haut de l'entonnoir) ne serait ni logique ni pertinent. En effet, ce visiteur consulte la page de tarification parce qu'il envisage un achat. Il s'agit alors d'anticiper cette intention et de procéder à la prochaine offre logique : l'essai gratuit.

Segmenter votre marketing grâce au contenu

Vous ne pourrez pas réellement comprendre ce que vos prospects ont en tête et ce qu'ils désirent vraiment tant qu'ils ne vous auront pas accordé leur temps, ou bien leur argent. Ils pourront répondre aux questions d'un sondage et formuler des observations, dire ce qui les intéresse, mais tant qu'ils n'auront pas mis dans la balance une ressource précieuse – leur temps ou leur argent –, vous ne pourrez pas être sûr de savoir ce qui les intéresse. C'est là une bonne chose pour quiconque crée du contenu en ligne, car en consacrant du temps à un contenu, les gens manifestent leur intérêt.

Imaginez, par exemple, que vous dirigiez une société qui vendrait des repas sains et nutritifs à des gens qui travaillent et qui ont des horaires chargés, et que vous élaboriez le contenu d'un blog consacré à des recettes de plats nourrissants. Votre contenu relèverait de trois grandes catégories d'alimentation : végétalienne (vegan), végétarienne, et sans gluten. Que pouvez-vous dire d'une personne qui consulte un article de blog consacré à des plats végétaliens ? Même question concernant une personne qui consulterait un article sur les plats végétariens. C'est assez clair, n'est-ce pas ? C'est comme si ces personnes avaient « levé la main » pour vous informer qu'elles sont (ou qu'elles envisagent de devenir) végétalienne pour l'une, végétarienne pour l'autre.

Un public qui consacre son précieux temps à consommer du contenu se segmente lui-même. Les gens vous disent ce qui les intéresse, et grâce à la magie du retargeting, vous pouvez assurer un suivi auprès de ces prospects en utilisant une offre d'ascension adaptée, sans avoir besoin de recueillir des données de contact.

Le retargeting consiste à publier des annonces conçues en fonction du comportement observé. Ainsi, par exemple, vous pourriez configurer des annonces de telle sorte qu'elles ne soient visibles que pour les consommateurs qui ont acheté un certain produit ou qui ont consulté une certaine page (montrant ainsi leur intérêt). Cette méthode vous permet de présenter un contenu très spécifique qui a plus de chances d'entrer en résonance avec un public segmenté. Pour plus de précisions sur les stratégies de retargeting, lire le Chapitre 10.

Apparaître partout où vos clients vous attendent

Les responsables du marketing qui désirent créer un contenu idéal doivent le publier là où se trouvent leurs clients. Cela signifie qu'ils doivent publier un contenu qui réponde aux intentions de leurs prospects sur n'importe quel canal, à tous les étages de l'entonnoir, partout où des groupes de prospects recherchent et partagent du contenu. Les canaux concernés sont notamment les suivants, sans s'y limiter :

- Un site Web ou un blog
- Facebook
- Twitter
- LinkedIn
- Pinterest
- Instagram
- YouTube

Vous pouvez publier un même contenu sur divers canaux pour en maximiser la visibilité. Chez DigitalMarketer, par exemple, nous avons reconditionné un diaporama expliquant comment lancer un podcast et nous en avons fait un webinaire, puis un épisode de podcast, et enfin un article de blog. En effet, notre public ayant réagi à ce contenu de façon très enthousiaste, nous avons pris la mesure de sa valeur et il nous a paru nécessaire de le reconditionner pour le distribuer sur nos différents canaux.

Cherchez lequel de vos contenus a trouvé un écho au sein de votre public. Cette vidéo de démonstration de votre produit, par exemple, pourrait-elle être publiée également sur votre chaîne YouTube ? Pourriez-vous reprendre un article de votre blog pour en faire un webinaire, ou reprendre un de vos épisodes de podcast pour en faire un article destiné à LinkedIn Pulse ? Les possibilités de reconditionnement d'un contenu sont pratiquement sans limites.

Personnaliser votre contenu

Vous produisez des éléments de marketing de contenu les plus parfaits possibles pour qu'ils répondent aux intentions de vos avatars clients (on parle aussi de clients virtuels ou de public cible). Or, tous les avatars ne sont pas les mêmes : comme les clients réels, ils n'ont pas tous envie ni besoin de la même solution. Il est donc essentiel de personnaliser, puis de segmenter votre contenu. Un contenu particulier peut correspondre à l'intention de différents avatars, ou bien il peut être utilisé pour cibler un seul avatar.

Ainsi, par exemple, nous avons préparé un article de blog intitulé Six compétences en vogue en marketing digital à mettre sur un CV pour faire connaître (haut de l'entonnoir) nos programmes de certification en marketing. Cet article n'intéressera probablement pas les petits entrepreneurs, mais peu importe : ils ne sont pas ciblés. Notre article ciblait de façon spécifique notre avatar « employé » dont l'intention est d'acquérir des compétences lui permettant de prétendre à un meilleur emploi. Notre publication comporte deux appels à l'action qui sont destinés, comme mentionné au Chapitre 2, à suggérer l'urgence et à provoquer une réponse immédiate. Dans le cas de l'article de blog sur les compétences à la mode, la personnalisation consiste à adapter l'appel à l'action à l'avatar « employé ».

Réaliser un marketing de contenu parfait

Comme nous l'avons indiqué précédemment dans ce chapitre, un bon marketing de contenu suppose un plan. Souvent, pour vos différentes offres, vous devez créer plusieurs contenus différents. L'idéal est donc de concevoir un plan de contenu pour chacune de vos offres en utilisant une ressource que nous appelons le Plan de campagne de contenu. Ce plan consiste à adapter votre marketing de contenu à des objectifs commerciaux comme la génération de leads et de ventes. Le modèle de ce Plan de campagne de contenu est représenté par la Figure 4-9 et vous pourrez compléter le vôtre en vous rendant sur la page Web www.digitalmarketer.com/content-campaign.

Pour créer votre premier Plan de campagne de contenu, procédez comme suit :

1. **Choisissez vos avatars.**
2. **Mettez au point vos ressources de contenu.**
3. **Choisissez le vecteur et le canal.**

OFFER	AVATAR 1	AVATAR 2	AVATAR 3	AVATAR 4	AVATAR 5		
AWARENESS							
EVALUATION							
CONVERSION							
ASSET	DESCRIPTION		AVATAR(S)	VEHICLE(S)	CHANNEL(S)	OWNER	ASCENSION
ASSET A							
ASSET B							
ASSET C							
ASSET D							
ASSET E							
ASSET F							
ASSET G							

FIGURE 4-9 Le Plan de campagne de contenu vous permet d'organiser votre stratégie de contenu pour chacune de vos offres de produit ou de service.

Source : https://docs.google.com/spreadsheets/d/1Z29wlmPl7PgJwQMv2TFr-RyOu_TH-Bu1pXlOxJgjUtEw/edit#gid=0

4. **Préparez l'ascension.**

Pour plus de détails sur chacune de ces étapes, poursuivez votre lecture.

Étape 1 : Choix des avatars

Décidez quels avatars (ou acheteurs virtuels) ce contenu doit cibler. Les avatars ayant des intentions et des motivations différentes et correspondant à des problèmes différents, chaque avatar a besoin d'un contenu différent pour franchir les étapes de la prise de conscience, de l'évaluation et de la conversion. Vous devez donc déterminer quel contenu vous allez utiliser parmi les contenus existants, ou quel contenu vous allez créer pour pouvoir faire franchir à votre avatar le haut, le milieu et le bas de l'entonnoir de conversion.

Ainsi, par exemple, une société de gestion de patrimoine qui cherche à vendre un projet financier ne devra pas adopter la même approche selon qu'elle s'adresse à un jeune professionnel ou à un homme qui vient de prendre sa retraite. Certains contenus les intéresseront l'un et l'autre, mais le contenu le plus efficace sera celui qui s'adressera directement à un avatar spécifique.

Étape 2 : Mise au point des ressources de contenu

Utilisez ce que vous savez de votre avatar client pour créer des descriptions qui constitueront le contenu destiné à le toucher.

Prévoyez la création d'un contenu à chacune des trois étapes de l'entonnoir de conversion : sensibilisation, évaluation, et conversion. Dans l'exemple de la société de gestion de patrimoine, quel contenu celle-ci pourra-t-elle produire en haut de l'entonnoir afin de sensibiliser davantage l'avatar du jeune professionnel ? Que pourrait-elle produire pour que l'avatar du retraité franchisse l'étape de la conversion ?

Étape 3 : Choix du vecteur et du canal

Le vecteur du contenu fait référence à la forme que le contenu va prendre : un texte, une image, une vidéo, ou une ressource audio ? Le canal fait référence au support sur lequel le contenu sera publié : votre blog, une page Facebook ou une chaîne YouTube.

Le canal peut dépendre du vecteur, et inversement. Ainsi, par exemple, une vidéo sera généralement publiée sur YouTube, sur Facebook ou sur votre blog, tandis qu'une image sera plus probablement publiée sur Pinterest.

Étape 4 : Préparation de l'ascension

À l'étape finale du Plan de campagne de contenu, vous mettez votre contenu en phase avec vos objectifs commerciaux. Chaque contenu doit présenter une offre qui permettra aux prospects d'obtenir davantage de valeur, soit en consommant davantage de contenu en échange de ses données de contact, soit en vous achetant un produit ou un service.

Tout appel à l'action vaut mieux que pas d'appel du tout, mais les offres qui sont pertinentes par rapport au contenu que le prospect est en train de consommer sont celles qui produisent le plus d'ascensions. Dans un article de blog intitulé Dix moyens de faire pousser plus de tomates biologiques et nutritives, vous proposerez de préférence une offre de graines de tomates, par exemple « Graines de tomates bio 50 % moins cher, expédition gratuite », plutôt qu'une offre de graines de carottes.

Si vous voulez créer un contenu qui assurera la conversion des prospects à tous les étages de l'entonnoir, élaborez un Plan de campagne de contenu et mettez-le en application. C'est efficace.

Distribuer du contenu pour attirer un public

Aujourd'hui, le contenu joue un rôle important dans les principales formes de génération de trafic. Il est difficile de convaincre des prospects froids (et même des prospects chauds) de visiter votre site Web sans les avoir d'abord attirés à l'aide d'un contenu intéressant.

Les processus que vous élaborez pour distribuer du contenu et pour générer un trafic vers ce contenu ne sont pas moins importants que ceux qui concernent la création de ce contenu. Des chapitres entiers de ce livre sont consacrés aux subtilités de la génération de trafic à l'aide de méthodes comme le marketing électronique, la recherche, les réseaux sociaux et le trafic payant. Il importe néanmoins de préciser de quelle manière chacune de ces principales méthodes de génération de trafic interagit avec le contenu que vous produisez.

Le marketing par les courriers électroniques

Le courrier électronique reste la meilleure méthode pour proposer des offres et envoyer davantage de contenu. Allonger et faire fructifier votre liste de diffusion est donc une tâche critique, et c'est la raison pour laquelle cette tâche fait partie de votre stratégie de contenu. Après avoir élaboré une ressource de contenu, par exemple un article de blog ou un épisode de podcast, exploitez votre liste (ou vos listes) de diffusion de manière à diriger le trafic vers ce contenu.

Pour rédiger le courrier électronique qui dirigera les destinataires vers votre nouveau contenu, mettez au point tout d'abord la rubrique « Objet » du message. L'objet est souvent le titre du contenu, mais il existe d'autres stratégies, notamment des titres accrocheurs comme « DERNIER AVIS (plus que quelques heures. . .) ». Vous pouvez piquer la curiosité des destinataires avec un titre comme « CECI est la raison pour laquelle je fais ce que je fais . . . » Nous présentons ces stratégies plus en détail au Chapitre 11.

Ensuite, commencez le texte de l'e-mail par une introduction percutante qui entraînera le lecteur vers le corps du texte, dans lequel vous stimulerez son intérêt en lui décrivant ce qu'il peut attendre de votre contenu. Expliquez-lui la pertinence de ce courriel et ce qu'il peut lui apporter (le profit qu'il peut en tirer). Ne manquez pas d'y inclure aussi un appel à l'action, laquelle consistera à cliquer sur le lien hypertexte menant à votre contenu. Utilisez deux ou trois appels à l'action en faisant en sorte qu'il soit aussi pratique que possible de cliquer sur les liens hypertextes.

Gagner des leads grâce au marketing de recherche

Des moteurs de recherche comme Google et Bing sont d'importants canaux de distribution de contenu à exploiter. Quand les prospects arrivent sur votre site grâce à une requête lancée sur un moteur de recherche (peut-être ont-ils saisi sur Google ou sur Bing quelque chose comme « critiques appareils photo reflex numériques » ou « recettes de crêpes »), mais sans avoir sélectionné une annonce, ils recourent au marketing de recherche. Le trafic dirigé vers ce contenu n'a pas été payé, ce sont les utilisateurs qui ont trouvé ce contenu naturellement.

Aujourd'hui, le marketing de recherche est simple. Les moteurs de recherche, et plus particulièrement Google, sont passés maîtres dans l'art de diriger le trafic vers le contenu le plus susceptible de répondre à l'intention de celui qui procède à une recherche. Si vous êtes résolu à créer des ressources de contenu qui répondent à l'intention de vos divers avatars clients, vous allez vous faire aimer de Google et des autres moteurs de recherche. Pour en savoir davantage sur le marketing de recherche, lisez le Chapitre 8.

Utiliser les réseaux sociaux pour diriger le trafic vers votre site

Utilisez les plateformes de réseaux sociaux sur lesquelles votre entreprise est présente pour diriger le trafic vers le contenu que vous venez d'élaborer. Nous vous expliquons plus en détail comme utiliser les réseaux au Chapitre 9, mais pour l'instant, sachez que la canalisation du trafic sur les réseaux sociaux peut prendre plusieurs formes, par exemple un tweet sur Twitter ou une publication sur Facebook ou sur LinkedIn. Cette publication annonce le nouveau contenu et fournit un lien hypertexte pour l'afficher.

Quand vous rédigez un texte pour une publication sur un réseau social, la façon dont vous allez annoncer ce nouveau contenu doit être fonction de votre personnalité de marque. Si vous vendez des bijoux raffinés, par exemple, vous adopterez un ton formel.

La longueur du texte sera fonction des limitations techniques (sur Twitter, par exemple) et de la complexité de l'offre. Une offre simple ne nécessite pas une description aussi longue qu'une offre complexe. Indépendamment de la longueur du texte, veillez à ce que votre publication pique la curiosité de l'utilisateur, décrive les avantages du contenu et comporte un appel à l'action qui soit clair, comme la publication du magasin de bricolage Lowe's sur Facebook (Figure 4-10). Cette publication satisfait bien à ces trois conditions.

Payer pour le trafic

Comme son nom l'indique, le trafic payant fait référence à des annonces qui font la promotion de votre contenu. Vous pouvez publier des annonces sur divers supports, notamment sur des moteurs de recherche et des réseaux sociaux. Le trafic payant peut être un moyen efficace de générer des leads, car il vous permet de segmenter vos visiteurs et d'avoir recours au retargeting.

En visionnant un contenu, un prospect s'inscrit de lui-même dans un segment particulier de votre clientèle potentielle. Il révèle son intérêt pour l'offre, le sujet, le problème ou la solution à laquelle cette page est consacrée, et vous pouvez tirer parti de réseaux de retargeting d'annonces comme Google ou Facebook pour faire apparaître sur l'écran du prospect des annonces qui seront fonction du contenu qu'il a visionné.

Les responsables du marketing sont souvent réticents à payer pour diriger un trafic vers un contenu, qu'il s'agisse d'articles de blog ou de podcasts, mais le trafic payant présente un gros avantage : il est prédictible. Quand vous effectuez un paiement à Facebook, par exemple, pour promouvoir un certain contenu, vous savez que vous allez obtenir un trafic. Par conséquent, à tout moment, mais plus particulièrement lorsque vous achetez des annonces pour promouvoir votre contenu, il importe que ce soit un contenu d'une qualité exceptionnelle. Il ne s'agit pas de dépenser de l'argent pour diriger le trafic vers un contenu de mauvaise qualité.

Utilisez le trafic payant pour promouvoir un contenu de qualité qui apportera une valeur au consommateur et qui sera en phase avec vos objectifs commerciaux. C'est ce qui vous permettra de faire passer les prospects d'un étage à l'autre de

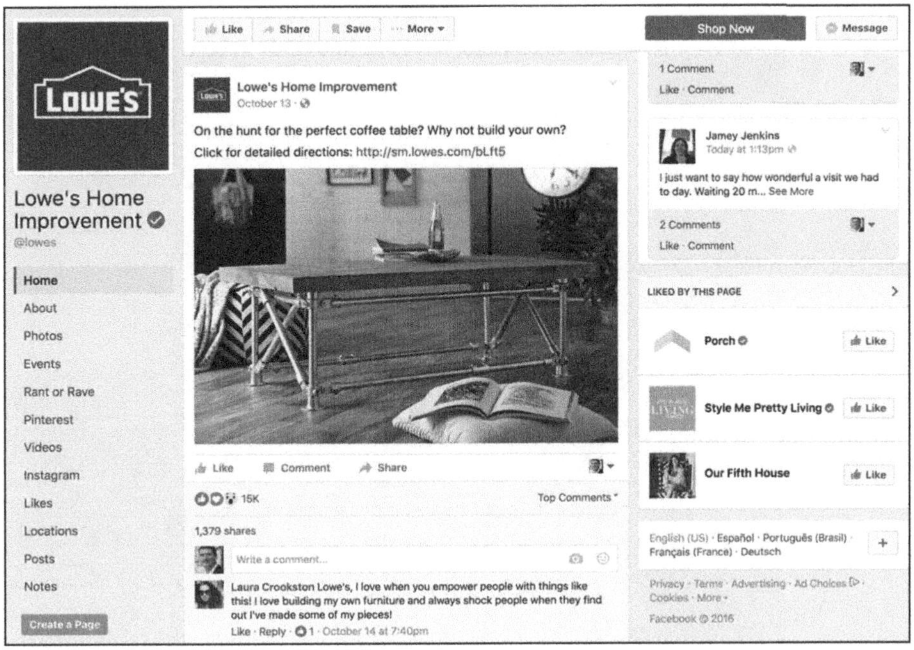

FIGURE 4-10 Sur Facebook, Lowe's explique les avantages de son contenu et invite clairement l'utilisateur à cliquer.

Source : https://www.facebook.com/lowes/posts/10153827254486231:0

l'entonnoir de conversion et de transformer ainsi des prospects froids en leads, puis en clients, puis en clients fidèles, et dans le meilleur des cas, en supporteurs enthousiastes.

Chapitre 5

Faire une utilisation professionnelle des blogs

DANS CE CHAPITRE

- » **Tenir un blog qui ait une influence positive sur le bénéfice net**
- » **Travailler avec des rédacteurs extérieurs**
- » **Écrire des titres accrocheurs**
- » **Vérifier votre blog en dix étapes**

L'utilisation d'un blog est un sujet qui mérite d'être étudié en profondeur. Le blog est un des outils de marketing digital les plus puissants et les plus adaptables dont vous puissiez disposer. Vous pouvez considérer votre blog comme un support pouvant accueillir tous types de contenus : textes, images, enregistrements audio et vidéo. Cependant, d'un point de vue fonctionnel, un blog est simplement un outil qui vous permet de gérer certaines pages de votre site Web.

L'efficacité d'un blog d'affaires bien géré réside dans sa capacité à faire connaître votre entreprise, vos marques, et vos employés qui sont en contact direct avec les clients, vos produits et vos services. Bien conçu et bien géré, le blog d'affaires devient un élément essentiel du mix marketing. En revanche, s'il est conçu ou utilisé de façon incorrecte, il peut devenir un pensum frustrant et tous vos efforts risquent de ne produire aucun résultat.

Vous devez constamment penser au parcours client, mais la principale raison d'être de votre blog d'affaires est d'obtenir des prospects sensibilisés et engagés, puis des leads, et enfin, des ventes. Avec d'autres types de contenu, il est essentiel d'élaborer des offres accessibles sans identification, des offres accessibles après identification et des offres à prix réduit (voir Chapitre 3), mais la finalité de votre blog n'est pas la conversion immédiate d'un prospect en lead ou en client.

Le marketing consiste à gérer la succession des offres que vous adressez aux prospects, aux leads et aux clients. Le contenu de votre blog est une des offres au point d'entrée que vous adressez aux prospects froids qui ne savent rien de vous ni de votre entreprise. Mais le contenu est aussi quelque chose que vous pouvez distribuer sous forme de courriers électroniques, de publication sur les réseaux sociaux et de trafic payant, même à vos meilleurs clients, pour faire en sorte que votre entreprise leur vienne immédiatement à l'esprit et pour leur apporter une valeur additionnelle.

Dans ce chapitre, nous vous proposons des stratégies pour gérer un blog d'affaires fructueux. Nous vous conseillons des outils efficaces pour trouver des idées, nous vous expliquons comment trouver des créateurs de contenu et comment travailler avec eux pour que votre blog reste diversifié et intéressant, et nous vous aidons à concevoir des titres accrocheurs pour vos articles de blog. Dans la dernière partie de ce chapitre, vous trouverez une liste d'éléments pour « auditer » votre blog afin de vous assurer que vous l'avez rendu le plus efficace possible.

Mettre en place un processus de publication d'articles de blog

Pour créer un blog qui ait un impact sur vos profits, il vous faut un processus. Un blog d'affaires mal géré aurait toutes les chances d'être un échec. Mettre en place un processus de publication vous permet :

- de peaufiner divers aspects de votre blog comme le style, le ton utilisé, les sujets, les offres, *etc.* ;
- de planifier le contenu et d'identifier les manques, tout en réfléchissant à ce que votre public *a envie* de lire ;
- de maximiser l'impact immédiat de votre contenu ainsi que son impact à long terme, en tant que ressource.

Avec ce processus de publication, vous devez pouvoir trouver des idées d'articles, segmenter le contenu de manière à assurer une planification cohérente des publications, trouver des créateurs de contenu et travailler avec eux, préparer du contenu et le diffuser. Les sections suivantes expliquent en détail chaque étape de ce processus.

Trouver des idées d'articles de blog

Au Chapitre 6, nous vous proposons 57 types de contenu et d'articles de blog que vous pouvez utiliser de diverses manières et avec lesquels vous ne serez jamais à court d'idées pour créer et élaborer du contenu. Dans cette section, vous allez découvrir les outils dont vous pouvez disposer pour trouver des idées.

Trouver l'inspiration à partir de votre avatar client

La méthode de l'avatar client, présentée au Chapitre 1, vous fournit une abondante source d'informations pour trouver des articles qui alimenteront votre blog. Quels articles, quelles vidéos, quels podcasts vous permettront d'attirer l'attention de votre avatar et de le convertir ?

Commencez par examiner les cinq composantes de votre avatar :

- **Objectifs et valeurs :** quel objectif poursuit l'avatar ? Quelles valeurs lui sont chères ?
- **Sources d'information :** quels livres, magazines, blogs et autres publications l'avatar consulte-t-il pour s'informer ?
- **Données démographiques :** quels sont l'âge de l'avatar, son sexe et sa situation familiale ?
- **Problèmes et soucis :** qu'est-ce qui empêche l'avatar d'atteindre ses objectifs ?
- **Objections :** pour quelles raisons l'avatar renoncerait-il à acheter votre produit ou votre service ?

Répondez à chacune de ces questions concernant votre avatar et servez-vous de vos réponses pour trouver des idées de contenu. Exploitez les informations dont vous disposez concernant votre marché cible et créez un contenu qui résolve le problème de votre avatar, qui soit pertinent par rapport à ses conversations, qui corresponde à ses objectifs et qui réponde directement à ses objections.

Faire quelques recherches sur BuzzSumo

BuzzSumo est un outil en ligne qui vous permet de mesurer le succès relatif d'un contenu sur les réseaux sociaux, concernant un sujet donné. Le nombre de partages dont bénéficie un article de blog sur les réseaux sociaux est une bonne indication du contenu que le public apprécie. Les sujets qui reçoivent le plus d'attention sur les réseaux sociaux sont ceux que vous devriez envisager d'aborder sur votre blog.

Commencez par chercher quels sont les mots-clés et les expressions que votre public cible est susceptible de rechercher. Avec BuzzSumo, vous pouvez aussi adapter le type de contenu qui vous intéresse. Vous pouvez faire un choix entre ces catégories : articles, infographiques, contributions de visiteurs, cadeaux, interviews, vidéos. BuzzSumo vous permet de sélectionner la période sur laquelle portera la recherche de contenu. Ainsi, vous pouvez plus facilement rechercher un contenu qui a fait un buzz dernièrement, ou bien un contenu qui a été publié l'année dernière.

Voulez-vous savoir quel est l'impact du contenu d'un concurrent ? Saisissez son nom de domaine, et vous verrez apparaître les éléments de son contenu classés par ordre de popularité sur les réseaux sociaux. La Figure 5-1 représente le classement du contenu du blog de Typepad sur le site BuzzSumo. Voulez-vous savoir quels sont les contenus qui intéressent le plus les personnalités que vous admirez dans votre secteur d'activité ? Faites une recherche sur leurs noms, et BuzzSumo affichera la liste des contenus qu'ils ont le plus partagés.

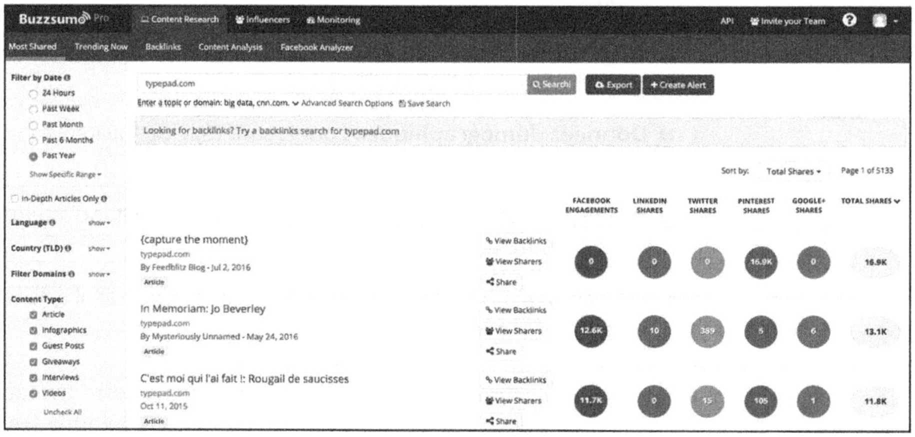

FIGURE 5-1
Utilisez BuzzSumo pour identifier les contenus qui ont le plus de succès.

Source : https://app.buzzsumo.com

Contrôler vos données

Le blogueur avisé observe la manière dont le public réagit à son contenu, grâce à un suivi des points de données. Ces points de données vous permettent de déterminer ce que vous devrez produire davantage dans l'avenir.

Google Analytics est un outil gratuit qui vous permet de visualiser des statistiques d'utilisation de votre site Web et de savoir quels articles de blog reçoivent le plus gros trafic, à quels articles les visiteurs consacrent le plus de temps et d'où provient le trafic (par exemple de Twitter, de Google ou de vos e-mails).

Restez également attentif au nombre de partages de chaque article de votre blog. Si vous utilisez un système de gestion de contenu comme WordPress ou Squarespace, vous pourrez mettre en place des boutons pour le partage, qui permettront aux visiteurs de votre blog de partager plus facilement votre contenu avec leurs amis sur des sites comme Twitter, Facebook ou Pinterest. La Figure 5-2 représente un article de blog post qui a fait l'objet de nombreux partages. Un blogueur attentif aux statistiques peut y trouver de l'inspiration pour créer un contenu susceptible d'être abondamment partagé.

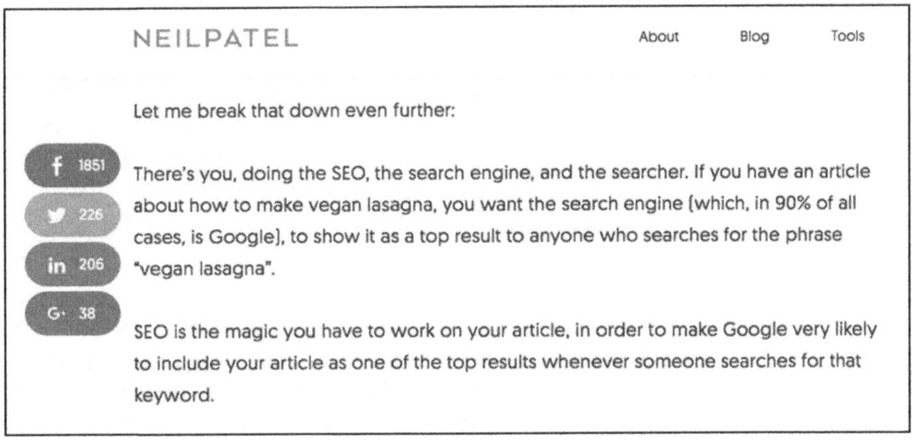

FIGURE 5-2
Un récent article de DigitalMarketer qui a eu du succès sur les réseaux sociaux.

Source : https://www.buzzfeed.com/annakopsky/two-personhalloween-costume-ideas-you-have-permission-to?utm_term=.cm7xOkVyM#.naZgR4NkG

Enfin, quand vous diffusez votre contenu dans une newsletter, surveillez les taux d'ouvertures et de clics, pour chaque e-mail envoyé. Un contenu qui intéresse votre public obtient un pourcentage d'ouvertures et de clics relativement plus élevé qu'un contenu qui lui paraît moins intéressant.

Utilisez les informations tirées de vos sources de données internes pour planifier la publication de votre contenu, en privilégiant les sujets qui intéressent le plus votre public d'après ce que les données vous indiquent.

Mettre en place des segments de contenu

Votre blog ne doit pas se réinventer d'une semaine à l'autre, ni d'un mois à l'autre. Votre public et vous-même en tirerez davantage de valeur si vous mettez en place une structure prédictible des types de contenus publiés. Pour cela, créez des segments de contenu. Un segment de contenu est un format d'article de blog qui se répète selon un rythme prédéterminé, sur un modèle donné.

Les segments de contenu sont sans doute pour vous quelque chose de familier, que vous en ayez conscience ou non. La radio, la télévision et les médias imprimés utilisent des segments depuis des décennies. La rubrique du « Courrier des lecteurs », par exemple, est un segment incontournable dans le secteur de la presse. Buzzfeed, site Internet d'information et de loisirs, publie une rubrique quotidienne intitulée Voici ce que les gens achètent sur Amazon en ce moment. La Figure 5-3 représente Moz, une entreprise qui produit des logiciels d'optimisation et des ressources pour le marketing digital, et publie sur son blog une vidéo hebdomadaire intitulée Whiteboard Friday.

Les types de publication que nous vous présentons au Chapitre 6 sont adaptables en tant que segments. Ainsi, par exemple, vous pourriez publier chaque semaine ou chaque mois sur votre blog une liste de liens (voir Chapitre 6). Constituez simplement une liste de liens susceptibles d'intéresser votre public, et publiez-la en l'accompagnant d'une description de ce à quoi peut s'attendre le visiteur qui clique sur un lien.

Les segments sont des éléments qu'il est bon d'inclure dans votre programme pour diverses raisons. Une de ces raisons est que vous pouvez ainsi offrir aux rédacteurs externes une visibilité constante sur votre blog. Une autre raison est qu'il est facile de les reproduire et qu'ils se consomment rapidement, car leur format est toujours le même. Vos lecteurs les reconnaîtront et prendront l'habitude de les attendre à mesure que vous continuerez de les publier et d'apporter ainsi régulièrement de la valeur à votre public.

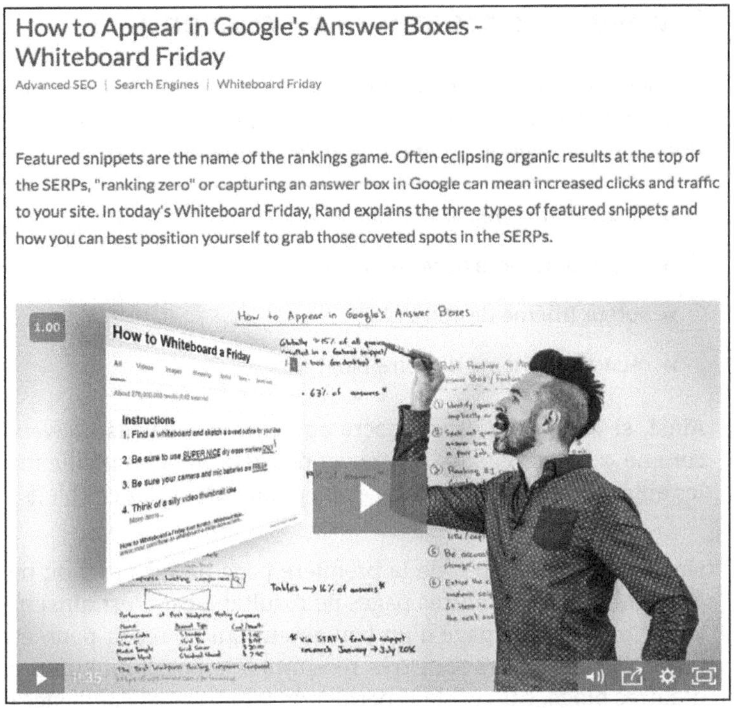

FIGURE 5-3 Un extrait d'une publication segmentée de Moz.

Source : https://moz.com/blog/how-to-appear-in-googles-answer-boxeswhiteboard-friday

Travailler avec des créateurs de contenu

Pour produire le contenu nécessaire à la croissance de votre blog, vous aurez sans doute besoin d'une équipe de rédacteurs. Un rédacteur externe est une personne indépendante de votre enseigne qui crée des ressources de contenu pour votre blog. Ces ressources sont généralement des articles rédigés, mais le contenu destiné à votre blog peut aussi prendre la forme d'un enregistrement audio, de vidéos ou de photos. Avec des créateurs de contenu externes qui font un travail de qualité, votre blog bénéficiera d'une large gamme de perspectives, et cela peut renforcer sa réputation et son influence. Cela est particulièrement vrai lorsque le créateur de contenu est un acteur influent, c'est-à-dire quelqu'un qui exerce un impact supérieur à la moyenne sur son créneau. Les personnes influentes ont souvent leurs propres supporteurs et entretiennent des relations avec des acteurs clés des organes de presse, des groupes de consommateurs ou des organisations professionnelles.

Trouver des créateurs de contenu

Si vous cherchez des créateurs de contenu, commencez votre recherche sur les blogs qui traitent des mêmes sujets que le vôtre. Utilisez un moteur de recherche, Google par exemple, et lancez une des requêtes suivantes :

- blogs [thème de votre blog]
- blogueur [thème de votre blog]
- auteur [thème de votre blog]
- rédacteur [thème de votre blog]

Ainsi, si votre blog est consacré au véganisme, vous pouvez lancer une requête comme « blogs vegan » et trouver des liens vers les meilleurs blogs vegan et vers les auteurs qui auront participé aux publications sur ces blogs.

Ne vous contentez pas de la première page de résultats du moteur de recherche. Examinez aussi les autres pages de résultats, car c'est ainsi que vous pourrez repérer le blog ou la page d'un bon auteur qui ne reçoit peut-être pas beaucoup de trafic. Ces blogueurs sont très réceptifs à la possibilité de contribuer au contenu d'autres blogs, car cela leur permet de faire croître l'audience de leur propre blog.

Vous pouvez aussi chercher des créateurs de contenu sur Twitter. La plupart des créateurs de contenu se servent de Twitter pour diffuser des liens vers leur contenu. Utilisez une application comme Followerwonk pour rechercher dans la partie Twitter Bios les termes suivants :

- blogueur [thème de votre blog]
- auteur [thème de votre blog]
- rédacteur [thème de votre blog]
- orateur [thème de votre blog]

Pour trouver des créateurs de contenu, vous pouvez aussi consulter les blogs qui sont consacrés aux mêmes sujets que le vôtre ou à des sujets liés au vôtre, et contacter les blogueurs invités. Souvent, ce sont des auteurs et des blogueurs indépendants qui ne demanderaient pas mieux que d'écrire pour votre blog en étant rémunérés et de se faire ainsi connaître de votre public.

Ensuite, vous devez pouvoir trouver des créateurs de contenu parmi vos meilleurs commentateurs, ceux qui laissent les commentaires les plus intéressants à propos de vos articles. Non seulement ces commentateurs vous sont liés, mais ils connaissent votre style et certains d'entre eux sont peut-être des auteurs et des orateurs qui cherchent à gagner en visibilité.

Enfin, vous pouvez créer sur votre site ou votre blog une rubrique « Soumettre un article », qui sera une invitation aux auteurs intéressés à vous contacter. Cependant, faites attention : vous risquez d'être contacté par un certain nombre de créateurs de contenu de mauvaise qualité. Il est donc conseillé de mentionner des règles. Faites le point de ce que vous pouvez attendre d'un créateur de contenu, cela vous permettra d'écarter ceux qui ne font pas l'affaire et de sélectionner ceux que vous recherchez. Pour attirer les bons auteurs, faites figurer dans votre rubrique « Soumettre un article » les précisions suivantes :

» **Les articles seront signés :** la plupart des auteurs veulent que leur nom figure au bas de leurs articles, avec un lien vers leur site Web. Précisez-leur que ce sera bien le cas.

» **Les articles seront rémunérés :** en informant les auteurs que vous les paierez pour leurs articles, vous augmenterez le taux de réponse. Il n'est pas nécessaire de mentionner le prix pratiqué.

» **Les catégories de contenu :** mentionnez les sujets sur lesquels vous voulez que vos auteurs invités s'expriment.

» **Des exemples :** affichez un lien vers des exemples d'articles qui serviront de modèles à vos auteurs.

» **Un formulaire de contact :** ainsi, un auteur pourra vous contacter s'il le souhaite. Au minimum, demandez le nom et l'adresse électronique de l'auteur. Pour pouvoir filtrer les articles soumis, demandez aux auteurs intéressés de vous faire parvenir des extraits de leurs écrits. Pour notre part, nous en demandons trois.

MarketingProfs, par exemple, a créé une rubrique « Write for Us » (« Soumettre un article ») très bien détaillée afin de trouver de bons créateurs de contenu (Figure 5-4).

Engager des créateurs de contenu

Après avoir trouvé des auteurs qui vous intéressent, il est temps de les contacter. Sachez qu'il ne peut y avoir que deux raisons pour lesquelles des auteurs externes produiront du contenu pour votre blog : l'argent et la visibilité (ce peut être pour ces deux raisons à la fois).

Write for MarketingProfs

Yes! We accept **bylined "how to" articles** and **opinion pieces** for our website and daily newsletter, MarketingProfs Today.

We also publish daily **summaries of research findings** based on polls, surveys, and research studies conducted by marketers, academia, PR firms, and other researchers.

1. Contribute bylined "how to" articles for MarketingProfs.com

Bylined articles of **800-1,000 words or so of body text,** written from an objective viewpoint and conveying valuable **how-to** content (**practical** advice, **actionable** tips, and **useful** know-how) in a fresh, approachable voice are more likely to meet MarketingProfs standards—and therefore more likely to be accepted for publication. See, as examples, the following three articles:

1. 13 'Old-School' Marketing Techniques That Take Your Facebook Fan Page From Wimpy to Wow
2. Run Your Website Like a Magazine
3. 10 Ways to Entice Your Whole Company (Not Just Marketing) to Blog

We will inform you if your article has been accepted for publication; expect to hear from us within a week or so of our having received your email. If we choose not to accept your article, you may or may not hear from us, depending on how crowded our inbox is.

Articles accepted for publication will be edited for clarity and brevity and to conform to the MarketingProfs house style. We will likely change your title, too, so you might want to suggest some alternatives.

So, if you are interested in joining the hundreds of MarketingProfs contributors of how-to marketing articles—on a one-time or a regular basis—here are some guidelines:

1. Articles should be original to the author and **unpublished elsewhere**.
2. Articles should offer readers **clear advice, takeaways, and practical how-to tips** about a specific marketing topic or approach to marketing. Bullet points are good. Meandering text is not—but keep in mind that **800-word minimum.**
3. At the beginning of your article, **list two or three bullet points summarizing its key takeaways**—the lessons learned and the how-tos contained in the article. They will be published along with the article.
4. Include a **brief bio** of 25 words, including LinkedIn and Twitter contact info, if available, and a recent **headshot** (make sure your entire head is in the picture).

FIGURE 5-4 Un extrait de la page « Write for Us » de MarketingProfs.

Source : http://www.marketingprofs.com/write-for-us

Pour les auteurs dont la motivation est l'argent, le principe est simple : vous les payez, et ils vous préparent du contenu. Plus des connaissances spécialisées sont nécessaires, plus le coût du contenu sera élevé. C'est la loi de l'offre et de la demande. Si vous ignorez quels sont les tarifs habituellement pratiqués, vous pouvez consulter des sites comme Craigslist et ProBlogger Job Board.

L'argent mis à part, ce que vous pouvez offrir à vos auteurs, c'est une visibilité auprès de votre public. Si votre blog reçoit un très grand nombre de visites, fait l'objet de nombreux partages sur les réseaux sociaux ou suscite de nombreux commentaires de lecteurs, faites-le savoir aux auteurs que vous courtisez. Vous constaterez que lorsque vous leur offrez une plus grande visibilité, vous pouvez payer moins cher le contenu qu'ils vous fournissent. Une fois que votre blog a atteint une masse significative, vous n'avez même plus besoin de débourser quoi que ce soit : les auteurs viennent à vous pour la visibilité qu'ils peuvent obtenir.

Gardez à l'esprit que le prix que pourra exiger un auteur dépendra du rayonnement dont il peut vous faire profiter. Plus il aura d'influence et de lecteurs, plus il exigera d'argent et de visibilité.

S'assurer le succès grâce à des créateurs de contenu

Le meilleur moyen de vous assurer le succès grâce au concours d'un auteur extérieur est de préparer des règles comme celles de la rubrique « Soumettre un article », qui préciseront quels types de contenu sont les plus adaptés à votre blog, à quel public vous destinez vos articles et à quels critères les articles doivent satisfaire. Ainsi, par exemple, si votre blog n'accepte pas certains types de photos (photos provenant d'une photothèque, photos personnelles, etc.), indiquez ces restrictions. Si les photos doivent avoir une certaine taille, avec une certaine résolution et un cadre spécifique, mentionnez ces exigences. Ce sont autant de directives dont vos auteurs auront besoin pour pouvoir préparer un contenu qui vous convienne, et elles vous éviteront un gros travail de correction, de mise en page et de traitement d'images lorsque vous recevrez leurs travaux. Après avoir pris contact avec des auteurs extérieurs qui se sont montrés intéressés à écrire des articles pour vous, adressez-leur vos directives, afin qu'ils sachent à quoi s'attendre. Vous pouvez les leur adresser sous forme d'un document séparé, ou bien les insérer directement dans votre correspondance.

Ensuite, mettez à la disposition de ces auteurs des articles de votre blog que vous voudrez leur proposer comme modèles. Fournissez-leur aussi des liens vers les contenus qui ont eu du succès dans le passé, afin qu'ils voient mieux quelle orientation ils vont devoir donner à leurs articles.

Après avoir informé vos nouveaux collaborateurs, au moyen de ces directives et de ces exemples, demandez-leur des précisions sur les articles qu'ils comptent rédiger pour votre blog :

- **Le titre provisoire :** le titre de l'article est une indication importante pour le lecteur. Le titre provisoire n'est pas nécessairement le titre qui sera finalement retenu, mais il indique l'orientation du texte qui sera rédigé.
- **Les grandes lignes :** il s'agit de savoir comment l'article se présentera, ce que contiendra chaque section et quelles illustrations l'auteur a l'intention d'utiliser. En connaissant davantage de détails à l'avance, vous aurez plus de chances d'assurer le succès de l'article.

Quand un auteur vous fait parvenir le titre provisoire et les grandes lignes de son article, donnez-lui votre approbation, ou bien formulez des suggestions et posez des questions jusqu'à ce que vous soyez satisfait et sûr que vous pourrez publier cet article sur votre blog.

Enfin, négociez les délais et les échéances. Selon le type d'article, attendez-vous à ce que la rédaction de la version initiale du texte prenne deux à trois semaines. Si vous n'aviez encore jamais travaillé avec un collaborateur, demandez-lui de vous faire parvenir tout d'abord le quart du texte pour révision. Cet aperçu vous permettra de procéder à des corrections et à travailler avec l'auteur avant qu'il ne termine son article.

Ne manquez pas de respecter le temps des auteurs comme ils ont respecté le vôtre et estimez les temps de traitement. Combien de temps devront-ils attendre avant que vous leur renvoyiez les épreuves ou que vous leur posiez des questions ? Au bout de combien de temps sauront-ils si leur article est approuvé ? Quand leur communiquerez-vous la date de publication ? Avec des directives, un calendrier défini et des attentes précises, vous vous assurez que le processus de création de contenu se déroulera sans problème.

Examiner la première version

Une fois qu'un auteur vous a transmis son texte (dans les délais, si possible), vous procédez à une révision technique afin de vérifier qu'il est publiable tel quel ou qu'il peut être mis à vos normes sans qu'il soit nécessaire d'en remanier le contenu.

Tout d'abord, comparez le texte à ce que l'auteur vous avait soumis à l'étape précédente du processus. Est-il conforme à ce que le titre initial laissait prévoir ? Le contenu correspond-il aux grandes lignes précédemment approuvées ? Notez tout ce qui peut vous poser un problème. Accordez une attention particulière à tout ce qui s'écarte de ce que promettait le titre provisoire et à ce que l'auteur a pu omettre.

Ensuite, vérifiez que l'article satisfait bien à vos critères de publication. Le ton de l'article est-il adapté à votre blog ? S'agit-il bien du type de contenu que votre public s'attend à trouver sur votre blog ? Les illustrations satisfont-elles aux normes et aux spécifications établies dans vos directives ? L'auteur dispose-t-il bien des autorisations nécessaires à leur utilisation ?

Après cette vérification, passez le texte en revue pour voir quelles corrections vous pourriez lui apporter. Que conviendrait-il d'ajouter, ou de supprimer ? Qu'est-ce qui pourrait être rendu plus clair pour le lecteur ?

Décidez si vous devez retourner l'article à son auteur pour qu'il y apporte des corrections, ou si vous allez le publier tel quel ou avec des corrections mineures, faites par vos soins ou confiées à votre équipe éditoriale. Dans le premier cas de figure, annoncez une échéance afin de pouvoir respecter la date de publication prévue. Précisez bien quelles corrections et quels changements vous désirez.

Réviser le texte

Une fois que vous avez obtenu un article publiable (conforme à ce qui était prévu et à vos normes), procédez à une révision approfondie. Adaptez-le, si besoin est, à votre style d'expression (avez-vous l'habitude de mettre des majuscules ici ou là, ou de placer un trait d'union là où d'autres n'en mettent pas ?), et ajoutez, le cas échéant, des notes pour apporter au lecteur les précisions que vous jugerez nécessaires.

Ensuite, relisez le texte ligne par ligne de manière à repérer les éventuelles fautes de frappe, d'orthographe, de grammaire, etc. Mettez au point la mise en page, le débit, le ton, et vérifiez que les illustrations apparaissent de façon satisfaisante et que les liens et les vidéos fonctionnent comme prévu. L'objectif du travail éditorial est de s'assurer que le contenu ne comporte plus d'erreurs (fautes d'orthographe ou de grammaire, liens rompus, etc.).

Appliquer une formule pour les titres du blog

Tout ce qui est expliqué dans ce chapitre ne vous sera vraiment utile que si vous donnez aux articles de votre blog des titres accrocheurs. Le titre est l'élément le plus important d'un article, car c'est le titre qui se distingue de tout le reste, qui attire l'attention des lecteurs et qui l'incite à consacrer son précieux temps à lire l'article.

Mais comment trouver des titres magiques qui provoqueront des clics en série ? Il s'agit d'appliquer une formule. Sur un blog, les bons titres peuvent relever de six catégories différentes, que nous allons examiner en détail.

Exploiter la recherche d'un intérêt personnel

La première formule pour trouver un bon titre se fonde sur l'intérêt personnel. C'est une formule à utiliser de façon habituelle, pour trouver des titres qui seront généralement directs et qui souligneront un avantage particulier que votre public gagnera à lire votre article. Le principe est de répondre à la question « Qu'est-ce que cela va m'apporter ? » et de présélectionner les lecteurs en leur indiquant de quoi traite l'article.

Voici quelques exemples de titres évoquant l'intérêt personnel du lecteur :

- Augmentez le trafic sur votre site Web grâce à notre Plan Marketing de contenu en 3 étapes
- Assurez-vous une retraite digne, même sans avoir commencé à épargner
- Les 10 meilleurs marchés d'aliments biologiques à Austin, Texas

Piquer la curiosité

Les titres qui répondent à la recherche d'un intérêt personnel ont un impact, car ils soulignent l'avantage direct que procure la lecture d'un article, mais les titres conçus pour piquer la curiosité du lecteur ont aussi un impact pour la raison inverse. C'est parce qu'ils ne donnent pas beaucoup d'information qu'ils suscitent de nombreux clics. À la lecture d'un tel titre, le lecteur peut difficilement résister à l'envie de lire l'article. Attention cependant, un titre conçu pour piquer la curiosité du lecteur peut faire chou blanc si vous ratez votre cible. Vous risquez d'indisposer le lecteur si votre contenu ne répond pas aux attentes suscitées par un titre délibérément ambigu. Faites en sorte que votre titre accrocheur n'induise pas le lecteur en erreur.

Voici quelques exemples de titres qui piqueront la curiosité des lecteurs :

- 25 choses que peut faire votre iPhone et que vous ignoriez
- Un filet de bœuf grillé à la perfection grâce au « Truc du papillon »
- Pourquoi vous ne devriez jamais boire du lait cru

Pour choisir le titre d'un article de blog, compter uniquement sur la curiosité du lecteur est rarement une bonne idée. Mieux vaut combiner la curiosité et l'intérêt personnel. Par exemple, vous seriez peut-être tenté de lire un article censé vous expliquer comment obtenir un filet de bœuf grillé à la perfection, mais si le « Truc du papillon » éveille aussi votre curiosité, alors le titre sera plus convaincant encore.

Suggérer l'urgence ou la rareté

Le meilleur moyen d'obtenir qu'on lise un article sur votre blog consiste à donner un sentiment d'urgence ou de rareté. Un titre qui suggère l'urgence ou la rareté fait comprendre au lecteur qu'il doit agir tout de suite, faute de quoi il va manquer quelque chose. N'abusez pas de cette technique, car vous risqueriez d'exaspérer votre public. N'utilisez des titres suggérant l'urgence ou la rareté que lorsque vous êtes véritablement confronté à une date butoir, une quantité limitée ou une disponibilité restreinte.

Voici quelques exemples de titres suggérant l'urgence ou la rareté :

Conférence de Woody Allen au Lincoln Center le 15 octobre : achetez dès maintenant vos billets !

Cours de photographie gratuits : votre dernière chance de vous inscrire !

Un nouveau livre révèle un secret antique pour perdre du poids : offre limitée

Lancer un avertissement

Souvent, les gens sont plus motivés à agir pour éviter un mal que pour obtenir un avantage. Un titre sous forme d'avertissement, bien choisi comme les exemples ci-après, vous promet la possibilité de vous protéger face à une menace si vous passez à l'action :

Le gros mensonge qui se cache dans le contrat de location de votre habitation

Attention : n'achetez aucun aliment pour chiens avant d'avoir lu ce qui suit

Le matelas de votre enfant serait-il dangereux pour sa santé ?

Compter sur l'influence des gens qui font autorité

Une des caractéristiques fondamentales de l'être humain est l'attention portée au comportement d'autrui avant la prise d'une décision. Vous pouvez en tirer parti dans vos titres en mentionnant le succès de quelqu'un, en citant des noms familiers et influents ou en faisant valoir que beaucoup de gens utilisent déjà le produit ou le service en question.

Les responsables de marketing intelligents exploitent systématiquement cette propension des gens à faire des choix en se fondant sur les choix faits par les autres (sur une « preuve sociale »). Plus ceux qui ont fait un certain choix sont nombreux, plus ils ont d'influence et plus fort est l'impact de la preuve sociale.

Méditez sur les exemples suivants de « preuves sociales » :

Pourquoi des milliers de Parisiens se rassembleront au Champ-de-Mars le 8 décembre prochain

Ce que le Docteur Oz mange quand il a un creux le soir

La nouvelle vidéo de Justin Timberlake dont tout le monde parle

Révéler la nouveauté

Tenir votre public informé des plus récents développements dans votre domaine vous donne un pouvoir, et ce faisant vous entretenez l'intérêt des gens pour votre blog. Pour un article traitant d'un sujet brûlant, il faut un titre qui se remarque et qui suggère la nouveauté ou l'urgence des informations publiées. Ce genre de titre est généralement efficace quand on y incorpore un élément qui attise la curiosité. C'est ce que l'on appelle les grands titres.

En voici quelques exemples :

Un cas de cancer chez l'être humain découvert sur des ossements vieux de 1,7 million d'années

Une nouvelle espèce animale découverte au fond de la mer des Caraïbes

Avec ce nouvel outil, rien ne sera plus jamais comme avant dans les webinaires

Faire l'audit d'un article de blog

Quand vous relisez un article destiné à un blog, il est parfois difficile de comprendre les raisons particulières pour lesquelles il lui manque quelque chose. Il peut être plus difficile encore de faire comprendre à un auteur ou à une équipe de rédacteurs ce qui doit être amélioré : c'est difficile lorsque vous n'avez pas défini un processus ou lorsque vous ne savez pas quoi chercher. Pour auditer votre article, examinez dix éléments. Les sections qui suivent présentent chacun de ces éléments, pour vous permettre d'apprendre à les évaluer et à les améliorer.

Présenter un titre exceptionnel

Dans la section « Appliquer une formule pour les titres du blog », précédemment dans ce chapitre, nous énumérons les six catégories dans lesquelles on peut généralement classer les bons titres d'articles. Quelle que soit la formule ou la combinaison de formules que vous utilisez, les titres exceptionnels présentent trois points communs :

- Le titre annonce l'avantage qu'il y a à lire l'article.
- Même en utilisant autant de mots que nécessaire pour rendre cet avantage explicite, le titre est concis et évite les mots ou expressions redondants ou superflus qui n'apporteraient pas grand-chose et feraient obstacle à une lecture rapide, comme *réellement, seulement, très* ou *assez*. Voici un exemple de titre comportant des mots superflus :

  Pourquoi il est très important, dans un titre ainsi que dans un texte, d'éviter principalement les mots superflus qui sont assez creux et qui, parfois, peuvent distraire quelque peu le lecteur

  Voici maintenant un meilleur titre, plus convaincant :

  Pourquoi les mots superflus découragent le lecteur, et comment les éviter
- Le titre est convaincant sans induire en erreur, sans être long et sans rien exagérer.

Les mauvais titres sont souvent de simples déclarations ou des expressions incomplètes. Examinons par exemple ces trois titres trouvés sur un site Web consacré à la forme physique et à l'alimentation saine :

Du chocolat au petit-déjeuner

Les bienfaits de la méditation

Gagner la guerre contre l'obésité infantile

Vous remarquerez que ces trois titres sont de simples propositions. Il est possible de les améliorer très nettement, souvent par une seule petite modification :

Du chocolat au petit-déjeuner ?

Les 7 bienfaits de la méditation

Comment gagner la guerre contre l'obésité infantile

Ces titres modifiés ne sont pas parfaits, mais ils sont déjà considérablement plus efficaces que la version originale. L'ajout d'un point d'interrogation au premier titre permet de susciter davantage l'intérêt du lecteur. L'insertion d'un chiffre dans le titre du milieu élimine l'imprécision et apporte de la spécificité. Enfin, le mot « Comment » au début du dernier titre transforme une simple proposition en promesse.

Si vous avez des difficultés à déterminer un bon titre, il est souvent possible de le trouver dans le début ou la fin de l'article. Cherchez dans l'introduction ou dans la conclusion une affirmation qui ressemble à une promesse et qui fasse apparaître l'avantage que présente la lecture de ce texte. Vous aurez de bonnes chances d'y trouver une amorce de titre.

Rédiger une bonne introduction

La partie la moins réussie d'un article est souvent l'introduction. Parfois, un article de blog simplement bon peut devenir excellent rien qu'en supprimant les cinq premiers paragraphes, afin d'entrer plus vite dans le vif du sujet. Une introduction exceptionnelle présente les caractéristiques suivantes :

- Elle est extrêmement facile à lire et donne un rythme à la lecture.
- Elle entraîne le lecteur et l'incite à lire le reste de l'article.

Pour rédiger votre introduction, vous pouvez utiliser l'astuce suivante : commencez par une phrase percutante et qui suscite la curiosité. Cette phrase devra être courte (rarement plus de huit mots) et « savonner la pente » au lecteur.

En voici quelques exemples :

Vous l'avez enfin trouvée.

La grande erreur, c'est celle-ci . . .

Arrêtez-moi si vous avez déjà lu ce qui suit.

Le plus difficile est d'accrocher le lecteur : quand vous avez réussi, il vous est bien plus facile de continuer à l'entraîner.

Proposer un contenu facile à digérer

Un des objectifs du blogueur est de faire en sorte que les gens lisent l'article en entier plutôt que de sauter des paragraphes. Quand le contenu d'un blog n'est pas assez digeste, il n'est pas pertinent. Pour être assuré que votre contenu sera facile à lire, respectez les règles suivantes :

- La mise en page du texte doit en faciliter la lecture.
- Les transitions entre les idées et entre les sous-titres doivent être harmonieuses.

Un article de blog n'est pas un livre. Un blog remarquable n'est pas constitué de longs paragraphes denses, ni dépourvu d'illustrations et de vidéos. Les blocs de texte interminables découragent le lecteur, sans compter qu'ils sont visuellement peu attrayants. Facilitez la lecture du contenu en morcelant le texte grâce à l'insertion des éléments suivants :

- Listes à puces
- Listes numérotées
- Citations

- Sous-titres
- Illustrations (images, photos, images animées, infographiques, vidéos intégrées)
- Expressions en gras
- Expressions en italique

Ensuite, repérez les endroits où le lecteur risque de peiner à lire, ou d'interrompre sa lecture, par exemple lorsque l'auteur passe d'une idée à une autre. Faites en sorte qu'il y ait toujours des transitions. Les transitions donnent à l'article sa cohérence, facilitent la compréhension et aident le lecteur à poursuivre sa lecture jusqu'à la fin du texte. La Figure 5-5 représente un extrait d'article de blog comportant des illustrations, des sous-titres, des listes à puces, des expressions en gras et des paragraphes courts, si bien que le texte est aéré et facile à lire.

Un dernier point : morcelez les paragraphes. Les paragraphes longs dans les articles de blog sont à la lecture ce que les ralentisseurs sont à la circulation automobile : ils ralentissent la lecture et découragent les lecteurs. Lors de la mise en page, scindez les paragraphes de plus de trois lignes, afin que le texte soit lu davantage.

Atteindre votre objectif

Un blog peut avoir divers objectifs, comme faire connaître une marque, apporter une valeur à un public ou établir une réputation, mais le principal objectif d'un blog commercial est de générer de bons leads pour finalement accroître les ventes. Les éléments clés pour accroître les taux de conversion grâce au contenu d'un blog sont les suivants :

- **La pertinence :** l'offre que vous formulez dans l'article doit correspondre au sujet de l'article. Plus l'offre sera cohérente, plus vous aurez de chances de susciter des conversions.
- **La consommation :** si le texte est ardu, les lecteurs seront déçus et quitteront votre page.

Afin d'atteindre votre objectif, ne manquez pas d'inclure les éléments suivants dans chacun des articles que vous publierez :

- Un appel à l'action clair et pertinent par rapport au sujet de l'article.
- Une mise en page et un texte qui incitent effectivement le lecteur à faire ce que vous attendez de lui.

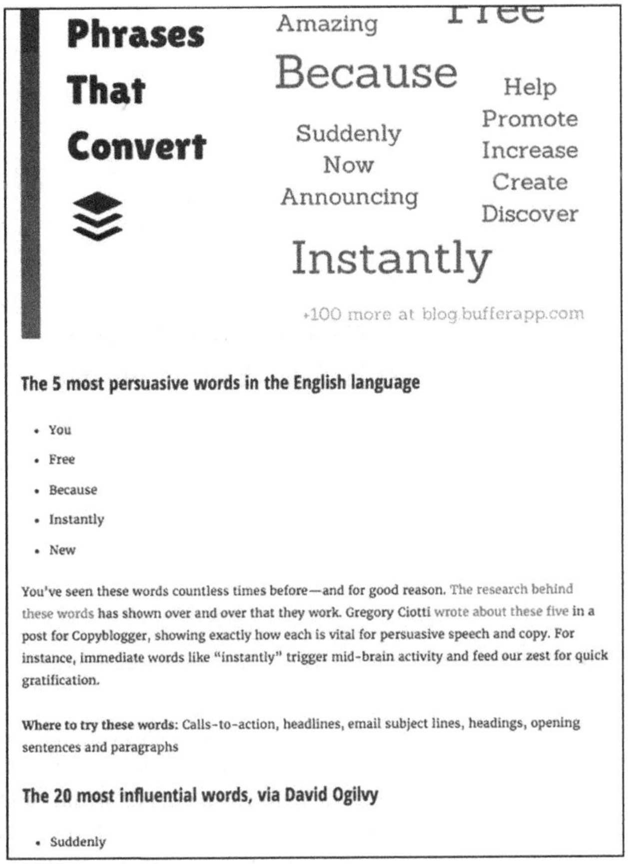

The 5 most persuasive words in the English language

- You
- Free
- Because
- Instantly
- New

You've seen these words countless times before—and for good reason. The research behind these words has shown over and over that they work. Gregory Ciotti wrote about these five in a post for Copyblogger, showing exactly how each is vital for persuasive speech and copy. For instance, immediate words like "instantly" trigger mid-brain activity and feed our zest for quick gratification.

Where to try these words: Calls-to-action, headlines, email subject lines, headings, opening sentences and paragraphs

The 20 most influential words, via David Ogilvy

- Suddenly

FIGURE 5-5 Une mise en page qui rend le contenu facile à lire.

Source : https://blog.bufferapp.com/words-andphrases-that-convert-ultimate-list

» Un appel à l'action placé en position proéminente dans l'article, afin qu'il ait plus de chances d'être remarqué.

La Figure 5-6 montre un appel à l'action du New York Times qui apparaît sous forme de fenêtre pop-up et attire l'attention du lecteur avant qu'il ait quitté le site Web. Le message et l'ergonomie sont simples, et c'est ce qui permet d'attirer l'attention des lecteurs et de générer des clics.

Inclure des médias de bonne qualité

Les images, les vidéos et les fichiers audio que vous insérez dans un article en sont les médias. Il est très important, pour le succès de votre article, que ces médias soient de bonne qualité et qu'ils se chargent rapidement. Des médias qui mettent

FIGURE 5-6
Un article du *New York Times* avec un clair appel à l'action.

Source : http://www.nytimes.com/2016/11/15/world/europe/putin-calls-trump.html?_r=0

plus de trois secondes à se charger ou qui sont de mauvaise qualité provoquent chez le lecteur un sentiment de frustration, si bien qu'il ira chercher ailleurs un contenu qu'il trouvera clair et qui ne l'obligera pas à patienter. S'attacher à ne produire que des médias de bonne qualité est un moyen de se distinguer dans une industrie saturée de contenu. Par conséquent, assurez-vous de n'utiliser que des photos, des vidéos et des fichiers audio de bonne qualité, qui soient nets et lisibles. Faites aussi en sorte que ces médias soient des compléments explicatifs ou illustratifs qui enrichissent utilement votre article.

Il n'est peut-être pas nécessaire d'employer un photographe ou un infographiste à plein temps, mais évitez d'utiliser des photos et des vidéos provenant d'une photothèque. Souvent, ces photos et ces vidéos ont un aspect artificiel, sans compter qu'elles ne cadrent souvent pas parfaitement avec le sujet de votre publication.

Terminer par une conclusion convaincante

Selon sa conclusion, votre article peut être simplement bon, ou bien excellent. Une bonne conclusion assure la cohérence de l'ensemble. Il faut qu'à la fin de l'article, toute question soulevée ait trouvé sa réponse et que toute promesse ait été tenue :

faute de quoi le lecteur se sentirait floué et risquerait de se forger une opinion négative concernant votre enseigne. Dans votre conclusion, vous pouvez recourir à l'humour, faire de l'esprit, susciter chez le lecteur, d'une manière ou d'une autre, une émotion qui l'incitera à déposer un commentaire, à partager l'article ou à consulter d'autres pages de votre blog.

La conclusion est la partie décisive de votre article, celle qui conduira le lecteur à décider de le partager, de le commenter, de cliquer sur votre appel à l'action ou de découvrir votre site plus avant. Elle n'a pas besoin d'être sensationnelle, mais il ne faut pas que la fin de l'article soit abrupte. Le moyen le plus simple de conclure est de rappeler l'introduction et d'inviter le lecteur à commenter et à partager l'article.

Utiliser une stratégie de référencement

Une bonne stratégie de référencement (ou optimisation des moteurs de recherche) vous permet d'obtenir pour vos articles un meilleur classement dans les moteurs de recherche comme Google, et d'augmenter ainsi vos chances de faire connaître votre blog (pour plus de détails concernant les tactiques de référencement, lire le Chapitre 8). Pour optimiser le référencement de votre article, choisissez un mot-clé ou une expression clé qui soit unique et que vous inclurez :

- dans la balise titre
- dans le corps du texte
- dans l'attribut alt de l'image
- dans l'adresse URL
- dans la méta-description

Une autre méthode importante pour optimiser votre blog consiste à créer une liaison transversale entre votre article et les sites Web qui traitent de sujets connexes. Vous pouvez le lier à des sites qui n'ont rien à voir avec votre enseigne, mais dont le contenu est pertinent par rapport au sujet de votre article. Vous pouvez aussi créer des liens avec d'autres articles que vous avez écrits et qui approfondissent un aspect évoqué dans votre dernier article.

Classer les sujets par catégories

À mesure que votre blog s'enrichit, vous serez peut-être amené à traiter une plus vaste série de sujets. Il sera alors préférable d'organiser votre blog et de classer vos sujets par catégories. Ainsi, par exemple, un blog sur le thème de l'économie pourra traiter d'une grande variété de sujets comme la fiscalité, la planification financière, le budget, l'épargne, etc. Pour que les lecteurs trouvent plus facilement ce qu'ils cherchent, définissez des catégories, parfois aussi appelées des tags, et classez chaque article publié.

L'utilisation de catégories permet d'améliorer l'expérience de l'utilisateur, et ainsi d'accroître la valeur apportée à votre public. Le choix de la bonne catégorie est parfois aussi simple que la sélection d'une case à cocher à l'aide de la souris, mais il s'agit d'un élément important dans l'audit d'un article de blog.

Tenir complètement les promesses

Quand le titre et l'introduction ont pour objet de formuler une promesse attractive, il importe de tenir complètement cette promesse dans le reste de l'article. Si ce n'est pas le cas, changez le titre ou remettez l'article en chantier. Rien ne saurait ruiner la réputation de votre blog plus vite qu'un article dont le texte ne tient pas la promesse contenue dans son titre.

Cela dit, concernant cet élément de l'audit, il ne s'agit pas simplement de tenir une promesse. Il faut aussi que chaque idée contenue dans l'article soit développée de façon adéquate, sans que le lecteur reste sur sa faim ou demeure dans l'incertitude. Cherchez quelles parties de l'article vous pourriez améliorer en y ajoutant :

- des médias (images, vidéos, sonorisation)
- des exemples
- des données
- des liens internes ou externes au blog pour plus d'informations

Poussez plus loin la perfection pour chaque article, et vous verrez les résultats. Cherchez à produire un petit nombre d'articles exceptionnellement complets plutôt qu'un gros volume de contenu qui ne satisfera pas suffisamment votre public.

Maintener une cohérence professionnelle

À quoi ressemble votre enseigne ? Privilégiez-vous l'aspect professionnel ? Académique ? Ironique ? Dans tous les cas, produisez un contenu qui renforce votre image de marque. Le blog d'un cabinet d'avocats, par exemple, ne publiera pas d'articles contenant des grossièretés, mais le blog d'un vendeur de motos « branché » pourra se permettre d'employer certains gros mots, car ce sera cohérent avec le milieu concerné. Aussi, quel que soit le sujet de votre article, assurez-vous qu'il reste en harmonie avec la personnalité de votre enseigne.

D'autre part, et c'est sans doute important plus particulièrement dans certains secteurs, il convient de veiller à ce que l'article le plus récent du blog ne soit pas en contradiction avec une publication antérieure, sur ce même blog ou ailleurs. Supposons, par exemple, que sur un blog consacré à la mode, vous ayez publié l'année dernière un article condamnant le port d'un maillot de corps sous la chemise, et que votre dernier article souligne l'importance des sous-vêtements sans faire état de ce qui a pu changer dans ce domaine depuis votre ancien article. Vos lecteurs seront perplexes, et vous en perdrez à cause d'une telle incohérence.

Chapitre 6
Étudier 57 idées d'articles de blog

DANS CE CHAPITRE

» **Ne plus jamais être à court d'idées d'articles pour le blog**

» **Produire rapidement un contenu de bonne qualité pour le blog**

» **Rédiger des articles de blog avec lesquels vous gagnerez la confiance du public**

» **Se servir du blog pour travailler en réseau avec des acteurs influents**

Tout blogueur sait combien une page blanche sur l'écran peut être paralysante et combien il peut être difficile de trouver de nouvelles idées. C'est pourquoi ce chapitre est si important. Les types d'articles proposés conviennent pour les blogs qui s'adressent aux entreprises comme pour ceux qui s'adressent aux consommateurs.

Dans les pages qui suivent, nous vous proposons une liste de 57 idées d'articles de blog qui devrait vous éviter d'être à court d'idées à l'avenir. Nous examinons aussi en détail trois types d'articles qu'il est possible de rédiger rapidement et sans difficulté, avec un contenu exemplaire que votre entreprise sera fière de promouvoir.

Pour en finir avec le manque d'inspiration

Pour vaincre l'angoisse de la page blanche, il suffit de savoir qu'il existe en réalité divers types d'articles de blog et d'avoir un aperçu des différents formats sous lesquels vous pouvez publier du contenu.

Au Chapitre 4, nous avons développé la notion de création de segments de contenu. Dans le contexte du blog, un segment est un type de contenu qui se répète selon une périodicité généralement hebdomadaire ou mensuelle. Un exemple est la présentation d'une liste de liens intéressants vers des sources externes. De nombreux blogs publient une telle liste chaque semaine ou chaque mois. En créant de tels segments de contenu, vous rendez la planification du contenu de votre blog bien plus facile.

Les différentes catégories d'articles de blog sont abordées dans les sections qui suivent. Si vous créez beaucoup de contenu, insérez un marque-page au début de ce chapitre et gardez ce livre à proximité de votre poste de travail. Essayez quelques-unes des 57 idées présentées dans ce chapitre et retenez-en une ou deux pour en faire des segments réguliers de votre calendrier éditorial.

Écrire un contenu utile

Les recherches de contenu utile se font sur Internet. Les gens cherchent des guides, des études de cas et des ressources qui leur permettront de résoudre leurs problèmes, qui les inspireront, qui les mettront sur la bonne voie. En publiant un contenu utile et gratuit, vous vous faites aimer de votre public et vous devenez une référence dans votre créneau. Les sections qui suivent présentent 13 types d'articles utiles que n'importe quelle entreprise peut exploiter.

Une liste

Vous pouvez publier une liste, tout simplement. Une liste est ce qu'il y a de plus facile à constituer et à publier, et elle est très adaptable. Les gens adorent les listes, car elles sont utiles et faciles à lire. Pour votre blog, créez une liste d'ouvrages, d'outils, de ressources ou de tout ce qui peut être considéré comme utile sur votre marché, et qui soit aussi en lien avec votre appel à l'action.

En général, une liste est précédée d'une courte introduction. Une liste est naturellement constituée de texte, ce qui peut rebuter le visiteur. Insérez des illustrations partout où vous le pourrez, afin de rompre la monotonie du texte. Ainsi, votre publication sera plus facile à lire et elle aura plus de chances d'être partagée.

Une étude de cas

Le terme étude de cas est plus valorisant que les termes article et vidéo. Une étude de cas est réputée fournir beaucoup de détails et aller au-delà d'un simple témoignage, avec des exemples réels. Les études de cas vous permettent de mettre en avant vos réussites et d'inciter vos clients potentiels à devenir des clients réels.

En publiant une étude de cas, soyez précis et parlez de stratégie. Donnez les détails du projet, de l'événement ou du processus en question. Racontez votre histoire du début à la fin, sans oublier les échecs et les obstacles que vous avez rencontrés. Ainsi, votre étude de cas sera plus authentique et votre enseigne aura meilleure presse, car vous montrerez qu'elle est constituée d'êtres humains, avec leurs défauts comme chacun de nous. Enfin, ne manquez pas d'y faire figurer des chiffres, des graphiques et des images à l'appui de vos exemples. La Figure 6-1 montre une étude de cas publiée par ConversionXL.

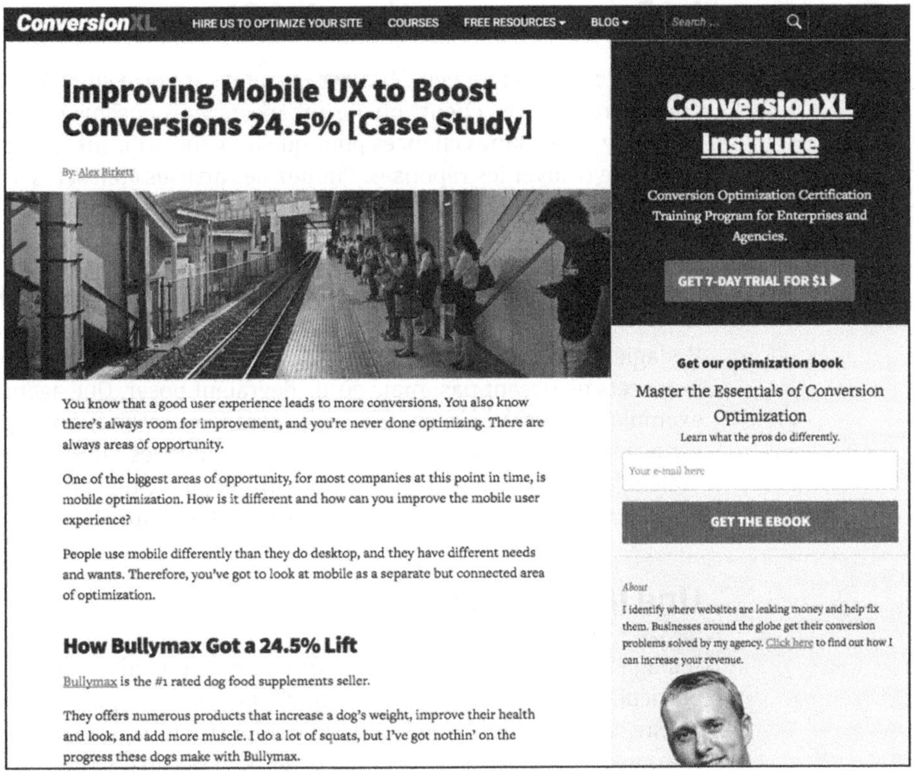

FIGURE 6-1 Extrait d'une étude de cas de ConversionXL.

Source : http://conversionxl.com/improve-mobile-ux/

Un « how to »

Le « how to » est aussi un type de publication incontournable. Il s'agit d'un article expliquant comment exécuter un processus, avec l'aide d'illustrations, d'une vidéo ou d'une bande-son, et rendant l'action la plus facile possible pour le lecteur.

Ce type de publication comporte une courte introduction, après quoi vous détaillez le processus. Vous pouvez d'abord présenter ce processus dans l'introduction sous forme d'une liste à puces. Cela vous facilitera le découpage du corps de texte en étapes, en phases ou en catégories, de telle sorte que vos lecteurs pourront mieux digérer les informations.

La Foire aux questions (FAQ)

La FAQ est un bon moyen d'attirer le trafic sur votre site Web, depuis les moteurs de recherche. Si vos clients ou vos prospects vous posent souvent les mêmes questions, il y a de bonnes chances pour que les gens utilisent les moteurs de recherche en vue de trouver les réponses. Publiez des articles consacrés à ces questions, avec des explications détaillées.

Tout ce que vous avez toujours voulu savoir...

Il s'agit d'une variante de la FAQ, consacrée aux questions que les clients ou les prospects ne posent pas, mais qu'ils devraient poser. Une agence immobilière, par exemple, pourrait publier une page intitulée Les questions que vous devez poser avant d'embaucher un collaborateur. Traitez les questions que vos clients devraient vous poser avant d'acheter votre produit, ou celles qu'ils devraient vous poser pour en savoir plus sur votre secteur d'activité.

Une liste de contrôle

Il s'agit de lister les points à passer en revue quand on doit accomplir une tâche particulière. Une compagnie aérienne, par exemple, pourrait publier sur son blog la liste de tout ce qu'un voyageur doit emporter lorsqu'il se rend à l'étranger, ou de tout ce que les parents doivent apporter pour occuper leurs jeunes enfants pendant les longs trajets.

Un contenu mis sous forme de liste de contrôle est souvent plus efficace. Les gens aiment ce format pour sa facilité de lecture et de mémorisation, et passer à l'action est plus facile quand le contenu est présenté de cette manière.

La formule problème/solution

Ce type de publication suit un format simple : d'abord la définition d'un problème, puis la présentation de la solution. Cette solution peut être le produit ou le service que vous vendez, ou quelque chose que les gens peuvent obtenir gratuitement. La formule problème/solution est efficace, car les gens cherchent toujours des moyens de résoudre leurs problèmes. Si vous apportez à quelqu'un une véritable solution, il vous en sera reconnaissant.

La formule problème/solution peut se rapprocher d'autres types de contenu comme la FAQ, le « how to » et la liste de contrôle.

Les résultats d'une recherche

Mener à bien vos propres recherches primaires sur un sujet relatif à votre créneau est un des meilleurs moyens de créer un contenu qui captera l'attention de votre public. En effet, les résultats des recherches de première main sont difficiles à obtenir et ces recherches peuvent prendre énormément de temps. Effectuer des recherches et publier gratuitement les résultats est un très bon moyen de séduire des prospects et d'imposer son enseigne comme une référence dans un domaine particulier.

Cela dit, vous n'êtes pas obligé d'effectuer vous-même toutes ces recherches. Vous pouvez simplement reprendre des résultats de recherches faites par d'autres et les publier sous forme d'un article, d'une infographique ou d'un autre type de contenu, selon ce qui est de nature à intéresser ou captiver votre public.

Des statistiques

Ce type de publication (comme celui qui précède) est plus indiqué lorsque vous disposez de statistiques que vous avez vous-même recueillies et compilées, car cela vous donne davantage de compétence aux yeux de vos prospects. Cela ne signifie pas que vous ne devez pas exploiter des données provenant de tiers, mais si vous vous souciez de promouvoir votre enseigne, utiliser vos propres statistiques est préférable. N'ignorez pas pour autant les autres ressources. Vous pouvez rassembler des statistiques provenant de plusieurs sources afin de publier quelque chose de particulièrement consistant.

Le guide idéal

Comme on peut le penser, le guide idéal est une publication détaillée et exhaustive portant sur un sujet dans lequel vous êtes spécialisé. S'il est bien fait, les gens l'ajouteront à leurs favoris et s'y référeront continuellement. Par conséquent, ne lésinez pas : consacrez-y le temps nécessaire, et préparez ce que vous pouvez concevoir de mieux sur le sujet. Cette publication fera revenir les gens sur votre site, elle fera de vous une référence sur votre marché, et vous montrerez ainsi que vous savez de quoi vous parlez.

Le principe de ce guide idéal est que le lecteur ne doit pas avoir besoin d'aller chercher ailleurs pour obtenir davantage de renseignements sur la question. Cette publication sera longue, elle comprendra plusieurs milliers de mots ainsi qu'un certain nombre d'illustrations et d'exemples. Si elle peut être lue et assimilée en une dizaine de minutes, alors elle n'est sans doute pas le guide idéal.

Une série d'articles

Étudiez les possibilités de diviser votre sujet en plusieurs parties, sous forme d'une série d'articles. Une publication exceptionnellement longue ou complexe (comme le guide idéal) se prête particulièrement bien à un tel découpage.

Annoncez dans l'introduction la date à laquelle les lecteurs pourront lire le prochain article de la série que vous êtes en train de publier. Il faudra aussi que vous ayez défini un calendrier de publication. Optez par exemple pour une publication journalière sur une semaine, ou pour une publication hebdomadaire sur le prochain mois. En annonçant un calendrier de publication, vous permettez à vos lecteurs de savoir à quel moment ils pourront lire la suite, si bien qu'ils maintiendront plus volontiers leur intérêt pour votre série d'articles. Ne manquez pas de lier ces articles les uns aux autres à mesure que vous les publiez. Ainsi, ceux qui n'auront pas lu le premier ou le deuxième article de la série pourront facilement le retrouver et rattraper ce qu'ils ont manqué. La. Figure 6-2 montre un exemple de série d'articles, celui de la chaîne de clubs de remise en forme LA Fitness.

Des définitions

Dans les niches où le marché doit être sensibilisé, une publication sous forme de définitions est le type d'article absolument incontournable. Il s'agit de préparer un article qui définit un sujet, et ce type d'article est approprié dans les secteurs et les marchés qui emploient leur propre vocabulaire et leur propre jargon. Vous pouvez

FIGURE 6-2 Un exemple de série provenant de la société LA Fitness.

Source : http://blog.lafitness.com/2014/02/13/the-90-day-weight-lossworkout-plan-part-3-days-30-45-movemoreburnmore/

créer un contenu portant sur un sujet particulièrement déroutant ou complexe et donner à vos lecteurs les explications nécessaires.

Envisagez une série d'articles définissant plusieurs aspects de votre niche. Vous marquerez des points si vous pouvez définir de façon logique quelque chose qui est unique sur votre marché, ou inhabituel, ou controversé. En présentant un ou plusieurs de ces aspects, vous vous distinguerez, tout en suscitant un intérêt soutenu pour votre publication.

Le découpage d'une vidéo de YouTube

Ce type de publication consiste à créer un contenu remarquable à partir d'une vidéo publiée sur YouTube. Il peut s'agir de votre propre vidéo, ou bien de celle d'un tiers avec son autorisation. Pour créer ce type d'article, effectuez des captures d'écran à différents moments de la vidéo et ajoutez des explications sous forme de texte. Ensuite, insérez la vidéo entière dans votre publication. C'est là un moyen très rapide et très facile de produire de la valeur et de créer un contenu intéressant, à partir d'une vidéo.

Être généreux

Un des moyens les plus faciles de faire croître votre blog consiste à vous montrer généreux en faisant la promotion d'autres personnes ou entreprises. Quand vous promouvez les autres, ils vous promeuvent : le bénéfice est mutuel. Prenez contact avec des entreprises et des personnes influentes qui font quelque chose d'utile dans votre secteur d'activité. Vous pouvez faire d'autres entreprises un exemple instructif pour vos lecteurs. Vous trouverez ci-après huit méthodes pour créer un contenu dans un esprit de générosité.

Un profil

Rédigez le profil ou la biographie d'une personne influente sur votre marché. Vous n'avez pas l'obligation de lui en demander d'abord la permission, mais vous pouvez le faire si vous le voulez. En revanche, ne manquez pas, ensuite, de la prévenir par e-mail, par téléphone ou par un message sur les réseaux sociaux. Ainsi, cette personne influente pourra partager votre publication avec son public et vous envoyer du monde.

Une publication participative

Posez une même question à plusieurs spécialistes de votre secteur d'activité et rassemblez leurs réponses dans un même article. Si vous travaillez dans le secteur du fitness, par exemple, vous pouvez demander à des préparateurs physiques de haut niveau quel est leur exercice d'entraînement cardiovasculaire préféré. Rassemblez leurs réponses, et vous obtiendrez un article constitué de plusieurs avis différents.

La publication participative est une excellente formule, son contenu est facile à constituer et il sera partagé par un grand nombre de personnes influentes, sans compter qu'elle attirera leurs adeptes vers votre blog et vers votre site Internet. D'après notre expérience, il suffit d'obtenir de chaque personne d'influence une centaine de mots sur un même sujet pour avoir de quoi publier un excellent article de blog.

Une interview

Interviewez deux personnes qui font autorité sur votre marché. Vous pouvez imiter le style d'un article de journal ou de magazine, ou simplement présenter chaque question suivie de chacune des réponses mot pour mot.

Les personnalités les plus éminentes sont souvent plus disposées que vous pourriez le penser à vous accorder une interview, même si le lectorat de votre blog est limité.

Une personne très occupée vous accordera plus facilement une interview enregistrée. En effet, les interviews par écrit demandent du temps, et les interviews en vidéo posent des problèmes techniques et impliquent généralement la présence simultanée de l'interviewé et de l'intervieweur dans la même pièce. Au contraire, un enregistrement audio peut être réalisé par téléphone ou par un système comme Skype.

Une série de liens

Recensez des contenus de sources variées qui soient pertinents et intéressants pour votre public. Publiez une description de chaque contenu accompagnée d'un lien. C'est aussi simple que cela. Les articles sur lesquels pointent vos liens n'auront pas nécessairement un thème commun, il suffit qu'ils soient pertinents et intéressants pour vos lecteurs. Vous pouvez rédiger votre texte dans votre style habituel et ajouter des liens vers différents blogs ou référencer les articles ou les ouvrages utiles. Une autre possibilité consiste à utiliser un outil comme BuzzSumo pour trouver le contenu le plus prisé sur un sujet donné, et à le rassembler sous la forme d'une publication unique.

Vous pouvez publier ce type d'article avec une périodicité hebdomadaire ou mensuelle. N'oubliez pas d'informer vos sources, par e-mail ou par les réseaux sociaux, des liens que vous créez vers leurs contenus, afin que votre publication soit partagée par le plus grand nombre.

Des citations

Les citations donnent des idées et font réfléchir. Elles peuvent donc constituer un excellent article de blog. Rassemblez des citations provenant de diverses personnalités et qui concernent un même thème. Là encore, le cas échéant, ne manquez pas d'en informer les personnes que vous citez. La Figure 6-3 montre une publication dans laquelle la société Business.com propose des liens sur ses citations pré

business.com
Entrepreneurship | Finance | Human Resources | Marketing | Sales | Tech | Office Management

The 11 Most Inspiring Quotes We Heard at Social Media Marketing World

April 21, 2016
Posted By Shayna Marks

Our brains are still buzzing from the largest social media conference in the world, Social Media Marketing World, held earlier this week in San Diego. As some of the brightest minds in digital marketing took the stage, we took to pen and paper to record their every musing, out of which came many nuggets of information.

There was no shortage of trends, tools and tips shared, but one of the biggest things that made #SMMW16 so impactful was the pure passion and exuberance that everyone you encountered excuded. The speakers were no different—offering words of wisdom that went far beyond social media. At one point, John Lee Dumas actually made me tear up!

Here are the 11 most inspring quotes we heard at the conference.

Related Article: The 4 Most Important Trends from Social Media Marketing World 2016

FIGURE 6-3
Un exemple de publication de citations par Business.com.

Source : http://www.business.com/social-media-marketing/the-11-most-inspiring-quotes-we-heard-at-socialmedia-marketing-world/

férées tirées de Social Media Marketing World. Dans cette publication, Business.com ne présente pas les citations sous forme de liste numérotée, mais les met en page avec des illustrations de manière à les rendre visuellement attractives.

Le meilleur du Web

De façon assez similaire à la publication à base de liens évoquée précédemment, cette formule consiste généralement à rassembler du contenu, des outils et autres ressources pour en faire une sélection que vous considérez comme ce que l'on peut trouver de mieux et que vous allez publier sous votre propre nom. Dans votre publication, mettez les liens et expliquez de manière concise de quoi il s'agit et pourquoi c'est « le meilleur du Web ». Pour la présentation et la mise en page, toutes les options sont ouvertes. C'est encore un excellent moyen d'apporter de la valeur à vos lecteurs, tout en faisant la promotion des acteurs influents avec lesquels vous voulez travailler.

La sélection de la semaine

Dans le même genre que la précédente, cette formule périodique est assez appréciée des blogueurs. Il pourra s'agir de l'article, du podcast ou de l'outil logiciel qui a votre préférence cette semaine. Le contenu, relativement court en général, est consacré à un seul article, outil ou autre ressource qui vous intéresse, que vous allez présenter et référencer.

Des personnes à recommander

Ici, il s'agit de recommander à vos lecteurs des spécialistes ou des entreprises auxquels ils sont invités à s'intéresser plus particulièrement. Dressez une liste de personnes influentes, décrivez-les et ajoutez des liens permettant à vos lecteurs de les approcher par l'intermédiaire de leurs sites Web ou des réseaux sociaux, ou en leur signalant des événements ou des ouvrages.

Divertir les masses

Quand les gens trouvent un contenu distrayant ou amusant, ils sont enclins à le partager sur des réseaux sociaux comme Facebook ou Twitter. Produire un contenu divertissant est parfois difficile, mais si c'est à votre portée, la formule peut être très efficace. Voici cinq types de publications divertissantes.

Une histoire

Les histoires sont engageantes, elles peuvent donc constituer de bons articles de blog. Il s'agit de raconter une histoire qui divertira vos clients potentiels. Il n'est pas nécessaire de créer un contenu sensationnel, et une histoire n'est pas toujours compliquée. Les publicitaires, par exemple, inventent sans arrêt des histoires divertissantes dont la narration dure moins d'une minute.

Une satire

Il s'agit ici de faire de l'humour en recourant à l'ironie ou à l'hyperbole. Ce genre de contenu est adapté à des sujets d'actualité comme la politique ou le sport. The Onion, un journal satirique traitant de l'actualité mondiale, américaine et locale, nous en donne un bon exemple.

Une bande dessinée

Centrez votre article sur une bande dessinée qui fera rire vos lecteurs tout en attirant leur attention sur des sujets ou des événements liés à votre niche. Ce type de contenu se prête bien à une publication périodique qui peut être quotidienne, hebdomadaire ou mensuelle.

Un mème

Un mème est un élément qui se répand de façon massive sur Internet. Il peut prendre la forme d'une satire ou d'une bande dessinée. Créez votre propre mème ou rassemblez une série de mèmes trouvés sur le Web. La Figure 6-4 est un exemple de mème publié par Small Business Marketing Blog et appelé The Business Owner's Guide to Blogging.

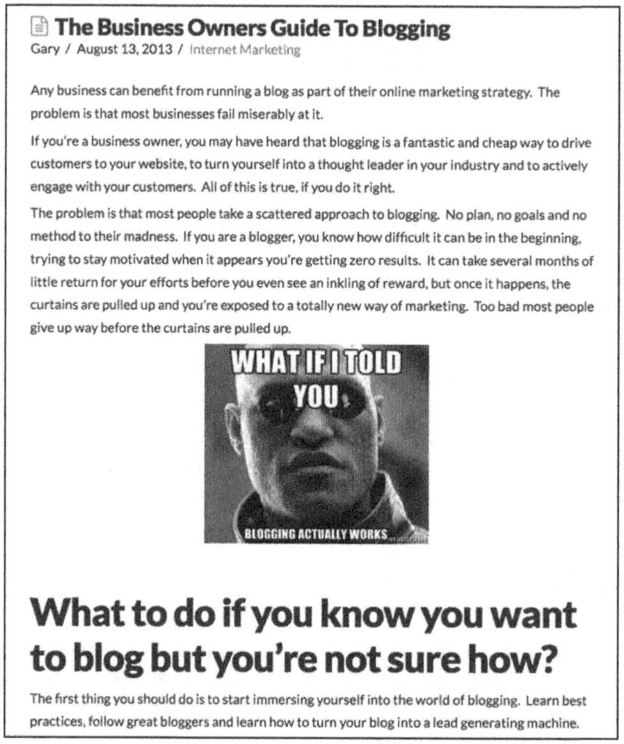

The Business Owners Guide To Blogging

Gary / August 13, 2013 / Internet Marketing

Any business can benefit from running a blog as part of their online marketing strategy. The problem is that most businesses fail miserably at it.

If you're a business owner, you may have heard that blogging is a fantastic and cheap way to drive customers to your website, to turn yourself into a thought leader in your industry and to actively engage with your customers. All of this is true, if you do it right.

The problem is that most people take a scattered approach to blogging. No plan, no goals and no method to their madness. If you are a blogger, you know how difficult it can be in the beginning, trying to stay motivated when it appears you're getting zero results. It can take several months of little return for your efforts before you even see an inkling of reward, but once it happens, the curtains are pulled up and you're exposed to a totally new way of marketing. Too bad most people give up way before the curtains are pulled up.

What to do if you know you want to blog but you're not sure how?

The first thing you should do is to start immersing yourself into the world of blogging. Learn best practices, follow great bloggers and learn how to turn your blog into a lead generating machine.

FIGURE 6-4 Small Business Marketing Blog organise son article autour d'un mème.

Source : http://3bugmedia.com/business-ownersguide-blogging/

Une parodie

Une parodie est un contenu qui imite une personnalité, un produit ou un média connu. Il s'agit d'adapter l'imitation à votre niche, en exagérant bien les qualités et les faiblesses du sujet.

Tirer parti de l'actualité

Il s'agit ici de rédiger un article qui détaille des informations sur un sujet donné. Dans certaines niches, il importe de rester collé à l'actualité, mais les actualités constituent un bon contenu de blog, surtout si vous êtes parmi les premiers à disposer d'une information. Si vous tenir au courant des dernières nouvelles et des plus récentes tendances est pour vous une tâche trop rebutante, vous pouvez envisager de publier une série d'articles à périodicité hebdomadaire. Voici cinq idées en matière de contenu d'actualités pour un blog.

Une revue critique

Consacrez votre contenu à la critique d'un produit ou d'un événement que vous avez l'occasion de connaître, qui est d'actualité et qui a un lien avec votre secteur d'activité et votre public. Pour de meilleurs résultats, n'encensez pas tout, mais soyez aussi sincère que possible dans votre critique.

Un sondage

Choisissez un sujet intéressant ou à la mode et sondez votre public en utilisant le courrier électronique ou les réseaux sociaux, ou en organisant des entretiens. Ensuite, rassemblez les résultats et publiez-les sous forme d'article sur votre blog.

Des actualités

À l'instar des journalistes, vous pouvez créer sur votre blog un contenu constitué d'informations sur les événements du jour. Il n'est pas nécessaire de dévoiler un « scoop », mais présentez votre sujet sous un angle qui rendra votre article intéressant ou distrayant.

Une prédiction

Certains créateurs de contenu sont capables de prédire une tendance au moment où elle commence à apparaître. Si vous avez, vous aussi, ce don de repérer les tendances, participez à leur promotion sous forme d'articles de blog.

Un article sur une question donnée

Choisissez des sujets qui touchent vos lecteurs et créez un contenu traitant de ces sujets, que vous publierez au moment où ils seront d'actualité et concerneront votre public.

Montrer son humanité

Dans vos publications, soyez humain. Montrez que votre enseigne n'est pas une entité corporative insensible et sans visage. Utilisez le contenu de votre blog pour faire connaître vos collaborateurs et mettre en valeur la personnalité de votre entreprise, avec les six types d'articles que nous vous présentons dans les sections qui suivent.

Une source d'inspiration

Le contenu le plus productif sur Internet n'est pas nécessairement informationnel ni divertissant, il peut être simplement une source d'inspiration. Dans les secteurs de la santé et du bien-être, ce type de contenu est souvent utilisé. Il peut tout à fait être présenté sous la forme d'une histoire, d'un profil, d'une ou plusieurs citations, etc.

Un article relatif à une fête

Certains blogs sont en repos les jours de fête, mais cela n'a rien d'obligatoire. Les fêtes peuvent être le moment pour vous de révéler l'humanité de votre entreprise. Saisissez cette occasion de présenter des vœux ou de rappeler à votre public la perspective d'un événement, comme l'a fait le magazine Country Living avec son article consacré à une recette de gâteau pour Halloween (Figure 6-5).

Ce type d'article vous permet aussi de faire preuve de créativité. Vous n'êtes pas obligé de vous limiter aux grandes fêtes. Certaines fêtes méconnues peuvent également mériter un article dans votre secteur d'activité, comme par exemple la fête des Mères en mai, la fête des Pères, en juin, ou la Saint-Valentin en février.

FIGURE 6-5 Country Living aide ses fans à préparer la fête d'Halloween.

Source : http://www.countryliving.com/food-drinks/g604/halloween-cake-recipes-1008/

Une confidence

Un auteur peut écrire un article pour révéler à ses lecteurs un moment particulier de son propre passé. S'il a le courage de faire part à son public d'une histoire très personnelle à laquelle celui-ci puisse s'identifier, le résultat peut faire partie des meilleurs contenus du Web.

En coulisses

Les gens adorent jeter un coup d'œil derrière le rideau pour voir ce qu'il s'y passe. Si vous avez des lecteurs ou des clients fidèles, nombreux seront ceux qui auront envie de savoir comment les choses se passent dans les coulisses de votre entreprise. Créez un contenu autour de cette idée. Vous pourriez montrer comment se déroule la journée type d'un de vos directeurs, ou comment vous préparez une vidéo ensemble. Dans cet article, ajoutez des photos et des vidéos pour illustrer vos exemples.

Un hors-sujet

Tout au long de cette section, nous soulignons l'importance qu'il y a à publier un contenu qui soit toujours pertinent par rapport à votre activité. Cependant, vous pouvez aussi considérer que l'important est d'attirer l'attention et publier un article complètement différent de ce que vous publiez habituellement. Ce n'est pas sans risque, mais si vous avez des supporteurs fidèles qui ont l'habitude de vous voir traiter une série de sujets relevant d'un domaine particulier, vous pouvez les surprendre et susciter un grand intérêt.

Une diatribe

Une diatribe est un article d'opinion qui met en valeur votre côté humain en révélant votre passion et votre colère sur un sujet approprié à votre lectorat. Ce type de publication n'est pas à conseiller à tout le monde, mais tout dépend du blog et de son public.

Faire dans le promotionnel

Certaines organisations utilisent leur blog dans un but promotionnel : de façon évidente, le blog sert à vendre l'entreprise et ses produits. Ce type de blog peut sembler un peu déplacé dans certains secteurs, mais un contenu promotionnel peut aussi faire merveille, tout dépend de l'entreprise concernée. Voici huit exemples de contenu promotionnel pour un blog.

Une comparaison

Il s'agit ici de publier un article qui compare les caractéristiques et les avantages de votre produit aux caractéristiques et aux avantages du produit d'un concurrent. Pour obtenir de meilleurs résultats et inspirer confiance, parlez aussi des situations dans lesquelles votre produit n'est pas la meilleure solution.

La vitrine d'un projet

Il s'agit de préparer un article similaire à l'article qui montre ce qui se passe en coulisses, mais pour expliquer comment votre entreprise a mené à bien un projet. Utilisez votre blog pour parler d'un projet particulier que votre entreprise a réalisé ou est en train de réaliser. Détaillez le processus et la stratégie, et dans la mesure du possible, précisez quels ont été les résultats.

Un compte-rendu des recettes

Ouvrez vos livres de comptes et montrez à vos lecteurs une ventilation des sommes que votre organisation perçoit. Précisez combien vous avez gagné, d'où venait l'argent et (le plus important) quelles leçons vous en avez tirées. Une telle transparence vous permet d'établir la confiance au sein de votre public.

Un bulletin d'information sur la vie de l'entreprise

Vous pouvez vous servir de votre blog pour tenir vos clients et prospects au courant des derniers recrutements, des récentes acquisitions, des principaux contrats en cours et autres changements intervenus dans votre entreprise. Ce type de publication, comme celui qui précède, est un bon moyen de gagner la confiance de vos lecteurs.

Un bulletin d'information sur les produits

Même principe que précédemment, mais cette fois le contenu concerne les nouveaux produits ou services que vous proposez ou les mises à jour et nouvelles versions de produits ou services existants. Si vos produits ou vos services ont des supporteurs enthousiastes, vous serez peut-être surpris de constater le succès que remportera un article de votre blog annonçant un nouveau produit ou une nouvelle version.

Un exposé

Vous pouvez publier des présentations effectuées par des salariés de votre entreprise, si le contenu est intéressant et enrichissant pour votre audience. Préparez par exemple un texte dans lequel vous inclurez la vidéo de l'exposé. Ne manquez pas d'y inclure les diapositives, pour que les lecteurs puissent suivre plus facilement.

Un « best of »

Contrairement à la formule « best of » précédente (« Le meilleur du Web »), il s'agit ici de présenter une sélection de vos plus grands succès parmi tous les articles que vous avez publiés sur votre blog depuis une certaine date, avec les liens correspondants. Sélectionnez les contenus qui ont trouvé un réel écho chez vos lecteurs, qui ont attiré un trafic important vers votre site, ou qui ont suscité d'intéressants commentaires.

Des conseils concernant votre produit

Créez un contenu qui permette à vos clients de mieux tirer parti d'un de vos produits ou services, grâce à des conseils et astuces. Ce contenu sera à la fois promotionnel et utile pour les lecteurs, et ce sera pour vous un outil très efficace s'il est bien adapté à votre blog et à votre audience.

Les prospects aussi lisent ces conseils et astuces sur les produits, et cela peut contribuer à leur conversion.

Faire des vagues

Si c'est bon pour votre enseigne, pourquoi ne pas prendre position et publier des articles propres à susciter la controverse ? Cela peut vous apporter beaucoup de trafic : rien ne se propage aussi rapidement que des textes galvanisants qui encouragent le débat. Il faut simplement que ce type de publication corresponde à la personnalité de votre enseigne. Voici six façons de susciter la controverse sur votre blog.

« Et si... ? »

Ce type d'article consiste à spéculer sur des événements ou des situations hypothétiques. Le succès de ce type de publication repose sur votre capacité de choisir une question qui soit à la fois intéressante et discutable.

Une invitation au débat

Beaucoup de gens aiment débattre. Vous pouvez vous servir de votre blog pour présenter un point de vue sur une question controversée. Vous pourriez même vous mettre en quête d'une personne qui serait en désaccord avec vous sur ce sujet, et présenter vos deux points de vue contradictoires dans un même article.

Une provocation

Cherchez la controverse. Une dispute verbale avec la bonne personne ou la bonne entreprise oblige votre audience à prendre parti et peut susciter un vif intérêt. Attention, avec ce genre de publication, vous risquez de vous faire des ennemis. Cependant, si vous savez vous y prendre, cette méthode peut aussi vous permettre de gagner de fidèles supporteurs.

Une prédiction

Exposez vos pronostics concernant un sujet ou une situation donnée. Si votre approche se prête au débat et à la spéculation, vos prédictions pourront produire d'excellents résultats.

Une réaction

Sur votre blog, réagissez à un contenu publié ailleurs. Le contenu qui vous fait réagir peut être un article de blog, un livre ou un diaporama. Détaillez vos sentiments sur ce sujet.

Une ressource et une réaction

Insérez dans votre article une vidéo, un diaporama ou une infographique, par exemple, puis exprimez votre propre réaction à ce contenu. Vous trouverez des vidéos sur YouTube, des diaporamas sur SlideShare et des infographiques sur Visual.ly. Ce type d'article est très similaire au précédent, mais ici le contenu auquel vous réagissez se trouve dans votre article même : la différence est subtile, mais remarquable.

Commencez par une courte introduction pour donner le ton. Ensuite, faites apparaître votre réaction juste sous la ressource intégrée à l'article. Le titre de l'article sera généralement dérivé du titre de la ressource en question.

Pour la ressource que vous allez intégrer à votre article et à laquelle vous allez vous-même réagir, cherchez une vidéo ayant fait l'objet d'un grand nombre de vues, ou bien une infographique ou un diaporama ayant obtenu de nombreux partages sur Facebook, Pinterest ou Twitter. Ensuite, ajoutez votre réaction à ce contenu fameux, juste au-dessous. Vous pouvez être pratiquement sûr que votre article aura du succès.

Engager son audience

Il est payant de susciter l'intérêt de votre audience de telle sorte que les gens viennent régulièrement consulter votre contenu. Même si leur engagement n'est pas nécessairement l'objectif ultime, on ne saurait nier l'impact d'un contenu qui attire ainsi le lecteur. Voici les six dernières idées d'articles de blog que nous vous proposons pour attirer et captiver votre public.

Une question à traiter

Ce type d'article est similaire aux FAQ. Il consiste à répondre aux questions posées par vos lecteurs sur les réseaux sociaux, sur les forums ou dans la partie de votre blog réservée aux commentaires. Cependant, à la différence des FAQ, l'article peut être consacré à une question qui n'a pas encore été posée, mais qui se prêterait bien à la rédaction d'un article.

Une question appelant des réponses

Nous restons dans le même ordre d'idées que précédemment, mais ici vous vous contentez de poser une question et vous laissez vos lecteurs y répondre dans la partie de votre blog réservée aux commentaires. Cela donne une publication généralement très succincte, et ce sont vos lecteurs qui créent l'essentiel du contenu par leurs échanges sous forme de commentaires. Ce type d'article convient bien si votre blog bénéficie d'un lectorat engagé qui commente souvent vos publications.

Un défi

Utilisez un article de blog pour lancer un défi à votre public. Comme le montre la Figure 6-6, BuzzFeed met ses lecteurs au défi de manger sainement pendant deux semaines et publie des instructions et des recettes de cuisine à suivre pour atteindre cet objectif. Ce type d'article se prête bien à une publication périodique, avec la collaboration des lecteurs qui souhaitent y participer.

Un portrait ou une étude de cas

Consacrez un article à un client, ou bien à un projet sur lequel vous avez travaillé avec un client. Ce type d'article a certes un côté promotionnel, mais il mobilise aussi votre audience.

Une promotion

Utilisez un article de blog pour offrir à votre audience l'accès à un cadeau qui soit pertinent. Il pourra s'agir d'un téléchargement gratuit, d'une étude de cas, ou d'un de vos produits ou services, par exemple. Consacrez votre article à cette promotion.

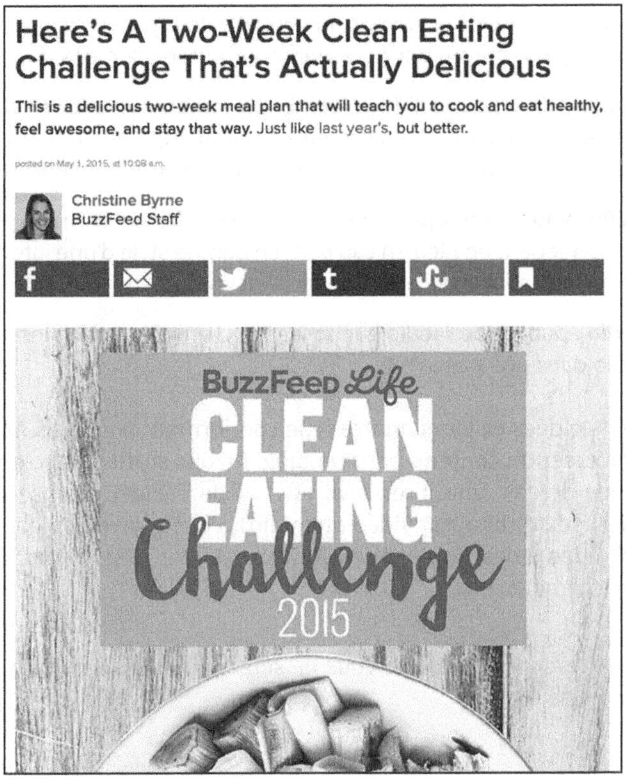

FIGURE 6-6 BuzzFeed lance un défi pour motiver son audience.

Source : https://www.buzzfeed.com/christinebyrne/cleaneating-2015?utm_term=.skwm7PgOB#.scbm3la5W

Un concours

Annoncez un concours sur votre blog et précisez quelles en seront les règles, indiquez aux lecteurs comment participer et décrivez ce qu'ils pourront gagner. Vous pouvez faire cela sous forme d'une série d'articles avec l'annonce des résultats.

Multiplier les idées pour votre blog

Et voilà : 57 idées d'articles de blog (sections précédentes de ce chapitre) que vous pouvez commencer à exploiter dès aujourd'hui. Vous pouvez aussi développer ces idées afin de produire encore plus de contenu. Ces 57 idées en contiennent en réalité 228, sachant que vous pouvez les exploiter sous quatre formats différents :

- **Texte :** le texte est la forme traditionnelle des articles de blog et ce format reste le plus courant pour présenter un contenu sur le Web.
- **Images :** il est possible de présenter un contenu sous forme d'images uniquement. Ces images peuvent être des infographiques, des bandes dessinées, des dessins, des diagrammes, des graphiques, ou encore des photos.
- **Vidéo :** vous pouvez publier de la vidéo de différentes manières, et filmer un intervenant de pied en cap ou bien dans le style d'une interview, seules la tête et les épaules de la personne étant visibles.
- **Audio :** publiez de l'audio par podcast, ou simplement en insérant un lecteur audio dans une page Web.

Avec ces 57 idées et leurs quatre types de formats possibles, il est facile de commencer à créer du contenu pour un blog. Il vous suffit de choisir une idée d'article (une étude de cas, une interview, etc.) et de décider quel sera le format le plus approprié (texte, images, vidéo ou audio). Vous pouvez opter, par exemple, pour une FAQ (idée) sous forme de vidéo (format), ou bien un profil (idée) sous forme d'image (format).

Avec cette liste de 228 idées, vous ne serez plus jamais à court d'inspiration pour vos articles de blog.

Créer un excellent contenu en évitant beaucoup de complications

Créer un contenu qui plaira et qui sera partagé demande beaucoup de travail. Trouver l'idée ne suffit pas. Rédiger le contenu prend beaucoup de temps. Dans cette section, vous allez découvrir plusieurs méthodes pour créer très rapidement du contenu de qualité.

Précédemment dans ce chapitre, nous vous avons proposé entre autres idées d'article la série de liens, la réaction à une ressource et la publication participative. Dans les sections qui suivent, nous étudions de plus près les raisons pour lesquelles ces trois types de contenu sont si efficaces et si faciles à produire.

Trouver et arranger du contenu

La série de liens consiste à sélectionner des informations provenant de diverses sources et à les rassembler dans un article. Le contenu ainsi obtenu n'est pas nécessairement produit par vous ou par votre entreprise. Vous pouvez lui donner la forme d'une liste : c'est un moyen très facile et efficace de présenter du contenu.

Pour un blog consacré à l'alimentation, par exemple, vous pourriez rassembler des recettes de guacamole et en faire un article. Il ne s'agirait sans doute pas de vos propres recettes, plutôt des recettes trouvées un peu partout sur Internet. Vous, présenteriez chaque recette en expliquant pourquoi elle est intéressante, en soulignant ses particularités et en ajoutant un lien vers sa source.

L'avantage de cette formule à base de liens est que vous n'êtes pas obligé de créer vous-même le contenu. Il n'est pas nécessaire que vous soyez l'auteur de l'une ou l'autre des recettes de guacamole. Ainsi, vous pouvez publier des articles bien plus rapidement que si vous deviez à chaque fois créer le contenu vous-même. Les lecteurs apprécieront que vous ayez effectué un travail de recherche à leur place pour rassembler ces recettes en un lieu unique, sur une page de votre blog. Un tel article sera pour eux une ressource à laquelle ils pourront se référer à plusieurs reprises après avoir « marqué » votre page.

Si vous pouvez produire rapidement ce type d'article et fidéliser ainsi vos lecteurs, il faut cependant que le contenu utilisé soit de bonne qualité et ne risque pas de ternir l'image de votre enseigne. Ce type de publication ne contient généralement pas beaucoup de texte, seulement de brèves descriptions pour introduire l'article référencé avant d'afficher le lien qui y mène. Quelle que soit la quantité de texte, il faut qu'il y ait de belles illustrations, de grande dimension, pour l'attrait visuel. Vous pouvez reprendre les illustrations de l'article référencé.

La Figure 6-7 représente ce type d'article de blog, et vous trouverez dans les paragraphes qui suivent quelques conseils pour la rédaction du texte.

Trouver un titre accrocheur

Si votre titre tombe à plat, personne ne lira votre article. Prenez le temps de trouver un titre qui suscite l'intérêt et qui fasse comprendre pourquoi il vaut la peine de lire l'article. Les stratégies pour choisir un titre sont étudiées au Chapitre 5.

FIGURE 6-7 Un extrait d'un article basé sur des liens, consacré à des recettes d'eau fruitée miraculeuse du site Internet de DIY Ready.

Source : http://diyready.com/diy-recipesdetox-waters/

Introduiser votre sujet

Rédigez une courte introduction dans laquelle vous expliquerez au lecteur quel peut être l'intérêt pour lui de lire la suite. Votre introduction n'a pas besoin d'être sophistiquée, sachant que vous renvoyez le lecteur vers des articles qui traitent du sujet plus en détail.

Rédiger le corps de l'article

Le corps de ce type d'article est souvent très réduit, il suffit d'y inclure un bref résumé de chaque contenu référencé. Ajoutez une illustration, et n'oubliez pas d'insérer un lien vers chacune des ressources utilisées. Il n'existe pas de nombre magique de ressources à utiliser, mais de façon générale, elles doivent être aussi nombreuses que possible.

Réagir à un contenu qui a du succès

Il s'agit d'une des méthodes les plus rapides pour produire un contenu de qualité. Des sites Internet comme YouTube (voir Figure 6-8) et SlideShare vous fournissent un bout de code qui vous permet d'insérer un contenu sur votre propre site. Il s'agit tout d'abord de repérer un contenu à succès que vous puissiez intégrer dans votre blog.

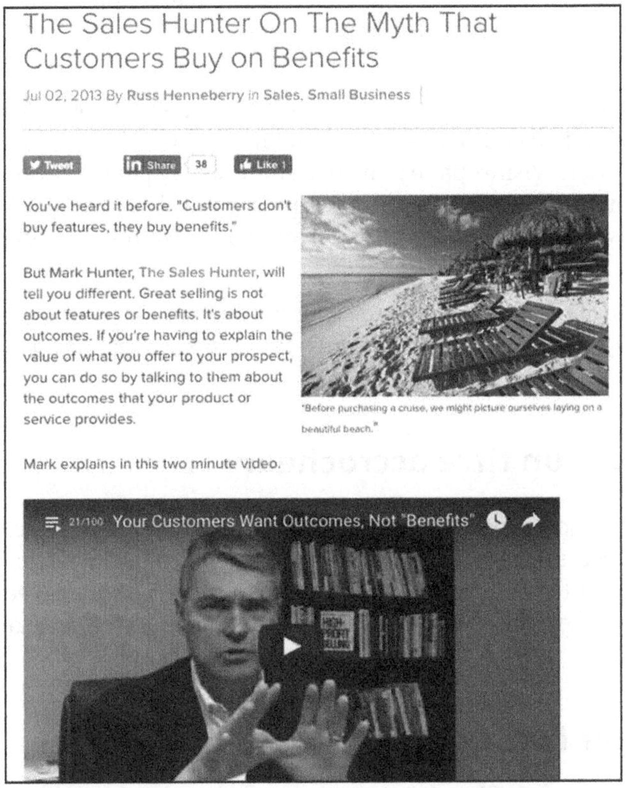

FIGURE 6-8 Un exemple de réaction à un contenu incorporé à l'article, sur le blog de Salesforce.com.

Source : https://www.salesforce.com/blog/2013/07/salesmyth-customers-buy-on-benefits.html

Vous pouvez y intégrer un ou plusieurs éléments de contenu, selon la complexité du sujet. Plus le contenu intégré a du succès, plus vous avez de chances de fidéliser votre audience et d'obtenir que votre publication soit partagée. Vous pouvez mesurer la popularité d'un contenu par le nombre de vues ou le nombre de partages dont il a fait l'objet.

Après avoir trouvé le contenu intéressant et pertinent à reprendre sur votre blog, réagissez à ce contenu dans le corps de votre article. Vous pouvez approuver ou désapprouver le contenu en question, comme lorsqu'il s'agit d'un article d'opinion, ou bien vous pouvez développer le contenu. La quantité de texte nécessaire dépendra de la complexité du sujet et de la longueur nécessaire de vos explications.

Naturellement, le contenu inséré doit être de bonne qualité et présenter une cohérence par rapport à votre enseigne. Cependant, comme pour l'article basé sur les liens, vous n'avez pas besoin de créer vous-même tout le contenu, ce qui représente pour vous un gain de temps majeur.

Lorsque vous cherchez du contenu à incorporer à votre blog, YouTube est un choix évident, mais bien d'autres sites produisent aussi du contenu de qualité pour ce type d'article. Visitez par exemple le site Visual.ly pour trouver des infographiques de qualité professionnelle que vous pourrez utiliser, ou SlideShare pour des diaporamas et des documents qui pourront vous inspirer une réaction intéressante.

Vous pouvez voir un exemple de contenu suivi d'une réaction sur une même page, sur la Figure 6-8, et vous trouverez dans les paragraphes qui suivent des conseils pour mettre en page tout cela.

Trouver un titre accrocheur

Comme toujours, attachez-vous à trouver un titre accrocheur, et donnez-vous le temps nécessaire pour le mettre au point (pour plus de détails sur les titres d'article, consultez le Chapitre 5). Indiquez au lecteur ce que la lecture de l'article lui apportera. Le titre de l'article sera généralement dérivé du titre de la ressource en question.

Rédiger l'introduction

Comme dans le cas précédent, il faut que votre introduction indique la valeur que les lecteurs pourront retirer de cet article. Restez simple, sachant que le sujet en question est abordé plus en détail dans le contenu inséré. Dans votre introduction, présentez simplement le contexte.

Incorporer votre contenu

Incorporez du texte, de l'audio, de la vidéo ou une image, sachant que ce contenu doit être pertinent pour votre public. Si ce contenu a déjà eu du succès, vous marquerez des points supplémentaires.

Mettre votre réaction par écrit

À ce contenu, ajoutez votre propre analyse ou votre propre réaction. Vous pourrez la justifier par un texte court, ou plus long si vous le jugez nécessaire, selon le sujet à traiter.

Un contenu participatif

Le contenu participatif est aussi une façon rapide de publier un article qui captera l'attention du public. Posez une même question à plusieurs spécialistes de votre secteur d'activité et rassemblez leurs réponses dans un même article. Ainsi, vous obtiendrez un article constitué de plusieurs avis différents.

Supposons que votre article concerne les réseaux sociaux. Vous pourriez contacter des professionnels pour leur demander de vous préciser quel est leur média social préféré et de vous expliquer brièvement pourquoi. Ensuite, vous rédigeriez une introduction succincte, suivie de la question que vous leur aviez posée et de leurs réponses. Cette méthode vous permet de publier un article très enrichissant, sachant que les avis différents que vous présentez apportent une valeur à vos lecteurs.

Contactez les spécialistes les plus éminents, ou sollicitez les collègues auxquels vous voulez être associé. Publiez les réponses d'interlocuteurs qui connaissent votre secteur d'activité et qui soient capables de répondre à votre question de façon argumentée et convaincante. Vous connaissez sûrement des amis, des collègues ou autres, qui seront en mesure de répondre à votre question : contactez-les.

Un autre avantage notable d'une publication participative est qu'elle a de bonnes chances de faire l'objet d'une diffusion élargie. Les spécialistes qui participent au contenu de votre article auront envie de le partager avec leur propre public, ce qui vous permettra d'élargir le vôtre. Dans cette optique, ne manquez pas de les informer de la date de publication de l'article, afin d'augmenter les chances qu'ils le partagent de leur côté.

Quand vous contactez des spécialistes, posez-leur plusieurs questions plutôt qu'une seule. Si vous adressez un e-mail à dix spécialistes de votre secteur d'activité, par exemple, pour leur poser cinq questions, et en supposant que tous vous répondent, vous obtiendrez ainsi de quoi publier cinq articles participatifs. Le nombre d'articles que vous pourrez publier sera égal au nombre de questions que vous aurez posées et au nombre de fois que chaque spécialiste interviendra sur votre blog, ce qui vous sera mutuellement bénéfique.

La Figure 6-9 est un exemple d'article participatif, et les paragraphes qui suivent vous expliquent comment le rédiger.

The Best Keyword Research Tool For Your Online Marketing Campaigns

Read on to discover each expert's **top 3 keyword research tools**.

Responses are listed in the order they were received.

#1: Gael Breton (Authority Hacker)

1 - SEMRush: Who doesn't want to know what their competitors rank for? That's my #1 way of finding keywords (see how here)

2 - Google keyword planner: No matter how many fancy keyword tools there are out there, the keywords planner gives you the trends and allows you to enter landing pages (from your competitors) to extract high volume relevant keywords.

3 - Ubersuggest: The best (free) tool to expand on a base keyword and find long tail variations to talk about / include in your article.

Top

#2: Geoff Kenyon (GeoffKenyon.com)

The three tools that I use most frequently for keyword research are, KeywordTool.io, SEM Rush, and Excel. While each of these are useful tools, they all serve very different purposes. KeywordTool.io is great for discovering variations of keywords to built pages around. Frequently, I use this the most for developing content. I will use the tool to pull in a lot of keywords related to a theme and group them into relevant topics. These

FIGURE 6-9 Un article participatif de robbierichards.com.

Source : http://www.robbierichards.com/seo/best-keywordresearch-tool/

Trouver votre titre

Pour le titre, vous pouvez écrire la question que vous avez posée à ces spécialistes, ou bien vous pouvez préciser le nombre de spécialistes ayant contribué à cet article, sous la forme suivante, par exemple : 9 entraîneurs sportifs révèlent quel est leur exercice cardiovasculaire préféré. Pour plus de détails sur les titres d'articles, consultez le Chapitre 5.

Rédiger l'introduction

Votre introduction n'a pas besoin d'être longue. Énoncez la question soumise à vos interlocuteurs, et précisez le contexte ou la toile de fond dans la mesure du nécessaire.

Donner la réponse à la question que vous avez posée

Pour chaque réponse, précisez le nom de son auteur, son entreprise et son titre, et joignez au texte sa photo. Ensuite, reproduisez sa réponse mot pour mot, en ne corrigeant que les éventuelles imperfections grammaticales. Vous obtiendrez ainsi un excellent article proposant des points de vue variés. Sachant que vous n'attendez pas de chacun de ces spécialistes qu'il vous écrive tout un ouvrage, vous pouvez leur imposer un nombre de mots à ne pas dépasser. Le cas échéant, incluez dans votre publication des liens vers leurs sites Web et vers leurs pages sur des médias sociaux comme Twitter ou LinkedIn.

Contactez ces spécialistes sur les réseaux sociaux ou par e-mail pour les prévenir de la publication de votre article sur votre blog. Ainsi, ils le partageront de leur côté, et cela vous amènera du trafic sur votre blog.

III

Générer du trafic sur un site Internet

DANS CETTE PARTIE . . .

Découvrez les divers types de pages d'atterrissage et sachez quand les utiliser. Prenez connaissance des types de contenu qui incitent vos prospects à se rendre sur votre page d'atterrissage et à acheter votre produit.

Déterminez ce que votre marché recherche sur des sites comme Google et Bing, et positionnez votre entreprise de manière à tirer parti du trafic des recherches.

Tirez parti des réseaux sociaux pour rehausser votre enseigne, pour résoudre des problèmes de service clients et pour nourrir des échanges avec vos prospects, vos clients et vos partenaires.

Lancez des campagnes en utilisant le trafic payant et dirigez le trafic vers votre site Web ou votre page d'atterrissage en vous servant des six grandes sources de trafic : Facebook, Twitter, Google, YouTube, Pinterest et LinkedIn.

Lancez des campagnes de marketing électronique qui feront progresser vos clients et vos prospects sur le parcours client, qui vous permettront de nouer des liens, et qui vous amèneront des visiteurs sur votre site Web.

Chapitre 7

Créer des pages d'atterrissage générant un fort taux de conversion

DANS CE CHAPITRE

- **Connaître les divers types de page d'atterrissage et savoir quand les utiliser**
- **Apprendre à créer des pages d'atterrissage qui génèrent des leads et des ventes**
- **Mesurer l'efficacité des pages d'atterrissage que vous créez**
- **Rédiger une lettre de vente qui transforme les visiteurs de votre page d'atterrissage en clients**

Les pages d'atterrissage constituent un élément fondamental du marketing digital. Envisagez votre page d'atterrissage simplement comme une page de votre site Web sur laquelle arriveront vos visiteurs. Dans ce livre, nous en retenons une définition plus spécifique : une page d'atterrissage, aussi appelée page de renvoi, est une page Web conçue pour convaincre le visiteur d'effectuer une certaine action. Votre site Web devra comporter une page d'atterrissage pour chaque offre que vous destinerez à vos prospects et à vos clients. Ce sont les pages vers lesquelles les directeurs du marketing avisés dirigent le trafic en provenance de toutes les sources, internes et externes, de leur site Web.

C'est de vos pages d'atterrissage que dépendra la réussite ou l'échec de vos campagnes de marketing digital. Peut-être maîtrisez-vous l'art de diriger le trafic Internet, mais si la page d'atterrissage ne remplit pas bien son rôle, votre campagne est vouée à l'échec. Dans ce chapitre, nous examinons les éléments d'une page d'atterrissage qui produit le succès. Nous passons aussi en revue les différents types de pages d'atterrissage, et nous vous expliquons à quel moment vous devez les utiliser, comment mesurer le succès de vos pages d'atterrissage et comment convertir vos clients potentiels en acheteurs.

Étude des différents types de pages d'atterrissage

Les pages d'atterrissage peuvent être classées par catégories selon l'action spécifique que l'on cherche à susciter de la part des visiteurs d'un site Web. Ainsi, par exemple, certaines pages d'atterrissage sont conçues pour inciter les visiteurs à saisir leurs données de contact, tandis que d'autres proposent au visiteur d'acheter un produit ou un service. La plupart du temps, les campagnes de marketing digital relèvent d'une des deux catégories suivantes :

- » **Les pages destinées à attirer les leads**, appelées les *squeeze pages*, dont la finalité est d'inciter les visiteurs à saisir leurs données de contact pour devenir des leads.
- » **Les pages destinées à susciter les ventes**, conçues pour inciter les visiteurs à acheter un produit, des informations ou un service.

Il existe plusieurs manières de mettre au point une page d'atterrissage, mais qui ont toujours ce point commun : un focus. Une bonne page d'atterrissage a une finalité unique et comporte aussi peu d'éléments divertissants que possible. Le point central de la page doit être l'action que l'on veut déclencher chez le visiteur.

La page d'accueil d'un site Web est généralement conçue pour proposer au visiteur un ensemble de choix. À partir de la page d'accueil, le visiteur peut cliquer sur un lien pour se rendre sur la page d'un produit, pour en savoir davantage sur l'entreprise, ou pour se rendre sur le blog de celle-ci. Par conséquent, la page d'accueil d'un site Web n'est pratiquement jamais une bonne page d'atterrissage. Il en est ainsi tout simplement parce que la page d'accueil propose trop de choix au visiteur.

Une page d'atterrissage doit « colmater les fuites » dans la mesure du possible, ce qui signifie qu'elle ne doit pas comporter des liens vers d'autres offres, ni vers davantage d'informations, ni vers tout ce qui n'est pas absolument nécessaire pour atteindre l'objectif qu'elle doit servir. La Figure 7-1 représente une page d'atterrissage qui comporte le moins de liens possible afin d'éviter de distraire les prospects et d'accroître les chances qu'ils saisissent leurs coordonnées ou qu'ils achètent quelque chose.

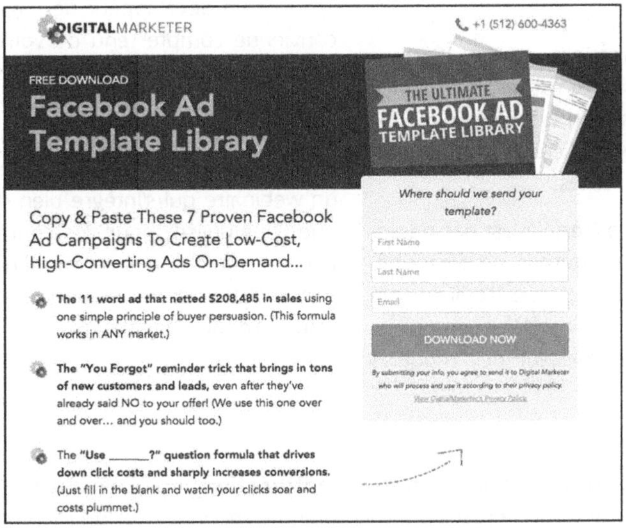

FIGURE 7-1 Une page d'atterrissage clairement axée sur une finalité, avec très peu de liens.

Source : http://www.digitalmarketer.com/lp/fb-ad-templates/

Certaines sources de trafic comme la publicité sur Facebook et le réseau Google AdWords vous obligent à disposer des liens vers des pages pertinentes, notamment une page sur la politique de confidentialité ou sur les conditions d'utilisation. Vérifiez les conditions générales d'utilisation de chaque plateforme avant de diriger le trafic vers une page d'atterrissage.

Créer une page d'atterrissage pour générer des leads

Ce type de page, aussi appelé squeeze page, est un outil important pour toute entreprise ayant intérêt à générer des leads. Comme le montre la Figure 7-1, il s'agit d'une page très centrée sur une finalité donnée, comportant :

DEVEZ-VOUS FAIRE APPEL À UN CONCEPTEUR DE PAGES D'ATTERRISSAGE ?

Créer une page d'atterrissage *ex nihilo* peut être rebutant. Comment constituer une page qui inciterait le visiteur à effectuer une action donnée ? Comment réaliser une page qui soit clairement destinée à aboutir à l'action désirée et qui comporte aussi peu de distractions ou de « fuites » que possible ? Une possibilité est de s'adresser à un concepteur de pages Web qui saurait mettre au point des pages personnalisées susceptibles de générer des leads et des ventes.

Pour la plupart des entreprises, il n'est pas nécessaire de créer des pages d'atterrissage personnalisées. Il est bien plus économique d'utiliser une application fournissant des modèles éprouvés. Ces applications vous fournissent des modèles convenant pour pratiquement n'importe quelle situation dans laquelle vous désirez générer des leads ou des ventes.

Trouvez un développeur de pages Web qui vous convienne compte tenu de votre budget, et qui puisse vous proposer des modèles adaptés à votre activité. Si vous cherchez à générer des leads grâce à des webinaires, par exemple, utilisez une application qui vous fournira un modèle d'inscription à un webinaire qui s'intègre bien dans l'application que vous utilisez pour vos conférences en ligne. Nous formulons des recommandations pour les pages d'atterrissage et pour les applications de webinaires au Chapitre 16.

- **Une offre accessible après identification :** un petit échantillon de valeur permettant de résoudre un problème *spécifique* sur un marché *spécifique* et qui est offert en échange des données de contact de la personne. Pour plus de détails sur les offres accessibles après identification, consultez le Chapitre 3.
- **Un titre/un sous-titre :** une expression en haut de la page incitant le visiteur à lire le contenu et à profiter de l'offre. Les stratégies pour trouver un bon titre sont abordées au Chapitre 5. Les techniques présentées au Chapitre 5 concernent essentiellement les blogs, mais vous pouvez aussi les appliquer aux titres de vos pages d'atterrissage.
- **Un argumentaire :** des assertions qui mettent en avant les avantages de l'offre.
- **Une image du produit :** dans la mesure du possible, affichez une représentation visuelle de l'offre en question. Ce ne sera peut-être pas applicable à toutes les offres.
- **Des références :** ajoutez des icônes comme les logos des associations dont vous êtes membre, des enseignes réputées avec lesquelles vous êtes associé, ou des témoignages de clients satisfaits.

» **Un formulaire :** le formulaire est le mécanisme permettant de recueillir les données de contact.

Ne demandez que les données de contact que vous prévoyez d'utiliser pour les besoins de votre marketing. De façon générale, plus vous demandez de renseignements dans votre formulaire, plus faible est le taux de conversion. Ainsi, par exemple, si vous n'avez pas l'intention d'assurer un suivi par téléphone, ne demandez pas un numéro de téléphone.

Créer une page des ventes

La page des ventes est conçue pour inciter le visiteur à effectuer une action particulière : effectuer un achat. Sa forme peut varier, mais dans une campagne de marketing digital, il importe généralement d'utiliser une des deux formules suivantes :

» **La lettre de vente :** pour vendre des services, des informations ou même des produits physiques, vous pouvez vous servir d'une lettre de vente. Depuis plusieurs décennies, les responsables du marketing élaborent des textes et des vidéos en forme longue en vue de convaincre le client potentiel d'acheter. Les lettres de vente sont généralement très longues. Le lecteur qui est censé acheter un produit doit recevoir le plus d'informations possible. La lettre de vente doit démontrer que le produit ou le service concerné par la page de ventes apporte une valeur, et elle doit parer aux éventuelles objections de dernière minute qui pourraient émerger dans l'esprit du lecteur. La Figure 7-2 représente un extrait d'une lettre de vente de DigitalMarketer sur une page d'atterrissage, pour un de nos produits.

» **La page de détails du produit :** typique des entreprises du commerce électronique, la page de détails du produit est une page d'atterrissage type pour un spécialiste du marketing digital qui vend des produits physiques et, plus rarement, des produits ou des services d'information. La Figure 7-3 est la page de détails classique d'un détaillant, Crate & Barrel. Cette page comporte tout ce dont le prospect a besoin pour pouvoir prendre sa décision d'achat :

- **Le nom du produit :** il est descriptif et indique de façon spécifique le contenu de l'offre.
- **L'appel à l'action :** le bouton « Ajouter au panier » est facile à trouver.
- **Le prix du produit :** il est affiché là où on s'attend à le trouver et apparaît à côté du prix conseillé.

FIGURE 7-2 Un exemple de page d'atterrissage pour un produit.

Source : http://www.digitalmarketer.com/lp/sbp/get-content-engine/

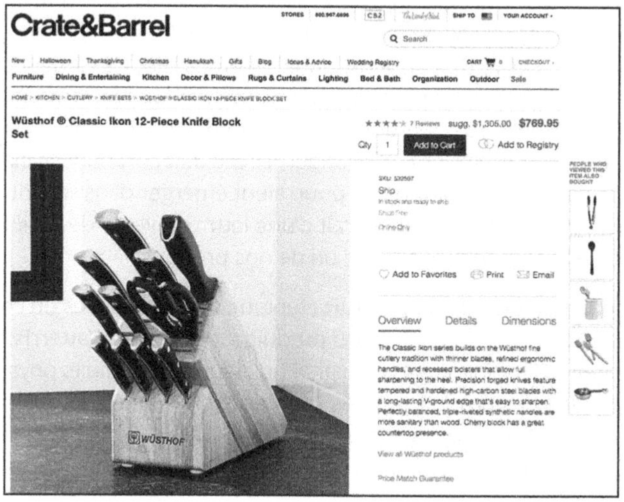

FIGURE 7-3 Un exemple classique de page de détails du produit, du géant du commerce électronique Crate & Barrel.

Source : http://www.crateandbarrel.com/w%C3%BCsthof-classic-ikon-12-pieceknife-block-set/s532597

- **Des photos ou une vidéo du produit :** plusieurs photos du produit, de bonne qualité, vous montrent tout ce que contiendra le colis qui vous sera expédié.
- **Une description du produit :** un aperçu, des détails, et les dimensions du produit.
- **Le choix de la quantité :** l'utilisateur a la possibilité de choisir plus d'un exemplaire du produit.
- **Des avis sur le produit :** un accès facile aux avis de clients ayant acheté le produit.
- **Une liste de souhaits :** la possibilité d'ajouter le produit à une liste en vue de l'acheter plus tard. L'appel à l'action prévu par Crate & Barrel est constitué des boutons « Add to Registry » (Ajouter à la liste) et « Add to Favorites » (Ajouter aux favoris).
- **Des boutons de liaison aux réseaux sociaux :** la possibilité de partager la page du produit sur des réseaux sociaux comme Facebook et Pinterest.
- **Informations d'expédition :** des informations faciles à trouver et une politique de livraison facile à comprendre.
- **Une vidéo :** une vidéo de démonstration du produit.
- **Ventes additionnelles/croisées :** d'autres produits susceptibles d'intéresser le prospect. Crate & Barrel utilise la formule « Les gens qui ont regardé cet article ont aussi acheté... ».

Écrire une lettre de vente

La rédaction d'une lettre est tout un art, un peu comme la poterie ou la peinture à l'huile. Toutefois, pour écrire un texte convaincant, il faut tout d'abord connaître les éléments fondamentaux dont la lettre de vente doit être constituée. En vérité, vous pouvez appliquer les mêmes principes à toutes vos communications : e-mails, articles de blog, titres de diapositives, etc.

Si vous êtes débutant, vous pourrez appliquer à la lettre les instructions que nous donnons ici, mais une fois que vous vous serez familiarisé à ce processus, n'hésitez pas à l'adapter à votre propre situation. Avant tout, une lettre de vente doit être fiable. Certains éléments mentionnés ici ne devront peut-être pas y figurer, s'ils ne s'appliquent pas à votre offre.

Voici les étapes du processus à respecter pour rédiger une bonne lettre de vente. Vous pourrez vous y référer comme à une liste de contrôle pour être sûr de n'avoir omis aucun des éléments essentiels d'une lettre convaincante :

1. **Trouver le titre.**
2. **Trouver le sous-titre.**
3. **Rédiger l'introduction.**
4. **Montrer que le produit est facile à utiliser.**
5. **Prévoir l'avenir.**
6. **Établir la crédibilité.**
7. **Insérer des puces qui fassent vendre.**
8. **Donner une preuve.**
9. **Formuler l'offre.**
10. **Rendre l'offre alléchante.**
11. **Suggérer l'urgence.**
12. **Réduire le risque.**
13. **Lancer l'appel à l'action.**

Les sections qui suivent expliquent chaque partie de la lettre de vente.

Étape 1 : Trouver le titre

Le titre est ce que les gens lisent en premier. C'est donc l'élément le plus important du texte. Si vous débutez, utilisez un titre de type « How To », car ce genre de titre est simple et efficace. Cela conviendra pour 99 % des offres que vous proposerez. Bien sûr, il se peut aussi que votre offre nécessite un autre type de titre. Dans ce cas, utilisez un moteur de recherche comme Google pour trouver une liste de titres éprouvés. Vous trouverez des dizaines d'articles de blog proposant d'excellentes formules de titres.

Ne commencez pas par une astuce, mais plutôt par un titre en langage clair, simple et direct qui fasse comprendre quel est l'avantage que procure la lecture de ce texte. Pour convaincre, il vaut toujours mieux un langage clair et direct plutôt que subtil et déconcertant. Par la suite, quand vous aurez pris l'habitude de rédiger des articles, vous pourrez vous permettre de recourir à des astuces.

Examinez les formules de titre de type « How To » suivantes, et n'hésitez pas à les utiliser (en remplaçant les termes ou points de suspension entre crochets par vos données pertinentes) ou à vous en inspirer :

- » Comment obtenir [le résultat désiré] en [laps de temps]
- » Comment transformer [...] en [le résultat désiré]
- » Comment [...] quand vous n'êtes pas [...]
- » Comment trouver rapidement [le résultat désiré]
- » Comment faire pour [...] même si [...]

Ainsi, par exemple, cette dernière formule pourrait être utilisée pour écrire en tête de la lettre de vente un titre comme celui-ci : Comment devenir propriétaire d'un logement même si vous êtes en faillite.

Étape 2 : Trouver le sous-titre

Le sous-titre n'est pas obligatoire, mais il est souvent nécessaire pour rendre le titre plus explicite. Là encore, vous trouverez en ligne des dizaines d'articles qui vous fourniront des listes de formules classiques. En voici quelques-unes :

- » Découvrez comment vous pouvez rapidement [résultat désiré]
- » Découvrez avec quelle facilité vous pouvez [résultat désiré]
- » Vous aussi, vous pouvez [résultat désiré] en [laps de temps souhaitable]
- » Ce que tout le monde devrait savoir concernant [...]
- » Comment [une personne connue] a obtenu [résultat désiré] en [laps de temps]

Par exemple, la dernière formule pourrait servir pour un sous-titre comme le suivant : Comment Serena Williams a retrouvé la meilleure forme de sa vie en 14 jours.

Dans le titre que vous avez trouvé à l'étape 1, vous avez formulé une affirmation ou une promesse. Votre sous-titre doit y apporter un complément. Il ne doit pas faire apparaître une nouvelle affirmation ni une nouvelle promesse, et encore moins entrer en conflit avec l'affirmation ou la promesse contenue dans le titre.

Étape 3 : Rédiger l'introduction

Les visiteurs de votre page qui commencent à lire votre introduction ont déjà lu le titre et le sous-titre. Certains ont même fait défiler le texte jusqu'au bas de la page pour voir le prix et l'offre. En d'autres termes, ils sont intéressés.

Si vous débutez seulement, essayez la formule classique « problème/solution ». Commencez par identifier le problème que rencontre l'acheteur potentiel.

Vos visiteurs se demandent si vous comprenez réellement leur problème. En tant que responsable du marketing, votre tâche est de trouver des bases communes entre eux et vous. Faites preuve d'empathie pour leur problème et faites le point sur leur mécontentement.

Ensuite, il s'agit pour vous de leur faire savoir qu'il existe une solution à ce problème, et que c'est votre produit ou votre service (bien sûr !). À ce stade, il n'est pas encore nécessaire d'entrer dans les détails du produit ou du service.

Par exemple, si vous vendez des services de préparation de déclarations d'impôt, vous pouvez commencer ainsi votre lettre de vente :

» Nous y revoilà. L'échéance approche, et vous avez prévu sur votre agenda un week-end entier pour traiter tous ces justificatifs et autres documents fiscaux.

» Il faut bien l'admettre, préparer votre déclaration d'impôt est une tâche pour le moins rebutante.

» Vous préféreriez passer ce magnifique week-end de printemps avec vos proches et vos amis ? Alors, cette année, confiez-nous la gestion de vos impôts.

Étape 4 : Montrer que le produit est facile à utiliser

Aujourd'hui, plus que jamais, vos clients potentiels veulent obtenir des résultats rapidement et facilement. À cette étape, il s'agit pour vous de les convaincre, par un texte, des images ou une vidéo, que votre solution est facile à mettre en œuvre ou qu'elle produit rapidement des résultats (ou l'un et l'autre).

Étape 5 : Prévoir l'avenir

Dans cette partie de la lettre de vente, faites entrevoir à vos lecteurs la situation dans laquelle ils se retrouveront lorsque leur problème sera résolu. Il s'agit de leur faire imaginer, et de leur donner l'impression, qu'ils sont débarrassés de ce problème.

Pour commencer cette partie de la lettre, le plus simple consiste à remplir le blanc dans l'expression suivante :

> Imaginez ce qui se passerait si ___________.

Ainsi, pour vendre la Mustang GT, par exemple, Ford pourrait employer la formule suivante :

> Imaginez que vous ayez le pied sur l'accélérateur et que vous ressentiez les sensations que procure le moteur de 435 chevaux de la Mustang GT.

Quel problème l'achat d'une Ford Mustang GT va-t-il résoudre ? Ce n'est pas cela qui guérira le consommateur de sa grippe, et ce n'est pas cela non plus qui effacera ses dettes. Au Chapitre 1, nous avons parlé de faire passer le consommateur d'un état « Avant » à un état « Après ». Dans votre lettre de vente, vous devez pouvoir exprimer la valeur de cet état « Après ». Dans le cas de la Mustang, il s'agir de libérer le consommateur de sa vieille guimbarde poussive de l'état « Avant » et de lui fournir une nouvelle voiture magnifique et grisante.

Étape 6 : Établir la crédibilité

À cette étape, il s'agit de répondre à une question que vos visiteurs se posent probablement : pourquoi vous ?

Plus précisément, pourquoi seriez-vous la bonne personne ou la bonne entreprise pour résoudre leur problème ? Vous devez donc les convaincre que la solution que vous êtes en mesure de leur proposer est crédible. Pour asseoir votre crédibilité, vous avez plusieurs possibilités :

- **Exploitez un témoignage :** si vous disposez d'un bon témoignage d'un client heureux pour renforcer votre crédibilité, c'est le moment de l'introduire.
- **Faites état de vos qualifications :** citez toutes celles qui donneront aux gens une raison de voir en vous la solution, par exemple votre doctorat,

votre MBA, vos états de service comme pilote des forces aériennes, toute qualification pertinente par rapport au type de solution que vous proposez.

» **Mentionnez vos références :** si vous connaissez quelqu'un qui possède des qualifications appréciables et qui vous appuie ainsi que votre produit, citez-le (en insérant si possible sa recommandation).

» **Racontez votre histoire :** auriez-vous vécu une expérience qui vous qualifierait pour la résolution de ce problème ? Vous avez surmonté votre trac, réappris à marcher, perdu 25 kilos ? Racontez.

» **Impressionnez par des chiffres :** des statistiques qui en imposent, des années d'expérience, ou un grand nombre de clients satisfaits.

N'oubliez pas qu'à ce stade, seules les personnes concernées par ce problème lisent votre texte. C'est donc à ce moment que vous devez leur expliquer pourquoi vous êtes qualifié pour le résoudre.

Étape 7 : Insérer des puces qui fassent vendre

Vous espérez que le lecteur lira toute la lettre, mais en réalité, la plupart des gens ne feront que la parcourir des yeux. L'ajout de puces vous permet de morceler le texte, et souvent, c'est ce qui fait que même le lecteur le plus impatient va s'attarder un instant et lire. Mettez dans votre article une série de trois à cinq puces qui expliquent les avantages de votre offre. Consacrez-y le temps nécessaire, mais sans vous y enliser. Pour votre premier jet, cette étape ne doit pas vous prendre plus de 30 minutes. Vous pourrez ensuite y revenir et consacrer plus de temps à présenter ces avantages.

Ce n'est pas le moment de présenter le produit ou le service que vous commercialisez. C'est le moment de souligner les avantages que représente pour votre lecteur l'achat de votre produit ou de votre service.

N'oubliez pas que ce que les gens achètent en réalité, ce ne sont pas des produits et des services, mais plutôt un résultat désiré :

» Ils n'achètent pas un médicament contre le rhume, mais une bonne nuit de sommeil.

» Ils n'achètent pas un abonnement dans une salle de sport, mais une silhouette galbée ou un corps plus sain.

» Ils n'achètent pas des produits d'entretien, mais un intérieur propre et sain pour eux et leur famille.

Étape 8 : Donner une preuve

À cette étape, vous apportez l'élément le plus important du texte : la preuve. La preuve et la crédibilité que vous avez établie précédemment (la vôtre ou celle de votre entreprise) sont deux choses différentes. La crédibilité engendre la confiance, mais au fil du texte, vous avez adressé des promesses à vos lecteurs. Il vous faut maintenant justifier ces promesses en prouvant ce que vous avez affirmé. Si vous vendez un produit physique, c'est le bon moment pour montrer, avec des vidéos ou des images, comment il fait ce que vous avez annoncé précédemment à travers votre liste à puces.

Les auteurs de reportages publicitaires savent comment prouver leurs dires. Ils vous montrent un couteau avec lequel on coupe d'abord un clou, puis une tomate avec la plus grande facilité, ou bien, ils vous montrent comment on fait disparaître une tache de vin rouge à l'aide d'un détergent. Une preuve peut prendre plusieurs formes :

- **La démonstration :** si vous pouvez montrer que le produit est efficace, faites-le.
- **La preuve sociale :** si vous disposez de témoignages à l'appui de vos affirmations, c'est ici qu'il faut les inclure. Précisez combien d'autres clients ont bénéficié de votre solution.
- **Les données ou les résultats de recherche :** utilisez les résultats de vos propres recherches ou de celles effectuées par des sources fiables.
- **Les références :** trouvez et exploitez des informations provenant de sources fiables, par exemple des revues sérieuses ou des associations professionnelles.

Plus grand est le risque lié à votre offre, plus forte sera l'exigence de preuve de la part de l'acheteur, qui aura besoin de se sentir en confiance pour vous acheter votre produit.

Si vous n'êtes pas en mesure de justifier convenablement vos affirmations, mieux vaut les retirer. Une affirmation ou une promesse sans preuve peut faire plus de mal que de bien.

Étape 9 : Formuler l'offre

L'offre que vous faites à vos lecteurs doit leur apporter exactement ce qu'ils s'attendent à recevoir s'ils vous signent le chèque. Le plus important est que votre offre soit claire et n'induise pas en erreur. Si vos lecteurs ont ne serait-ce que l'ombre d'un doute à ce sujet, ils n'achèteront pas. Voici quelques exemples d'informations à inclure en vue de formuler une offre qui soit claire :

- » Allez-vous expédier le produit ? Quel délai de livraison faut-il prévoir ?
- » Quelles sont les dimensions du produit ? Quel est son poids ?
- » Combien coûte-t-il ? Quelles conditions de paiement proposez-vous ? Acceptez-vous la carte American Express ?

Réfléchissez aux questions que vos lecteurs pourraient se poser à propos de votre offre et ne manquez pas d'y apporter des réponses.

Étape 10 : Rendre l'offre alléchante

Si vous avez la possibilité d'assortir votre offre d'une réduction ou d'une prime, vous aurez certainement davantage de succès. Vous pourriez, par exemple, offrir sans coût additionnel un cadeau aux 100 premiers acheteurs. Ou bien, vous pourriez accorder aux acheteurs, jusqu'à une date spécifiée, une remise supplémentaire.

Ajouter une réduction ou une prime est un bon moyen de suggérer l'urgence (étape 11) en limitant la validité de l'offre dans le temps ou en limitant la quantité d'unités offertes.

Étape 11 : Suggérer l'urgence

Le fait d'ajouter à votre offre un caractère d'urgence, si votre produit ou votre service s'y prête, pousse vos lecteurs à agir tout de suite, ce qui est votre objectif. En effet, s'ils préfèrent y réfléchir ou remettre leur décision à plus tard, il y a peu de chances pour qu'ils reviennent.

Vous pouvez convaincre les gens de saisir l'occasion immédiatement en leur suggérant l'urgence qu'il y a à profiter de l'offre. S'ils pensent pouvoir revenir et retrouver la même offre demain, dans une semaine ou dans un an, ils seront bien moins susceptibles de se décider tout de suite.

N'inventez pas une rareté ou une urgence qui n'en soit pas une, mais s'il existe une bonne raison pour que vos visiteurs se décident tout de suite, ne manquez pas de la leur expliquer. Voici quelques exemples :

- Inscrivez-vous maintenant : il ne reste que 32 places dans la salle.
- Achetez maintenant : cette offre n'est valable que jusqu'au 26 janvier à minuit.
- Ces pièces n'ont été frappées qu'à 1 000 exemplaires.

Dans votre lettre de vente, vous pouvez aussi suggérer l'urgence par une proposition simple comme celle-ci : « Songez à ce que vous coûte chaque jour le fait de ne pas encore avoir agi pour résoudre ce problème. »

Étape 12 : Réduire le risque

À cette étape, vous ajoutez la réduction du risque, ce qui donnera aux gens le sentiment d'effectuer leur achat en toute sécurité. Vous pouvez réduire le risque de différentes manières :

- En accordant une garantie
- En proposant un essai gratuit
- En proposant des conditions d'annulation
- En affichant des sceaux d'approbation, notamment des logos d'associations dont vous êtes membre, une notation BBB, le symbole d'une sécurisation, *etc.*

Étape 13 : Lancer l'appel à l'action

L'appel à l'action consiste à dire précisément aux gens ce que vous voulez qu'ils fassent et comment ils peuvent le faire. C'est une injonction simple, comme celle-ci : « Cliquez maintenant sur le bouton "Ajouter au panier" ».

Connaître les éléments d'une page de détails du produit

La page de détails du produit, aussi appelée plus simplement page du produit, est la page la plus importante d'un site de commerce électronique. Quand vos prospects visitent votre page de produit, regardent les images, lisent les descriptions et consultent les commentaires des clients, ils manifestent leur intérêt et leur éventuelle intention d'acheter votre produit. La page du produit est le moment critique dont dépend le succès de votre boutique en ligne. Il faut que cette page conduise les gens à passer à l'étape suivante, celle de la conversion. Par conséquent, accordez une attention particulière à la page du produit. Les sections qui suivent décrivent les éléments dont est constituée une page de produit réussie.

Des images du produit

Acheter des produits en ligne est bien pratique, mais peut comporter aussi des désavantages, sachant qu'on ne peut pas toucher le produit du doigt et l'examiner comme dans un magasin. Sur Internet, ce ne sont pas vraiment des produits que les gens achètent, mais plutôt des images des produits. Afin de compenser cette impossibilité pour vos prospects de toucher le produit, insérez dans votre publication assez de photos de bonne qualité du produit pour donner une idée précise de ses caractéristiques et de ses attributs.

Les gens achètent un produit en se fiant à son aspect. Plus le produit est cher et élaboré, plus il faut de photos pour en donner une image probante.

Le zoom d'image

Donnez à vos visiteurs la possibilité de zoomer l'image de votre produit pour l'examiner de plus près et avoir une idée plus précise de sa texture, de ses caractéristiques et de la manière dont on l'utilise. Le zoom d'image permet aussi de dissiper les doutes éventuels des acheteurs potentiels, en leur offrant la possibilité d'examiner un produit avant de l'ajouter à leur panier.

Une description du produit

Ne manquez pas de rédiger avec soin une description du produit et de la rendre immédiatement visible sur la page, afin que vos prospects puissent rapidement connaître les caractéristiques du produit sans être obligés de parcourir la page dans tous les sens à la recherche d'informations complémentaires. Ne lésinez pas sur la description du produit. Précisez bien quels sont ses avantages et de quelle manière il résout les problèmes des acheteurs ou leur rend la vie plus facile. Prévoyez des descriptions de 250 mots au minimum, et incluez-y les mots-clés que vous ciblez. Vous améliorerez ainsi votre marketing de recherche, une notion étudiée au Chapitre 8. De même que pour les images, plus le produit est cher et élaboré, plus il faut fournir de détails. Pour une meilleure lisibilité et une meilleure expérience utilisateur, faites une belle présentation de la description du produit avec des titres, des puces et des énumérations.

Une vidéo promotionnelle

Rien de tel qu'une vidéo pour offrir aux visiteurs de votre site Web une démonstration du produit. C'est un outil très efficace pour votre argumentaire, et qui convient particulièrement bien pour vendre un produit cher ou élaboré. La vidéo est aussi un bon moyen de répondre aux éventuelles objections des clients potentiels. Si vous intégrez une vidéo dans votre publication, il faut qu'elle soit facile à trouver, plutôt que cachée au bas de la page.

Une vidéo de promotion par un tiers

Ce type de vidéo montre une personne qui ne fait pas partie de votre entreprise et ne lui est pas associée, mais qui recommande activement votre enseigne et votre produit. Une telle vidéo n'est pas essentielle, mais elle permet d'accroître significativement la conversion sur une page de produit. Le principe est similaire à celui de la promotion du produit par une célébrité, sauf qu'ici une célébrité n'est pas nécessaire pour que la vidéo porte ses fruits. Ces vidéos de tiers sont le plus souvent conçues et réalisées par des professionnels.

Un appel à l'action

Sur la page d'un produit, l'appel à l'action est le bouton « Ajouter au panier ». Ce bouton doit être bien visible et accessible. Il faut qu'il soit facile de le repérer, aussi bien sur l'écran d'un appareil mobile que sur celui d'un ordinateur de bureau. La Figure 7-4 montre deux boutons « Ajouter au panier » bien visibles, sur une page de produit de la société Best Buy : l'icône du Caddie se trouve dans le coin supérieur droit et le bouton se trouve juste au-dessus du prix. Si votre page de produit est longue, placez-y plusieurs boutons « Ajouter au panier » afin que l'utilisateur puisse effectuer cette action à partir de n'importe quelle partie de la page.

Des commentaires

Sur votre page de produit, ajoutez des avis, des commentaires reçus des utilisateurs et une rubrique de questions fréquemment posées (FAQ). Les avis et les commentaires, en particulier, sont une forme de preuve sociale et sont assimilables à des recommandations personnelles. Ce ne sont pas nécessairement des écrits : ils peuvent aussi être exprimés sous forme de vidéos. Les avis de clients sous forme de vidéos sont une des meilleures formes de preuve que vous puissiez inclure dans une page de produit, car une vidéo permet à vos clients potentiels de se référer à quelqu'un lorsqu'ils se font une opinion de votre produit.

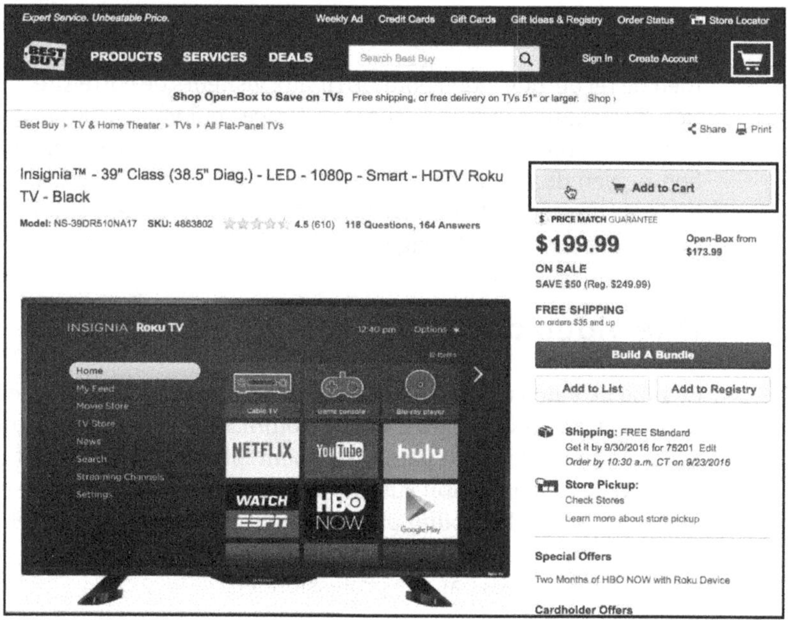

FIGURE 7-4 Best Buy affiche deux boutons « Ajouter au panier » dans la première moitié de la page.

Source : http://www.bestbuy.com/site/insignia-39-class-38-5-diag--led-1080psmart-hd-tv-roku-tv-black/4863802.p?skuId=4863802

Les vidéos d'avis de clients sont considérées comme plus difficiles à simuler ou à truquer que les témoignages écrits, si bien qu'elles ont plus de poids. La principale différence entre une vidéo d'avis de client et une vidéo de promotion par un tiers est que cette dernière est produite par des professionnels pour le compte d'une entreprise, tandis que la première est filmée par le client lui-même, généralement à l'aide de son ordinateur ou de la fonction caméra de son téléphone mobile. Pour obtenir davantage d'avis sous forme de texte ou de vidéos, contactez vos anciens clients par e-mail et demandez-leur d'exprimer un avis sincère. Pour inciter vos clients à déposer des avis, offrez-leur des bons d'achat ou de réduction, ou organisez un concours.

Les ventes croisées

Amazon.com sait comment pratiquer la vente croisée, avec sa formule « Les clients qui ont acheté cet article ont aussi acheté… » (Figure 7-5), en suggérant d'autres produits que l'utilisateur pourrait avoir envie d'ajouter à son panier en fonction de celui qu'il est en train de regarder. Les ventes croisées sont un moyen efficace de vendre davantage ou de proposer une alternative, un produit éventuellement mieux adapté aux besoins de l'utilisateur, ce qui favorise la vente.

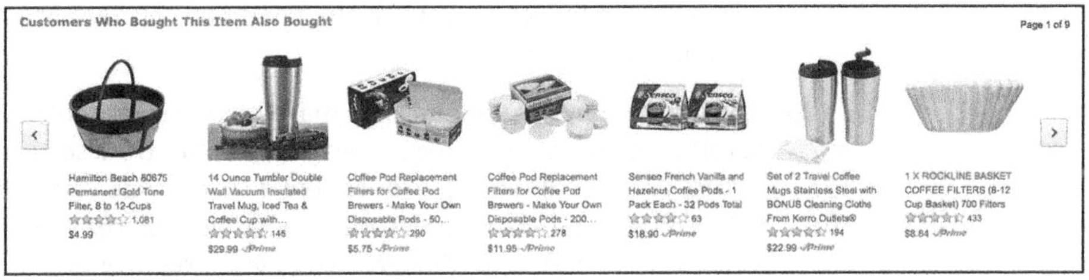

FIGURE 7-5 Amazon propose des ventes croisées pour inciter l'utilisateur de son site Web à remplir davantage son panier.

Source : https://www.amazon.com

Évaluer une page d'atterrissage

Dans les sections précédentes de ce chapitre, nous traitons des pages d'atterrissage les plus courantes et de leurs éléments essentiels, et dans cette section, nous vous proposons quelques critères pour évaluer l'efficacité de vos pages. La forme et la taille d'une page d'atterrissage peuvent varier, il peut s'agir d'une courte page de génération de leads ou bien d'une longue lettre de vente, si bien que les éléments présentés dans les sections qui suivent ne sont pas nécessairement tous pertinents pour la page d'atterrissage à évaluer. Ainsi, par exemple, une lettre de vente en forme longue destinée à vendre un service ne sera pas conçue comme une page destinée à générer des leads.

Évaluez vos pages d'atterrissage sur la base des critères applicables. La chose la plus importante à garder en tête est que l'amélioration de chacun des facteurs qui figurent dans la liste suivante, parmi ceux applicables à votre page d'atterrissage, aura un impact substantiel sur le taux de conversion de celle-ci.

- **La clarté :** pour convaincre les nouveaux visiteurs de votre page d'atterrissage de s'y attarder, vous ne disposez que de quelques secondes. Utilisez le titre, le sous-titre, les images, tout ce qui est immédiatement visible sur la page pour répondre aux questions suivantes, à leur attention : « Qu'est-ce que c'est ? » et « Qu'est-ce que cela va m'apporter ? ».
- **La concordance :** rien ne fait fuir plus vite les visiteurs d'un site Web que le manque de concordance entre la page dont ils proviennent et celle où ils viennent d'atterrir. Le texte, l'offre et les illustrations doivent correspondre (le plus possible) au texte et aux images de l'annonce ou de la source de trafic qui a amené le visiteur sur la page. Ainsi, par exemple, si en cliquant sur une annonce intitulée « 10 % de réduction sur nos vêtements d'hiver » votre client potentiel arrive sur une page qui propose des vêtements d'été, vous allez perdre la plus grande partie de votre trafic. Les visuels (couleurs, images,

polices, *etc.*) et l'offre doivent également être en concordance avec la source du trafic vers votre page.

» **La visualisation :** en général, une image ou une représentation graphique de l'offre accroît le nombre de conversions. Évitez d'utiliser des illustrations banales libres de droits qui risqueraient de donner de votre offre une image de bas de gamme. Dans la mesure du possible, illustrez votre offre à l'aide de photos authentiques ou d'images originales et personnalisées.

» **Le nombre de champs :** le nombre de champs du formulaire à remplir doit être pertinent par rapport à l'offre. Les offres à forte implication, par exemple, comporteront plus de champs que les offres à faible implication.

Ne demandez pas à vos visiteurs des informations dont vous n'avez pas besoin ! Si vous avez l'intention d'effectuer le suivi uniquement par e-mails, demandez-leur seulement leur nom et leur adresse électronique. Essayez même de renoncer au champ du nom, sauf si vous avez l'intention de personnaliser vos messages de suivi. De façon générale, moins le formulaire de contact comporte de champs, plus le taux de conversion est élevé.

» **Un bouton d'appel à l'action bien visible et irrésistible :** les couleurs font souvent l'objet de débats, mais une constante demeure, que la couleur du bouton doit faire contraste avec celle des éléments graphiques avoisinants (plutôt que de s'y fondre). Si le fond de votre page est bleu ciel, par exemple, évitez le bleu ciel pour la couleur du bouton d'appel à l'action.

D'autre part, le texte de ce bouton doit être convaincant. « Soumettre » n'est pas assez bien. Essayez une injonction spécifique, ou une formule évoquant le résultat final (comme « Accès gratuit instantané »).

» **Un design professionnel :** le design de votre page d'atterrissage doit être de qualité professionnelle. Si vous utilisez un outil de développement de pages Web de bonne qualité, les modèles de page assureront déjà la pertinence de la plus grande partie du design (nous présentons des recommandations concernant les outils de développement de page d'atterrissage au Chapitre 16). Évitez d'apporter d'importants changements à ces maquettes éprouvées avant de vous être familiarisé au développement de pages d'atterrissage qui suscitent un nombre appréciable de conversions.

» **Les bonnes icônes :** les enseignes réputées avec lesquelles vous travaillez ou auxquelles vous êtes affilié, les logos du genre « Vu à la télé » et les avis de clients indiquent à vos visiteurs qu'ils ont raison de vous transmettre leurs données de contact ou d'effectuer un achat sur votre site.

» **Une politique de confidentialité qui soit claire :** non seulement la politique de confidentialité et les conditions d'utilisation sont obligatoires pour pouvoir passer des annonces publicitaires sur certains sites (comme Google), mais ce sont aussi des éléments qui facilitent les conversions.

» **Des repères visuels :** la page d'atterrissage doit comporter des flèches, des encadrés et autres repères visuels qui attireront le regard vers la zone de l'appel à l'action.

Chapitre 8

Capter du trafic grâce au marketing de recherche

DANS CE CHAPITRE

» **Étudier les principes fondamentaux du marketing de recherche**

» **Analyser les requêtes**

» **Optimiser le trafic de recherche sur les sites les plus fréquentés**

» **Attirer les robots**

» **Obtenir des liens vers vos pages Web**

Dans le domaine du marketing digital, aucune discipline n'a connu ces dernières années une évolution aussi considérable que le marketing de recherche. Dans les débuts de l'Internet, les moteurs de recherche comme Alta Vista, Lycos et Yahoo! étaient encore assez rudimentaires. Les spécialistes du marketing de recherche qui connaissaient les critères simples que ces sites utilisaient pour classer les sites Web étaient capables de diriger le trafic des moteurs de recherche vers une page, quel que soit son niveau de qualité.

Aujourd'hui, des moteurs de recherche comme Google prennent en compte plusieurs centaines de facteurs pour décider quelle page Web afficher comme résultat d'une recherche. Actuellement, dans le domaine du référencement, les meilleures pages Web sont généralement classées en tête des résultats. Bien sûr, il existe encore des lacunes, qu'exploitent des responsables de marketing peu recommandables, mais la balance penche maintenant de façon très nette vers ceux qui respectent les règles. Dans ce chapitre, vous allez découvrir ces règles et vous placer en excellente position pour recevoir le trafic généré par les milliards de requêtes qui sont lancées quotidiennement.

Les requêtes ne se limitent pas aux grands moteurs de recherche que sont, par exemple, Google et Bing. Des sites de réseaux sociaux comme Facebook et Pinterest ont aussi des fonctionnalités de recherche. De même, Amazon,

iTunes, TripAdvisor et des milliers d'autres sites proposent à leurs utilisateurs des fonctions de recherche. Dans certaines entreprises, il est préférable de connaître le fonctionnement des outils de recherche de YouTube et d'Amazon plutôt que de Google et de Bing.

Connaître les trois types d'acteurs du marketing de recherche

Le monde du marketing de recherche comporte trois principaux types d'acteurs, chacun caractérisé par une motivation différente. En les connaissant et en sachant ce qu'ils recherchent, vous serez en mesure d'exploiter de façon plus profitable le marketing de recherche dans votre activité. Les acteurs importants du marketing de recherche sont les suivants :

» **Les chercheurs :** on appelle ainsi les internautes qui saisissent des requêtes sur les moteurs de recherche

» **Les moteurs de recherche :** ce sont des programmes à l'aide desquels les chercheurs trouvent sur Internet des produits, des services, des contenus, *etc.*

» **Les responsables du marketing :** ce sont les administrateurs des sites Web et autres supports qui publient du contenu et présentent des offres au public sur Internet.

En tant qu'entrepreneur et annonceur, vous cherchez à maximiser la quantité de trafic, de leads et de ventes que le marketing de recherche vous permet d'obtenir. Pour ce faire, vous devez fournir aux internautes et aux moteurs de recherche ce qu'ils désirent.

Connaître les besoins des internautes

Pour les responsables du marketing comme pour les moteurs de recherche, l'important est de comprendre l'état d'esprit des chercheurs. C'est en sachant ce qui motive ces derniers qu'ils pourront les servir au mieux.

Tous les jours, les gens se servent des moteurs de recherche pour toutes sortes de finalités, qu'il s'agisse de trouver un projet pédagogique ou de lire les avis des consommateurs concernant un achat onéreux, comme une voiture ou un appartement. La motivation des chercheurs est simple : ils veulent trouver les pages Internet les plus pertinentes et de la meilleure qualité possible qui concernent un sujet donné, et ils veulent trouver ces pages tout de suite.

Quand les responsables du marketing et les moteurs de recherche sont capables de satisfaire les chercheurs, tout le monde est gagnant. Les chercheurs trouvent ce qu'ils cherchent, les responsables du marketing obtiennent du trafic, des leads et des ventes, et les moteurs de recherche gagnent des utilisateurs.

Savoir ce que veulent les moteurs de recherche

Une entreprise exploitant un moteur de recherche comme Google a besoin, comme toute autre entreprise, de dégager des recettes pour survivre. Il est donc utile de comprendre de quelle façon les moteurs de recherche génèrent ces recettes. Sachez quelles sont les motivations d'un moteur de recherche, et vous pourrez planifier votre stratégie de recherche en conséquence.

Le plus souvent, les moteurs de recherche génèrent la plus grande partie de leur revenu en vendant de la publicité.

La Figure 8-1 représente une série d'annonces publicitaires typique d'une page de résultats de recherche de Google.

Un moteur de recherche a donc intérêt à servir aux chercheurs un contenu qui soit le meilleur, le plus prisé et le plus pertinent. S'il ne leur fournit pas ce qu'ils recherchent, ils iront le chercher ailleurs et les annonces publicitaires toucheront moins de monde.

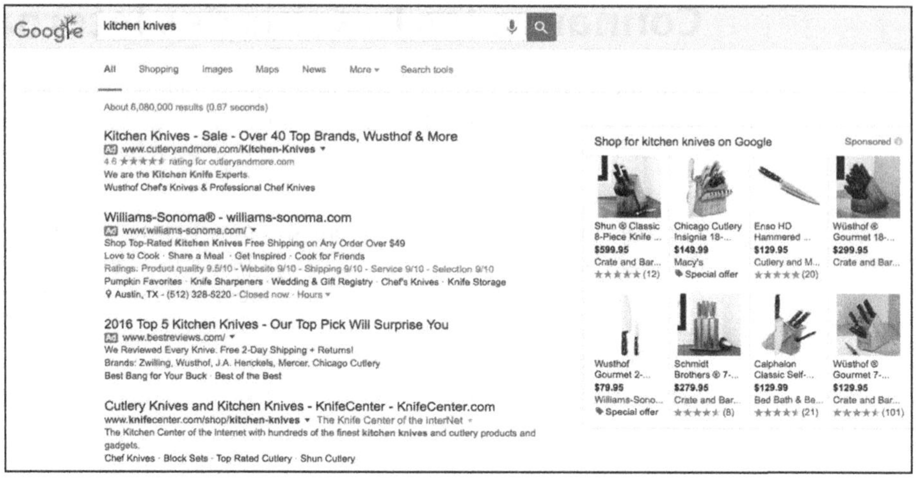

FIGURE 8-1 Google affiche les annonces au sommet et dans le coin supérieur gauche des pages de résultats.

Source : www.google.com

Les tactiques relevant du chapeau noir sont non seulement immorales (et parfois illégales), mais aussi préjudiciables aux activités commerciales. Enfreindre les règles des moteurs de recherche peut permettre d'obtenir des résultats à court terme, mais ces résultats ne seront pas durables. Des moteurs de recherche comme Google mettent continuellement à jour les algorithmes qu'ils utilisent pour le référencement des sites Web, dans le but de contrer les méthodes des chapeaux noirs, notamment l'achat de liens et le bourrage de mots-clés.

Les responsables du marketing qui recourent à des stratégies de marketing de recherche de type chapeau blanc – ceux qui respectent les conditions d'utilisation des moteurs de recherche et offrent aux chercheurs une meilleure expérience utilisateur – en sont récompensés par des classements plus élevés et par davantage de trafic, de leads et de ventes.

CHAPEAUX NOIRS ET CHAPEAUX BLANCS

Pour préparer une campagne de marketing de recherche qui soit un succès, vous devez rester dans les limites des conditions d'utilisation de chaque moteur de recherche. Le terme de *chapeau noir* fait référence à une tactique de marketing de recherche qui enfreint ces conditions d'utilisation, tandis que le terme de *chapeau blanc* désigne ceux qui respectent les règles.

D'autres moteurs de recherche génèrent des recettes en établissant des liens d'affiliation avec les entreprises vers lesquelles ils référencent le trafic. Quand un chercheur se rend sur le site d'un de ces partenaires affiliés et y effectue un achat, le moteur de recherche touche une commission sur la vente.

Cibler les requêtes de recherche

Un moyen pour le public de découvrir votre entreprise, vos marques, vos produits et vos services consiste à saisir des requêtes sur les moteurs de recherche. Le chercheur se rend sur un moteur de recherche, saisit un mot-clé ou une expression puis lance la recherche en cliquant sur un bouton ou en appuyant sur la touche « Entrée », et le moteur de recherche affiche des résultats pertinents. Le chercheur sélectionne alors un de ces résultats, et le voilà dans la course.

Afin que les chercheurs puissent accéder à votre enseigne, il convient de se soucier de deux grandes catégories de requêtes :

- **Les recherches de marques :** des mots-clés ou des expressions clés que les chercheurs saisissent sur les moteurs de recherche lorsqu'ils recherchent une certaine entreprise, une certaine marque, un certain produit ou un certain service. La requête « Southwest Airlines », par exemple, est une recherche de marque que la compagnie Southwest Airlines doit cibler.
- **Les requêtes sans marque :** des mots-clés ou des expressions clés que les chercheurs saisissent sur les moteurs de recherche lorsqu'ils ne recherchent pas une certaine entreprise, une certaine marque, un certain produit ni un certain service. La requête « vols pour Chicago », par exemple, est une requête sans marque que la compagnie Southwest Airlines doit cibler.

La connaissance des deux catégories qui précèdent permet aux responsables du marketing de cibler des mots-clés ou des expressions clés, de telle sorte que les chercheurs voient apparaître leur enseigne et puissent y accéder.

Supposons qu'un internaute recherche une maison d'hôte et saisisse sur Google la requête « maison d'hôte historique près de chez moi » (Figure 8-2). Il s'agit d'une requête sans marque. Le chercheur ne s'intéresse pas à une maison d'hôte en particulier, il désire simplement découvrir des maisons d'hôte historiques dans sa région.

FIGURE 8-2
Une requête pour trouver des maisons d'hôte à Austin, au Texas.

Supposons maintenant que cet internaute recherche une certaine maison d'hôte en particulier, par exemple Austin's Inn, située sur Pearl Street, auquel cas il saisira une requête comme « avis sur Austin's Inn située sur Pearl Street ». Cette requête est une recherche de marque (Figure 8-3).

Définir une requête

Les milliards de requêtes qui sont saisies chaque jour sur les moteurs de recherche comportent toutes deux éléments, l'intention du chercheur et son contexte. L'intention, telle qu'elle se définit dans le marketing de recherche, fait référence à la connaissance de ce que recherche l'utilisateur. Le contexte de la requête fait référence à la raison pour laquelle le chercheur a cette intention. En d'autres termes, l'intention est le « quoi » de la requête et le contexte est le « pourquoi ».

Voici les exemples d'intention et de contexte de trois utilisateurs potentiels de moteurs de recherche sur Internet :

» **Personne 1 :** J'aimerais commencer à cultiver un potager, car je voudrais manger davantage de légumes bio.

FIGURE 8-3 Une recherche de marque pour trouver Austin's Inn sur Pearl Street.

- *Intention :* commencer à cultiver un potager.
- *Contexte :* manger davantage de légumes bio.

» **Personne 2 :** J'aimerais commencer à cultiver un potager, car je voudrais passer plus de temps dehors.

- *Intention :* commencer à cultiver un potager.
- *Contexte :* passer plus de temps dehors.

» **Personne 3 :** J'aimerais commencer à cultiver un potager, car je voudrais réduire mes dépenses alimentaires.

- *Intention :* commencer à cultiver un potager.
- *Contexte :* réduire les dépenses alimentaires.

Dans ces exemples, chaque chercheur a la même intention : commencer à cultiver un potager. Cependant, chacun a une raison quelque peu différente de vouloir cultiver un potager. En d'autres termes, le contexte de l'intention est différent dans chaque cas.

En marketing de recherche, il convient de se soucier de répondre à la fois à l'intention et au contexte des chercheurs. Chaque combinaison d'intention et de contexte représente une recherche qui mérite d'être ciblée. Dans les exemples qui précèdent, les chercheurs pourraient saisir sur un moteur de recherche une des requêtes suivantes :

- « cultiver un potager » (intention seule)
- « manger davantage de légumes bio » (contexte seul)
- « cultiver un potager bio » (intention et contexte)

Une entreprise qui vend des produits ou des services pour la culture de potagers sera bien avisée de cibler tous ces mots-clés en se fondant sur l'intention et le contexte de son client idéal.

Référez-vous à l'avatar client décrit au Chapitre 1 de ce livre. Accordez une attention particulière aux sections qui traitent des buts, des valeurs, des problèmes, des soucis et des objections à la vente. Elles comportent des indices relatifs à l'intention et au contexte des expressions que votre client idéal pourrait saisir sur les moteurs de recherche.

Choisir les bonnes requêtes à cibler

Chaque requête lancée sur un moteur de recherche contient l'intention ou le contexte de l'utilisateur, ou l'un et l'autre. Pour pouvoir déterminer l'intention et le contexte que votre client idéal saisit sur les moteurs de recherche, vous avez besoin d'effectuer une recherche par mots-clés à l'aide d'outils comme l'Outil de planification des mots-clés de Google : (https://adwords.google.com/KeywordPlanner).

Trouver des mots-clés par la « bonne vieille méthode »

Cependant, avant de commencer à vous servir des outils de gestion de mots-clés, un des meilleurs moyens de faire une recherche de mots-clés consiste à remuer des idées avec quiconque se trouve en contact avec vos clients. Après tout, vous connaissez les désirs, les besoins et les soucis de vos clients mieux qu'un outil de recherche de mots-clés. Rassemblez les membres concernés de votre équipe, en vue de répondre aux questions que vous vous posez à propos de vos clients. Cela vous permettra de trouver des expressions et des mots-clés pertinents et spécifiques à rechercher avec un outil ad hoc. Après avoir terminé cette séance de brainstorming, utilisez cet outil afin de savoir quels mots et quelles expressions conviendront le mieux pour votre campagne de marketing de recherche.

Pour vous aider dans votre brainstorming, répondez à des questions comme celles des exemples qui suivent. Voici des exemples de la façon dont le détaillant de chaussures en ligne Zappos pourrait répondre à des questions pour vendre des chaussures aux personnes qui ont l'intention de courir un marathon :

» **Q :** Que recherche notre client idéal avant d'acheter notre produit ou notre service ?

  R : Le régime idéal pour un coureur de marathon.

» **Q :** Qu'est-ce qui intéresse notre client idéal et qui a un lien avec notre produit ou notre service ?

  R : Traiter les muscles des jambes endoloris.

» **Q :** Quels obstacles notre client idéal doit-il surmonter avant de pouvoir acheter notre produit ou notre service ?

  R : Il doit trouver le temps de s'entraîner pour un marathon.

» **Q :** Qu'est-ce que notre client idéal espère accomplir avec notre produit ou notre service ?

  R : Courir un marathon.

» **Q :** Qu'a besoin de connaître notre client idéal pour pouvoir procéder à une évaluation comparative entre notre produit ou notre service et ceux de nos concurrents ?

  R : Le poids des chaussures de running Nike et Adidas.

» **Q :** De quelle information notre client a-t-il besoin pour acheter notre produit ou notre service ?

  R : La politique de retour des chaussures.

Utiliser des outils de recherche de mots-clés

Après ce brainstorming, vous allez utiliser l'outil de recherche de mots-clés que vous avez choisi. Il en existe des dizaines, de bonne qualité, mais l'outil gratuit Google AdWords Keyword Planner (https://adwords.google.com/KeywordPlanner) répond aux besoins de la plupart des praticiens du marketing de recherche. Google propose cet outil gratuit pour permettre aux publicitaires d'effectuer des recherches sur le comportement des utilisateurs de son moteur de recherche. Les publicitaires utilisent les informations fournies par cet outil pour choisir les mots-clés dont ils vont se servir.

Quand on saisit une expression comme « courir un marathon », l'Outil de planification des mots-clés de Google (voir Figure 8-4) renvoie plusieurs mots-clés à cibler :

» « course à pied »

» « coureur de marathon »

» « conseils pour le marathon »

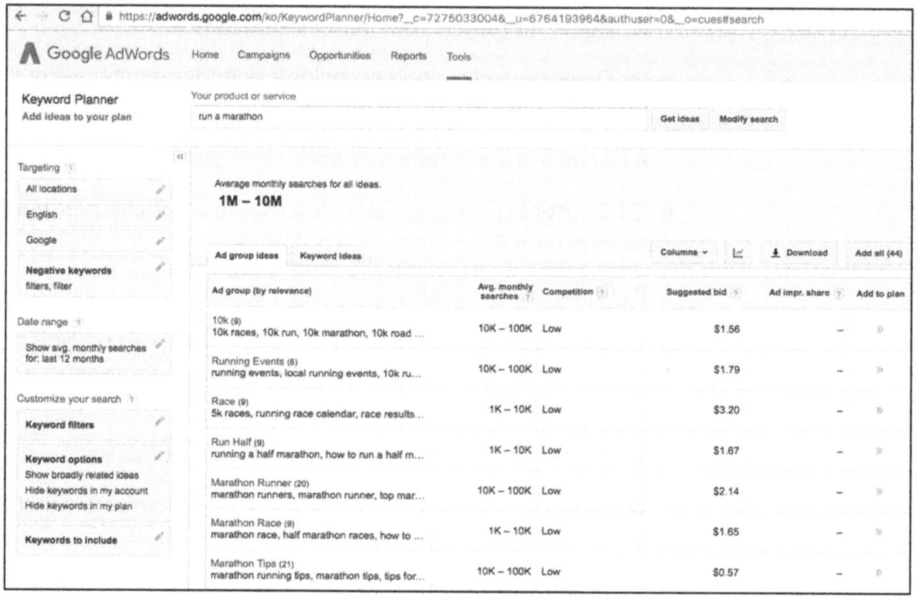

FIGURE 8-4 Planifier des mots-clés avec l'Outil de planification des mots-clés de Google.

Source : https://adwords.google.com/ko/KeywordPlanner/Home?_c-7275033004&_u=6764193964&authuser=0&_o=cues#search

L'Outil de planification des mots-clés de Google vous fournit les informations suivantes concernant chaque requête :

» **Nombre moyen mensuel de chercheurs :** nombre moyen d'occurrences de recherche de ce mot-clé exact, pour la période et les paramètres de ciblage que vous avez sélectionnés.

» **Niveau de compétitivité :** nombre d'annonceurs ayant soumis ce mot ou cette expression clé dans une campagne de trafic payant (pour plus de détails sur le trafic payant, voir Chapitre 10). Dans la colonne Compétitivité, vous pouvez voir si la compétitivité pour une idée de mot-clé est faible, moyenne ou forte.

Ne vous découragez pas si, en recherchant des mots-clés, vous constatez que l'Outil de planification des mots-clés de Google n'a aucune information à vous fournir. La principale raison d'utiliser cet outil est de rechercher des mots-clés à cibler sur la plateforme publicitaire de Google. Des mots-clés qui peuvent être tout à fait pertinents pour votre activité, et qui sont donc à cibler, n'y apparaîtront pas nécessairement, surtout s'il s'agit de recherches de marque portant sur les noms de vos produits, de vos services ou de vos enseignes.

Satisfaire les internautes

Souvent, comme les chiens en chasse, les internautes fouillent le Web jusqu'à ce qu'ils aient satisfait leur intention, leur contexte, ou les deux à la fois. Lorsqu'il veut concourir pour une requête, un responsable du marketing doit créer une ressource ou une page Web qui soit susceptible de satisfaire la requête du chercheur. Cette ressource ou cette page Web peut être aussi bien un article de blog qu'une vidéo de démonstration d'un produit.

La page Web que montre la Figure 8-5 satisfait l'intention d'un internaute qui saisit la requête « recette de mojito » sur le moteur de recherche de Google, et la page Web que montre la Figure 8-6 satisfait l'intention d'un internaute qui saisit la requête « acheter canon eos 70d » sur le moteur de recherche d'Amazon.

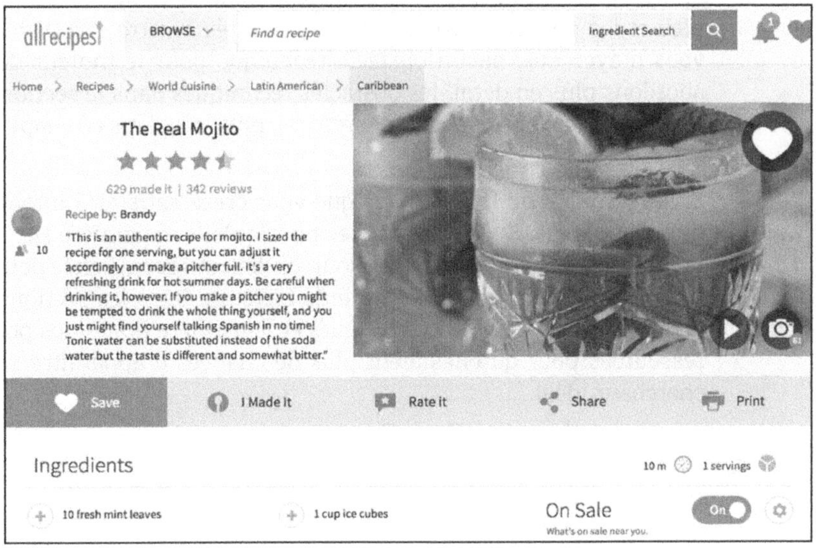

FIGURE 8-5 Allrecipes.com répond à l'intention de celui qui cherche une recette de mojito.

Source : http://allrecipes.com/recipe/147363/the-real-mojito/

FIGURE 8-6 Une requête sur Amazon concernant le Canon EOS 70D.

Source : https://www.amazon.com/s/ref=nb_sb_noss?url=search-alias%3Daps&field-keywords=buy+canon+eos+70d

Les autres ressources que vous pourriez créer pour satisfaire l'intention d'un internaute sont les podcasts, les vidéos et les publications sur les réseaux sociaux.

La ressource ou la page Web en question doit pouvoir être trouvée par le moteur de recherche que cible le responsable du marketing. Le moteur de recherche de Pinterest, par exemple, trouve les nouvelles épingles de Pinterest ajoutées à vos tableaux Pinterest, et le moteur de recherche de Google trouve les nouvelles pages Web et les nouveaux articles de blog ajoutés à votre site Web (en supposant que vous n'ayez créé aucun obstacle technique pour le moteur de recherche). Nous abordons plus en détail les obstacles techniques dans la section « Optimiser pour les robots des moteurs de recherche », plus loin dans ce chapitre.

Si la ressource ou la page Web que vous créez satisfait l'intention ou le contexte d'un chercheur, il y a des chances pour qu'elle apparaisse sur son écran. Cela dit, la sélection des pages et des ressources Web qui est affichée pour une requête donnée dépend d'un certain nombre de facteurs. Dans les sections qui suivent, nous abordons plus en détail ces facteurs et la manière dont vous pouvez optimiser vos ressources pour qu'elles aient plus de chances d'apparaître sur l'écran de votre chercheur idéal.

Optimiser ses ressources pour des canaux spécifiques

Une fois que vous avez créé une page ou une ressource Web qui cible une intention spécifique, un contexte spécifique ou l'un et l'autre, vous devez déterminer où se déroulera l'avenir de cette ressource. Nous faisons référence aux divers canaux sur lesquels vous pouvez faire héberger vos pages et ressources Web. Le fait de commencer par étudier l'intention et le contexte du chercheur vous permet de déterminer le bon canal à utiliser pour publier cette ressource ou cette page Web. Si vous voulez satisfaire ceux des chercheurs dont l'intention est de comprendre comment votre produit fonctionne, par exemple, vous pouvez créer une vidéo de démonstration de ce produit. Dans ce cas, il est logique de choisir YouTube comme canal pour cette ressource.

Dans cette section, nous étudions les stratégies d'optimisation des ressources pour plusieurs canaux populaires.

TRANSFORMER DES PROSPECTS EN CLIENTS

Ne tombez pas dans le piège qui consiste à croire que l'objectif de votre marketing de recherche est d'obtenir un meilleur référencement dans les moteurs de recherche. Ne faites pas non plus l'erreur de penser que le marketing de recherche consiste simplement à obtenir du trafic. L'objectif du marketing de recherche, comme de tout marketing, est de faire passer votre client ou prospect d'une étape du parcours client à la suivante (voir Chapitre 1).

À tout internaute qui visite votre blog, la chaîne YouTube ou la page d'accueil de Pinterest, vous devez présenter un appel à l'action, cette action consistant à franchir l'étape suivante.

Supposons que cet internaute saisisse une requête indiquant qu'il aimerait trouver une démonstration de votre produit, qu'il atterrisse sur votre page de produit et qu'il y trouve une vidéo de démonstration. Bien joué ! Vous avez anticipé l'intention de votre client idéal et créé une page répondant à cette intention sur un canal approprié. Ne gâchez pas cette opportunité en manquant de présenter un appel à l'action pour le faire franchir la prochaine étape logique du parcours client. En l'occurrence, la prochaine étape doit être l'achat du produit. Ne pas présenter un clair appel à l'action pour le passage à cette prochaine étape logique n'est pas seulement une faute de marketing, c'est aussi une mauvaise expérience pour l'utilisateur. Si celui-ci recherche une démonstration de votre produit, cela signifie qu'il se pourrait bien qu'il ait l'intention de l'acheter. Prévoyez un appel à l'action pour qu'il atteigne la prochaine étape sur son parcours client avec vous.

Optimiser pour Google

Votre site Web est un canal qui peut obtenir du trafic en provenance de moteurs de recherche comme Google. Cette section présente les étapes de l'optimisation d'une page Web pour Google.

Étape 1 : Écrire la balise <title>

La balise <title> (titre) est l'élément le plus important du classement de la recherche sur toute page Web. Elle apparaît sur les pages de résultats des moteurs de recherche et elle est conçue pour être une description appropriée et concise du contenu d'une page, afin que les moteurs de recherche et les chercheurs sachent de quoi traite cette page. La balise <title> s'affiche en bleu sur les pages de résultats des moteurs de recherche et elle est le lien sur lequel les utilisateurs cliquent pour accéder au contenu concerné (voir Figure 8-7).

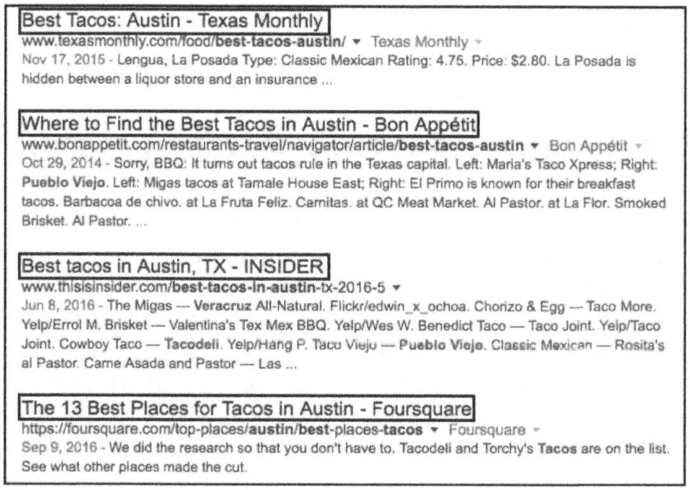
Best Tacos: Austin - Texas Monthly
www.texasmonthly.com/food/best-tacos-austin/ ▾ Texas Monthly ▾
Nov 17, 2015 - Lengua, La Posada Type: Classic Mexican Rating: 4.75. Price: $2.80. La Posada is hidden between a liquor store and an insurance ...

Where to Find the Best Tacos in Austin - Bon Appétit
www.bonappetit.com/restaurants-travel/navigator/article/best-tacos-austin ▾ Bon Appétit ▾
Oct 29, 2014 - Sorry, BBQ: It turns out tacos rule in the Texas capital. Left: Maria's Taco Xpress; Right: Pueblo Viejo. Left: Migas tacos at Tamale House East; Right: El Primo is known for their breakfast tacos. Barbacoa de chivo. at La Fruta Feliz. Carnitas. at QC Meat Market. Al Pastor. at La Flor. Smoked Brisket. Al Pastor. ...

Best tacos in Austin, TX - INSIDER
www.thisisinsider.com/best-tacos-in-austin-tx-2016-5 ▾
Jun 8, 2016 - The Migas — Veracruz All-Natural. Flickr/edwin_x_ochoa. Chorizo & Egg — Taco More. Yelp/Errol M. Brisket — Valentina's Tex Mex BBQ. Yelp/Wes W. Benedict Taco — Taco Joint. Yelp/Taco Joint. Cowboy Taco — Tacodeli. Yelp/Hang P. Taco Viejo — Pueblo Viejo. Classic Mexican — Rosita's al Pastor. Carne Asada and Pastor — Las ...

The 13 Best Places for Tacos in Austin - Foursquare
https://foursquare.com/top-places/austin/best-places-tacos ▾ Foursquare ▾
Sep 9, 2016 - We did the research so that you don't have to. Tacodeli and Torchy's Tacos are on the list. See what other places made the cut.

FIGURE 8-7 Exemples de balises <title>.

Les mots-clés étant essentiels pour les balises <title>, il est indiqué de faire commencer ces balises par les mots-clés qui sont les plus importants pour la page en question. En utilisant les mots-clés que vous avez choisis pour la page à optimiser, créez un titre d'article ne dépassant pas 70 caractères, car autrement le moteur de recherche risquerait de le tronquer. La balise <title> doit se lire facilement, sachant qu'elle est clairement affichée sur la page de résultats.

Étape 2 : Écrire une méta-description

La méta-description, souvent affichée juste au-dessous de la balise <title>, complète la description du contenu de la page. En règle générale, les mots-clés de la recherche apparaissent en gras dans la méta-description. Bien que les moteurs de recherche n'utilisent pas vos méta-descriptions pour déterminer votre classement dans les résultats d'une requête, les chercheurs lisent ces descriptions avant de décider ou non de cliquer sur vos résultats.

La méta-description est l'argumentaire éclair de votre page : il faut donc qu'elle soit convaincante. Utilisez des termes qui décrivent le contenu de la page de telle manière que les chercheurs soient incités à cliquer sur votre résultat.

Votre méta-description devra comporter moins de 150 caractères, faute de quoi elle risque fort d'être tronquée sur la page de résultats. Essayez d'y inclure un appel à l'action, par exemple « Achetez maintenant ! », « Cliquez ici pour un envoi gratuit » ou « Découvrez les dernières tendances ».

La Figure 8-8 montre quelques exemples de méta-descriptions.

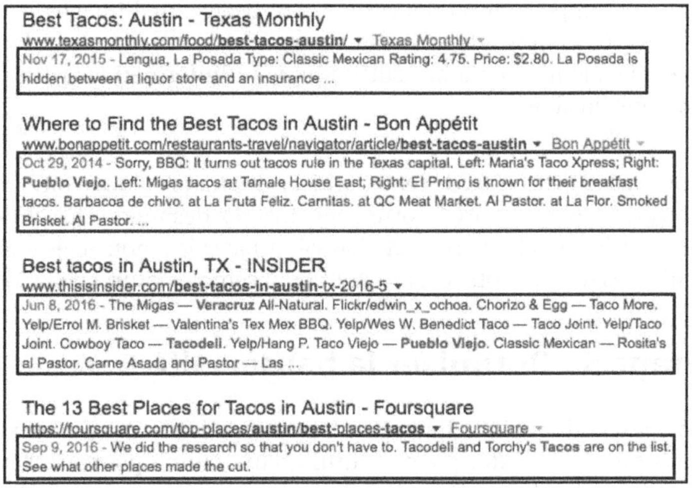

FIGURE 8-8 Exemples de méta-descriptions.

Étape 3 : Optimiser l'URL

L'URL (Uniform Resource Locator) est pour les visiteurs et les moteurs de recherche ce qui caractérise un site ou une page. Il est donc important qu'elle soit pertinente et appropriée. C'est ce qui permettra que son contenu soit bien référencé. Une URL se présente ainsi :

```
www.nom-de-votre-site.com/mots-cles-décrivant-cette-page
```

Dans l'URL, les mots-clés sont insérés après la barre oblique (/). Les moteurs de recherche utilisent les mots-clés situés dans cette partie de l'URL pour déterminer plus précisément la nature de la page et le classement qu'il convient de lui attribuer. Si les mots-clés de votre URL ne jouent pas dans le référencement un aussi grand rôle que votre balise de titre, ils n'en sont pas moins des éléments importants à optimiser.

Étape 4 : Rédiger le corps du texte

Le texte affiché sur la page, aussi appelé contenu, est pour le moteur de recherche une source d'informations qui indique à quelles requêtes votre page répondra. Il est donc important d'inclure du texte dans toutes les pages de votre site. Le contenu textuel d'une page Web joue aussi un grand rôle dans son référencement. Tâchez d'inclure dans chaque page au minimum 500 mots, mais ne remplissez pas vos pages de contenu de mauvaise qualité simplement pour y mettre des mots. Bien sûr, vous pouvez n'inclure que peu de mots dans des pages dont le contenu vidéo est important ou qui comportent beaucoup d'images, et cela ne posera pas de problème. Cependant, il vaut toujours mieux répondre à l'intention des chercheurs en leur fournissant suffisamment d'informations pour rendre la page plus compréhensible.

Tout au long du corps de texte, utilisez des mots ou des expressions clés qui soient pertinents par rapport à votre page. Insérez des mots-clés et des variantes de ces mots-clés dans les titres. En résumé, utilisez les mots-clés que vous ciblez et des variantes de ces mots-clés partout où il semble naturel de le faire.

Étape 5 : Optimiser la balise <alt>

La balise <alt> donne d'autres informations concernant une image sur votre page, sous forme de texte, pour les utilisateurs qui ne pourraient pas la voir (en raison d'une connexion Internet trop lente ou d'une erreur relative à l'image, par exemple). Dans la balise <alt>, décrivez l'image en utilisant l'expression clé que vous avez choisie pour désigner votre contenu.

Optimiser pour YouTube

YouTube, étant un moteur de recherche, se soucie de conserver les chercheurs sur son réseau afin de pouvoir leur montrer des annonces publicitaires. Par conséquent, YouTube envoie le trafic vers des vidéos susceptibles d'attirer les visiteurs et de les inciter à fréquenter son site.

Voici comment faire pour diriger davantage de trafic de recherche vers vos vidéos sur YouTube :

Étape 1 : Créer des vignettes convaincantes

Le moteur de recherche de YouTube compare le nombre de personnes qui voient apparaître votre vidéo dans les résultats de recherche au nombre de personnes qui lancent cette vidéo. Si vos vidéos sont regardées souvent, YouTube vous récompense en leur attribuant un meilleur classement.

Le facteur le plus important pour accroître le nombre de lectures d'une vidéo est la vignette de cette vidéo, c'est-à-dire l'image de cette vidéo qui est affichée sur la page de résultats de YouTube (voir Figure 8-9). Une vignette convaincante peut avoir une forte incidence sur votre taux de clic, et par conséquent, sur votre référencement sur YouTube.

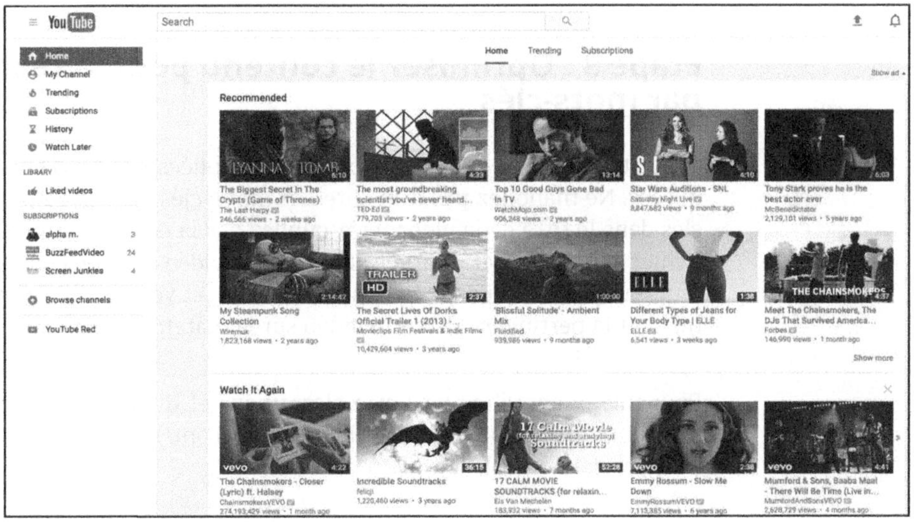

FIGURE 8-9 Chaque image de vidéo est une vignette.

Source : https://www.youtube.com/

Pour engager votre public, faites en sorte que vos vignettes soient remarquables, riches et impeccables. Ajoutez à chaque vignette un texte convaincant qui informe l'utilisateur sur le contenu et qui l'incite à cliquer ou à valider.

Si vous n'avez pas d'infographiste, vous pouvez vous servir d'un outil appelé Canva (https://www.canva.com/) pour créer des vignettes de qualité professionnelle. Cet outil vous fournit des modèles, certains gratuits et d'autres payants. Vous pouvez aussi importer vos propres images dans Canva pour créer des vignettes qui mettront en valeur vos vidéos.

Étape 2 : Solliciter l'engagement des utilisateurs

L'objectif de YouTube est de garder les utilisateurs sur son site afin de pouvoir leur montrer des annonces publicitaires. Le nombre de partages, de visionnages et de commentaires dont vos vidéos font l'objet indique à YouTube dans quelle mesure vos vidéos maintiennent les utilisateurs engagés.

En outre, une vidéo qui fait l'objet d'un grand nombre de visionnages et qui récolte plus de « J'aime » que de « Je n'aime pas » ainsi que des commentaires favorables est pour les nouveaux utilisateurs une preuve de la qualité de son contenu. Un contenu de bonne qualité suscite davantage de « J'aime » et de partages. Dans la description et dans la vidéo même, ne manquez pas de demander à l'utilisateur de cliquer sur « J'aime », de commenter votre vidéo, de la partager et de regarder vos autres vidéos.

Étape 3 : Optimiser le contenu pour la recherche par mots-clés

À l'instar de votre site Web, vos vidéos publiées sur YouTube doivent être optimisées. Ne manquez pas d'inclure des mots-clés ou une ou plusieurs expressions clés dans le titre de la vidéo, et n'oubliez pas la description, les balises, le nom de fichier de la vidéo téléchargée et celui de la vidéo que vous créez. Ainsi, les utilisateurs trouveront plus facilement votre vidéo et vous améliorerez votre référencement et la pertinence de votre vidéo sur la plateforme de YouTube.

Pour mieux appréhender votre classement et d'autres indicateurs, vous pouvez utiliser un outil comme vidIQ (http://vidiq.com/) qui vous permettra de suivre et de gérer votre canal.

Étape 4 : Étudier la rétention

Un indicateur important à mesurer est la rétention, c'est-à-dire le temps passé par les visiteurs à regarder votre vidéo. Les rapports de YouTube vous permettent d'observer des indicateurs de la rétention, comme le montre la Figure 8-10.

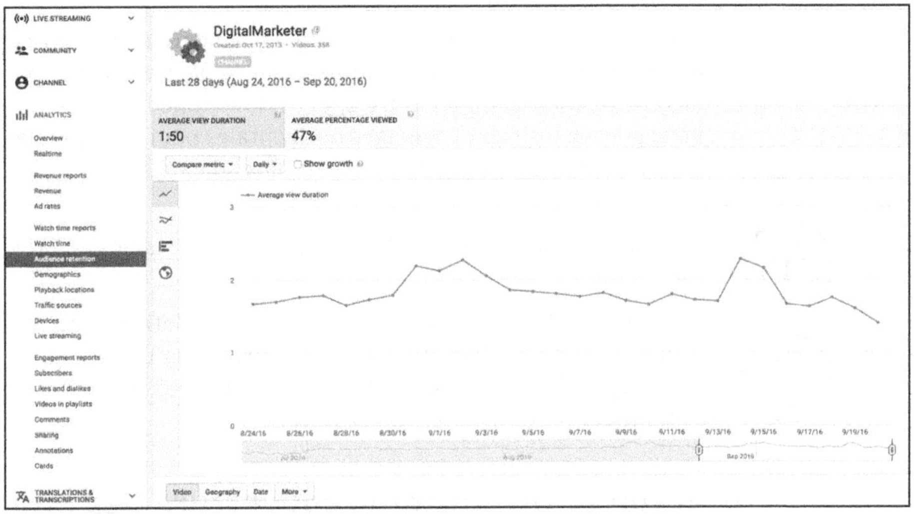

FIGURE 8-10 Étude de la rétention des vidéos sur YouTube.

Source : https://www.youtube.com/analytics?o=U#r=retention

Il est normal qu'une vidéo perde progressivement des spectateurs : tout le monde ne regarde pas une vidéo du début à la fin. Cela dit, faites attention à la rétention du public mesurée sur des vidéos atypiques qui ont beaucoup de succès, ou qui n'en ont pas. Essayez de déterminer la raison pour laquelle certaines vidéos présentent un taux de rétention élevé, tandis que d'autres retiennent difficilement l'attention des gens. Ensuite, optimisez votre vidéo et modifiez le contenu en conséquence.

Optimiser pour Pinterest

Cela peut vous sembler difficile à croire, mais Pinterest est un moteur de recherche. Il s'agit même d'un moteur de recherche qu'il importe de connaître si vous vendez des produits physiques. Pour optimiser la recherche de votre canal Pinterest, vous avez trois étapes à suivre.

Étape 1 : Améliorer les images

Pinterest est un site d'images. Il vous faut des images de grande taille, belles et bien nettes pour attirer l'attention. Superposez un texte à votre image. Le texte superposé sert de titre à l'épingle, et il donne des informations complémentaires sur celle-ci et sur le contexte.

Sur Pinterest, la taille et la forme de vos images sont importantes. La plateforme étant orientée verticalement, utilisez des images verticales présentant un rapport largeur/hauteur compris entre 2/3 et 1/3,5 et une largeur minimum de 600 pixels. Vous pouvez utiliser des images horizontales pour vos épingles, bien sûr, mais les images verticales sont généralement plus adaptées.

Les épingles dont le rapport largeur/hauteur est supérieur à 1/3,5 seront tronquées.

Comme nous le mentionnons dans la section relative à YouTube, vous pouvez utiliser Canva (https://www.canva.com/) pour créer des épingles convaincantes avec des images de qualité professionnelle et des polices de caractères qui attireront l'attention.

Étape 2 : Optimiser la couverture des tableaux

Les épingles de Pinterest sont classées et placées sur des tableaux. Vous trouverez vos tableaux sur votre page de profil. À l'instar des images que vous utilisez pour vos épingles, vos couvertures de tableaux doivent être optimisées grâce à des images de qualité professionnelle accompagnées d'un texte superposé complétant la description du tableau. La Figure 8-11 représente une page de profil de Pinterest avec des tableaux ayant fait l'objet d'une optimisation des mots-clés, avec du texte superposé.

Étape 3 : Cibler les mots-clés

La créativité est importante sur Pinterest, mais évitez la mièvrerie, la fantaisie débridée et les calembours. Le moteur de recherche de Pinterest étant moins perfectionné que des moteurs de recherche comme Google, vos résultats de recherche s'amélioreront si vous utilisez vos mots-clés ciblés de façon textuelle dans la dénomination des épingles et des tableaux et dans les descriptions que vous ajoutez.

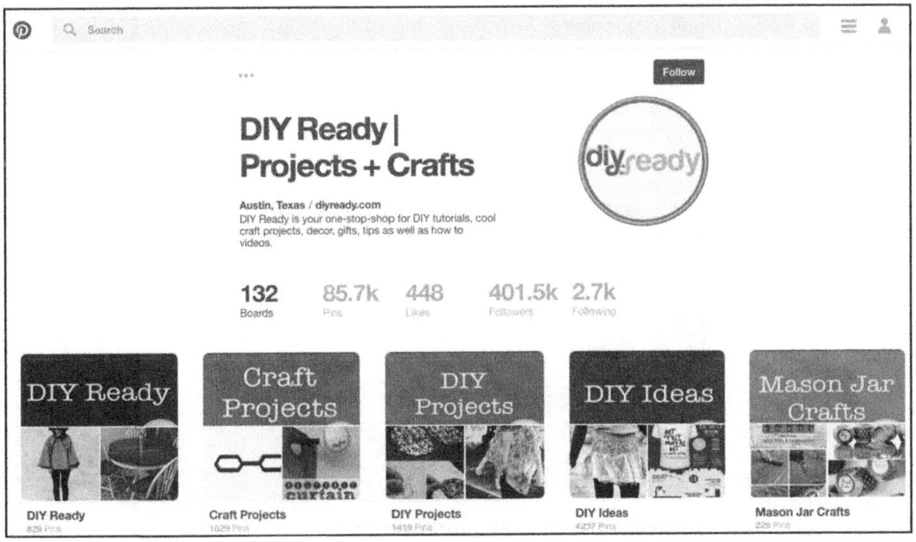

FIGURE 8-11 Un tableau optimisé par les mots-clés, sur la page de profil Pinterest de DIY Ready.

Source : https://www.pinterest.com/diyready/

Vous voulez savoir quels seront les meilleurs mots-clés pour votre épingle, votre tableau ou votre description ? Recherchez vos mots-clés sur la plateforme de Pinterest :

1. **Saisissez un mot ou une expression clé sur le moteur de recherche de Pinterest.**
2. **Prenez note des mots-clés suggérés par Pinterest au-dessous de l'expression saisie.**

   Pinterest vous aide à trouver des mots et des expressions clés en rapport avec ce que vous cherchez. Vous pouvez vous inspirer de ces suggestions pour optimiser vos mots-clés et expressions clés. La Figure 8-12 vous donne un exemple de recherche d'idées « pour un mariage » sur la plateforme de Pinterest.

3. **Créez de nouvelles épingles et de nouveaux tableaux pour chaque mot-clé pertinent suggéré par Pinterest, et incluez ces mots-clés dans les descriptions de ces épingles et de ces tableaux.**

Optimiser pour Amazon

Si vous vendez sur Amazon, il est important que vous sachiez comment fonctionne son moteur de recherche. Pour obtenir une page de produit bien classée sur Amazon, suivez ces quatre étapes :

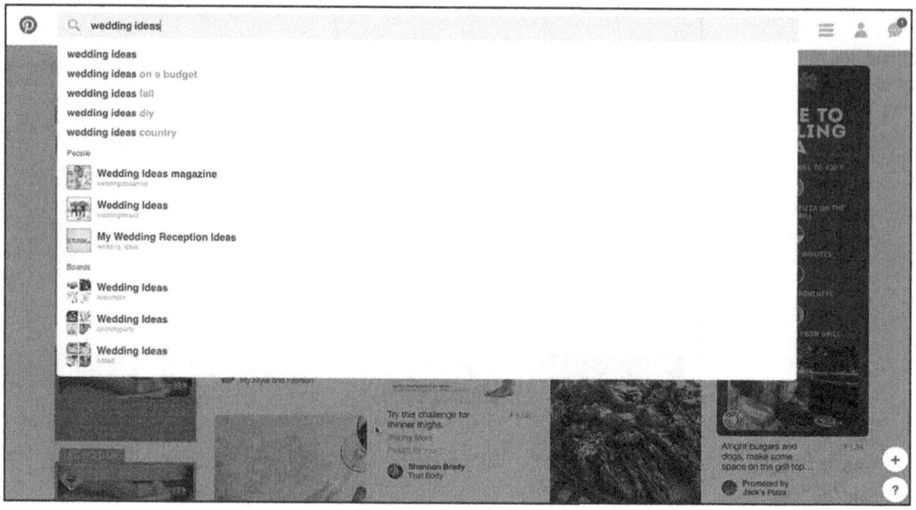

FIGURE 8-12 Un exemple d'aide fournie par Pinterest suite à une recherche sur sa plateforme.

Source : https://www.pinterest.com/

Étape 1 : Augmenter ses ventes par des promotions et des événements

Pour Amazon, un grand nombre de ventes sur un laps de temps court indique qu'un produit est très prisé et qu'il convient de le remonter dans le classement des résultats de recherche. Recourez à des promotions périodiques et à des campagnes de lancement afin de vendre plus et plus vite, et vous verrez votre référencement grimper.

Étape 2 : Obtenir davantage d'avis

Les avis sont extrêmement importants sur la plateforme d'Amazon, et un grand nombre d'avis positifs est pour Amazon le signe que votre produit doit être remonté dans le classement des résultats de recherche. Or, même si les gens adorent votre produit, ils ne prendront pas nécessairement le temps de rédiger un avis.

Rappelez-vous au souvenir de ceux qui ont acheté votre produit et incitez-les à déposer un avis. Utilisez pour cela un outil comme Feedback Genius, qui vous permet d'adresser des messages à vos clients, tout en respectant les conditions d'utilisation d'Amazon.

Étape 3 : Trouver un nom de produit qui soit vendeur

Pour que les gens cliquent sur votre produit, il faut qu'il ait un nom vendeur. Il peut être tentant de choisir un nom adorable ou astucieux, mais avec le risque que sa signification soit trop vague et que les gens l'ignorent, faute de savoir de quoi il s'agit. Pour obtenir davantage de clics, faites en sorte que le nom de votre produit indique clairement sa nature et sa fonction. Inspirez-vous de vos concurrents, regardez comment ils présentent leurs produits sur Amazon et quels noms ils choisissent.

Sur Amazon, les gens achètent non pas des produits, mais des images des produits. Publiez autant d'images nettes et attrayantes que nécessaire de votre produit, afin de satisfaire les besoins des clients potentiels. Sur Amazon, l'acheteur ne peut pas prendre votre produit dans sa main ni l'examiner. Il faut donc que vous lui montriez des photos de bonne qualité qui lui permettent de savoir ce qu'il recevra exactement. Plus le produit est coûteux ou élaboré, plus il vous faudra publier de photos ou d'images qui le décrivent.

Étape 4 : Créer des pages de produit avec des mots-clés ciblés

Votre page de produit sur Amazon comporte du texte, et chaque mot qu'elle comporte contribue à la détermination de votre classement. Incluez dans le titre de la page et dans la description du produit le mot ou l'expression clé que vous ciblez. La description du produit doit comporter au moins 250 mots. Ne la truffez tout de même pas de mots-clés, et pensez à l'expérience de l'utilisateur. Privilégiez la qualité plutôt que la quantité. Comme pour les images, plus le produit est coûteux ou élaboré, plus sa description doit être détaillée.

Optimiser pour iTunes

Le podcast est une méthode de distribution de contenu sur Internet qui est efficace et abordable. Si vous y recourez, il importe que vous sachiez de quelle manière iTunes classe les podcasts. Vous pourrez ainsi rendre les vôtres plus accessibles aux utilisateurs d'iTunes. Pour améliorer votre classement chez iTunes, suivez ces trois étapes :

Étape 1 : Solliciter des avis

Des avis positifs indiquent à iTunes que votre podcast est intéressant et mérite d'être récompensé par un bon référencement. Utilisez votre podcast pour demander aux utilisateurs de laisser des avis. Au moins une fois pour chaque épisode, présentez aux utilisateurs un appel à l'action pour qu'ils publient un avis sur votre podcast.

Étape 2 : Choisir un titre clair et créer une belle présentation

Il vous faut un titre spécifique et une belle présentation, non seulement pour décrire votre podcast, mais aussi pour attirer une audience. Un joli titre risque de passer inaperçu parce que les gens ne sauront pas de quoi il retourne. Soyez donc précis dans votre titre, mettez-y des mots-clés qui vous donneront un meilleur référencement et permettront aux chercheurs de vous trouver. De la même façon, incluez des mots-clés dans le titre et la description de l'épisode.

Ensuite, donnez à votre podcast une belle présentation, qui reflète bien le thème sans être trop chargée. N'oubliez pas que votre présentation sera de taille réduite. Elle doit rester simple, faute de quoi votre message risquerait de se perdre.

Étape 3 : Obtenir davantage de téléchargements

Le nombre de téléchargements dont votre podcast fait l'objet, tout comme le nombre d'avis, est un indicateur de sa qualité. Par conséquent, le rythme des téléchargements aura un impact direct sur vos résultats de recherche sur iTunes. Une augmentation régulière et constante du nombre de téléchargements améliore le classement de votre podcast.

Pour obtenir davantage de téléchargements quand vous lancez votre podcast, publiez entre trois et cinq épisodes à la fois, car plus vous aurez proposé d'épisodes, plus il y aura de téléchargements avec les abonnements. Au bout d'une quinzaine de jours, quand vous aurez des abonnés, vous pourrez publier de façon régulière, par exemple un épisode tous les mardis, afin que votre public sache à quel moment le dernier épisode sera disponible.

Optimiser pour les sites d'évaluation

Si vous lancez sur le marché une activité locale, par exemple un restaurant, un hôtel ou un magasin, vous devrez concentrer vos efforts d'optimisation des recherches sur des sites d'évaluation comme Yelp ou TripAdvisor. Pour une telle optimisation, suivez cette procédure en deux étapes :

Étape 1 : Obtenir des avis légitimes

Il ne s'agit pas de « truquer » les avis : des avis qui ne seraient pas authentiques pourraient vous attirer le discrédit de vos clients et du site d'évaluation. Encouragez plutôt les avis honnêtes en veillant à ce que l'expérience client soit de premier ordre et mérite des commentaires favorables.

Cela dit, vous pouvez certainement inciter vos clients à soumettre des avis légitimes grâce à des outils comme Review Express, de TripAdvisor. Une autre méthode consiste à demander à vos clients leur adresse électronique et à les encourager à déposer un avis sur le produit ou le service au point de vente.

Par la suite, vous pourrez assurer un suivi et envoyer un e-mail à vos contacts pour leur rappeler qu'ils doivent déposer un avis, et vous pourrez les inciter à le faire en leur proposant des petits cadeaux ou un concours.

Quand vous recevez un avis, répondez en remerciant la personne de vous avoir consacré son temps et en lui faisant savoir que vous en avez pris connaissance. Si vous recevez un avis négatif, répondez avec empathie. Expliquez votre version des faits, et si son avis nécessite que vous y accordiez davantage d'attention, poursuivez le dialogue en privé, par e-mail ou par téléphone. Mieux vaut gérer les problèmes de service clients en dehors des sites publics.

Sur la plupart des sites d'évaluation, les notes attribuées ont plus d'impact que le nombre d'avis. Efforcez-vous surtout d'obtenir des critiques enthousiastes de clients satisfaits. Bien sûr, le nombre d'avis que vous recevez est important, mais seulement si ces avis indiquent que vos clients apprécient votre entreprise et ses produits.

Étape 2 : Gérer son profil

Si vous exercez votre activité depuis un certain temps, vous figurez probablement sur pratiquement tous les sites d'évaluation, que vous le sachiez ou pas. Faites un tour sur ces sites, et lancez une recherche sur votre entreprise. Ensuite, identifiez-vous (ou créez votre compte si nécessaire) en répondant aux questions et en effectuant la procédure de vérification destinée à prouver que c'est bien de votre entreprise qu'il s'agit. Vous identifier vous permet de gérer votre compte, d'effectuer des modifications et d'ajouter des informations vous concernant sur le site d'évaluation.

Corrigez les éventuelles erreurs ou inexactitudes sur votre compte, et ajoutez des informations que vos clients actuels et vos clients potentiels pourront trouver utiles, comme vos horaires d'ouverture, votre localisation, vos données de contact et l'historique de votre entreprise. Dans votre description, incluez des mots-clés chaque fois que cela se justifie, et faites un usage approprié de la catégorisation afin d'optimiser votre référencement sur la plateforme du site d'évaluation.

Optimiser pour les robots des moteurs de recherche

Les robots des moteurs de recherche sont des programmes qui visitent les pages Web et qui indexent leur contenu. Cependant, il se peut que des obstacles empêchent le robot de parcourir une page, si bien que cette page ne sera pas indexée et ne sera pas proposée aux internautes. Un des objectifs de votre marketing de recherche doit être de faciliter le plus possible l'accès de ces robots à vos pages et leur indexation.

À ce stade, le marketing de recherche peut devenir éminemment technique. Si votre site Web génère de façon fortuite des obstacles pour les moteurs de recherche ou des « ralentisseurs », vous devrez peut-être faire appel à un professionnel de l'optimisation des moteurs de recherche, c'est-à-dire à quelqu'un qui connaisse bien les aspects techniques du marketing de recherche.

Afin de déterminer si votre site Web pose des problèmes en termes d'optimisation pour les robots des moteurs de recherche, installez Google Search Console (https://www.google.com/webmasters/tools/home) sur votre site. Google Search Console (anciennement Google Webmaster Tools) est un outil gratuit qui vous permet de voir votre site Web comme le voit le moteur de recherche de Google. Vous pouvez visualiser d'importantes informations techniques concernant la capacité des robots de recherche à indexer votre site :

» **Le statut d'indexation :** le nombre total d'URL de votre site qui ont été ajoutées à l'index de Google. Si votre site Web comporte 100 pages, par exemple, vous devez voir ce nombre de pages apparaître dans le rapport sur le statut d'indexation.

» **Les erreurs d'URL :** des pages auxquelles Google a des difficultés à accéder. Cherchez les raisons pour lesquelles les pages comportent des erreurs, et corrigez-les.

» **Les problèmes de sécurité :** si votre site est infecté par un logiciel malveillant, cela apparaîtra sur Google Search Console. Un site qui présente des problèmes de sécurité a très peu de chances de recevoir du trafic de la part de moteurs de recherche comme Google. Résolvez ces problèmes sur-le-champ.

Générer des liens

Un responsable du marketing de recherche doit créer un site Web qui lui fera gagner des liens en provenance de sources externes. Les liens sont l'équivalent sur Internet d'un bouche-à-oreille favorable à votre entreprise. Ainsi, par exemple, quand un blog consacré aux finances des particuliers comporte un lien vers le site Quicken.com, ce lien indique que Quicken possède un contenu de bonne qualité que le blogueur considère comme fiable et pertinent : c'est l'équivalent sur Internet d'une recommandation. Les pages sur lesquelles pointent davantage de liens sont généralement mieux classées dans les résultats de recherche.

Les liens qui pointent vers une page Web sont considérés comme autant de votes pour cette page. Les moteurs de recherche tiennent compte du volume et, plus important, de la qualité des liens vers une page pour déterminer quelles pages ils doivent faire apparaître dans leurs résultats pour une requête portant sur tel ou tel mot-clé.

Dans les sections qui suivent, nous expliquons comment obtenir des liens en employant des tactiques de marketing de recherche qui ne dérogent pas aux conditions d'utilisation du moteur de recherche et en évitant de recourir aux tactiques de « chapeaux noirs » évoquées dans l'encadré « Chapeaux noirs et chapeaux blancs », précédemment dans ce chapitre.

Étape 1 : Créer des liaisons transversales dans votre contenu

La méthode de création de liens qui est le plus à votre portée consiste à créer des liaisons transversales sur votre propre site. Si un site Web consacré à la planification financière publie un article de blog intitulé Dix erreurs à éviter quand on planifie sa retraite, il est logique, pour le lecteur comme pour le moteur de recherche, qu'il existe un lien croisé entre cet article de blog et une page présentant les services de planification de la retraite que propose l'entreprise en question.

Les liens internes à votre site Web améliorent l'expérience de l'utilisateur et envoient aux moteurs de recherche des signaux indiquant quelles pages sont importantes sur votre site. Créez des liens sur les pages importantes de votre site chaque fois qu'il est opportun de le faire, sans perdre de vue l'expérience de l'utilisateur.

Étape 2 : Étudier les liens des concurrents

L'étape suivante consiste à effectuer une recherche sur la concurrence. Un outil comme Open Site Explorer (https://moz.com/researchtools/ose/), vous permet de rechercher vos principaux concurrents pour voir quels sont les sites qui présentent des liens vers les leurs. Rendez-vous ensuite sur ces sites pour savoir si des liens vers votre site les intéresseraient également.

Étape 3 : Créer un contenu généreux

Vous pouvez obtenir des liens en créant ce que l'on appelle un contenu généreux, c'est-à-dire un contenu qui mentionne d'autres personnes ou entreprises, en particulier des personnes influentes qui pourraient à leur tour créer un lien vers vous, ou partager votre contenu sur leurs réseaux sociaux. Pour créer un contenu généreux, vous pouvez rédiger un article sur une personnalité ou une enseigne, puis ajouter un lien vers le site approprié. Cet article peut prendre la forme d'une biographie ou d'une interview.

Une autre façon de créer un contenu généreux consiste à rédiger un article participatif après avoir demandé à des spécialistes de vous écrire un texte d'une centaine de mots sur un sujet donné, puis d'y ajouter des liens vers leurs sites respectifs. La création d'un contenu généreux sous forme d'article participatif est traitée en détail au Chapitre 6.

En résumé, pour gagner des liens sur votre site Internet, commencez par manifester votre propre intérêt pour les autres et par créer, pour ainsi dire, des liens réciproques. Faites preuve de générosité en citant d'autres auteurs sur votre site Web et en renvoyant vos visiteurs vers des pages que vous aimez. Quand vous créez un lien, prévenez toujours son destinataire.

Étape 4 : Créer un contenu qui mérite un lien

Un bon contenu contient des ressources que les gens auront envie de partager avec les membres de leurs réseaux d'amis et de connaissances. Créez un contenu remarquable, en particulier sur votre blog, vers lequel les gens créeront des liens en raison de la valeur qu'il représente pour eux. Ainsi, par exemple, une banque qui désire attirer d'éventuels clients vers ses solutions de crédit pourra installer sur son site un simulateur d'échéances mensuelles gratuit et facile à utiliser. Les internautes qui trouveront cet outil utile créeront un lien vers lui et amélioreront ainsi le référencement de cette banque sur les moteurs de recherche.

Étape 5 : Publier les résultats d'une recherche primaire

Un bon moyen de générer des liens consiste à publier les résultats d'une recherche primaire, c'est-à-dire d'une recherche effectuée par vous-même. De tels résultats peuvent être difficiles à trouver et demander du temps, c'est pourquoi ils représentent quelque chose de rare et de précieux. La demande est forte pour des résultats de recherche de qualité, et cela débouche souvent sur de bons liens créés par des internautes qui citent ces résultats sur leurs pages Web.

Étape 6 : Se tenir informé de l'actualité

La dernière étape consiste à créer un contenu digne d'intérêt et à le publier alors que le sujet traité est à la mode. Pour y parvenir efficacement, suivez l'actualité de votre secteur d'activité. Une des meilleures façons de le faire est de se servir des réseaux sociaux, et plus particulièrement de Twitter, qui tend à devenir le système nerveux de l'Internet.

Soyez prêt à produire à tout moment du contenu relatif à votre secteur, ou bien trouvez une manière originale de traiter des sujets intéressants et brûlants. La tâche est ardue, mais être parmi les premiers à proposer ce type de contenu comporte un gros avantage : vous ferez partie d'un petit nombre de sources d'information dans un certain domaine, si bien que des liens vers vos pages seront créés par d'autres au fur et à mesure des développements. Cependant, avant de vous lancer, assurez-vous de pouvoir vérifier vos sources, faute de quoi vous risqueriez de publier des informations fausses ou inexactes et de ruiner votre réputation.

CRÉER DES LIENS APRÈS PENGUIN

Pendant près de deux décennies, le nombre de liens qui pointent vers une page Web a été un facteur décisif de l'accroissement du trafic de recherche. Au cours de cette période, des spécialistes du référencement pas très recommandables ont mis au point des techniques de manipulation du nombre de liens pointant vers une page Web. En 2012, afin d'améliorer son référencement, Google a lancé la mise à jour Penguin, destinée à rejeter les sites considérés comme polluant les résultats de recherche, en particulier les sites qui achetaient des liens ou qui les obtenaient grâce à des réseaux de liens.

Aujourd'hui, des tactiques de marketing de recherche de type « chapeau noir » comme l'achat de liens enfreignent les conditions d'utilisation de Google, et leur utilisation est rendue difficile par des mises à jour comme Penguin. La seule méthode viable pour créer des liens vers vos pages Web est la bonne vieille méthode consistant à créer un contenu qui mérite que les internautes le référencent par des liens.

Tous les liens ne naissent ni ne demeurent égaux. Les liens provenant de sites de référence ont davantage d'impact que les liens provenant de mauvais sites. Un lien provenant du *New York Times* ou du site Internet de l'Université de Californie du Sud, par exemple, a plus de poids qu'un lien provenant d'un blog tout nouveau dont on ne sait qui l'administre. Les moteurs de recherche considèrent que des publications et des sites universitaires réputés comme les sites du *New York Times* et de l'Université de Californie du Sud ont très peu de chances de comporter des liens pointant vers une page de mauvaise qualité ou vers une page qui enfreindrait leurs conditions d'utilisation.

Chapitre 9
Tirer parti des réseaux sociaux

DANS CE CHAPITRE

- **Générer des leads et des ventes sur les réseaux sociaux**
- **Être à l'écoute des problèmes de réputation et de service clients**
- **Se faire connaître et aimer de ses clients et de ses prospects et inspirer confiance**
- **Créer des partenariats avec des enseignes et des personnes influentes**

Les réseaux sociaux sont un moyen abordable et efficace d'atteindre les prospects, les leads et les clients. Cependant, la communication sur les réseaux sociaux est un vaste domaine, qui englobe aussi bien le réseautage social sur des sites comme Facebook et Twitter que des plateformes de publication de contenu comme YouTube et Medium, pour ne parler que d'une partie des centaines de circuits possibles, chacun caractérisé par ses propres processus, ses propres procédures et ses propres protocoles. Les possibilités qu'offrent les réseaux sociaux sont enthousiasmantes, mais elles peuvent parfois sembler rebutantes.

Pour l'essentiel, le marketing des médias sociaux n'est pas différent des autres formes de marketing. C'est simplement une nouvelle manière d'interagir avec les clients, les prospects, les personnes d'influence et les partenaires. Dans ce chapitre, nous vous indiquons comment vous en sortir, comment élaborer un plan et comment créer de la valeur pour votre entreprise grâce aux réseaux sociaux. Nous vous présentons des méthodes pour générer des leads et des ventes et pour devenir plus visible, nous vous expliquons l'utilité des outils « d'écoute », et nous vous indiquons comment aiguiser vos compétences afin de gagner la confiance de vos prospects, et comment éviter certaines erreurs sur les réseaux sociaux.

Le cycle de la réussite commerciale sur les réseaux sociaux

La plupart des entreprises considèrent le marketing des médias sociaux comme une discipline unique, mais en réalité il est constitué de quatre composantes d'importance égale :

- **Le** *social listening*, **ou la veille digitale,** consiste à s'occuper des problèmes liés au service clients et à la gestion de la réputation sur les réseaux sociaux.
- **Le** *social influencing* consiste à exercer une influence sur les réseaux sociaux, souvent à travers la distribution et le partage d'un contenu intéressant.
- **Le** *social networking*, **ou réseautage social,** consiste à nouer des liens sur les réseaux sociaux avec des enseignes ou des personnes influentes.
- **Le** *social selling* consiste à générer des leads et des ventes en sollicitant les clients existants et les prospects sur les réseaux sociaux.

Savoir pourquoi et comment utiliser chacune de ces composantes du cycle permet de comprendre et d'exploiter ce qui peut ressembler à un véritable chaos sur les réseaux sociaux.

Pour un responsable du marketing, il est difficile de savoir par où commencer face à toutes les options qu'offrent les réseaux sociaux. Heureusement, les principaux réseaux sociaux se classent invariablement selon deux catégories, dont l'identification permet d'exploiter efficacement les médias sociaux dans le cadre d'une stratégie de marketing globale.

Les Seeker channels, ou canaux de recherche, sont des plateformes de réseaux sociaux sur lesquelles se rendent les internautes qui recherchent un contenu spécifique. Ils sont comme des moteurs de recherche, tels Bing ou Google, qui auraient été modifiés. Les internautes s'y rendent pour chercher et trouver un contenu qu'ils consommeront sur place. Dans cette catégorie, les deux grands champions sont YouTube et Pinterest. Les internautes qui se rendent sur YouTube sont généralement en mode « recherche ». Ils utilisent la barre de recherche de YouTube pour lancer une requête et consomment la vidéo sur la plateforme même. De façon similaire, les internautes se servent de la barre de recherche de Pinterest pour obtenir des informations particulières sur des sujets comme les recettes de cuisine, le bricolage ou la mode. Pinterest est surtout un site d'images, mais il fonctionne aussi comme un moteur de recherche.

Ces canaux de recherche sont parfaitement adaptés au social influencing. L'installation stratégique de contenu sur ces sites vous permet de partager des informations intéressantes avec votre public cible et ainsi, d'asseoir la réputation de votre enseigne et de bâtir la confiance. Ces canaux de recherche conviennent très bien également pour le social selling. Vous pouvez optimiser des vidéos sur YouTube ou des images sur Pinterest en les accompagnant d'appels à l'action qui vous serviront à transformer vos leads en clients, ou tout au moins, à inciter vos prospects à consommer davantage encore de contenu sur votre site Web. La Figure 9-1 montre une vidéo de GoPro sur YouTube, avec un clair appel à l'action à la fin, l'action consistant à soumettre des images ou des vidéos à GoPro.

FIGURE 9-1 GoPro lance un appel à l'action pour que son public s'engage auprès de son enseigne.

Source : https://www.youtube.com/watch?v=svNfpnEr-wY

D'un autre côté, il y a les canaux d'engagement, sur lesquels les internautes s'identifient et entrent en relation les uns avec les autres. Les conversations d'utilisateur à utilisateur y sont une activité courante, de même que le partage de contenus courts liés à un contenu plus long situé ailleurs. Twitter en est un excellent exemple. Les textes y sont limités à 140 caractères, si bien qu'on y voit souvent des « tweets » constitués d'une bribe d'information accompagnée d'un lien vers un autre site, extérieur à la plateforme. Les canaux d'engagement conviennent bien au social listening, sachant qu'ils sont fondés sur le principe de la conversation. On y trouve des conversations d'enseigne à client, de client à client et de client à prospect. Cette plateforme d'échanges est un lieu adéquat pour suivre vos clients et vos prospects et pour leur répondre, ou même pour voir de quelle façon vos concurrents communiquent. La conversation étant le modèle de l'expérience sur ce type de support, les canaux d'engagement sont aussi le média qui convient pour le réseautage social. Les principaux canaux d'engagement disponibles dans l'univers des réseaux sociaux sont Twitter, Facebook et LinkedIn.

Tous les médias sociaux ne se classent pas dans l'une ou l'autre de ces deux catégories, mais c'est presque toujours le cas de ceux dont l'utilisation est généralisée. À partir du moment où vous exercez une activité de marketing sur un canal de recherche, votre priorité est de veiller à ce que les utilisateurs puissent trouver votre contenu quand ils effectuent des recherches. Les canaux d'engagement servent à être à l'écoute, à partager du contenu et à nouer ou entretenir des liens. Privilégiez le service clients et la fréquence de votre participation à des conversations actives avec vos clients, vos prospects et les personnes d'influence sur les canaux d'engagement.

Être à l'écoute des réseaux sociaux

Le social listening consiste à assurer un suivi stratégique sur les réseaux sociaux et à répondre dès qu'il est fait mention (en bien ou en mal) de votre enseigne, d'un des principaux membres de votre organisation, de vos produits ou de vos services ou de tout ce qui se rapporte à votre niche sectorielle. Ce rôle peut être tenu par un seul individu, ou bien, selon la taille de votre organisation, par toute une équipe affectée à cette tâche. Que vous soyez un entrepreneur individuel ou un cadre salarié d'une des cent plus grandes entreprises du monde, les principes du social listening s'appliquent à vous de la même manière.

De nos jours, une entreprise peut faillir sur les réseaux sociaux de diverses manières. Parfois, c'est comme si les réseaux sociaux étaient quelque chose que l'on aurait imposé aux entreprises. C'est ainsi que de nombreuses entreprises ont refusé de participer à l'activité des réseaux sociaux. Il est arrivé que des salariés ayant accès aux canaux officiels sur les réseaux sociaux publient des textes douteux gênants pour les entreprises et pour leurs dirigeants. Cependant, le pire est encore d'ignorer complètement les conversations qui ont lieu sur les médias sociaux.

Le fait est que sur les réseaux sociaux vos prospects, vos leads et vos clients parlent de vous, de votre enseigne et de votre secteur d'activité. Si votre entreprise n'effectue pas un suivi de ces conversations, c'est un peu comme si dans votre service clients, le téléphone ne cessait de sonner sans que personne ne décroche. Dans le domaine des réseaux sociaux, là est la plus grave faute. Le pire n'est pas de publier quelque déclaration politiquement incorrecte susceptible d'agacer les masses ou de déclencher leur colère, mais d'ignorer le « téléphone social ».

Quand nous songeons aux utilisateurs qui se plaignent sur les réseaux sociaux ou qui y font connaître leur satisfaction, nous nous imaginons le plus souvent que nous trouverons leurs commentaires sur Twitter ou sur Facebook. En réalité, selon votre type d'entreprise ou d'activité, les gens pourront parler de vous sur toutes sortes de canaux, aussi bien dans des vidéos de démonstration sur YouTube que dans la rubrique des avis de clients sur des sites comme Yelp ou Amazon. Ces conversations sont celles dont votre entreprise doit être avertie et qu'elle doit suivre activement sur les réseaux sociaux, et c'est la raison pour laquelle un programme de social listening est si important.

Le social listening est un concept fondamental dans le cycle de la réussite commerciale sur les réseaux sociaux. Aujourd'hui, le public s'attend à ce que les organisations soient à l'écoute, et vos prospects, vos leads et vos clients attendent de vous que vous participiez aux conversations qu'ils lancent sur les réseaux sociaux. Si vous venez juste de commencer à intervenir sur les réseaux sociaux, ne cherchez pas encore à créer un réseau, à exercer une influence ou à vendre : commencez par être à l'écoute. Utilisez les réseaux sociaux comme un canal de gestion du service clients et de la réputation de votre entreprise, car c'est ce qu'ils sont pour votre enseigne. Pour un exemple de social listening réactif, référez-vous à la Figure 9-2, sur laquelle la chaîne de supermarchés Save-A-Lot traite la plainte d'un consommateur sur Facebook et l'assure que celle-ci a retenu toute son attention.

FIGURE 9-2 L'enseigne Save-A-Lot assure son client qu'elle a bien pris connaissance de son message.

Source : https://www.facebook.com/savealot/posts_to_page/

Le social listening va bien au-delà du service clients. Le fait d'être à l'écoute sur les réseaux sociaux éclaire tous les autres aspects de votre cycle de réussite commerciale sur les réseaux sociaux :

» **Le social influencing :** le social listening exerce un impact sur le social influencing dans la mesure où il vous permet de savoir quelle sorte de contenu intéresse le plus votre public.

» **Les partenariats :** quand vous vous souciez de savoir qui, sur les réseaux sociaux, partage des informations influentes dans votre secteur, votre activité de social listening vous informe sur les possibilités de partenariats et sur les journalistes susceptibles de parler de votre enseigne dans ces médias.

» **Le social selling :** le social listening joue un rôle important dans le *social selling*, qui est l'activité d'une enseigne qui se sert des réseaux sociaux pour générer des leads et des ventes. L'enseigne répond aux questions des prospects et leur fournit des éléments jusqu'à ce qu'ils soient prêts à prendre une décision d'achat. Le social listening peut donc venir en appui au social selling en vous indiquant quels prospects sont susceptibles de répondre, ce qu'ils désirent et ce qu'ils cherchent sur les réseaux sociaux. Ainsi, vos produits ou vos services peuvent répondre au mieux aux besoins de vos prospects.

Choisir un outil de social listening

Pour mener vos campagnes de social listening, vous disposez de divers outils dédiés. Ces outils nécessitent divers niveaux de financement et offrent des options qui vous permettent de lancer un programme de social listening efficace. Heureusement, que vous travailliez en indépendant ou que vous dirigiez une vaste équipe de social listeners, vous disposez d'une aide abondante pour remplir vos objectifs en matière de social listening.

Si vous ne disposez pas des moyens d'accès ou du budget vous permettant d'utiliser des outils de social listening plus perfectionnés, vous pouvez utiliser Google Alerts (https://www.google.com/alerts). Google Alerts est un outil gratuit adapté au marketing des médias sociaux à petit budget. Comme vous le savez sans doute, Google parcourt constamment l'Internet à la recherche des nouveaux contenus. La fonctionnalité Google Alerts vous permet de mettre en place une alerte e-mail qui se déclenchera chaque fois que le moteur de recherche trouvera des mentions de mots-clés présélectionnés tels que noms d'entreprises, de produits ou de membres de votre organisation en contact avec le public. C'est une option viable pour une petite entreprise qui ne génère pas un grand nombre de mentions et pour laquelle des boucles de rétroaction complexes ne sont pas nécessaires.

Les petites entreprises disposant d'un ou deux auditeurs sociaux peuvent s'offrir un outil comme Mention (https://mention.com), qui utilise une méthode de recherche de mots-clés plus élaborée et qui peut relever directement les mentions dans l'ensemble des réseaux sociaux ainsi que sur les blogs et les nouveaux sites. Il existe aussi une suite complète d'outils similaires, concurrente de Mention. Pour vos recherches, vous pouvez donc trouver l'outil qui répondra le mieux à vos besoins. Les outils de social listening comme Mention se situent dans la gamme moyenne des prix et des fonctionnalités. Sans faire sauter la banque, ils comportent des fonctionnalités utiles : indicateurs, évaluation et rapports.

Au-delà des outils de niveau intermédiaire, les entreprises peuvent opter pour un outil bien plus perfectionné (et plus onéreux) comme Radian6 (https://www.

marketingcloud.com/products/social-media-marketing/radian6/). Cette plateforme propose des fonctionnalités de création de rapports plus avancées, des intégrations avec la gestion de la relation clients et des logiciels de services d'assistance. Cet outil est idéal également pour les flux de travail avancés des plus grandes équipes d'auditeurs sociaux.

Préparer l'écoute

Précédemment dans ce chapitre, nous avons évoqué l'importance du social listening en tant que stratégie, mais comment doit-on s'y prendre exactement ? Ne vous y trompez pas : le social listening ne se produit pas tout seul, il s'agit d'un travail tactique. Les campagnes de social listening consistent à utiliser des outils qui sont « à l'écoute » des mots-clés. Avant de commencer à mettre en œuvre votre campagne de social listening, vous devez déterminer précisément quels sont les mots-clés à suivre. Cinq catégories de mots-clés s'appliquent à pratiquement toute activité commerciale (voir Figure 9-3) :

- **Les enseignes :** cette catégorie inclut le nom de votre entreprise, vos marques, vos sous-marques et les noms de vos produits.
- **Les sujets :** déterminez les sujets qui concernent votre secteur d'activité et dont on parle dans votre métier, et la façon dont vous pouvez contribuer et vous affirmer sur ces sujets.
- **Les concurrents :** sachez qui sont vos concurrents, ce que l'on dit d'eux, et de quels besoins et de quels problèmes leurs clients et leurs prospects font état sur les réseaux sociaux.
- **Les acteurs influents :** intéressez-vous aux enseignes et aux personnes qui ont un impact sur votre secteur d'activité. Sachez ce qu'elles disent de votre activité sur les réseaux sociaux.
- **Le public :** prêtez attention à ce que disent vos clients, vos prospects et ceux de leurs interlocuteurs professionnels qui font partie de votre organisation.

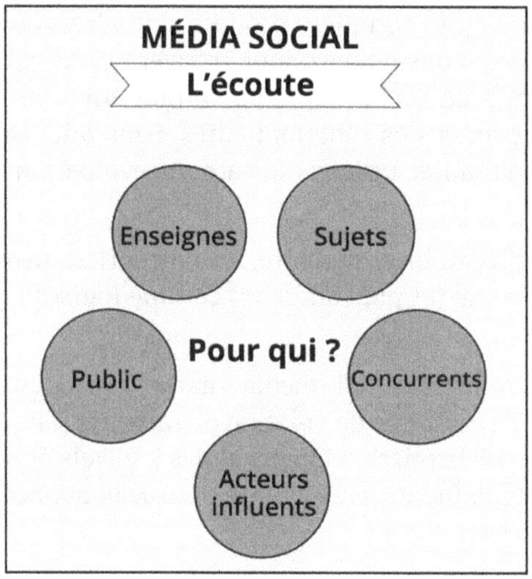

FIGURE 9-3 Les cinq mots-clés qui s'appliquent à pratiquement toute entreprise.

Apple, une des plus grandes compagnies du monde dans le domaine des nouvelles technologies, peut être présentée comme l'exemple d'une entreprise qui s'investit dans le social listening. Il est probable qu'Apple soit à l'écoute de toutes ses marques, notamment iOS et Apple Watch (et bien d'autres de ses créations). Elle gère sans doute des alertes relatives aux conversations sur des sujets en lien direct avec son activité : songez aux mentions de « smartphones » ou de « technologie portable ». Elle accorde probablement une grande attention à ce que les gens disent de ses concurrents, par exemple Androïd et Jeff Bezos, le P.D.-G d'Amazon. D'importants blogs et certaines personnalités influencent l'opinion du public au sujet d'Apple, par exemple Gigaom ainsi que John Gruber, administrateur du blog Daring Fireball qui est consacré aux nouvelles technologies. Bien sûr, Apple aimerait être au courant des conversations qui concernent Tim Cook, son P.D.-G, ou Arthur Levinson, son président du Directoire. Certes, tout cela représente une très grande quantité d'échanges à suivre. Dans une organisation de la taille d'Apple, un outil de social listening comme Radian6 informe des équipes entières de collaborateurs à l'écoute des conversations sur tous ces exemples, et beaucoup d'autres encore.

Être à l'écoute sans utiliser des outils payants

Comme nous l'avons mentionné précédemment dans ce chapitre, vous pouvez utiliser Google Alerts comme outil gratuit de social listening. Toutefois, il se peut que vous ayez parfois besoin d'outils plus sophistiqués sans disposer du budget adéquat. Votre entreprise est peut-être une startup, par exemple, avec une petite équipe qui suscite de nombreuses conversations sur les réseaux sociaux, ou bien le nom de votre enseigne n'est pas assez spécifique pour faire l'objet de suffisamment de mentions pertinentes par le biais de l'algorithme de Google Alerts. Heureusement, deux outils s'offrent à vous, qui peuvent remplacer un outil de social listening payant et vous aider bien mieux que Google Alerts : Hootsuite et le moteur de recherche de Google.

Hootsuite (https://hootsuite.com/) est une plateforme gratuite qui offre un tableau de bord pour la gestion des réseaux sociaux. Elle intègre les flux des grandes plateformes de réseaux sociaux comme Twitter, Facebook, Instagram, LinkedIn et YouTube. Le tableau de bord vous permet de programmer des « flux » de notifications, notamment des mentions de comptes Twitter et Facebook spécifiques. Vous pouvez suivre les publications sur les réseaux sociaux dans lesquelles vous êtes marqué et programmer des flux en fonction de mots-clés spécifiques que vous choisissez. Hootsuite est un moyen économique de trouver des mentions de mots-clés que vous auriez pu ne pas remarquer.

Outre l'utilisation de Hootsuite, envisagez aussi l'utilisation de vos mots-clés sous la forme d'une recherche classique sur Google. Comme vous le savez, les conversations qui vous concernent ne sont pas une exclusivité des grands réseaux sociaux. Elles se déroulent aussi sur des sites comme Tumblr ou Medium, ainsi que sur des forums et des blogs. Mettez vos expressions clés entre guillemets pour que Google ne recherche que l'expression entière, et vous obtiendrez tout de suite une liste classée de contenus dans lesquels votre expression apparaît. Vous n'êtes pas obligé de parcourir toutes les pages de haut en bas, mais examinez de près les 10 à 20 premiers liens affichés : ce sont ceux qui comptent le plus pour votre réputation numérique.

Utiliser la boucle de rétroaction

Lorsque vous détectez des mentions de votre enseigne sur les réseaux sociaux, le mieux est d'y répondre dans le cadre de votre campagne de social listening, grâce à la création et à la mise en œuvre de diverses boucles de rétroaction. De façon générale, une boucle de rétroaction est une procédure permettant à une entreprise de répondre à ses clients et de résoudre leurs problèmes sur les réseaux sociaux. Souvent, cela se passe en coulisses, mais il s'agit d'une mesure importante pour faire en sorte que vos prospects et vos clients aient le sentiment d'être respectés et entendus. Une boucle de rétroaction (Figure 9-4) a pour but de résoudre les problèmes des clients grâce à la communication dans un laps de temps prédéfini.

Supposons qu'un client attire l'attention sur un problème qui concerne directement ou indirectement votre entreprise, vos produits ou vos services, et qu'il le

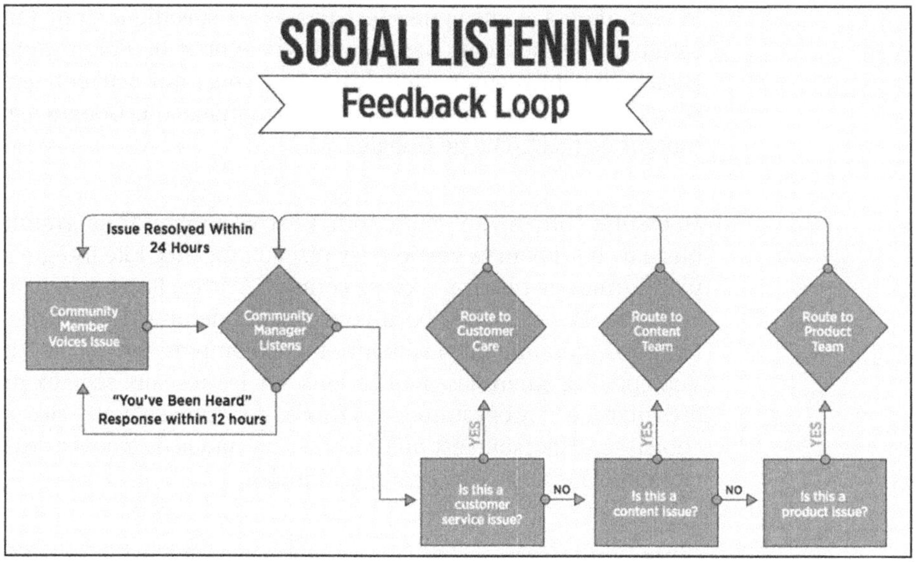

FIGURE 9-4 Un diagramme de flux pour la mise en place de boucles de rétroaction.

fasse sur Twitter pour que le monde entier puisse en avoir connaissance. À l'âge des réseaux sociaux et de la communication digitale, cela se pratique couramment. C'est pourquoi, dans la boucle de rétroaction, la première ligne de défense est votre gestionnaire de communauté, c'est-à-dire la personne qui, dans votre entreprise, suit les conversations sur les réseaux sociaux. Votre entreprise peut utiliser un outil payant comme Mention ou Radian6, évoqués précédemment, afin d'être au courant de ces griefs. Peut-être employez-vous plusieurs gestionnaires de communauté, ou peut-être êtes-vous le gestionnaire de communauté. Dans tous les cas, il faut que quelqu'un soit à l'écoute des consommateurs qui font état d'un problème sur les réseaux sociaux.

Ces problèmes ne peuvent pas toujours être résolus immédiatement, mais si vos clients savent que leur message a bien été reçu, c'est suffisant pour qu'ils se sentent respectés et appréciés, et pour qu'ils vous accordent du temps pour trouver une solution. Imaginons que vous soyez serveur dans un restaurant très fréquenté et qu'à l'heure de pointe, un groupe imprévu de dix personnes se présente dans votre section alors que vous n'avez pas le temps de vous en occuper. Comment faire pour gagner du temps ? Accueillez ces personnes avec un mot aimable et informez-les que vous reviendrez vers elles dans un petit moment.

C'est ce que nous appelons la réponse de type « Vous avez été entendu ». C'est un bon moyen de détendre l'atmosphère, aussi bien dans un restaurant bondé que sur les réseaux sociaux. L'univers des médias sociaux évolue extrêmement vite. Vingt-quatre heures peuvent ressembler à un millénaire, surtout quand des clients sont mécontents. C'est pourquoi il est si important que quelqu'un, dans votre entreprise, soit chargé de suivre les conversations et de répondre rapidement dès qu'un problème est évoqué. Pour notre part, nous nous efforçons de répondre aux messages sur Facebook dans un délai de 12 heures, et plus rapidement encore sur Twitter, un média sur lequel les gens ont encore moins de patience. Le délai de la première réponse dépend de la taille de votre entreprise, aussi est-il important de prendre le temps de réfléchir à la rapidité avec laquelle la vôtre sera capable de répondre et à ce que sera la programmation de votre boucle de rétroaction : assurez-vous simplement que les problèmes posés à votre service clients soient traités le jour même, en raisonnant en jours ouvrables.

Une fois que vous avez identifié un problème et procédé à une première réponse, la prochaine étape consiste à déterminer qui, dans la hiérarchie de votre entreprise, sera en mesure de le résoudre. Il est essentiel d'avoir conscience qu'il existe diverses formes de boucle de rétroaction, si bien que la façon dont vous allez traiter un problème va dépendre de la taille de votre entreprise et de la façon dont elle est organisée. Un des exemples les plus courants est la boucle du service clients. Quand un problème de service clients est évoqué sur les réseaux sociaux, le gestionnaire de communauté peut transmettre le message au service en charge de la clientèle, mais vous pouvez envisager d'autres possibilités. Supposons qu'un client vous informe que sur votre blog, une vidéo ne fonctionne pas bien. Votre gestionnaire de communauté va alors s'adresser à l'équipe chargée du contenu, ou peut-être de façon plus spécifique à l'administrateur de votre blog. Les acheteurs de vos produits peuvent rencontrer toutes sortes de problèmes techniques, et ils sont susceptibles d'exprimer leurs frustrations sur les réseaux sociaux. Le plus important est de traiter rapidement les problèmes et de faire en sorte que les bonnes personnes, au sein de votre entreprise, aient connaissance de ces problèmes.

Les boucles de rétroaction ne se limitent certainement pas aux catégories qui viennent d'être mentionnées. Il se peut que certains problèmes relèvent de la compétence de vos juristes, que votre P.D.-G désire répondre lui-même à certaines préoccupations exprimées sur les réseaux sociaux, ou que vos équipes de production aient envie de connaître le point de vue des utilisateurs et leur appréciation des caractéristiques de vos produits.

Indépendamment du type de boucle de rétroaction déterminé par votre gestionnaire de communauté, il est essentiel de mettre en place une procédure de réponse cohérente. Face à un problème, qui doit répondre au client ? Le gestionnaire de communauté ? L'équipe du service clients ? Ou bien, faut-il que dans chaque service, quelqu'un ait cette responsabilité ? En fin de compte, ce choix dépend de ce qui convient à chaque équipe. Simplement, n'oubliez pas qu'un contact doit être établi avec le client dans les 24 heures qui suivent sa première réclamation.

Pour faciliter grandement ce processus, comme mentionné précédemment dans ce chapitre, vous disposez d'un certain nombre d'outils de social listening, notamment Mention et Radian6 qui permettent à votre gestionnaire de communauté de recevoir des alertes et des flux en direct en fonction de mots-clés particuliers. Ces plateformes peuvent aussi attribuer les commentaires et les tweets à tel ou tel membre de votre équipe, ce qui facilite le processus de boucle de rétroaction.

Gérer les problèmes relevant du service clients

Avec l'Internet, les consommateurs mécontents peuvent facilement faire état en public de leurs frustrations sous l'impulsion du moment. Quelle que soit la personne désignée pour jouer le rôle de social listener, il faut qu'elle reçoive une formation pour savoir comment communiquer sur le Web avec des clients ou consommateurs mécontents. Cette personne devra respecter la procédure suivante, constituée de trois étapes :

1. **Répondre dans un délai convenable.**

   Le problème doit être traité dans un délai déterminé. Dans la mesure du possible, communiquez immédiatement une réponse. Cependant, il est souvent nécessaire que d'autres personnes au sein de votre entreprise prennent part aux échanges. Entre-temps, il faut au minimum que le client reçoive dans un délai raisonnable une réponse de type « Vous avez été entendu ». Votre entreprise devra déterminer ce que doit être ce délai raisonnable, mais sachez que si vous laissez passer plus de 12 heures avant d'établir un premier contact avec le client, vous risquez d'aggraver sa frustration.

2. **Faire preuve d'empathie.**

   L'empathie consiste à reconnaître qu'à la place de votre interlocuteur, vous éprouveriez le même sentiment. C'est ce qui fait que vous n'êtes pas un robot. Une réponse stéréotypée ne saurait convenir. Montrer de l'empathie, simplement en déclarant au client que vous vous rendez bien compte que la situation est frustrante, est une méthode très efficace pour apaiser les tensions. Vous pourriez, par exemple, vous exprimer ainsi : « Nous sommes désolés de vous avoir occasionné ce dérangement. »

3. **Poursuivre la conversation sur un canal privé.**

N'entreprenez pas de régler un problème de service à la clientèle sur un forum public comme Twitter ou sur une page publique de Facebook. Il est bien plus facile de résoudre un problème en privé. Accorder aux clients une attention exclusive est aussi ce qui leur donne le sentiment d'être pris au sérieux. Par ailleurs, le traitement des problèmes de service à la clientèle fait souvent intervenir des données personnelles comme l'adresse électronique ou le numéro de carte bancaire. Il s'agit donc d'être discret. Votre entreprise doit décider s'il convient que cette conversation privée ait lieu par téléphone, en utilisant un ticket d'assistance, ou sous forme de messages privés sur les réseaux sociaux.

Toute entreprise disposant d'un bon service clients sur les réseaux sociaux utilise ce processus en trois étapes. La Figure 9-5 montre l'exemple de la réponse apportée par la chaîne hôtelière Best Western à un problème de service à la clientèle. La réclamation a été publiée sur Facebook et la chaîne a poursuivi la conversation sur un canal privé.

FIGURE 9-5 Best Western donne suite à la réclamation d'un client en poursuivant les échanges sur un canal privé.

Source : https://www.facebook.com/BestWestern/posts_to_page/

Exercer une influence et asseoir la réputation de l'enseigne

Le social influencing consiste à s'imposer sur les réseaux sociaux, souvent en distribuant et en partageant un contenu intéressant. Sans avoir nécessairement un impact direct sur les recettes ou sur les coûts de votre entreprise, il exerce un impact indirect considérable sur la valeur de celle-ci.

De quelle manière le fait de s'imposer sur les réseaux sociaux affecte-t-il indirectement les résultats de l'entreprise ? La réponse est à rechercher du côté du marketing de contenu. Le partage de descriptions et de liens vers un contenu créé par votre entreprise et considéré comme une référence a pour conséquence un trafic accru vers votre site Web, à partir des réseaux sociaux. Plus important, votre social influencing accroît votre notoriété. En d'autres termes, plus votre campagne de social influencing est efficace, meilleure est la connaissance que votre public acquiert de votre activité, des produits que vous commercialisez et des solutions que vous proposez. En exerçant votre influence, vous commencez à occuper un espace dans leur esprit. Le social influencing consiste à utiliser les réseaux sociaux pour vous vendre auprès des gens avec qui vous êtes en contact.

Pour un exemple de social influencing, reportez-vous à la Figure 9-6 qui montre comment l'entreprise de décoration Lowe exploite un lien sur Twitter qui pointe sur le contenu de son site Web. Le partage systématique d'un contenu de référence comme celui-là permet à la société Lowe d'attirer l'attention sur les solutions qu'elle propose, d'asseoir sa réputation dans le domaine de la décoration et de l'aménagement intérieur et de montrer à ses clients et à ses prospects ce qu'il est possible de réaliser avec les produits qu'elle vend.

Gagner des adeptes

Vous pouvez obtenir davantage de supporteurs, de clients fidèles ou de connexions sur les réseaux sociaux en appliquant les mêmes principes à tous les canaux que vous utilisez. Les ressources partagées, l'optimisation des profils et les courriers électroniques sont autant de méthodes pour assurer le développement de vos médias sociaux.

Des systèmes de gestion de contenu comme WordPress, Shopify et Squarespace vous offrent la possibilité d'ajouter des plug-ins de social sharing en divers points de votre site Web. Utilisez ces plug-ins pour permettre aux utilisateurs de parta-

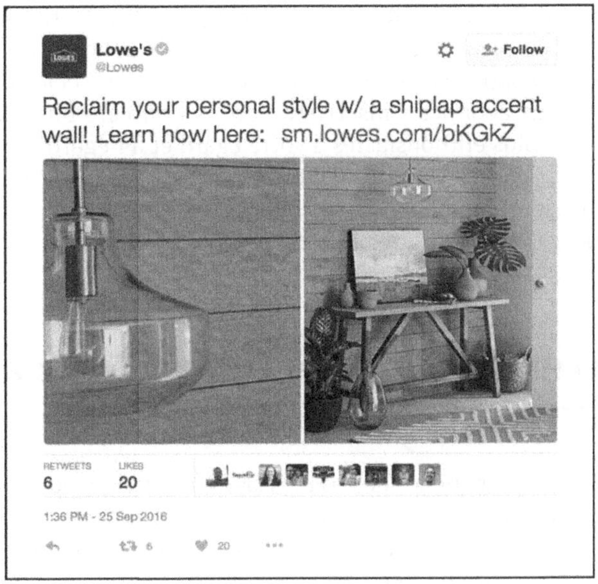

FIGURE 9-6 Lowe se sert de Twitter pour publier des liens vers son site Web, faire connaître son enseigne et asseoir sa réputation.

Source : https://twitter.com/Lowes/status/780098549962928128

ger plus facilement, d'un clic de souris, votre contenu sur les principaux réseaux sociaux. Chaque fois que vous voyez sur vos pages quelque chose qui peut être partagé, assurez-vous que la fonctionnalité de social sharing a été appliquée.

L'optimisation de vos comptes sur les réseaux sociaux vous permet aussi de fidéliser le public. Les moteurs de recherche des médias sociaux sont notoirement peu performants et ne se fondent souvent, pour améliorer leurs fonctions de recherche, que sur les informations que vous fournissez sur votre compte. Assurez-vous d'utiliser des tailles d'images adaptées sur vos pages de présentation et de profil, et remplissez tous les champs de votre profil qui vous concernent afin que le moteur de recherche du site puisse vous retrouver facilement quand des contacts potentiels lancent une requête sur vous, sur vos marques ou sur les sujets que vous traitez ou auxquels est consacré le contenu que vous partagez. Insérez des mots-clés le cas échéant, mais n'oubliez pas que si vous êtes présent sur les réseaux sociaux, c'est en premier lieu pour entretenir des contacts avec des personnes humaines. Par conséquent, assurez-vous que tout soit lisible. Ne manquez pas d'y inclure les noms de vos enseignes et des personnes concernées, ainsi que votre localisation si elle constitue un aspect important de votre activité. Ajoutez des liens pertinents le cas échéant. Il est important également d'être accessible, en ayant des conversations actives avec vos prospects, avec vos clients et avec les personnes influentes.

Si votre entreprise met en œuvre une stratégie de marketing électronique, votre e-mail initial de bienvenue adressé aux nouveaux abonnés est aussi un excellent moyen de développer votre audience sur les réseaux sociaux. C'est au moment où vos nouveaux abonnés s'inscrivent pour la première fois qu'ils sont les mieux disposés et les plus enthousiastes à votre égard et à l'égard de votre enseigne. Par conséquent, ce courrier électronique que vous leur adressez doit être pour vous l'occasion de leur demander de se connecter à vos réseaux sociaux. Pour plus de détails concernant le lancement de campagnes efficaces par e-mails, consultez le Chapitre 11.

Orienter vos supporteurs d'un canal vers un autre

En augmentant la fréquence de vos messages marketing, vous accélérez le rapprochement entre vous et vos clients et prospects. Quand vos prospects et vos clients ont plus souvent vos messages sous les yeux, ils se familiarisent davantage avec votre enseigne. Heureusement, vous n'avez pas besoin de disposer d'un très gros budget marketing pour pouvoir accroître cette fréquence. Vous pouvez vous servir des médias sociaux pour renvoyer les gens d'un canal à un autre et créer ainsi une intimité de plus en plus grande entre eux et votre enseigne.

Ainsi, par exemple, vous pouvez envoyer un e-mail à vos abonnés pour les orienter vers un article de blog. Cet article de blog peut lui-même leur proposer un lien vers une vidéo sur YouTube. Le principe est qu'un certain pourcentage de votre audience répondra d'une certaine façon, par exemple en s'abonnant à votre chaîne YouTube. De ce fait, votre message sera vu davantage, car outre les e-mails qu'ils reçoivent, les gens seront aussi avertis de vos publications sur YouTube. Plutôt que d'investir dans des annonces coûteuses à la télévision, à la radio, dans les journaux ou par voie d'affiches, vous exploitez des canaux numériques relativement économiques pour accroître votre visibilité.

Examinez vos ressources actuelles et réfléchissez aux possibilités d'orienter votre public d'un canal vers un autre pour pouvoir le toucher à une fréquence accrue.

Pour que votre contenu reste intéressant

Le contenu que vous partagez sur les réseaux sociaux ne doit pas nécessairement faire référence aux produits ou aux services que vous commercialisez. Ce qui est particulièrement assommant sur les réseaux sociaux, ce sont les messages promotionnels qui concernent des produits ou des services et ne fournissent aucun sujet de conversation. Au contraire, un as du marketing des réseaux sociaux participera à des conversations sur des sujets annexes qui suscitent l'intérêt de ses clients et prospects.

Un éditeur de logiciels d'apprentissage linguistique, Rosetta Stone, est particulièrement expert dans cette stratégie. Cette société ne se contente pas de parler de son logiciel. Au contraire, elle propose tout un ensemble de sujets dont divers segments de son public aiment discuter. Comme son domaine de spécialisation est l'apprentissage des langues, elle publie sur les réseaux sociaux des articles sur les voyages internationaux, sur les cultures étrangères, sur les travaux de recherche et les théories en matière d'apprentissage, ainsi que des informations sur des célébrités polyglottes. Rosetta Stone sait que ses clients et prospects n'ont pas spécialement envie de discuter de son logiciel sur les réseaux sociaux : ils ont bien plus envie d'échanger des idées sur la musique allemande, sur la culture celtique ou sur le fonctionnement du cerveau humain.

Réfléchissez à la façon dont votre propre entreprise pourrait élargir la conversation au-delà de la sphère des produits et des services que vous commercialisez. Recensez les sujets qui seraient pertinents pour votre audience et qui les intéresseraient, en dehors de votre créneau particulier. Le cas échéant, révisez votre avatar client dont il était question au Chapitre 1.

Partager le contenu d'un blog

Les articles de blog ont le plus souvent une durée de vie réduite. Même si vous les envoyez à vos abonnés, ils seront lus essentiellement durant les 24 à 48 heures qui suivront leur diffusion. Mais comment pourriez-vous, grâce aux réseaux sociaux, maximiser l'impact à long terme du contenu de votre blog ? Le processus de diffusion sur les réseaux sociaux vous permet effectivement de faire durer le succès des publications de votre blog. Non seulement vos contacts sont avertis dès qu'un article est publié, mais l'article continue à circuler sur vos réseaux sociaux pendant des jours, des semaines, des mois.

Dans les sections qui suivent, nous présentons six méthodes pour partager comme il convient de le faire un nouvel article de blog sur les réseaux sociaux.

Fragmenter

La fragmentation du contenu consiste à le diviser en plusieurs éléments et à diffuser ces éléments séparément, en fonction des destinataires. Quand un contenu est publié et peut être partagé, vous disposez de tout le contenu source nécessaire pour effectuer cette fragmentation sur les réseaux sociaux. Vous pouvez isoler un titre, une citation, une image, une question ou des statistiques et les diffuser séparément sur vos propres canaux.

Visualiser

Sur les réseaux sociaux, un contenu visuel est nécessaire pour susciter l'engagement et les clics. Buffer, une société spécialisée dans les applications logicielles qui gère des comptes sur les réseaux sociaux, a obtenu une hausse de 18 % du nombre de clics, une augmentation de 89 % du nombre de favoris et une progression de 150 % du nombre de retweets grâce à l'utilisation d'images, ce qui indique que l'on renonce à une grande part de l'impact de ce que l'on diffuse lorsqu'on n'intègre pas d'images dans sa stratégie de marketing de réseaux sociaux. L'image (qui apparaît le plus souvent dans la partie supérieure des articles de blog) est généralement la première ressource visuelle à partager sur les réseaux sociaux. Cependant, une seule image ne suffit pas : il faut créer une ressource visuelle pour chaque fragment de contenu. Les images accompagnées chacune d'une citation, par exemple, conviennent parfaitement à une publication sur Facebook ou sur Twitter. Si vous ne pouvez pas vous payer les services d'un infographiste, ne croyez pas que vous êtes handicapé pour autant. Canva (https://www.canva.com/) est un outil gratuit de création d'images à partager sur les réseaux sociaux. Assurez-vous simplement que vos images cadrent avec les règles applicables à vos réseaux sociaux. La Figure 9-7 représente une citation provenant d'un article de blog de DigitalMarketer, laquelle citation a été intégrée à une image, puis publiée sur Twitter.

Diffuser

Après avoir créé vos fragments de contenu et vos ressources visuelles, vous devez diffuser tout cela sur vos réseaux sociaux. Dans la partie texte, parlez des avantages et de l'intérêt de l'article, et dans la mesure du possible, conservez le même style et le même ton sur vos pages. Ensuite, comment allez-vous vous adresser à votre public sur vos réseaux sociaux ? Avez-vous l'habitude de le faire sur un ton enjoué, humoristique, ou plus sérieux et dans un langage direct ? Captivez votre audience en restant dans le même registre dans vos publications sur les réseaux sociaux.

Quand vous diffusez votre contenu sur des plateformes comme Facebook, Twitter, et LinkedIn, utilisez les images qui illustrent votre article. Sur Twitter en particulier, vous pouvez utiliser plusieurs outils de gestion de réseaux sociaux pour programmer les publications (nous vous recommandons Hootsuite). Les publications ayant une durée de vie plus courte sur Twitter que sur les autres réseaux sociaux,

FIGURE 9-7 Une citation tirée d'un article de blog et transformée en tweet visuel.

Source : https://twitter.com/DigitalMktr/status/

diffusez vos articles à une plus grande fréquence. Créez trois tweets que vous programmerez de telle sorte qu'il y ait une publication toutes les trois ou quatre heures.

- **Tweet 1** – Titre : tweetez simplement le titre de l'article de blog avec un lien vers cet article.
- **Tweet 2** – Citation : extrayez une citation de votre article de blog et tweetez-la, en la faisant suivre d'un lien vers l'article.
- **Tweet 3** – Question : posez une question à laquelle l'article du blog répondra, et comme toujours, incluez un lien vers l'article du blog.

Baliser

Quand vous diffusez un article, marquez les personnes et les enseignes toutes les fois qu'il est judicieux de le faire. Dans la publication que vous préparez pour les réseaux sociaux, vous pouvez marquer l'auteur ou toute entreprise ou marque mentionnée sur votre blog. Ainsi, vous dirigez du trafic vers votre article et vous attirez l'attention des personnalités influentes et de leurs supporteurs. Servez-vous également, le cas échéant, des hashtags, surtout sur des réseaux comme Twitter. Un hashtag est un moyen simple pour l'internaute de chercher des tweets sur un sujet donné. Sur la Figure 9-8, la chaîne Hilton Hotels propose sur Twitter un con-

FIGURE 9-8 Hilton promeut un concours en utilisant des hashtags.

Source : https://twitter.com/HiltonHotels/status/

avec les hashtags #ATL (abréviation d'Atlanta, dans l'État de Géorgie, aux États-Unis) et #MusicMonday. Quiconque suit ces hashtags ou ces sujets peut voir ces tweets apparaître.

Suivre

Sur les réseaux sociaux, les réactions à un article de blog ont lieu pour la plupart au cours des 24 à 48 heures qui suivent sa publication. C'est sur ce laps de temps que vous devez suivre l'impact de cet article. Pour effectuer ce suivi, vous pouvez vous servir d'une réduction d'URL appelée Bitly. Les réducteurs d'URL comme Bitly créent des liens plus courts et plus faciles , et surtout, ils fournissent des éléments d'analyse. Bitly, par exemple, vous indique qui clique à partir de quel canal, où votre contenu fait l'objet de partages, et quelle plateforme de diffusion ou de réseaux sociaux a été la plus efficace. Bitly peut aussi vous dire à quelle heure votre article a eu le plus de lecteurs, où dans le monde votre contenu a été vu, et même, quels tweets ont eu le plus de succès. Cela vous permet de savoir quel texte est le plus adapté à votre public sur Twitter. La Figure 9-9 montre le tableau de bord des rapports pour un lien sur Bitly.

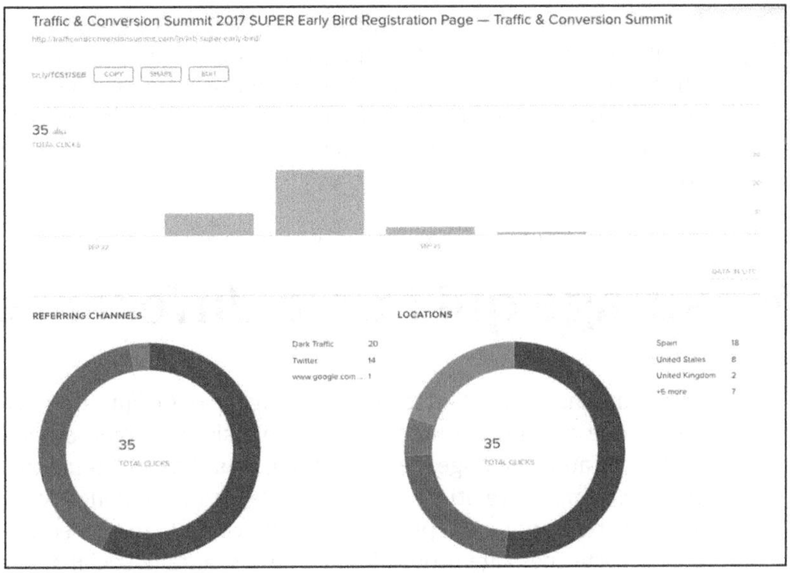

FIGURE 9-9 Un tableau de bord d'un lien de Bitly.

Source : https://app.bitly.com/default/bitlinks/2d6HMtC#

Programmer

Sur les réseaux sociaux, un contenu normal publié de façon ponctuelle suscite généralement une série de clics avant de tomber dans les oubliettes. C'est pourquoi une répartition automatisée (ou programmation) sur le long terme s'impose. La programmation de votre contenu à l'aide d'un outil de gestion des réseaux sociaux permet d'obtenir un partage et une distribution de contenu permanents sans qu'aucune action de votre part ne soit nécessaire une fois le contenu chargé dans votre bibliothèque.

Les outils comme Edgar (www.meetedgar.com) sont parfaits pour programmer et automatiser sur Twitter et LinkedIn. Edgar vous permet de créer des catégories et de définir le calendrier des publications en fonction de ces catégories. Ensuite, le système randomise l'ordre des contenus et les publie l'un après l'autre à intervalles réguliers, de manière à ne pas bombarder votre audience avec les mêmes tweets jour après jour. N'oubliez pas que lorsque vous diffusez votre contenu, vous disposez déjà de tout ce qu'il vous faut pour programmer cette diffusion. Après avoir défini vos trois tweets de diffusion (voir la section « Diffuser », précédemment dans ce chapitre) le premier jour de publication de votre contenu, prenez ces mêmes tweets et chargez-les dans un outil comme Edgar. Ainsi, vos tweets sont intégrés à un système de rotation automatique et le flux du trafic vers vos articles de blog est alimenté régulièrement.

Faites preuve de jugement quand vous automatisez vos publications sur les réseaux sociaux. Ainsi, par exemple, vous pourriez interrompre le processus de publication automatique en cas de crise ou de catastrophe naturelle. Votre public vous trouverait inconvenant ou insensible en voyant vos tweets relatifs à votre dernière vente apparaître au moment où un ouragan vient juste de dévaster les côtes.

Un réseautage qui fait la différence

Vous connaissez peut-être ce vieil adage : « Ce que nous connaissons compte moins que qui nous connaissons ». Cela signifie, bien entendu, que vous devez participer au réseautage. Le réseautage, c'est l'aspect relations publiques de votre activité. Dans les relations publiques (RP) traditionnelles, vous entrez en contact avec des tiers, par exemple des journalistes de la presse écrite, qui pourront amplifier votre message promotionnel. Le réseautage social sert le même objectif, à travers le contact et l'association, sur les réseaux sociaux, avec des personnes et des enseignes influentes.

Le social influencing consiste à distribuer votre propre contenu, des articles de blog, des podcasts et des vidéos, en vue de promouvoir votre marque et votre activité, mais vous pouvez entrer en relation avec des tiers grâce au réseautage social, en partageant leur contenu avec votre audience. Le réseautage social, comme la relation de personne à personne, consiste à utiliser les réseaux sociaux pour rechercher et établir des connexions dans l'espoir de créer des partenariats mutuellement profitables avec une personne ou une enseigne. Dans ce genre de partenariat, l'un peut rédiger des articles en tant qu'invité sur le blog de l'autre, et réciproquement, ou bien un partenaire peut prêter à l'autre un orateur pour un événement que ce dernier prépare.

Vous pouvez utiliser le réseautage social pour entrer en contact avec des journalistes, des blogueurs ou des « podcasteurs » qui fréquentent les réseaux sociaux. Les enseignes qui font autorité dans les publications imprimées ou sur les stations de radio relèvent aussi de cette catégorie. Le réseautage social est une activité à fort impact qui peut nettement changer la donne pour votre entreprise.

Exploiter les médias spécialisés

Prenons l'exemple d'une société de logiciels nouvellement créée qui aurait mis au point un excellent produit et qui chercherait à faire parler d'elle sur les médias afin de faire connaître son activité. Cette entreprise pourrait cibler des acteurs importants comme la chaîne NBC, avec laquelle elle serait susceptible de toucher des millions de personnes. Ou bien, elle pourrait cibler des blogs d'importance moyenne spécialisés dans les startups, comme TechCrunch, un éditeur de contenu en ligne qui couvre principalement les entreprises, des startups aux entreprises bien établies. L'audience de TechCrunch est plus limitée que celle de NBC, mais elle est tout de même importante. Être mis en exergue sur les médias qui bénéficient d'une forte audience serait merveilleux, mais en règle générale, la difficulté de faire parler de votre entreprise sur un média est proportionnelle à l'audience de celui-ci.

Heureusement, il existe des milliers d'acteurs de médias spécialisés qui administrent des blogs, des podcasts, des chaînes YouTube, etc. Vous renoncez à une bonne partie de l'audience que vous pourriez toucher, mais il est bien plus facile de faire parler de soi sur ces médias spécialisés que sur les grands médias généralistes. Néanmoins, au bout du compte, l'ensemble des mentions de votre entreprise sur des médias spécialisés peut même dépasser l'audience que vous auriez pu espérer sur de grandes chaînes de télévision comme NBC.

Toucher les médias spécialisés

Les médias spécialisés sont des petites et moyennes entreprises qui concentrent aussi leur activité et leurs publications sur un sujet particulier. Ils produisent parfois un excellent contenu, mais souvent ils ne sont pas connus à l'échelon national, ni même dans leur spécialité. Si vous voulez les toucher en grand nombre, il faut d'abord que vous sachiez ce qu'ils recherchent. Ce n'est pas difficile, car ils recherchent la même chose que n'importe quel autre média : un excellent contenu provenant de sources fiables. Cependant, un petit acteur spécialisé ne dispose pas d'une équipe de journalistes ni de créateurs de contenu qui travailleraient jour et nuit à produire un nouveau contenu. Il recherche constamment du contenu qu'il puisse proposer à son public.

Quand vous entrez en relation avec des gens qui travaillent dans un média spécialisé, vous devez être capable de parler le même langage qu'eux et de répondre à leurs préoccupations. Montrez-leur que vous êtes fiable et compétent et que vous pouvez produire un excellent contenu pour leur public : tout ce qu'il vous faut en retour, c'est que votre nom apparaisse avec un lien vers votre site Web ou votre page d'atterrissage. N'oubliez pas qu'un excellent contenu instruit, inspire ou distrait un public, et que c'est précisément ce que ces médias spécialisés recherchent.

Un réseautage par sujet

Quand vous travaillez à faire parler de vous dans des médias et créez des partenariats grâce au réseautage social, organisez une séance de brainstorming pour trouver des sujets annexes ayant un lien avec votre entreprise, et exploitez ces sujets pour vous mettre en réseau avec des tiers. Vous trouverez probablement une foule de sujets qui sortiront du domaine de compétence de votre organisation. Profitez-en pour trouver des enseignes et des personnes qui font autorité sur ces sujets, et utilisez des stratégies de réseautage social pour créer avec elles des liens et des partenariats. Partagez souvent leur contenu avec votre public, et marquez les auteurs ou les enseignes. Vous vous rapprocherez de ces enseignes et de ces personnes au cours de la phase de réseautage de votre mix marketing de réseaux sociaux.

Ainsi, par exemple, si la société de logiciels d'apprentissage linguistique Rosetta Stone souhaite partager sur sa page Facebook du contenu relatif à des séjours en Espagne, elle pourra porter son choix sur un article provenant d'un site fiable comme Lonely Planet ou TripAdvisor. En partageant un contenu sur un sujet qui intéresse ses clients potentiels, Rosetta Stone nouera par la même occasion des liens avec des enseignes influentes.

Créer une « liste restreinte » de réseaux sociaux

Créer une « liste restreinte » de cette nature suppose un processus spécifique faisant appel à Twitter pour rassembler et classer les personnes et les enseignes avec lesquelles vous voulez former un réseau. S'il est une chose qui a davantage d'importance pour les médias que les nouvelles sources de contenu, c'est d'obtenir une visibilité accrue du contenu dont ils disposent déjà. Cela signifie que partager le contenu de vos acteurs influents avec votre public sur les réseaux sociaux est un moyen imbattable de renforcer des liens et d'augmenter la probabilité que ces acteurs influents vous remarquent et vous renvoient l'ascenseur. Toutefois, compte tenu de la fugacité du contenu sur Twitter, trouver et classer le contenu publié par ces acteurs influents n'est pas facile. Il vous faut un moyen d'identifier facilement ce contenu et de le partager. Ce moyen, c'est la liste restreinte.

Vous disposez de plusieurs outils pour identifier les principaux acteurs dans votre secteur d'activité et les autres sujets qui intéressent votre public. GroupHigh et Inkybee, par exemple, sont des outils payants qui vous permettent de repérer les blogueurs influents, selon un classement par sujet. Il existe aussi des ressources gratuites, comme Klout (https://klout.com/home) et Kred (http://home.kred/), qui proposent une notation des utilisateurs des réseaux sociaux en fonction de l'influence qu'ils exercent dans un domaine particulier.

Néanmoins, sans doute avez-vous déjà une idée des personnes et des enseignes qui pourraient vous aider à faire fructifier votre entreprise : sur Twitter, trouvez leurs profils et créez la liste de leurs identifiants. Ensuite, à l'aide de Hootsuite, mettez en place un flux pour cette nouvelle liste restreinte. Vous pourrez ainsi isoler de la foule qui fréquente Twitter les personnes et les entreprises avec lesquelles vous souhaitez former un réseau. Vous pourrez facilement référencer le contenu qu'elles partagent, rejoindre leur conversation et vous faire apprécier en partageant leur contenu avec votre public. Commencez avec une dizaine ou une vingtaine de personnes ou d'enseignes influentes, puis voyez qui sont leurs interlocuteurs sur les réseaux sociaux, afin de pouvoir allonger votre liste. Tenez-la à jour. Si une de ces personnes influentes commence à évoluer en dehors de votre domaine de compétence, retirez-la de votre liste et lancez une nouvelle recherche pour la remplacer.

Mettre ce que l'on écrit à la portée des médias

L'Internet recèle une telle abondance d'informations qu'il est apparu un nouveau phénomène en matière de relations publiques par voie digitale : la diffusion médiatique inversée. Non seulement vous vous efforcez d'être présent sur les médias à longue traîne, mais les médias, en général, utilisent aussi l'Internet pour trouver des sources fiables de contenu. Les médias se servent de moteurs de recherche comme Google pour trouver des experts à interviewer, à citer, grâce auxquels ils pourront mieux, d'une manière ou d'une autre, produire du contenu. Pour tirer parti de ce phénomène, vous devez vous présenter comme un expert et vous mettre à la disposition de ces acteurs des médias.

Afin d'attirer l'attention des médias sur votre entreprise, créez un contenu pertinent et intéressant à un rythme régulier et diffusez-le sur vos réseaux sociaux. En devenant vous-même créateur de contenu, vous augmentez la probabilité de pouvoir entrer en relation avec les éditeurs de contenu traditionnels et spécialisés afin d'obtenir des informations concernant le contenu qu'ils destinent à leur public. En second lieu, acceptez les interviews. Si vous vous montrez peu enclin à fournir des textes descriptifs pour les blogs et à apparaître comme invité sur des podcasts, vous ne serez pas souvent sollicité. Faites en sorte que les médias puissent vous contacter, acceptez les interviews, et d'autres demandes suivront.

Troisièmement, apprenez les bases de l'optimisation des moteurs de recherche pour le contenu que vous créez. Les médias utilisent des moteurs de recherche comme Google pour trouver leurs sources, aussi est-il important que vous sachiez de quelle manière un moteur de recherche peut vous trouver et trouver vos informations, ainsi que vos produits ou vos services. Pour plus de détails concernant l'optimisation des moteurs de recherche, référez-vous au Chapitre 8.

Être en règle avec la loi

La Federal Trade Commission (FTC) réglemente le recours des entreprises à des transactions avec les médias pour leur promotion. Si vous incitez un média d'une manière ou d'une autre à mentionner votre entreprise ou vos produits, ou si vous l'en récompensez, qu'il s'agisse d'un blog, d'une vidéo, d'un podcast ou de tout autre type de média, ne manquez pas de divulguer cette information dans votre contenu. Les incitations peuvent être financières ou prendre la forme d'échantillons gratuits ou autres. Il s'agit de tout ce que vous donnez en échange d'une mention. Afin de rester informé des directives de la FTC, rendez-vous sur le site www.ftc.gov.

Vendre sur les réseaux sociaux

Comment générer des ventes sur les réseaux sociaux ? La réponse est que ce n'est pas possible, du moins, pas directement. Privilégiez plutôt la valeur pour générer des leads et des ventes. L'objectif ultime du social selling est de faire passer les prospects et les leads d'un canal qui n'est pas le vôtre, comme Twitter, Facebook ou YouTube, à un canal que vous gérez vous-même, comme votre liste de diffusion. Ce faisant, vous mettez vos prospects et vos leads en mesure de nouer des liens avec vous sur un canal dont vous avez le contrôle.

Dominer grâce au contenu est la première règle d'une stratégie de la valeur sur les réseaux sociaux. Le contenu y est le moyen de communication essentiel : tout le monde veut des informations distrayantes, inspirantes ou instructives. Utilisez ce contenu dans votre stratégie de social selling pour orienter les utilisateurs de Facebook vers votre site Web, et finalement, vers votre liste de diffusion.

Dominer grâce à la valeur

Le concept essentiel à assimiler est que le social selling dépend de la cohérence de la mise en œuvre du social listening, du social influencing et du réseautage social. Les prospects sont bien plus susceptibles de devenir des clients fidèles et de bons clients s'ils connaissent et apprécient votre enseigne et s'ils lui font confiance. Privilégier la valeur, cela signifie donner régulièrement à votre public sur les réseaux sociaux une raison de vous connaître, de vous apprécier et de vous faire confiance en soignant vos clients, en publiant un contenu de qualité et en participant à des conversations avec vos prospects, avec vos clients et avec les personnes d'influence. Ce n'est qu'après leur avoir donné une bonne raison de vous faire confiance que vous pourrez goûter les résultats de vos efforts de social selling.

Concevoir des offres qui privilégient la valeur

Le social selling ne doit être pratiqué qu'avec précaution : sur la plupart des médias sociaux, non seulement les offres complexes ou portant sur un produit coûteux sont contraires aux règles, mais elles ne portent pas leurs fruits. Envisagez plutôt des offres qui apportent une valeur à vos prospects et à vos clients avant que vous leur ayez demandé des engagements considérables. Vous pouvez présenter trois offres différentes sur n'importe lequel de vos réseaux sociaux si vous avez la possibilité d'y pratiquer des ventes, sans avoir à faire progresser trop vite vos prospects sur le parcours client :

- **Les offres accessibles sans identification :** proposer à l'internaute de lire votre article de blog est considéré comme une offre. Lire un article de blog ne coûte généralement pas un centime, mais cela coûte du temps. Il convient que la majorité de vos offres sur les réseaux sociaux soient accessibles sans condition d'identification.
- **Les offres accessibles après identification :** il s'agit d'un contenu accessible seulement lorsque l'internaute a fourni ses données de contact (nom, adresse électronique, *etc.*). Gardez à l'esprit qu'à ce stade, vous ne devez pas demander d'argent : ce que vous demandez, c'est la permission de contacter un lead.
- **Les offres à prix réduit :** les ventes flash et les offres avec 50 % de réduction ou davantage sont des offres qui privilégient la valeur et qui conviennent pour le marketing sur les réseaux sociaux.

Les offres accessibles sans identification, accessibles après identification et à prix réduit sont abordées plus en détail au Chapitre 3.

Éviter les erreurs sur les réseaux sociaux

Une étude du marketing sur les réseaux sociaux ne saurait être complète sans mentionner certaines erreurs graves à éviter sur ces réseaux :

- **Ne répondez pas lorsque vous êtes en colère.** Certains internautes essaieront de vous faire sortir de vos gonds. Dans ce cas, prenez le temps de décompresser avant de répondre, ou chargez un collaborateur de confiance de gérer la situation. Dans vos réponses, restez toujours professionnel.
- **N'achetez pas des lecteurs ni des connexions.** Il n'est ni moral ni commercialement judicieux d'utiliser des robots ou des faux comptes pour gonfler son audience sur les réseaux sociaux. Consacrez vos ressources à créer une expérience formidable pour les internautes qui vous suivent, et vos réseaux sociaux s'étofferont naturellement.
- **N'essayez pas d'être partout.** L'Internet des réseaux sociaux est bien trop vaste pour qu'il soit possible d'assurer une présence partout. Contentez-vous de quelques canaux sur lesquels vous pourrez exercer une influence, entretenir des liens avec un public et vendre vos produits et vos services. Utilisez un outil (dont il est question dans ce chapitre ainsi qu'au Chapitre 16) pour effectuer un social listening sur les canaux sur lesquels vous n'assurez pas une présence active.
- **N'intervenez pas en tant que commercial.** Il existe un moment et un endroit appropriés pour le social selling. Adoptez une approche stratégique et proactive, et présentez des offres qui soient en adéquation avec les réseaux sociaux concernés.
- **N'automatisez pas tout.** Vos réseaux sociaux doivent être accueillants et accessibles. Évitez d'automatiser toutes les mises à jour, et laissez aux utilisateurs la possibilité d'avoir avec vous des échanges personnalisés.

Savoir quand automatiser

À la fin de la section précédente, nous vous avons vivement conseillé de ne pas tout automatiser, cependant l'automatisation du contenu de vos réseaux sociaux est acceptable dans certains cas. En fait, l'utilisation d'outils d'automatisation vous permet d'aller bien plus loin dans votre activité d'influence sociale. Nous pouvons en dire autant du social selling. Ces outils présentent à votre public vos offres accessibles après identification et vos offres à prix réduit sans que vous ayez à intervenir. En revanche, vous risqueriez de donner une mauvaise image de vous en essayant d'automatiser les conversations aux stades du social listening et du réseautage social. Ces conversations supposent la présence d'une personne en chair et en os répondant en temps réel, qu'il s'agisse de gérer un problème rencontré par un utilisateur ou de participer à des discussions avec des personnes influentes sur les réseaux sociaux.

Chapitre 10
Exploiter le trafic payant

DANS CE CHAPITRE

» **Choisir sa plateforme de publicité digitale**

» **Créer des annonces qui renvoient le trafic vers votre site**

» **Optimiser votre campagne de trafic payant**

Comment obtenir des visites sur votre site Internet ? C'est bien la question numéro un que se posent les entrepreneurs qui se lancent dans le marketing digital. En réalité, attirer le trafic vers un site Web n'est pas un problème. Des milliers de plateformes, parmi lesquelles Google, Facebook et Twitter, vous permettent d'acheter de l'espace publicitaire et ne demandent pas mieux que de diriger le trafic vers votre site Web. La question n'est pas de savoir comment obtenir des visites, mais que faire de ce trafic une fois qu'il arrive. Quel produit ou quel service devez-vous commercialiser ? Quel contenu devez-vous montrer à vos visiteurs ? Devez-vous leur demander de vous transmettre leurs données de contact, ou leur proposer tout de suite de vous acheter quelque chose ?

Le trafic payant est disponible sous des formes variées, comme la publicité au coût par clic sur des plateformes telles que Google AdWords, les bannières publicitaires, ou les annonces payantes sur des réseaux sociaux comme Facebook ou Twitter. Le trafic payant est une bonne formule, car il vous permet de rehausser votre marque, de faire connaître vos produits ou vos services et de générer des leads et des ventes.

Dans ce chapitre, nous vous présentons les principaux supports de publicité et nous vous indiquons dans quel cas vous devez choisir l'un ou l'autre. Nous vous montrons aussi comment mettre en œuvre une excellente forme de publicité appelée le reciblage (ou retargeting) et comment optimiser ou modifier vos campagnes publicitaires pour qu'elles produisent les meilleurs résultats.

Se rendre là où on peut acheter du trafic

Imaginons que vous et votre douce moitié soyez en train de rechercher sur Internet des recettes pour le dîner de ce soir. Vous fixez votre choix sur un plat de riz que vous vouliez essayer depuis un certain temps déjà. Le seul problème est qu'il ne vous reste plus de riz.

Comment devez-vous procéder ? Faire pousser du riz pour ce soir n'est pas une option viable, n'est-ce pas ? Vous allez plutôt vous rendre au supermarché et acheter un paquet de riz.

Le riz est une marchandise qui s'achète et se vend tous les jours : il en est de même du trafic sur Internet. Si vous voulez du trafic, vous devez vous rendre dans un magasin qui vend du trafic.

Une fois que vous avez compris ce qu'est le trafic payant, vous pouvez rapidement tester votre contenu et vos offres en ouvrant et en fermant le trafic comme on ouvre et on ferme un robinet. Cette possibilité est importante, car c'est ce qui vous permet de tester rapidement de nouvelles offres, des pages d'atterrissage ou du contenu sans attendre, comme c'est le cas sur des sources de trafic plus lentes comme l'optimisation pour les moteurs de recherche et les réseaux sociaux. Considérez le trafic sur Internet comme la marchandise qu'il est, et vous obtiendrez finalement une source de trafic prédictible et fiable.

Pour le trafic Internet, il n'existe pas de magasin idéal. Il se peut que votre public n'utilise pas certaines plateformes, ou que votre enseigne soit confrontée à des restrictions en matière de publicité sur certaines plateformes (c'est le cas pour les cigarettes électroniques, les sites de rencontres et les produits et services de diététique). Pour déterminer la bonne source, vous devez effectuer des recherches. La stratégie et le système que nous étudions dans ce chapitre sont valables quelle que soit la source auprès de laquelle vous achèterez votre trafic.

Qu'est-ce que la température du trafic ?

Pour obtenir des conversions, il faut nouer des relations avec les prospects. Dans vos campagnes de trafic payant, il faut que vous sachiez où vous en êtes dans vos relations avec vos leads et vos clients : viennent-ils d'entendre parler de vous pour la première fois, connaissent-ils votre enseigne sans jamais y avoir encore effectué un achat, ou bien sont-ils déjà vos clients et travaillez-vous à les fidéliser et à en faire des supporteurs enthousiastes ?

Dans notre société, pour désigner l'état de nos relations avec un prospect ou un client, nous parlons de température du trafic. Pour mettre en place un système de trafic efficace, la stratégie que vous devez employer consiste à chercher à qui vous vous adressez en définissant votre public cible et l'état de votre relation afin de pouvoir formuler l'offre appropriée au bon moment. La température du trafic est constituée de trois niveaux (voir Figure 10-1) :

- **Le trafic froid :** il s'agit des internautes qui n'ont encore jamais entendu parler de vous, ni de vos marques, ni de vos produits ou services. Vous n'entretenez encore aucune relation avec eux, mais ils sont importants pour vous, car grâce à eux, vous allez obtenir de nouveaux leads et de nouvelles ventes. C'est avec ce trafic froid que vous devez cultiver la confiance et asseoir votre crédibilité et votre réputation. Avant d'être disposés à vous acheter quelque chose, ces internautes ont besoin d'être sûrs que votre enseigne mérite qu'ils lui consacrent du temps et de l'argent. Diffusez un contenu intéressant sous forme d'offres accessibles sans identification sur votre blog, de podcasts ou de chaîne YouTube. Pour plus de détails sur les offres accessibles sans identification, référez-vous au Chapitre 3.
- **Le trafic tiède :** il s'agit des internautes qui ont déjà entendu parler de vous ou qui s'intéressent déjà à votre enseigne, mais sans rien vous avoir acheté. Ils lisent vos articles sur votre blog, ils écoutent votre podcast, ou bien ils sont abonnés à votre newsletter. À ce stade, ils ne sont pas encore sûrs d'aimer ce que vous dites, mais ils aimeraient en savoir davantage et ils sont susceptibles de vous acheter bientôt quelque chose. La question qu'ils se posent est de savoir si votre enseigne constitue le meilleur choix pour résoudre leur problème. Ils jaugent aussi vos concurrents pour voir qui propose le meilleur produit ou le meilleur prix. Ce que vous devez leur proposer, ce sont des offres au point d'entrée et des offres accessibles après identification, afin de les inviter à pousser la porte sans prendre beaucoup de risques. Pour plus de détails sur les offres au point d'entrée et les offres accessibles après identification, consultez le Chapitre 3.

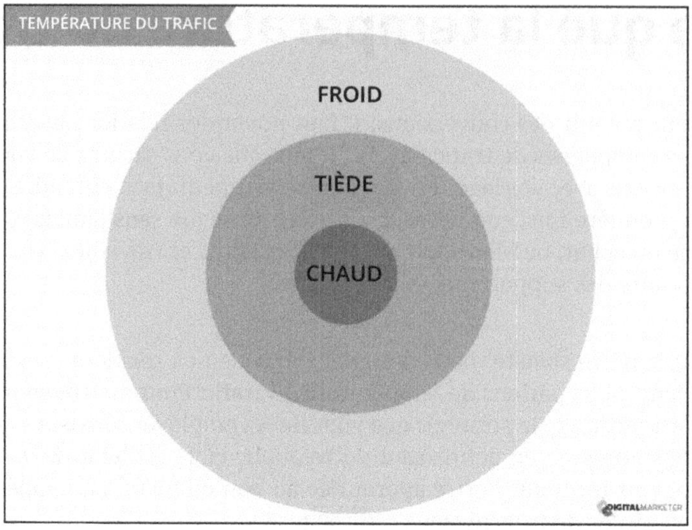

FIGURE 10-1 Les trois états de la température du trafic.

» **Le trafic chaud :** comme vous vous en doutez, il s'agit des internautes qui vous ont déjà acheté quelque chose, une ou plusieurs fois. Ce sont vos clients, et pour qu'ils le deviennent, vous avez déjà dû leur consacrer du temps, de l'argent et de l'énergie. La plus grande erreur que font certains annonceurs consiste à ne se préoccuper que d'obtenir de nouveaux leads et de nouvelles ventes. Les annonceurs les plus avisés savent qu'il faut également utiliser le trafic payant pour vendre plus et plus souvent à ceux qui sont déjà leurs clients. À cette catégorie d'internautes, adressez des offres destinées à maximiser votre profit. Pour plus de détails sur ce type d'offre, consultez le Chapitre 3.

En résumé, en matière de température du trafic, il s'agit de procéder comme suit :

1. **Faites-vous connaître auprès du trafic froid en présentant un contenu intéressant.**
2. **Convertissez le trafic tiède en leads et en acheteurs à petit prix.**
3. **Vendez plus, et plus souvent, aux acheteurs existants.**

Choisir la bonne plateforme de trafic

Avant d'élaborer un message de marketing, cherchez quelle plateforme Internet votre public utilise, en d'autres termes, sur quel(s) site(s) vos prospects conversent en ligne. Le choix de la plateforme sur laquelle vous allez présenter votre offre est essentiel au succès de votre campagne. Même la meilleure annonce publicitaire, si elle est placée sur la mauvaise plateforme, ne vous permettra pas de réussir votre campagne de promotion. Si, par exemple, votre public cible n'utilise pas Twitter, ne dépensez pas un seul centime pour de la publicité sur ce support.

Pour votre « magasin de trafic », des milliers de possibilités s'offrent à vous, mais laquelle est la plus adaptée à votre activité ? Si vous envisagez d'acheter du trafic, choisissez une source qui vous permettra de toucher votre marché. Pour ce faire, vous devez tout d'abord définir votre avatar client (pour plus de détails sur la création de votre avatar client, lisez le Chapitre 1).

Twitter, Pinterest, YouTube et d'autres sources de trafic rassemblent des millions d'utilisateurs, et le public de chacune de ces plateformes est légèrement différent. Utilisez les principales données démographiques (âge, sexe et revenu) pour savoir quelle est la source de trafic fréquentée par votre audience. Cette source est donc le meilleur « magasin » à utiliser pour la toucher. Pour créer votre avatar client, utilisez des outils de recherche comme le logiciel d'analyse d'Alexa. Ce genre d'outil fournit à l'utilisateur les données démographiques des sources de trafic et des sites Web. Déterminez aussi quels sont les centres d'intérêt spécifiques de vos prospects, leads et clients (leurs hobbies, les livres et les blogs qu'ils lisent, les personnalités auxquelles ils s'intéressent, et leurs préoccupations), afin de savoir comment les cibler une fois que vous serez présent sur la bonne plateforme.

Une telle recherche demande du temps, mais lorsqu'elle est effectuée comme il convient, elle vous permet de déterminer aussi bien la bonne source de trafic sur laquelle vous devrez placer vos annonces publicitaires que le message à utiliser pour toucher votre public. La section qui suit examine les six principales sources du trafic, pour le public que vous devez atteindre.

Les six grandes plateformes de trafic

Nous l'avons écrit précédemment, mais il convient de le répéter ici : les annonceurs ont le choix entre plusieurs milliers de sources de trafic. Cependant, dans cette section, nous nous intéressons aux six plus grandes sources de trafic qui existent actuellement sur Internet :

- Facebook
- Twitter
- Google

» YouTube
» Pinterest
» LinkedIn

Il y a de bonnes chances pour que vos prospects, vos leads et vos clients fréquentent une ou plusieurs de ces sources de trafic, si bien que vous pouvez toucher efficacement votre public cible. Ces « Big Six » sont des sources de trafic performantes. En effet :

» Ils sont fréquentés par un très grand nombre d'utilisateurs et disposent des ressources nécessaires au lancement de campagnes de marketing.
» Leurs interfaces publicitaires sont faciles à utiliser.
» Leurs options de ciblage sont (généralement) meilleures que sur les autres sources de trafic de l'Internet. Ces plateformes vous permettent d'adresser vos annonces à un public déterminé en fonction de ses données démographiques, de ses intérêts, des mots-clés saisis sur un moteur de recherche ou des pages visitées sur votre site Web. Ainsi, par exemple, si vous vendez des piscines à San Diego, vous pourrez cibler vos annonces en fonction des critères suivants :
  - Habitants de San Diego.
  - Personnes intéressées par les sports aquatiques.
  - Internautes ayant saisi sur un moteur de recherche des requêtes comme « piscines jardin san diego ».
  - Personnes ayant visité la page de produit des piscines sur votre site Web.

Vous pouvez combiner ces éléments et cibler, par exemple, les habitants de San Diego qui s'intéressent aux sports aquatiques.

Quelle que soit votre expérience et quelle que soit l'activité de votre entreprise, ces « Big Six » constituent des plateformes performantes pour toucher pratiquement n'importe quel marché, presque partout dans le monde. Les sections qui suivent sont consacrées aux meilleures utilisations de ces sources de trafic et aux nuances entre les différentes manières d'en exploiter les possibilités.

Facebook

Fort de plus de 1,7 milliard d'utilisateurs actifs par mois (il s'agit des utilisateurs qui s'y sont connectés au cours des 30 derniers jours), Facebook vous permet de toucher pratiquement n'importe quel marché. Le gestionnaire d'annonces, Facebook Ads Manager, est facile à utiliser et offre une multitude d'options de ciblage, si bien que vous pouvez cibler avec précision votre public et rendre vos annonces plus personnelles et plus efficaces. Facebook est facile à utiliser et l'achat de trafic y est peu onéreux. C'est donc un bon choix pour commencer si le trafic payant est quelque chose de nouveau pour vous ou si vous voulez tester une nouvelle stratégie. En outre, les stratégies utilisées sur Facebook sont souvent applicables aux autres plateformes de publicité.

Il en est des annonces sur Facebook comme des spots publicitaires à la télévision ou à la radio : vous diffusez votre message à votre public, mais ce faisant, vous interrompez sa consultation. Vous devez donc vous assurer de présenter vos annonces aux bonnes personnes et de leur donner une raison de cliquer dessus, comme le fait GoDaddy, une société d'enregistrement de noms de domaine et d'hébergement de sites Web, sur l'annonce que montre la Figure 10-2.

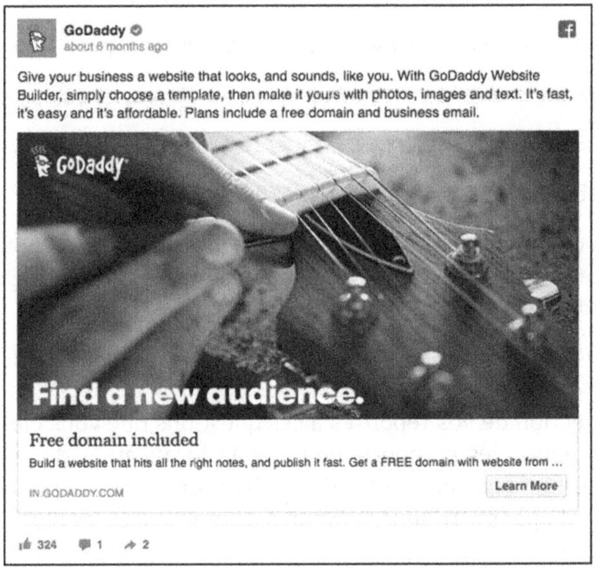

FIGURE 10-2
GoDaddy donne une raison de cliquer sur son annonce sur Facebook.

Source : https://adespresso.com/academy/ads-examples/41161-godaddy/?_sf_s=ford&lang=en

Facebook propose aux annonceurs un grand choix d'objectifs à sélectionner. Le choix de l'objectif est la partie la plus importante de la préparation de votre campagne, car c'est ainsi que vous précisez à Facebook ce que vous en attendez. Par conséquent, avant de lancer votre campagne, déterminez votre objectif final (diriger des internautes vers votre site Web, promouvoir votre page Facebook professionnelle, obtenir davantage de conversions sur votre site, ou faire en sorte que vos vidéos soient regardées... les possibilités sont très nombreuses), puis alignez cet objectif à votre objectif sur Facebook. Pour déterminer votre objectif, posez-vous cette question : Quelles sont les personnes que je cible, et vers où est-ce que je veux les diriger ?

Une fois la première étape du lancement de votre campagne (la détermination de votre objectif) réalisée, il s'agit de bien définir l'audience que vous voulez atteindre. C'est une étape essentielle. Si vous vous trompez de public, votre annonce sur Facebook fera chou blanc, ou du moins, elle n'atteindra pas son plein potentiel. Si vous voulez être sûr de toucher le bon public, il faut que votre ciblage soit précis. Plus votre campagne sera spécifique, plus elle sera efficace. Afin de la rendre plus spécifique, répondez aux questions suivantes qui concernent votre marché cible, pour chaque annonce que vous envisagez de publier sur Facebook :

» Qui sont les leaders, chefs de file ou les principales enseignes dans votre créneau ? Il est probable que votre public les suive sur Facebook.

» Quels sont les livres, les magazines et les journaux que lit votre client idéal ?

» Quels sont les événements auxquels ce public assiste ou participe ?

» Quels sont les sites Web qu'il fréquente ?

» Où habitent vos prospects, leads et clients ?

» Quels outils utilisent-ils ? Il peut s'agir de logiciels comme Photoshop ou Evernote, et il peut s'agir d'outils physiques comme la canne à pêche ou des outils de jardinage.

» Qu'est-ce que ce public présente comme caractéristique particulière ?

C'est en fonction de vos réponses à ces questions que vous ciblerez de façon spécifique les goûts, les comportements et la localisation de vos destinataires sur Facebook, ce qui vous permettra de rendre votre annonce plus personnelle et plus susceptible d'apparaître sous les yeux des internautes les plus à même d'être sensibles à votre message. Par ailleurs, le ciblage des goûts et des centres d'intérêt spécifiques vous permet de limiter la taille de votre public potentiel, ce qui est souhaitable, car il ne s'agit pas de ratisser trop large : ou alors, votre annonce serait moins efficace.

Concernant notre société, c'est lorsque la taille du public était comprise entre 500 000 et 1 million de personnes (à quelques milliers près) que nos annonces sur Facebook ont eu le plus de succès en termes de conversions et de scores de pertinence (l'algorithme utilisé par Facebook pour évaluer la qualité des annonces, de façon similaire au Quality Score, ou niveau de qualité, de Google). De cette manière, vous montrez votre annonce à un public assez vaste, mais en même temps assez spécifique pour que les gens se sentent concernés.

Si vous exercez votre activité au niveau local (plutôt que national ou international) et si vous ciblez une ville, une agglomération ou une région particulière, ne vous préoccupez pas de la taille de votre audience. Souvent, ce type d'annonce sur Facebook touche entre un demi-million et un million de personnes, et la population de la ville que vous ciblez est sans doute inférieure à ces chiffres. Les entreprises locales n'ont aucune raison de se soucier de la taille de l'audience, le problème est plutôt de toucher ce public. Quant aux entreprises qui exercent leur activité sur une échelle géographique plus étendue, elles doivent se soucier à la fois de la taille du public et de la manière de le toucher.

L'étape suivante est la conception du texte de votre annonce. Rédigez ce texte en fonction du problème à résoudre et de l'état de votre relation avec vos destinataires. Vous ne vous adresserez pas de la même manière à quelqu'un que vous venez juste de rencontrer et à une personne que vous connaissez depuis dix ans. Il en est de même ici : adaptez le texte de votre annonce au contexte de votre relation avec votre lead ou votre client.

Ensuite, pour la rédaction du texte de votre annonce, suivez ces conseils :

- Attirez l'attention du lecteur en l'apostrophant. Vous pourriez, par exemple, vous adresser à votre ville cible en écrivant : « Bonjour, Strasbourg ! ». Ou bien, vous pourriez utiliser l'expression habituellement employée par les locaux eux-mêmes : « Salut les Ch'tis ! ». Ou encore, vous pourriez faire référence aux centres d'intérêt de vos lecteurs : « Amis du football, bonjour ! ».
- Dans votre texte, faites référence à une préoccupation que partagent vos destinataires, puis proposez une solution (votre offre, bien sûr).
- Si vous avez la place, ajoutez une phrase qui lève le doute et qui enlève au lecteur une éventuelle raison de ne pas acheter votre produit.
- Enfin, songez bien à ce que vous voulez que le lecteur fasse après avoir lu votre annonce. Mettez-y un appel à l'action qui le conduira à l'étape suivante.

Ensuite, assurez-vous que l'image qui accompagne votre texte illustre et renforce votre message promotionnel. Cette image doit assurer la cohérence et l'harmonie de l'annonce. Il ne s'agit pas que l'image arrive comme un cheveu sur la soupe, qu'elle n'ait aucun rapport avec le texte ou avec l'offre. L'image doit être remarquée et attirer le regard, mais sans être trop tape-à-l'œil : pas de flèches à tout va ni de couleurs agressives. Enfin, l'image doit entrer en résonance avec votre marché. Si la conception et la réalisation d'images sortent de vos compétences, ou si vous ne connaissez aucun infographiste qui puisse élaborer pour vous des images de qualité professionnelle, utilisez un outil comme Canva (https://www.canva.com/) ou sous-traitez les travaux de graphisme, par exemple en utilisant des services comme Fiverr (https://www.fiverr.com/) ou Upwork (https://www.upwork.com/).

La Figure 10-3 indique les éléments dont une annonce sur Facebook est constituée.

FIGURE 10-3 Un tweet publicitaire de Liberty Mutual.

Source : https://twitter.com/LibertyMutual/status/

Concernant en particulier le trafic froid, il ne faut pas que vos annonces sur Facebook se présentent de façon trop « criante » comme des annonces publicitaires. Il faut plutôt qu'elles aient un caractère informatif et qu'elles apportent une valeur. N'oubliez pas qu'il s'agit de renforcer votre crédibilité auprès de votre public. Dans une annonce ciblant un public froid, le texte est souvent plus long. Il contient aussi davantage d'informations sur l'offre et sur ce qui se passe quand les gens cliquent sur l'annonce. Inversement, quand vous vous adressez à un public tiède ou chaud, votre langage peut être un peu moins informel et votre texte plus court.

Vous trouverez plus de détails et des guides sur Facebook Blueprint (www.facebook.com/blueprint), une ressource éducative qui comporte des cours gratuits en ligne qui vous permettront de lancer de meilleures campagnes sur Facebook.

Twitter

Avec Twitter, vous pouvez toucher pratiquement n'importe quel marché, et le ciblage est très similaire à celui de Facebook. Les gens utilisent Twitter pour consommer du contenu et s'attendent à en trouver dans leur flux. De ce fait, Twitter convient très bien pour adresser un trafic à un public froid. Servez-vous de vos tweets pour vous présenter et pour diriger les gens vers un contenu, par exemple celui de votre blog, dans lequel ils trouveront de la valeur qui assurera votre réputation, et ce sera pour vous un bon moyen de créer des liens avec votre public.

Vous pouvez créer toutes sortes d'annonces payantes sur Twitter, soit pour faire croître le nombre de vos lecteurs sur ce support, soit pour générer des clics et des conversions. Vos objectifs de campagne sur Twitter, comme c'est le cas sur Facebook, doivent correspondre à l'objectif global de votre campagne, c'est-à-dire à votre objectif ultime. La Figure 10-3 représente un tweet publicitaire de Liberty Mutual qui annonce clairement l'offre et comporte un appel à l'action. On remarquera la congruence entre l'image et le texte.

Afin d'encourager l'engagement par vos tweets (c'est-à-dire susciter des « retweets » et des « likes »), mettez un lien vers quelque chose qui présente une valeur et ne donnez pas à vos tweets un style tapageur. Les tweets les plus efficaces sont ceux qui ont le même aspect et la même convivialité qu'un tweet normal. Ils ne mentionnent pas un produit et ne proposent rien à la vente. Ces tweets sont moins importuns, et ils sont ce que l'on appelle de la publicité native. La publicité native suit la forme et la fonction du média sur lequel elle est placée. La publicité native n'est pas une exclusivité de Twitter, on la trouve sur d'autres plateformes de trafic payant. Les tweets de publicité native ont la même apparence que les autres tweets. Ils sont constitués d'un bon texte qui suscite l'intérêt, avec un lien vers un contenu informatif qui redirige le trafic de la plateforme de Twitter vers votre page d'atterrissage prédéterminée (à propos des pages d'atterrissage, voir Chapitre 7).

Avec Twitter, vous ciblez généralement le trafic froid, avec un contenu destiné à faire connaître vos marques, vos produits et vos services. C'est pourquoi, plutôt que de diriger le trafic vers une page d'atterrissage traditionnelle comme la page de votre produit, il vaut mieux le diriger vers des articles de blog instructifs qui apporteront une valeur aux lecteurs et renforceront votre crédibilité. Ensuite, dans votre article, mettez en évidence des appels à l'action pour attirer les lecteurs vers l'offre appropriée, afin qu'ils passent à l'état suivant de la température du trafic.

Pour être efficace, l'article d'une page d'atterrissage doit présenter une valeur intrinsèque. En d'autres termes, les lecteurs doivent pouvoir tirer profit de la page d'atterrissage, qu'ils acceptent ou non votre offre. Afin d'éviter d'exercer un impact négatif sur votre relation avec vos prospects et de compromettre vos chances de vous faire de nouveaux clients, veillez à ce que votre page d'atterrissage tienne la promesse faite dans votre tweet. Ainsi, par exemple, si vous « tweetez » sur des idées pour une fête de mariage et si votre lien n'aboutit pas effectivement à des idées, vous n'inspirerez pas confiance et les gens associeront votre contenu à un leurre.

Quand vous utilisez Twitter, cherchez quels sont les tweets les plus performants. Si l'un de vos tweets engendre un engagement notable, vous pouvez sans doute en faire une bonne publicité. Investissez de l'argent dans ce tweet et adressez-le à votre public froid.

Google

Google AdWords est une très bonne plateforme de trafic, car vous pouvez y présenter des annonces à des gens qui sont dans la recherche active d'une solution. Le programme AdWords de Google présente des annonces au public en fonction des mots-clés que celui-ci saisit sur le moteur de recherche de Google. Ainsi, par exemple, si un internaute saisit sur Google « acheter biscuits pour chien », une compagnie qui vend des biscuits pour chiens peut présenter une offre pour qu'une annonce apparaisse sur la page de résultats, comme sur la Figure 10-4. Les gens utilisent Google pour rechercher des produits et des services, et les requêtes qu'ils lancent indiquent quelles sont leurs préoccupations, et quelles solutions et quels avantages ils recherchent.

Par rapport à d'autres plateformes, les annonces sur Google sont considérées comme moins intempestives et moins invasives, et une introduction n'est pas autant nécessaire à vos prospects, dans la mesure où ils recherchent activement une solution. AdWords est généralement moins chère que les autres sources de trafic, et elle est très efficace pour générer de bons leads et de bons clients : même s'ils n'ont peut-être encore jamais entendu parler de vous, ces clients potentiels cherchent activement des solutions et sont souvent plus disposés à devenir des leads et des clients.

Voici quelques aspects à prendre en compte, concernant Google AdWords :

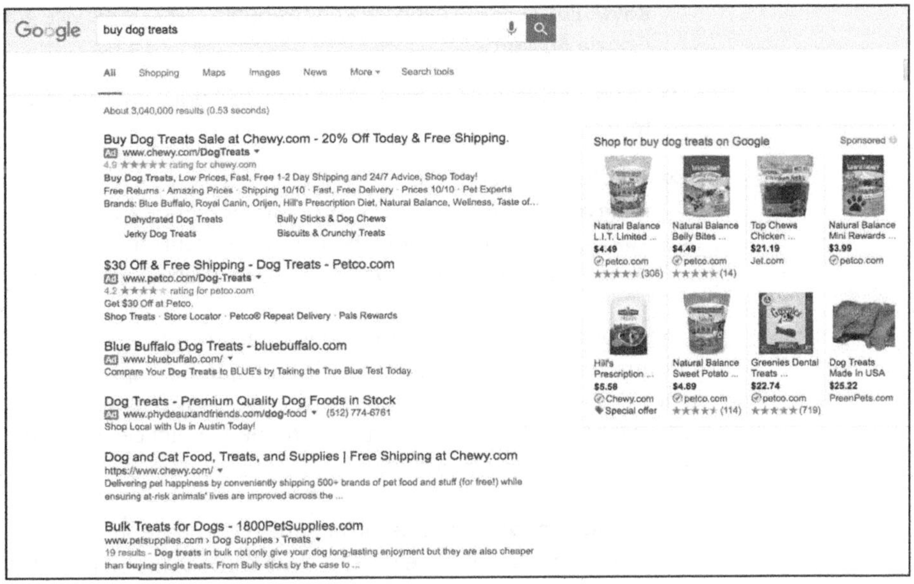

FIGURE 10-4 Des annonces apparaissent suite à l'exécution d'une requête sur l'expression clé « buy dog treats » (acheter biscuits pour chien) sur Google.

Source : https://www.google.com/webhp?sourceid=chrome-instant&ion=1&es-pv=2&ie=UTF-8#q=buy%20dog%20treats

- **Il vous faut un objectif :** AdWords n'est pas une plateforme sur laquelle vous allez simplement attirer du trafic et tester votre marché. Il est impératif que vous vous fixiez un objectif avant de lancer votre campagne. Si vous débutez dans ce domaine, choisissez une source de trafic moins onéreuse comme Facebook pour tester le marché, et vous passerez à AdWords dans un second temps.
- **Vous payez au nombre de clics :** vous ne payez que lorsque quelqu'un clique sur votre annonce (ainsi vous maîtrisez votre budget).
- **Vous pouvez cibler par localisation :** cette possibilité est intéressante, surtout pour les entreprises locales qui désirent s'adresser de façon spécifique à un marché très localisé. Cette fonctionnalité convient bien aux entreprises locales, mais aussi aux grandes compagnies qui cherchent à segmenter une campagne d'envergure nationale ou internationale.

Commencez par rechercher les mots-clés que vous comptez soumissionner pour votre annonce. Quand vous procédez à une recherche par mot-clé, mettez en pratique les conseils suivants :

- Utilisez des outils qui vous permettront de trouver des idées de mots-clés et procédez à une estimation des résultats que ces mots-clés pourront vous apporter. Google Keyword Planner (`https://adwords.google.com/`

`KeywordPlanner`) fait partie de ces outils. C'est un service gratuit assuré par Google AdWords.

- Saisissez des mots et des expressions clés qui aient un lien avec votre activité.
- Utilisez des outils d'espionnage comme iSpionage (`https://www.ispionage.com/`), SEMrush (`https://www.semrush.com/`) ou SpyFu (`https://www.spyfu.com/`) pour rechercher vos concurrents ou d'autres entreprises de votre créneau et en savoir plus sur les mots-clés qu'ils ciblent.

Quand vous recherchez des mots-clés, sachez que dans AdWords vous pouvez régler quatre types de paramètres. C'est ce que l'on appelle les types de correspondance des mots-clés. Cela vous permet de choisir quels internautes feront apparaître votre annonce en lançant leur requête. Voici ces types de correspondance de mots-clés, avec des exemples :

- **Correspondance exacte :** il faut que l'internaute saisisse votre expression clé *exactement* telle qu'elle est prévue dans votre campagne pour que votre annonce apparaisse. Pour choisir la correspondance exacte, mettez votre mot ou expression clé entre crochets. Exemple : [entretien pelouse]

  Si vous avez prévu dans votre campagne sur AdWords la correspondance exacte [entretien pelouse], votre annonce n'apparaîtra que lorsqu'un internaute aura lancé la requête « entretien pelouse » sur Google.

- **Expression exacte :** votre expression clé doit apparaître sous la même forme que dans votre programme d'affichage de l'annonce. Pour cela, mettez l'expression entre guillemets : « entretien pelouse ».

  Si vous avez inclus l'expression « entretien pelouse » dans votre programme sur AdWords votre annonce sera affichée lorsque les requêtes suivantes seront lancées :

  - Services entretien pelouse
  - Entretien pelouse Fontenay
  - Entretien pelouse taille haies

  Les expressions qui précèdent déclenchent l'affichage de votre annonce, car les mots *entretien* et *pelouse* se suivent dans la requête. Cependant, l'annonce ne sera pas affichée avec les requêtes suivantes :

  - Entretien pour la pelouse
  - Entretien haies et pelouse

Ces requêtes ne feront pas apparaître l'annonce, car les mots *entretien* et *pelouse* ne se suivent pas de la *même manière* que dans l'expression programmée.

» **Requête large :** Google affiche votre annonce pour des expressions similaires à la vôtre et pour des variantes pertinentes : pluriels, synonymes, mots mal orthographiés, *etc.* Contrairement aux autres types de correspondance, la requête large n'a pas de symbole.

Si votre expression de requête large est *entretien pelouse*, Google affichera votre annonce chaque fois qu'une requête inclura une des expressions suivantes :

- Tarifs pour l'entretien d'une pelouse
- Services entretien pelouse Fontenay
- Jardiniers pour l'entretien d'un gazon
- Pour entretenir une pelouse

Ainsi, votre annonce sera vue par un vaste public, mais ce ne sera peut-être pas *le bon* public. Compte tenu des vastes possibilités qu'offre la requête large, nous ne vous recommandons pas ce type de correspondance si vous débutez avec AdWords.

» **Modificateur de requête large :** ce type de correspondance déclenche l'affichage de l'annonce pour des variantes, notamment une expression comportant des fautes d'orthographe (mais pas des synonymes), et quel que soit l'ordre des mots. Ce type de correspondance est intermédiaire entre la requête large et l'expression exacte, dans la mesure où vous avez davantage de contrôle qu'avec la première, mais moins de restrictions qu'avec la seconde. Utilisez ce type avec le signe (+) devant vos mots-clés :

+entretien +pelouse

Google sait que les mots-clés précédés du signe plus doivent apparaître quelque part dans la requête, mais pas nécessairement dans la même succession que dans l'expression programmée pour votre campagne. Les requêtes qui feront apparaître l'annonce seront, par exemple, les suivantes :

- Entretien tonte pelouse
- Entretien jardins et pelouses
- Entretien professionnel pelouse

Après avoir choisi vos mots-clés et le type de correspondance à utiliser dans votre campagne, décidez du montant à allouer à ces mots-clés. Souvenez-vous de ces conseils au moment de choisir votre stratégie de soumission de mots-clés sur AdWords :

- Sélectionnez l'option Système d'enchères au CPC manuelles, qui vous permet de contrôler votre budget. Autrement, votre budget serait réglé automatiquement par Google AdWords.
- Au moment de lancer une campagne, optez pour une enchère par défaut de 2 à 3 euros en attendant de pouvoir mesurer la compétitivité de vos mots-clés.
- Fixez-vous un budget journalier, là encore dans le souci de garder la maîtrise de vos dépenses.

Une fois que vous êtes enfin prêt à rédiger votre annonce à publier sur Google, suivez ces conseils :

» **Incluez un appel à l'action.** Quelle est l'action que vous espérez de l'internaute qui aura lu votre annonce ? Dites-lui ce que vous attendez qu'il fasse. Un appel à l'action peut se présenter comme suit, entre autres possibilités : « Appelez maintenant », « Téléchargez le rapport gratuit » ou « Commandez aujourd'hui ».

» **Utilisez vos mots-clés.** Dans le texte de l'annonce, incluez les mots-clés pour lesquels vous enchérissez. Non seulement vous améliorerez votre niveau de qualité (l'algorithme utilisé par Google pour déterminer le prix que vous paierez finalement pour chaque clic), mais vos mots-clés correspondant à la requête saisie s'afficheront en gras, si bien que votre annonce sera plus remarquée.

» **Posez une question.** Utilisez des questions pour attirer l'attention de votre public. Les questions attirent l'attention davantage que les affirmations. Ainsi, plutôt que « Débarrassez-vous des termites », essayez : « Envahi par les termites ? ». Au lieu de « Plombier expérimenté et agréé à Fontenay », optez pour « Vous cherchez un bon plombier à Fontenay ? ».

» **Faites référence à une fête ou à un événement local.** Une annonce qui mentionne une fête ou un événement à venir paraît plus à jour et plus pertinente aux internautes.

» **Privilégiez les avantages et parlez à vos prospects de ce qui les préoccupe.** Dans votre annonce, ne mentionnez pas les dimensions, la couleur et autres spécifications de votre produit, ni même ce qu'il fait. Ce n'est pas ce qui incite les gens à cliquer. Ce que les gens ont envie de savoir, c'est en quoi votre produit leur rendra la vie plus facile. Concentrez-vous sur les effets émotionnels de votre produit plutôt que sur ses caractéristiques techniques (celles-ci figureront dans la description du produit sur votre page d'atterrissage, comme nous l'expliquons au Chapitre 7).

YouTube

YouTube est une excellente plateforme de trafic pour nouer des relations avec les clients et les prospects. Compte tenu des différentes sortes d'annonces que vous pouvez y créer, vous pouvez bâtir des relations et transformer des prospects froids en clients fidèles. Ainsi, vous pouvez vous servir de YouTube pour imposer votre image et apporter de la valeur à votre marché, puis renvoyer les internautes vers davantage de contenu pour qu'ils s'y instruisent, par exemple une autre vidéo ou un article de blog, après quoi vous les réorienterez (lire la deuxième moitié de ce chapitre) à l'aide d'annonces vidéo pour leur présenter une offre au point d'entrée (pour plus de détails sur les offres au point d'entrée, voir Chapitre 3).

Il convient de noter que les gens sont conditionnés à ignorer les annonces sur YouTube. Avec les spots publicitaires qui se déclenchent avant la vidéo que l'internaute veut regarder, comme l'exemple de la société GoPro (Figure 10-5), vous ne disposez que de 5 secondes pour retenir l'attention de l'internaute avant qu'il ait pu cliquer sur le bouton « Skip Ad » (Sauter la publicité).

Au-delà de ces 5 secondes, l'internaute a souvent la possibilité de sauter votre publicité, et si vous ne lui avez pas donné une bonne raison de rester, il la sautera pour pouvoir tout de suite visionner le contenu qu'il est venu chercher. Dans les cinq premières secondes, voici ce que vous devez faire :

FIGURE 10-5 Une annonce de GoPro sur YouTube avec un bouton « Skip Ad ».

- » Adressez-vous à votre public et attirez son attention. Ciblez votre marché sur un critère géographique (agglomération ou région) ou parlez à votre public d'un de ses centres d'intérêt.
- » Posez aux internautes une question qui les concerne. Par exemple, une société spécialisée dans les travaux d'intérieur et la décoration pourra publier une vidéo publicitaire sur le remplacement d'un lavabo et faire commencer cette vidéo par cette question : « Voulez-vous rénover votre salle de bains ? ».
- » Parlez-leur de ce qui les préoccupe ou d'un bienfait auquel ils aspirent.
- » Divertissez-les.
- » Donnez à votre public cible une bonne raison de rester en lui apportant immédiatement une valeur, de telle sorte qu'ils aient envie de se rendre sur votre chaîne ou votre site Internet pour en savoir davantage.

Pour que votre annonce attire l'attention de votre public cible, vous pouvez aussi y inclure une vignette attractive (l'image statique qui représente votre vidéo avant qu'elle soit sélectionnée) et un titre percutant. Le titre et la vignette doivent indiquer de quoi traite la vidéo. La vignette étant une des premières choses que voient les gens, faites en sorte que la première impression les interpelle. Si vous n'êtes pas en mesure de créer vous-même des images de qualité professionnelle, utilisez des services comme Fiverr ou des outils comme Canva. Ensuite, complétez votre image par un titre engageant. Incluez vos mots-clés dans ce titre (et dans la description de la vidéo) afin de mieux cibler.

Pinterest

Ce réseau social compte plus de 100 millions d'utilisateurs actifs, dont plus de 47 millions aux États-Unis. C'est donc une source de trafic idéale pour faire de la publicité en Amérique. Les internautes qui utilisent Pinterest sont en forte majorité des femmes : les femmes représentent environ 85 % du public de Pinterest (et parmi elles, 42 % sont des femmes adultes disposant d'un certain pouvoir d'achat). Pinterest est la plateforme idéale pour cibler les femmes qui vivent aux États-Unis, mais son audience augmente dans le monde et parmi les hommes adultes : c'est le réseau social qui progresse le plus vite en pourcentage, et un nouveau compte sur trois est créé par un homme.

Les utilisateurs de Pinterest sont des gens susceptibles d'acheter des produits ou des services. Parmi eux, 93 % utilisent Pinterest pour préparer leurs achats. Des études montrent aussi que lorsque le trafic sur Pinterest était redirigé vers Shopify, cette société enregistrait en moyenne 50 $ d'achat par internaute. En tant que source de trafic, le moins qu'on puisse dire est que Pinterest recèle un fort potentiel.

Pour passer des annonces sur Pinterest, vous créez ce que l'on appelle une épingle sponsorisée, c'est-à-dire une publicité qui vous permet de cibler votre marché en fonction de données démographiques, de la localisation géographique des internautes et des appareils utilisés, ainsi que des centres d'intérêt des gens et des requêtes lancées sur un moteur de recherche. Pinterest, comme Google, pratique le coût par clic (CPC) moyennant un budget que vous pouvez spécifier, et vous ne payez que lorsque quelqu'un clique sur l'épingle pour se rendre sur votre site Web. À l'instar de Twitter, Pinterest est un système de publicité native : créez des publicités adaptées à la plateforme, de telle sorte que votre annonce suive la forme et la fonction des autres éléments de contenu. La Figure 10-6 représente une épingle sponsorisée de la compagnie Kraft pour ses recettes de cuisine, dans la moitié droite.

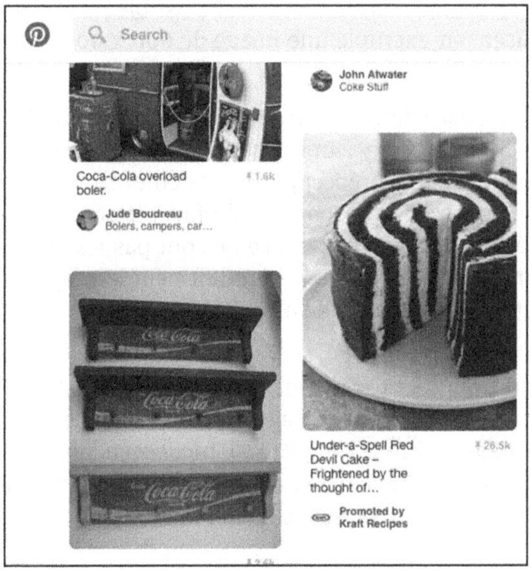

FIGURE 10-6 Une épingle sponsorisée de Kraft.

Source : https://www.pinterest.com/pin

Avant de créer votre épingle sponsorisée, recherchez les mots-clés que vous allez cibler. Vous pouvez effectuer cette recherche directement sur la plateforme de Pinterest. Saisissez d'abord, dans la barre de recherche de Pinterest, le principal mot-clé pour votre marché. Au fur et à mesure de la saisie, Pinterest affiche des suggestions correspondant aux requêtes les plus courantes incluant votre mot-clé sur cette plateforme. Ce système vous permet de mieux cerner les mots-clés à cibler sur Pinterest. Vous pouvez aussi rechercher des mots-clés à l'aide d'outils en ligne comme SpinKeywords, pour votre campagne sous forme d'épingle sponsorisée.

Pour chaque épingle sponsorisée, vous êtes limité à 20 mots-clés. Choisissez les mots-clés les plus pertinents. Si vous ciblez plus de 20 mots-clés, Pinterest risque de refuser votre épingle. Contentez-vous donc de 15 à 20 mots-clés par épingle sponsorisée.

Ensuite, pour créer cette épingle, choisissez bien votre image. La plateforme de Pinterest affiche de belles images de grande taille. Pour que votre épingle sponsorisée se remarque, il vous faut une image qui attire le regard et qui soit de bonne qualité. Sur cette image, ajoutez un petit texte simple et clair en guise de titre et pour donner un contexte. Sur Pinterest, les dimensions de l'image ont leur importance : cette plateforme privilégie une orientation verticale, et même si des images horizontales peuvent faire l'affaire pour les épingles sponsorisées, mieux vaut utiliser des images verticales dans la mesure du possible. Pour votre première épingle sponsorisée, utilisez par exemple une image de 600 x 900 pixels.

Votre épingle sponsorisée doit être utile, belle et exploitable. Après avoir choisi une image pour cette épingle, rédigez une description détaillée qui apporte une valeur à votre marché, réponde à une préoccupation et démontre l'avantage que représente le produit auquel votre épingle sponsorisée fait référence. N'oubliez pas qu'à ce stade, ce qui intéresse les internautes, ce ne sont pas les atouts incomparables de vente de votre produit, mais ce que ce produit peut leur apporter et la façon dont il peut leur faciliter la vie. Répondez à ces préoccupations dans votre description.

Dans les 75 à 100 premiers caractères de la description associée à votre épingle sponsorisée, incluez un lien vers la page d'atterrissage de votre produit (à propos des pages d'atterrissage, lire le Chapitre 7). Incluez ce lien au début de votre texte de telle sorte qu'il soit visible au-dessus de la ligne de flottaison et que votre page d'atterrissage ne soit plus qu'à un clic de la plateforme de Pinterest.

N'utilisez pas plus de quatre images par épingle. Les images doivent être belles et de grande taille pour que votre épingle se remarque, et s'il y en avait plus de quatre, vous obtiendriez une épingle chargée avec des petites images. Si vous tenez à inclure plus d'une image dans une épingle sponsorisée, il faut que chaque image se caractérise par un thème unique. Il ne s'agit pas de vendre un assortiment aléatoire de produits sur une épingle : les produits doivent plutôt être complémentaires.

LinkedIn

LinkedIn se distingue des autres sources de trafic par le fait que cette plateforme est orientée vers un marché spécifique. LinkedIn est spécialisée dans les relations professionnelles et dans les liens d'entreprise à entreprise (B2B).

C'est cependant une bonne ressource pour la génération de leads et pour la publication d'annonces à destination d'un trafic froid, tout comme Twitter et Facebook.

Dans LinkedIn, vous avez le choix entre une multitude de méthodes pour cibler votre public : les données démographiques, comme l'âge et le sexe, ou bien les intitulés des emplois, ou les compétences que les utilisateurs ont listées sur leur profil, comme « service clients » ou « marketing des réseaux sociaux ». Avec plus de 450 millions d'utilisateurs, et ce nombre ne cesse de croître, LinkedIn vous permet de toucher un vaste marché.

Quelle doit être la taille de votre public quand vous achetez du trafic sur LinkedIn ? Selon certains, 300 000 serait l'idéal. Cependant, l'audience n'est pas un problème sur LinkedIn, contrairement à ce qui se produit sur Facebook. Sur la plateforme de LinkedIn, le marché est plus petit et plus spécifique et ce sont les professionnels que l'on cible. D'autres sources de trafic, comme Facebook et Twitter, disposent d'un public bien plus vaste. Quand on fait de la publicité sur LinkedIn, le principal problème, comme avec les autres sources de trafic, est d'adresser le bon message au bon public. Si vous désirez cibler les P.D.-G, par exemple, ne vous souciez pas de l'audience, mais efforcez-vous de créer une annonce et une offre que les P.D.-G trouveront intéressantes.

Comme avec les autres sources de trafic, votre annonce sur LinkedIn doit comporter :

- » Un texte spécifique qui s'adresse à votre public et qui le concerne.
- » Une image captivante, de qualité professionnelle.
- » Un appel à l'action conduisant le public à l'étape suivante.

Pour attirer du trafic sur LinkedIn, vous pouvez parrainer du contenu et orienter le public vers votre contenu, par exemple vers les articles de votre blog. Pour être efficace, votre contenu doit instruire votre public et lui apporter de la valeur. Ensuite, sur votre blog, présentez des appels à l'action ou des bannières avec une offre qui soit pertinente et intéressante pour votre public de LinkedIn. Cette stratégie est pour vous un moyen d'obtenir un retour sur investissement de vos campagnes sur LinkedIn.

LinkedIn est certes une des plateformes les plus onéreuses, mais du fait de sa spécificité, elle génère de bons leads, réceptifs à votre message.

Choisir la bonne plateforme de trafic

Vous avez le choix entre un certain nombre de sources de trafic, et chacune a ses avantages. En résumé, les situations dans lesquelles il est conseillé d'utiliser une ou plusieurs des six principales sources de trafic sont les suivantes :

» **Facebook :** cette plateforme convient pour pratiquement n'importe quel marché, à l'exception des marchés qui ne sont pas approuvés par les conditions d'utilisation de Facebook, comme le secteur de la cigarette électronique (pour plus de détails, consultez les Règles publicitaires de Facebook (`https://www.facebook.com/policies/ads/`). Avec Facebook, il s'agit d'utiliser un processus appelé le reciblage, qui est défini et expliqué dans la section suivante.

» **Twitter :** faites votre publicité sur Twitter quand vous voulez cibler un marché plus jeune ou un public très branché sur les nouvelles technologies. Twitter est une vaste plateforme qui compte un grand nombre d'utilisateurs, si bien qu'elle convient pour pratiquement n'importe quel marché.

» **Google :** utilisez Google si vous justifiez d'une offre solide qui a fait ses preuves sur d'autres sources de trafic, ou si votre offre est difficile à cibler en termes de centres d'intérêt des prospects ou de données démographiques et nécessite donc un ciblage par mots-clés. Google convient pour le reciblage.

» **YouTube :** cette source de trafic convient pour pratiquement n'importe quel marché, surtout si votre offre nécessite une démonstration ou un ciblage par mots-clés. Là encore, avec cette plateforme, il s'agit de faire du reciblage.

» **Pinterest :** songez aux épingles sponsorisées quand vous vendez des produits physiques, aux femmes en particulier, ou quand vous créez un contenu comportant beaucoup d'images originales ou travaillées.

» **LinkedIn :** optez pour LinkedIn quand vous vendez des produits ou des services onéreux à des entreprises. Envisagez aussi de publier vos annonces sur cette plateforme quand vous promouvez un webinaire auprès d'un public d'entreprises ou quand vous voulez atteindre un public sélectionné en fonction des intitulés de postes.

Mettre en place une redirection du trafic

Bien évidemment, tous les internautes qui se rendent sur votre site Web ne seront pas convertis dès leur première visite : de façon générale, c'est le cas pour 2 % seulement du trafic Internet. Comment faire pour que les 98 % restants reviennent sur votre site ? Il faut recourir à une stratégie appelée le reciblage des annonces.

Supposons que vous vous rendiez sur Zappos.com, le site Web d'une entreprise de vente en ligne de chaussures, et qu'après vous être intéressé à une paire de chaussures, vous quittiez le site sans avoir rien acheté. Supposons que vous vous rendiez ensuite sur le site du Huffington Post pour y lire un article, et que là, vous remarquiez une annonce publicitaire pour cette même paire de chaussures. Cela s'appelle un reciblage. Dans cette section, nous étudions plus en détail le reciblage et dans les sections suivantes, nous vous expliquons comment vous en servir.

Définir le reciblage des annonces

Quand des gens ont visité votre site, votre page de ventes ou votre page professionnelle sur les réseaux sociaux, vous pouvez présumer qu'ils aimeraient en savoir davantage. Même s'ils sont repartis sans rien acheter, vous pouvez aussi supposer qu'ils n'y ont pas clairement renoncé : simplement, ils n'ont pas trouvé le temps de passer tout de suite à l'action, ou bien il leur fallait plus de temps pour réfléchir à votre offre. Afin de les inciter à revenir sur votre site (comme un boomerang), vous allez recourir à une stratégie de trafic payant appelée le reciblage.

Le but du reciblage (parfois appelé retargeting ou remarketing) est de faire revenir les internautes sur votre site pour leur faire franchir une étape de plus vers la conversion. Pour ce faire, vous leur présentez des annonces qui sont fonction de leur engagement précédent sur votre site. Il ne s'agit pas d'essayer de leur faire changer d'état d'esprit, mais plutôt de leur rappeler votre offre.

Il existe d'autres formes de reciblage, mais nous allons nous intéresser à la forme la plus couramment utilisée : celle consistant à attirer à nouveau les gens sur votre site. Pour cela, vous utilisez des pixels espions et des cookies qui vous permettent de présenter votre annonce aux internautes qui ont quitté votre site, comme nous l'expliquons dans la prochaine section.

Installer des cookies et des pixels

Un pixel espion, ou pixel de traçage (nous dirons simplement un pixel), est un morceau de code que vous placez sur votre site Web pour déclencher un cookie, ce cookie étant un fichier texte qui stocke l'information relative à la visite de l'utilisateur sur votre site. Ce cookie utilise un code JavaScript simple, et il permet aux réseaux d'annonces et aux plateformes de trafic d'identifier les utilisateurs lorsqu'ils visitent un autre site, puis de leur présenter les annonces ciblées en fonction de vos préférences en tant qu'annonceur. Pour simplifier, le pixel transmet l'information à un serveur et le cookie stocke l'information sur le navigateur de l'utilisateur, pour que le serveur puisse la lire à nouveau par la suite. Le cookie comptabilise la visite sur le site, mais ne stocke aucune information sensible comme le nom ou l'adresse du visiteur, ou toute autre information permettant de l'identifier.

Quand un internaute se rend sur votre site, un cookie est déposé, avant que cet internaute reparte et se rende sur d'autres sites. Le cookie informe votre plateforme de reciblage, qui peut être Facebook ou Google par exemple, du parcours de cet internaute et de son arrivée sur un site sur lequel les annonces de reciblage peuvent être affichées. Si de l'espace publicitaire est disponible, votre annonce de reciblage pourra lui être montrée. Tout ce processus est automatisé et se déroule en une fraction de seconde.

Quand il est effectué correctement, le reciblage vous permet d'adresser des offres pertinentes à des publics spécifiques, et plus l'offre est spécifique et pertinente, plus il y a de chances pour qu'elle soit bien reçue par votre public et qu'elle engendre une conversion. La prochaine section vous explique comment créer des offres de reciblage spécifiques.

Segmenter le contenu

La plus grande erreur que peut faire un annonceur sur Internet, en matière de campagne de reciblage, est de supposer que tous les visiteurs se ressemblent et de leur montrer à tous la même annonce. La réussite du reciblage repose sur la segmentation du public (la segmentation du contenu est abordée au Chapitre 4). Faute de segmenter votre public, les résultats de votre campagne risquent d'être décevants : mauvaise impression laissée aux internautes, dépenses de publicité en pure perte. Ainsi, par exemple, il ne s'agirait pas de recibler un utilisateur ayant visualisé des recettes végétaliennes en lui présentant une publicité pour un restaurant à viande.

Quand vous segmentez votre public, vous pouvez identifier et comprendre l'intention des gens qui le constituent. La segmentation vous permet de recibler et de présenter des offres en fonction de ce qui les intéresse, en personnalisant l'expérience et en rendant l'annonce d'autant plus convaincante.

Pour segmenter votre audience, examinez votre site Web ou votre blog et divisez son contenu en catégories ou en thèmes. Sur un blog consacré à l'alimentation, par exemple, vous pourrez classer les éléments de contenu par régime ou par style de vie : alimentation végétalienne, végétarienne, sans gluten. Les internautes qui se rendent sur un contenu consacré à l'alimentation végétarienne sont des gens qui s'intéressent à l'alimentation végétarienne. Auriez-vous une offre qui conviendrait à un végétarien ? Si oui, reciblez les internautes qui sont venus voir ce contenu en leur présentant cette offre spécifique.

Résoudre les problèmes des campagnes de trafic payant

Une fois que vous avez lancé une campagne de trafic payant, attendez trois à cinq jours avant de commencer à recueillir des données. Une fois ce laps de temps écoulé, évaluez votre campagne et résolvez les éventuels problèmes. Il s'agit de corriger d'éventuelles erreurs ou de comprendre pourquoi des objectifs n'ont pas été atteints, mais résoudre les problèmes de la campagne ne signifie pas nécessairement que quelque chose ne va pas. Il s'agit de résoudre les problèmes qui auraient pu apparaître depuis le lancement de la campagne, mais aussi de chercher comment optimiser celle-ci et le cas échéant, de l'étendre sur une plus grande échelle.

Nous allons examiner quatre points et étudier le processus à suivre pour résoudre les problèmes d'une campagne de trafic payant :

- L'offre
- Le ciblage
- Le texte et l'aspect créatif de l'annonce
- La congruence de l'annonce

Avec le trafic payant, une campagne de marketing implique un certain nombre de tâtonnements, même quand on a fait soigneusement tout ce qu'il fallait faire. Dans notre compagnie, par exemple, sur dix campagnes de trafic payant que nous lançons, une ou deux seulement nous permettent d'atteindre notre seuil de rentabilité ou de dégager un profit. Mais vous ne devez pas pour autant abandonner une campagne qui ne donne pas les résultats espérés et repartir à zéro. En cherchant un peu, vous pouvez trouver ce qui freine le succès de votre campagne et y remédier.

Ne manquez pas d'étudier un par un chacun des points qui vont suivre, afin de cerner le problème spécifique qui se pose dans votre campagne de marketing. Si vous tentez de les évaluer tous en même temps, vous ne pourrez pas savoir quelle en est la cause profonde, ni ce qui vous a permis de régler le problème, et vous risquez de rencontrer à nouveau le même problème dans l'avenir. Procédez pas à pas, publiez votre annonce pendant une nouvelle période de cinq jours et recueillez davantage de données, puis, si nécessaire, passez au point suivant.

Pour plus de détails sur la résolution des problèmes dans chaque domaine, lisez ce qui suit.

Améliorer votre offre

Le premier aspect à étudier quand votre campagne ne donne pas les résultats escomptés est votre offre. Posez-vous la question de savoir si les gens désirent ce que vous leur proposez. Si ce que vous mettez sur le marché ne correspond pas aux désirs ou aux besoins réels du moment, il n'y aura pas de conversions. Pour savoir si votre offre intéresse les gens, répondez à ces trois questions :

- Votre offre résout-elle un problème chez un public spécifique ?
- Existe-t-il un besoin spécifique pour ce que vous proposez ?
- Ce que vous offrez, est-ce votre valeur sur le marché ?

Si vous avez répondu « Non » à ne serait-ce qu'une de ces questions, alors vous avez déjà trouvé quel est le problème.

Même si le texte de votre page d'atterrissage est très convaincant et même si votre image attire l'attention, la meilleure campagne de marketing du monde ne peut pas résoudre un problème d'offre. C'est pourquoi votre offre a une telle importance et constitue la clé du succès ou de l'échec de toute campagne de marketing. Une campagne de marketing mal gérée, mais avec une offre excellente, donne généralement de meilleurs résultats qu'une excellente campagne de marketing avec une offre inadaptée. Si c'est l'offre qui pose un problème, vous devez proposer une nouvelle offre qui soit meilleure avant de chercher à obtenir du trafic. Pour plus de détails sur l'élaboration d'une offre gagnante, consultez le Chapitre 3.

Ajuster le ciblage

Dans une campagne d'annonces qui ne se déroule pas sans heurts, un autre grand coupable possible est le ciblage. Si vous en êtes arrivé à la conclusion que le problème ne venait pas de l'offre et si vous êtes en mesure de le prouver, demandez-vous si vous ciblez le bon public. Que votre offre et votre message marketing soient ou ne soient pas tout à fait au point, une offre qui n'est pas présentée au bon public ne peut conduire qu'à l'échec de votre campagne. Ciblez-vous les gens qui achèteront vraiment votre produit ?

La pire erreur de ciblage que vous puissiez commettre est de ratisser trop large, de peur de ne pas atteindre des prospects potentiels. Quand vous lancez votre campagne, il faut que votre marché soit aussi spécifique que possible. En cas de doute sur l'importance de l'audience que vous ciblez, réduisez. Ensuite, si votre campagne répond à vos attentes ou les dépasse, vous pourrez l'étendre à un public un peu plus large.

Si vous pensez que votre ciblage n'est pas bon, révisez votre avatar client. Peut-être avez-vous une conception erronée de votre public. Soyez assez spécifique et veillez à ce que les informations adressées à votre audience soient correctes.

Un autre gros problème susceptible de compromettre votre ciblage est le fait de ne pas avoir choisi la bonne plateforme de trafic pour publier vos annonces. S'agit-il bien de la plateforme que fréquente votre public ? Pour vous en assurer, reportez-vous à la section « Choisir la bonne plateforme de trafic », précédemment dans ce chapitre.

Réviser le texte et l'aspect créatif de votre annonce

Après avoir vérifié que votre offre intéresse votre public et qu'elle est présentée aux bonnes personnes, examinez votre message marketing. Le texte et l'image de votre annonce sont ce qui relie votre offre à votre marché cible. C'est ce qui doit permettre aux gens de comprendre quel bénéfice votre offre peut leur apporter. Si votre message marketing ne capte pas l'attention de votre marché cible et ne fournit pas aux internautes une raison de cliquer, vous ne générerez pas de trafic et votre campagne sera un échec.

Révisez le texte de votre annonce :

- Interpelle-t-il votre public ?
- Répond-il à une préoccupation des gens qui le lisent ?
- Propose-t-il à votre public une solution ou un bénéfice (une raison de cliquer) ?

Ensuite, l'image doit :

- attirer le regard ;
- correspondre à votre message.

Globalement, vérifiez que votre image et votre texte disent la même chose. Il faut qu'il y ait une parfaite concordance entre les deux, faute de quoi le message serait brouillé. En outre, c'est cette concordance qui rend le texte et l'image convaincants, ce qui nous amène au point suivant.

Vérifier la congruence de votre campagne

Enfin, il s'agit de veiller à la congruence de votre annonce pour que les prospects atteignent l'étape suivante de votre entonnoir de marketing. Quand les gens ont cliqué sur votre annonce et visitent votre page d'atterrissage, y trouvent-ils ce qu'ils espéraient trouver ? Si votre page d'atterrissage n'a pas le même aspect que votre annonce, les internautes risquent de penser qu'ils n'ont pas atterri au bon endroit ou que vous n'allez pas leur offrir ce que l'annonce leur a fait miroiter. S'il leur semble que quelque chose ne va pas, ils vont cliquer sur le bouton « Retour » dans leur navigateur.

Ainsi, il faut que chaque étape de votre campagne s'appuie sur la précédente, mais il faut aussi que votre campagne reste constamment congruente. À cet effet, essayez de conserver sur l'ensemble de votre campagne une cohérence entre les éléments suivants de votre annonce :

- La palette de couleurs
- La mise en page
- L'imagerie
- La police, la taille et la couleur des caractères

Ensuite, si vous présentez une offre ou si vous répondez à une préoccupation dans votre annonce, ou si vous proposez un avantage intéressant pour votre public, faites-y à nouveau référence sur la page d'atterrissage. Faites en sorte que cela apparaisse rapidement, et sur la partie de la page immédiatement visible, ou vous risquez de perdre le prospect. Le plus simple est de le faire apparaître dans le texte : dans le titre, dans le sous-titre et dans le corps du texte, utilisez exactement le même langage que dans l'annonce. Mettez aussi les mêmes images que dans l'annonce.

En veillant à ce que votre annonce et votre page d'atterrissage reflètent de la même manière le même avantage, la même préoccupation, la même offre, le même design, vous pouvez cultiver une certaine affinité et maintenir la congruence.

Chapitre 11

Assurer le suivi avec le marketing électronique

DANS CE CHAPITRE

» **Distinguer plusieurs types de courriels de marketing**

» **Établir un calendrier des promotions**

» **Concevoir et rédiger des courriels de promotion**

» **Faire en sorte que les e-mails soient « délivrables »**

Nous sommes mardi matin, il est sept heures. Votre réveil sonne, vous vous arrachez de votre lit et vous titubez jusqu'à la cuisine, où la cafetière que vous avez programmée hier soir délivre les dernières gouttes du café. Vous versez le café chaud dans une tasse, vous ajoutez un peu de crème et de sucre, et vous vous asseyez devant votre ordinateur pour voir si vous avez reçu des e-mails.

C'est peut-être ainsi que les choses se passent chez vous en général. Non seulement le courrier électronique fait aujourd'hui partie de notre quotidien, mais il est aussi une de nos principales sources d'information. Vous ne serez sans doute pas surpris d'apprendre que le courrier électronique présente un retour sur investissement de loin plus élevé que n'importe quel autre canal. Aux États-Unis, ce retour d'investissement atteint même 4,3 % pour les entreprises.

Le courrier électronique joue un rôle important dans le marketing numérique, car il permet de faire franchir une étape aux consommateurs sur le parcours client (pour plus de détails sur le parcours client, voir Chapitre 1) de manière à générer un bon retour sur investissement. Le courrier électronique est une méthode rentable en termes de coûts et en termes de temps, sans compter que c'est un des principaux canaux utilisés par la plupart des consommateurs. C'est souvent le courrier électronique qui donne les meilleurs résultats.

Dans ce chapitre, nous vous montrons comment établir un plan d'envoi de courriers électroniques qui donnera à vos clients une raison de vous rester fidèles à mesure que vous développerez votre activité grâce à un marketing relationnel dynamique.

Comment sont conçus les courriels de marketing

Pour commencer, il est important de distinguer les différents types d'e-mails promotionnels que les entreprises envoient à leurs clients et prospects. En matière de marketing électronique, la clé du succès consiste à envoyer le bon type d'e-mail au bon moment.

La Figure 11-1 présente les objectifs des différents types d'e-mails – promotionnel, relationnel, et transactionnel – et leur utilisation dans une stratégie de marketing.

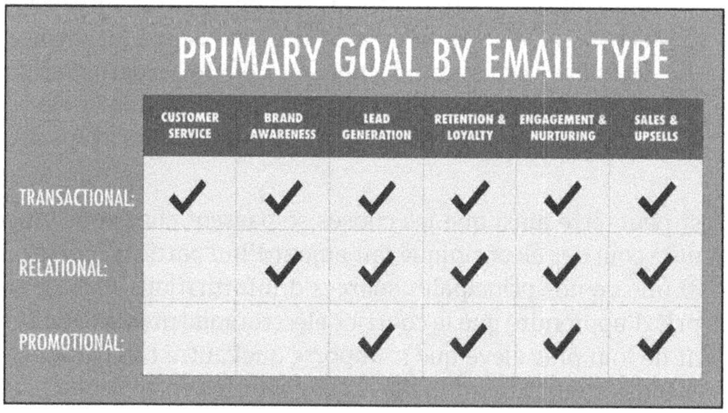
PRIMARY GOAL BY EMAIL TYPE

	CUSTOMER SERVICE	BRAND AWARENESS	LEAD GENERATION	RETENTION & LOYALTY	ENGAGEMENT & NURTURING	SALES & UPSELLS
TRANSACTIONAL:	✓	✓	✓	✓	✓	✓
RELATIONAL:		✓	✓	✓	✓	✓
PROMOTIONAL:			✓	✓	✓	✓

FIGURE 11-1 Les principaux objectifs de chaque type de courrier électronique.

Les courriels promotionnels

Les courriels promotionnels vous servent à présenter une offre aux leads et aux clients de votre liste de diffusion. Il peut s'agir d'un contenu promotionnel, d'une offre accessible après identification, par exemple un livre blanc ou un webinaire (à propos des offres accessibles après identification, voir Chapitre 3), du faire-part de la création d'une nouvelle marque, ou de la sortie d'un produit, de l'annonce d'un événement, ou d'une offre d'essai, pour ne citer que quelques exemples.

Les e-mails promotionnels sont la forme la plus courante de marketing électronique, ce qui n'est guère surprenant. Chez nous, 66 % des clients ont effectué un achat suite à la réception d'un message promotionnel par courrier électronique, aussi pouvons-nous affirmer que les e-mails promotionnels sont une méthode efficace.

Les courriers électroniques promotionnels apportent une valeur à leurs destinataires et permettent de réaliser des ventes. C'est une bonne méthode pour générer des leads, pour retenir une clientèle, pour la fidéliser, pour l'engager, pour vendre et pour réaliser des ventes additionnelles. Elle doit faire partie de toute stratégie de marketing électronique. Le problème est qu'un grand nombre d'entreprises en font l'élément unique de leur stratégie de marketing, si bien qu'elles se privent d'autres possibilités plus rentables d'entretenir des liens avec leur clientèle.

Les courriels relationnels

Les courriels relationnels apportent une valeur à vos clients sous forme de contenu gratuit et d'informations : messages de bienvenue aux abonnés, newsletters, articles de blog, webinaires, guides, enquêtes, mises à jour sur les réseaux sociaux, annonces de concours, etc.

Les courriels relationnels ne servent pas à vendre directement un produit ou une marque, mais à nouer des relations avec les clients en leur apportant une valeur. Ainsi, par exemple, dès qu'un abonné reçoit un contenu de bonne qualité dans une newsletter, il interagit avec votre enseigne de façon plus profonde et plus significative.

Les courriels transactionnels

Les courriels transactionnels sont envoyés en réponse à une action effectuée par le client en lien avec votre enseigne. Ce sont les confirmations de commande, les reçus, les codes de réduction, les avis d'expédition, les avis de création de compte, les confirmations de retour des produits, les tickets d'assistance, les rappels de mots de passe et les confirmations de désinscription.

Ces e-mails servent à relancer les clients qui ont déjà un lien avec votre entreprise (voir la section « Les campagnes de réengagement », plus loin dans ce chapitre) et à leur donner une idée de la manière dont votre marque est gérée.

Donnez-vous suite rapidement ? Tenez-vous vos promesses ? Avez-vous mis en place des systèmes qui délivrent aux clients une vraie valeur ? Tenez-vous suffisamment compte des attentes de vos clients ? Les leads et les clients de votre liste de diffusion observent la manière dont vous gérez votre activité commerciale, et vos e-mails transactionnels sont un élément important de cette gestion.

Les courriels transactionnels satisfont à tous les objectifs essentiels du marketing (voir Figure 1-2). Ils représentent une expérience de service au client, ils sont un moyen de parler de votre marque à vos clients, de générer des leads, de faire progresser le taux de rétention et la fidélisation, de motiver les clients, et même, de faciliter les ventes. Pourtant, la plupart des entreprises font rarement un usage correct du courrier électronique transactionnel, croyant à tort que les e-mails promotionnels et relationnels seront plus efficaces.

Or, des études montrent que ce sont les e-mails transactionnels qui présentent les taux d'ouvertures les plus élevés parmi les trois types de courriels et qu'ils sont à

QUAND LE COURANT PASSE À TRAVERS LES E-MAILS TRANSACTIONNELS

Songez au dernier cadeau que vous vous êtes offert : une paire de chaussures qui vous faisait envie depuis longtemps, un snowboard, une bouteille de bon vin, ou un dîner dans votre restaurant préféré. Qu'avez-vous ressenti au moment d'effectuer cet achat ? Ne débordiez-vous pas d'enthousiasme ?

Quand vous achetez un produit que vous avez désiré pendant un certain temps, votre cerveau est inondé d'endorphines. Vous éprouvez un vif contentement. Peut-être allez-vous recevoir une heure plus tard une confirmation d'expédition, avec des informations sur les principales caractéristiques de ce snowboard, ou bien une liste de recettes de plats avec lesquels votre vin serait assorti. Votre achat vous a déjà procuré un bien-être, et lorsque vous êtes relancé par le distributeur alors que vous vous trouvez encore dans cet état d'euphorie, vous franchissez un ou deux pas de plus sur votre parcours client.

l'origine de 2 à 5 % de recettes supplémentaires par rapport aux envois de masse classiques. Nous en sommes arrivés à une conclusion remarquable, que le courant passe mieux dans les e-mails transactionnels et qu'ils ont donc plus de chances de porter leurs fruits (lire l'encadré « Quand le courant passe à travers les e-mails transactionnels »).

Envoyer des e-mails de diffusion et des e-mails automatiques

Selon les bonnes pratiques, il ne faut pas se contenter d'envoyer le bon e-mail à chaque abonné à la liste de diffusion, et il n'est pas possible de consacrer ses journées à envoyer manuellement des e-mails à ses abonnés. Vous devez par conséquent utiliser deux types d'e-mails, les e-mails de diffusion et les e-mails automatiques.

TRANSFORMER LE NÉGATIF EN POSITIF

Un grand nombre d'entreprises ont tendance à minimiser les contacts avec les clients qui effectuent une action négative, comme renvoyer un produit ou se désabonner d'une liste de diffusion. Pourtant, à notre avis, ce sont autant d'occasions idéales d'assurer un suivi à l'aide d'e-mails transactionnels, et voici pourquoi :

» **Les retours de produits :** Nordstrom, par exemple, permet à ses clients de lui renvoyer n'importe quel produit, à tout moment et quelle qu'en soit la raison. Grâce à cette politique de retour très attrayante, les achats apparaissent bien moins risqués. Dans son suivi des clients qui lui retournent les produits, Nordstrom confirme cette expérience positive.

» **Les désabonnements :** quand un client se désabonne de votre liste de diffusion, commencez par le désinscrire (lui accorder ce qu'il vous demande). Ensuite, envoyez-lui une confirmation de désinscription accompagnée de la liste des autres manières possibles d'entretenir un lien avec votre enseigne, par exemple les réseaux sociaux ou les magasins physiques. Dites-lui que vous serez toujours heureux de communiquer avec lui de la manière qui lui conviendra le mieux.

Les e-mails de diffusion

Les e-mails de diffusion sont les e-mails que vous envoyez manuellement à toute votre liste de diffusion à un moment donné, dans un but spécifique. Ce ne sont pas des réponses aux actions des clients. Cela va peut-être vous agacer, mais l'abus de ce genre d'e-mails peut porter préjudice à vos relations avec votre clientèle et mettre fin à la progression de celle-ci sur le parcours client. Les e-mails de diffusion ne doivent être utilisés que dans trois cas :

» **Les newsletters :** envoyez votre lettre de diffusion habituelle à tous les destinataires figurant sur votre liste, à une fréquence journalière, hebdomadaire ou mensuelle, conformément à ce que vous leur aviez promis au moment de leur abonnement.

» **Les promotions :** toutes les promotions ne doivent pas être proposées à l'ensemble de votre public. Seules les promotions les plus importantes dont vous considérez qu'elles apportent de la valeur à l'ensemble de votre base de clientèle doivent être adressées à tout le monde. Les autres doivent être destinées à une liste segmentée (voir paragraphe suivant).

» **La segmentation :** envoyez un e-mail de diffusion à tous les membres de votre liste, pour pouvoir déterminer leurs centres d'intérêt spécifiques et ainsi, segmenter votre liste de destinataires.

Les e-mails automatiques

La plupart des e-mails que vous envoyez doivent être des e-mails automatiques, c'est-à-dire des courriers électroniques dont l'envoi sera exécuté de façon entièrement automatique. Une fois que votre contenu est fin prêt, vous pouvez confier cette tâche à votre fournisseur de services de messagerie électronique.

Les e-mails automatiques sont envoyés automatiquement une fois que les clients ont exécuté une action particulière. Cependant, ce n'est pas parce que vous avez la possibilité de déclencher un processus que vous devez nécessairement le faire. Les technologies numériques d'automatisation d'aujourd'hui vous permettent sans doute de faire en sorte qu'un courrier électronique soit envoyé à vos clients dès qu'ils se connectent à Internet ou dès qu'ils se versent une tasse de café. Seulement, cela ne ferait que les importuner. Les e-mails automatiques peuvent se justifier dans les situations suivantes :

» Message de bienvenue à un nouvel abonné

» Offre accessible après identification (voir Chapitre 3)

- Confirmation d'inscription
- Envoi d'un reçu, suite à un achat
- Promotion segmentée
- Demande de renvoi, suite à un avis laissé par un client
- Abandon du panier de commande
- Relance d'un abonné ayant ignoré vos e-mails pendant un certain temps

Établir un calendrier des promotions

La première question que nous posent les dirigeants d'entreprises est de savoir à quel moment envoyer un e-mail. C'est une bonne question, car une bonne campagne par courriers électroniques pourra motiver les clients comme jamais auparavant si ces courriers sont envoyés au bon moment. Inversement, un e-mail envoyé au mauvais moment perdra beaucoup de son efficacité.

En tant que dirigeant d'entreprise ou annonceur, la première chose que vous devez faire une fois que vous avez arrêté une stratégie de marketing électronique est d'établir un calendrier des promotions. Ainsi, vous saurez quand envoyer à vos clients les messages qu'ils peuvent attendre, au moment où ils les attendent.

L'utilisation d'un calendrier des promotions vous donne la possibilité de provoquer le passage à l'action. Vous incitez ainsi vos abonnés à faire ce que vous attendez d'eux : vous acheter quelque chose, vous demander des informations, vous contacter, ou se rendre dans un magasin, par exemple. Le bon message transmis au bon moment est ce qui incite à l'action.

Inventorier vos produits et vos services

Avant de pouvoir établir un calendrier de promotions pertinent et complet, il faut que vous sachiez précisément ce dont vous voulez faire la promotion. Prenez le temps de passer en revue soigneusement chacun des produits et des services que votre entreprise commercialise, afin de déterminer la meilleure manière de le promouvoir. Chez DigitalMarketer, nous utilisons un modèle de fiche de promotion (voir Figure 11-2) afin de tenir un registre détaillé de nos ressources. Chaque fois que nous sortons une nouveauté, nous ajoutons une fiche, et chaque fois que nous

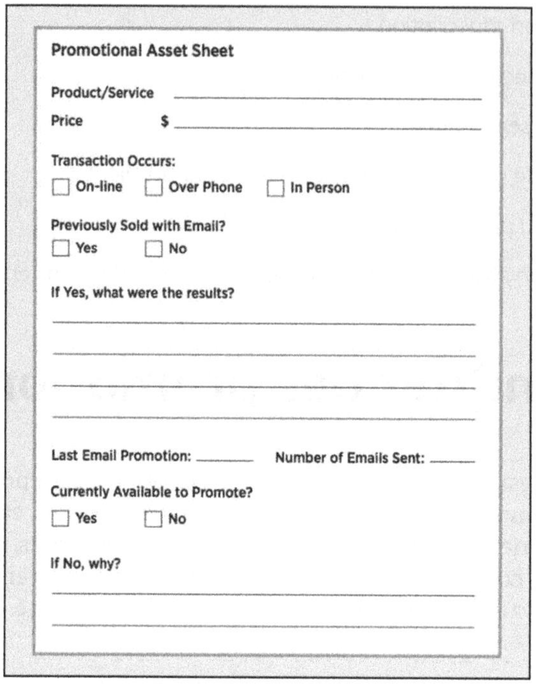
Promotional Asset Sheet

Product/Service ____________________

Price $ ____________________

Transaction Occurs:

☐ On-line ☐ Over Phone ☐ In Person

Previously Sold with Email?

☐ Yes ☐ No

If Yes, what were the results?

____

____

____

____

Last Email Promotion: ______ Number of Emails Sent: ______

Currently Available to Promote?

☐ Yes ☐ No

If No, why?

____

____

FIGURE 11-2 Une fiche de planification des ressources de promotion.

mettons à jour notre calendrier de promotions ou que nous lançons une campagne d'e-mails, nous prenons le temps de mettre ces fiches à jour.

Dans le fichier de vos promotions, quelle que soit la forme que vous lui donnez, ne manquez pas de faire figurer les informations suivantes :

- » Nom du produit ou du service
- » Prix (prix intégral et prix de vente)
- » Lieu de la transaction
- » Vente antérieure de ce produit ou service par e-mail ou non
- » Succès ou échec de vos actions de marketing passées (et la raison)
- » Date de la dernière campagne de promotion de ce produit ou service
- » Nombre d'e-mails envoyés concernant ce produit
- » Disponibilité ou non de ce produit pour la promotion (sinon, la raison)

Vous vous demandez peut-être pourquoi vous devriez passer autant de temps à procéder à des inventaires dans le cadre de vos activités de marketing. Pourquoi ne pas consacrer plutôt ce temps à commercialiser vos produits ? La réponse est que lorsque vous effectuez un suivi minutieux des ventes de vos produits et de vos campagnes de marketing, la tâche de commercialisation de ces produits devient bien plus facile. Quand vous savez précisément ce que vous avez de disponible à la vente et quels sont les résultats de vos campagnes de promotion précédentes, vous êtes en mesure de mieux vous concentrer sur ce qui est rentable.

Ce temps passé à inventorier et à analyser vos ressources et les campagnes afférentes est un temps bien employé. Selon nous, tous les annonceurs devraient faire le point des ressources de promotion associées à chacun de leurs produits et services afin de savoir exactement ce qu'ils peuvent vendre, comment ils peuvent le vendre, à qui, et (peut-être le plus important) quand.

Élaborer un plan annuel de promotion

Après avoir inventorié vos ressources, préparez un plan annuel de promotion. Ce plan doit mettre vos objectifs de recettes sur 12 mois en regard de vos activités annuelles de promotion et de marketing, afin de vous aider à les atteindre. La Figure 11-3 représente un exemple de fiche de travail.

Vous pouvez télécharger votre propre document de planification de vos promotions sur 12 mois à l'adresse suivante :

http://www.digitalmarketer.com/email-planning.

Élaborer un plan marketing

L'élaboration d'un plan annuel de marketing demande du temps, mais cela vous permet de disposer d'un cadre solide pour la mise au point de votre calendrier de promotions. Procédez comme suit :

1. **Notez vos objectifs de recettes sur 12 mois.**

   Réfléchissez à vos objectifs de recettes, et au progrès de leur réalisation mois par mois.

2. **Notez vos autres objectifs.**

MONTH	GOALS	SET PROMOS	REVENUE GOALS	POTENTIAL PROMOTIONS
1 JAN.			TARGET: $ ____ EXPECTED: $ ____ REMAINING: $ ____	
2 FEB.			TARGET: $ ____ EXPECTED: $ ____ REMAINING: $ ____	
3 MAR.			TARGET: $ ____ EXPECTED: $ ____ REMAINING: $ ____	
4 APR.			TARGET: $ ____ EXPECTED: $ ____ REMAINING: $ ____	
5 MAY			TARGET: $ ____ EXPECTED: $ ____ REMAINING: $ ____	
6 JUNE			TARGET: $ ____ EXPECTED: $ ____ REMAINING: $ ____	
7 JULY			TARGET: $ ____ EXPECTED: $ ____ REMAINING: $ ____	
8 AUG.			TARGET: $ ____ EXPECTED: $ ____ REMAINING: $ ____	
9 SEPT.			TARGET: $ ____ EXPECTED: $ ____ REMAINING: $ ____	
10 OCT.			TARGET: $ ____ EXPECTED: $ ____ REMAINING: $ ____	
11 NOV.			TARGET: $ ____ EXPECTED: $ ____ REMAINING: $ ____	
12 DEC.			TARGET: $ ____ EXPECTED: $ ____ REMAINING: $ ____	

FIGURE 11-3 Une fiche de planification annuelle des promotions.

Cette liste pourrait comporter des objectifs de croissance, par exemple le lancement d'un blog ou d'un podcast, la publication d'un ouvrage ou l'ouverture d'un nouveau point de vente.

3. **Programmez les promotions liées aux fêtes pour les dates appropriées.**

   Pour de nombreuses entreprises de vente au détail, novembre et décembre sont une période clé pour les ventes, pendant laquelle un marketing stratégique s'impose. Pour d'autres entreprises, le pic d'activité peut se trouver à un autre moment de l'année, par exemple avant une importante conférence, ou bien au cours d'une saison ou une autre.

4. **Programmez les promotions annuelles pour les mois appropriés.**

Ces promotions peuvent prendre la forme de ventes massives, de sortie d'un nouveau produit, ou d'événements.

5. **Gérez les saisonnalités.**

   Toute entreprise connaît des mois creux et des mois chargés. Tenez-en compte sur votre plan afin de préparer les promotions appropriées.

6. **Calez vos objectifs non financiers dans les périodes appropriées.**

   Avez-vous prévu de publier un nouveau livre ou de lancer un nouveau blog au mois de mars ? Ménagez du temps sur votre calendrier des promotions pour ces activités non génératrices de recettes.

7. **Décomposez mensuellement vos objectifs de recettes.**

   Gardez à l'esprit l'aspect saisonnier de vos activités (voir le point 5).

8. **Ajoutez vos prévisions de recettes normales.**

   Ajoutez les promotions, les principaux événements, les refacturations et les abonnements.

9. **Déduisez vos recettes attendues de votre objectif de recettes.**

   Ensuite, cherchez comment vous pourriez combler l'écart. C'est là que vos efforts de marketing entrent en jeu.

10. **Réfléchissez à d'autres idées de promotions qui seraient susceptibles de générer les recettes qu'il vous faut pour atteindre vos objectifs.**

    Vous faudra-t-il promouvoir de nouveaux produits ou de nouveaux services pour atteindre votre objectif de recettes ? Pouvez-vous trouver de nouvelles manières de proposer les produits ou les services que vous commercialisez déjà ?

11. **Procédez à des contrôles et à des ajustements.**

    Demandez-vous si votre calendrier vous permet d'atteindre vos objectifs de façon à la fois efficace et pratique.

12. **Dressez la liste des autres éléments dont vous pourriez avoir besoin pour atteindre vos objectifs.**

    Vous devrez peut-être lancer un nouveau produit ou un nouveau service, ou organiser une présentation de vente, par exemple.

Établir un planning sur 30 jours

L'étape suivante consiste à planifier ce que vous allez faire dans les 30 prochains jours.

Une campagne promotionnelle doit servir trois objectifs :

- **Monétisation :** faire de l'argent ou réaliser des ventes.
- **Activation :** faire progresser la clientèle sur le parcours client.
- **Segmentation :** mieux connaître les besoins et les désirs des clients, de manière à pouvoir segmenter votre liste et produire de la valeur.

Pour ces 30 premiers jours, nous vous recommandons de vous fixer pour chaque semaine un de ces objectifs et de réserver la quatrième semaine pour une campagne dont vous choisirez le thème le moment voulu. Vous pourrez alors essayer quelque chose de nouveau, faire appel à votre créativité, tester de nouvelles idées ou reprendre une de vos campagnes les plus fructueuses.

Utilisez une fiche de planification mensuelle (voir Figure 11-4) pour pouvoir mieux suivre vos campagnes de promotion. Vous pourriez aussi prévoir à chaque fois une campagne de remplacement, afin d'être toujours en mesure d'atteindre vos objectifs de recettes, même en cas de problème avec une campagne.

FIGURE 11-4 Une fiche de planification promotionnelle à 30 jours.

Vous pouvez télécharger votre propre fiche mensuelle de planification de courriers électroniques à l'adresse http://www.digitalmarketer.com/email-planning.

Élaborer un calendrier continu à 90 jours

Après avoir expérimenté ce plan promotionnel sur 30 jours, vous pouvez planifier vos promotions un peu plus à l'avance avec un calendrier continu sur 90 jours. Nous appelons cela un calendrier continu, car en répétant des promotions similaires tous les trois mois, vous tenez vos clients informés et engagés, sans devoir répéter sans arrêt les mêmes promotions avec les mêmes objectifs de campagne.

Utilisez une application comme Google Agenda, ou accrochez au mur de votre bureau un tableau effaçable à sec afin de pouvoir gérer sur un planning sur 90 jours vos objectifs de recettes, sans avoir besoin de répéter trop souvent les mêmes promotions. Ainsi, vous pourrez constater, par exemple, que vous avez programmé trois campagnes de monétisation en avril, mais aucune en mai. En décalant d'un mois une ou deux campagnes de monétisation, vous aurez plus de chances d'atteindre vos objectifs de recettes en mai et vous réduirez le nombre d'offres de monétisation à envoyer à votre liste de diffusion en avril.

Lancer des campagnes d'e-mails

Comment lancer des campagnes d'e-mails qui feront avancer vos clients et prospects sur le parcours client de manière à assurer le succès de votre enseigne sur le long terme ? Et comment y parvenir sans indisposer vos destinataires par des messages intempestifs, comme tant d'enseignes ont tendance à le faire ? Dans cette section, nous vous présentons cinq types de campagnes d'e-mails, pour que vous sachiez lancer des campagnes de courriers électroniques adaptées à votre activité.

Une fiche comme celle de la Figure 11-5 vous permettra de suivre vos campagnes de promotion sans perdre de vue l'objet de chaque e-mail envoyé.

Les campagnes de familiarisation

Une campagne de familiarisation est une campagne d'e-mails automatiquement envoyés juste après une nouvelle inscription. Elle est destinée à familiariser les

SAMPLE CAMPAIGN STRUCTURE

EXAMPLE BUSINESS: Mattress Store (Physical or e-commerce)

DAY #	EMAIL TYPE	SUBJECT LINE
1	Welcome	Welcome to the Mattress Store (20% off coupon)!
2	Best of #1	Is Facebook stealing your sleep?
3	Best of #2	This made me think of you

FIGURE 11-5 Un exemple de scénario d'envois d'e-mails.

nouveaux abonnés avec votre enseigne et à les convaincre qu'ils ont pris la bonne décision en s'abonnant à votre liste de diffusion, et en rejoignant ainsi votre communauté. La Figure 11-6 donne un exemple d'e-mail de familiarisation.

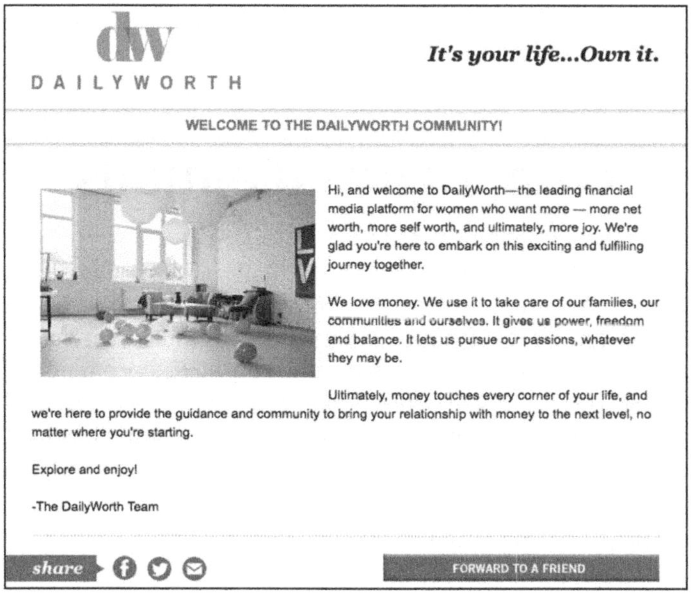

FIGURE 11-6 Un exemple d'e-mail de familiarisation souhaitant la bienvenue à un nouvel abonné.

Les consommateurs ne s'abonnent pas à votre liste de diffusion sur un coup de tête. En général, ils ont eu connaissance de votre enseigne et il leur a paru intéressant de s'abonner. Peut-être ont-ils déjà reçu une valeur grâce à une offre accessible après identification (voir Chapitre 3). Ou bien, peut-être se sont-ils abonnés à l'occasion d'un achat ou de la découverte de votre site Web. Dans tous les cas, une campagne de familiarisation sert à réaffirmer une action positive et à leur montrer qu'ils ont fait le bon choix.

Cependant, si ces consommateurs ont fait un choix positif en s'abonnant à votre liste de diffusion, cela n'implique pas qu'ils se soient pleinement engagés auprès de votre enseigne. Ils ne vous connaissent pas encore suffisamment pour pouvoir anticiper vos paroles. Ils ne reconnaîtraient peut-être pas votre nom dans leur messagerie, et il se peut qu'ils doutent encore de la valeur que vous pouvez représenter pour eux.

Une bonne campagne de familiarisation permet de faire avancer les consommateurs sur leur parcours client (pour plus de détails sur le parcours client, voir Chapitre 1). Globalement, une campagne de familiarisation exerce un impact positif sur les taux d'ouvertures et de clics des e-mails futurs envoyés aux abonnés, car ainsi ils vous connaissent mieux, vous apprécient mieux et vous font davantage confiance.

Les campagnes de familiarisation consistent généralement à envoyer aux abonnés entre un et trois e-mails pour leur permettre de mieux connaître l'enseigne. Ces campagnes vous permettent de créer un lien plus solide avec vos abonnés en leur montrant qui vous êtes et ce que vous représentez.

Voici en quoi doit consister votre campagne de familiarisation :

- » Souhaiter la bienvenue aux nouveaux abonnés et leur présenter votre enseigne.
- » Leur rappeler les avantages que comporte le fait d'être abonné.
- » Leur dire ce qu'ils peuvent attendre de vous.
- » Leur dire quoi faire ensuite.
- » Les familiariser à vos méthodes ou à votre personnalité.

Les campagnes d'engagement

Une campagne d'engagement est une campagne d'e-mails automatiques envoyés aux abonnés qui viennent d'effectuer une action pour leur confirmer les avantages qu'ils recherchent. Elle sert à formuler une offre pertinente, et éventuellement à réaliser une vente. Le rôle d'une campagne d'engagement est de convertir les abonnés en les incitant à franchir l'étape logique suivante à partir de votre connaissance de ce qui les intéresse.

Avant de mettre sur pied une campagne d'engagement, deux questions se posent :

- **Quelle est la prochaine étape que votre client doit franchir ?** Voulez-vous qu'il effectue un achat, qu'il accepte une offre accessible après identification, ou qu'il s'intéresse durablement à votre enseigne en fréquentant votre site Web ?
- **Pensez-vous que ce client soit prêt à franchir l'étape suivante ?** Sinon, en l'invitant à la franchir, vous ne feriez que l'importuner et vous l'aliéner.

  Parfois, vous pouvez sérieusement importuner la personne en lui présentant une telle demande, surtout si vous demandez trop et trop tôt à un précieux client.

Voici en quoi doit consister votre campagne d'engagement :

- Convertir les abonnés. La conversion peut prendre la forme de l'achat d'un produit ou d'un service, d'une prise de rendez-vous, ou d'une inscription à un webinaire.
- Prendre en compte ce qui intéresse présentement le client et ce qui l'intéressera ensuite. Référez-vous à votre parcours client et concevez vos campagnes d'engagement de telle sorte que les abonnés à vos e-mails franchissent une nouvelle étape sur ce parcours.
- Faire référence à l'action positive qui précède.
- Surmonter ou prévenir les objections prévisibles à cette conversion.
- Présenter et conseiller la prochaine étape logique.
- Inviter à passer commande ou à franchir l'étape suivante.

Les campagnes d'ascension

Une campagne d'ascension consiste à envoyer automatiquement un e-mail après un achat pour lancer la boucle de valeur destinée à transformer un acheteur ordinaire en acheteur régulier.

Si un internaute vient d'acheter une tente et quatre sacs de couchage, par exemple, vous pouvez supposer qu'il se dispose à partir camper et lui faire parvenir un bon de réduction pour un réchaud de camping. Si un internaute vient de s'inscrire à une formation sur les réseaux sociaux, vous pouvez lui proposer une formation de suivi sur le marketing électronique.

Une campagne d'ascension est un excellent moyen de faire avancer les gens sur le parcours client et de nouer avec eux une relation à long terme. Une telle campagne consiste à donner aux consommateurs ce qu'ils désirent, puis un petit peu plus encore.

Voici en quoi doit consister une campagne d'ascension :

- Surmonter ou prévenir les objections prévisibles.
- Présenter et conseiller la prochaine étape logique.
- Augmenter la valeur moyenne apportée aux clients en leur vendant plus, plus souvent.
- Accroître leur confiance.
- Transformer les clients en supporteurs enthousiastes.

Les campagnes de segmentation

Une campagne de segmentation est une campagne d'envois manuels promotionnels à toute votre base de données, destinée à segmenter celle-ci en fonction de ce qui intéresse vos abonnés.

Prenons le cas d'une petite maison d'édition qui vendrait des livres spécialisés aux enseignants et aux bibliothécaires. Supposons qu'elle publie une série d'ouvrages scientifiques sur la botanique, dont le contenu serait similaire, mais certains titres seraient destinés aux écoliers, d'autres aux collégiens, et d'autres encore, aux lycéens. Le service de marketing, étant au fait des meilleures pratiques dans le domaine du marketing électronique, se lance dans une campagne de segmentation. Il prépare donc un e-mail comportant la liste des ouvrages disponibles, avec des indications claires de la tranche d'âge à laquelle chaque titre s'adresse. Ensuite, la maison d'édition envoie un e-mail à l'ensemble de sa liste de diffusion. Ainsi, tous les abonnés sont informés du nouveau produit, et ce qui est peut-être plus important, les statistiques des clics résultants permettent à l'éditeur de segmenter sa base de données, pour distinguer les abonnés intéressés par les livres pour l'école, pour le collège et pour le lycée. Le service de marketing peut alors adresser de nouveaux e-mails plus adaptés à chacun de ses trois types de clients. La Figure 11-7 représente un e-mail de segmentation de la société Home Depot. Cet e-mail distingue six catégories de produits avec les réductions de prix associées. À chaque réponse, l'équipe de marketing sait sur quelle catégorie l'abonné a cliqué. L'abonné est alors classé selon cette segmentation, et Home Depot peut lui adresser un e-mail de suivi concernant le produit en question.

FIGURE 11-7 Exemple d'e-mail d'une campagne de segmentation.

Les campagnes de réengagement

Une campagne de réengagement consiste à envoyer un e-mail à tout abonné qui n'a pas ouvert un e-mail ou qui n'a pas cliqué dessus au cours des 30 ou 60 derniers jours. Elle sert à réengager les abonnés auprès de l'enseigne. Ces derniers ont pu être très occupés et ne pas prendre le temps de lire l'e-mail qu'ils ont reçu. Ou bien, il peut y avoir eu un changement dans leur vie, si bien que leurs préoccupations ont changé. Ou encore, vous les avez déçus et ils ont choisi de se désengager. Une campagne de réengagement peut les remettre en piste sur le parcours client.

La Figure 11-8 représente un e-mail de réengagement efficace.

La délivrabilité des e-mails est grandement affectée par le désengagement des internautes. Selon les meilleures pratiques en matière de gestion de listes de diffusion, les consommateurs qui ne sont pas engagés doivent être soit réengagés, soit retirés de la liste. Si vous lancez une campagne de réengagement sans obtenir de réponses de certains destinataires, vous pouvez les désabonner afin d'éviter que votre liste de diffusion soit affectée par un problème de délivrabilité.

Concevoir et rédiger des e-mails qui portent leurs fruits

Si vous voulez que les gens lisent vos e-mails, concevez et rédigez des e-mails qui leur donneront envie de les lire. Cependant, sachant que chaque jour des milliers

FIGURE 11-8 Un exemple de campagne de réengagement.

d'entreprises préparent et envoient des e-mails, il importe que les vôtres se distinguent du lot.

Concevoir et rédiger un e-mail est davantage un art que l'application d'une formule, mais cette section vous présente quelques conseils pour affiner vos compétences en la matière, afin que vos messages se remarquent et soient lus.

Rédiger des e-mails convaincants

Ouvrez votre messagerie et passez en revue les dix derniers messages que vous avez ouverts. Examinez le texte et la présentation, puis posez-vous les questions suivantes :

- Le titre a-t-il attiré votre attention ?
- Quelles techniques ont été utilisées pour attirer votre attention ?
- Quels avantages du produit ou du service sont mentionnés ?
- Quels éléments ont attiré votre attention ?

» Quel était l'appel à l'action ?

Après avoir lu ces e-mails qui ont attiré votre attention, voyez si vous ne pourriez pas vous en servir comme modèles pour rédiger des e-mails qui vous permettront d'atteindre vos objectifs commerciaux. Il n'est pas nécessaire de réinventer la roue (n'hésitez pas à prendre modèle sur les exemples d'e-mails qui figurent dans ce livre).

Répondre à quatre questions

Pour pouvoir rédiger d'excellents e-mails, il faut que vous compreniez ce qui détermine un client à donner suite à la promotion que vous lui proposez. Répondez à ces quatre questions :

» **Pourquoi maintenant ?** Posez-vous la question de savoir si vous devez proposer des nouveautés ou bien des produits déjà en vente, et aussi, si la tendance est saisonnière ou ponctuelle : est-ce quelque chose que les gens désirent juste en ce moment, davantage qu'à un autre moment ?

» **Qui s'en soucie ?** Déterminez qui, dans votre public cible, est le plus impacté par le fait de disposer (ou de ne pas disposer) du produit que vous vendez.

» **Pour quelle raison devraient-ils s'en soucier ?** Montrez-leur que votre produit ou votre service va leur changer la vie.

» **Pouvez-vous le prouver ?** Présentez-leur des études de cas, des témoignages ou des articles qui le laissent penser.

Répondez à ces questions dans le corps du texte de votre e-mail en indiquant clairement au lecteur la valeur de votre promotion.

Savoir pourquoi les gens achètent

Quand les gens achètent, c'est toujours pour une certaine raison. En réfléchissant aux raisons pour lesquelles les gens peuvent acheter vos produits, vous pourrez déterminer ce qui fera que les destinataires de votre e-mail cliqueront sur le bouton « Acheter ». En général, il peut y avoir quatre raisons pour lesquelles les gens effectuent un achat :

» **Un gain personnel :** s'il s'agit d'un produit ou d'un service leur permettant de réaliser un objectif ou de satisfaire un désir.

- **Une logique et une recherche :** les gens ont effectué une recherche et ont conclu que ce produit, logiquement, devait satisfaire un besoin particulier.
- **Une preuve sociale ou l'influence d'un tiers :** des amis leur ont vanté ce produit ou ce service et ils veulent en profiter aussi, ou bien ils voient un grand nombre de gens autour d'eux faire quelque chose et ils veulent faire de même. Rien n'attire plus une foule qu'une foule.
- **La peur de manquer quelque chose :** les gens ont une crainte réelle de manquer une opportunité ou d'être la seule personne à ne pas posséder quelque chose perçu comme important.

Cherchez laquelle de ces motivations pourrait bien être celle de vos clients, puis rédigez votre e-mail en conséquence.

Écrire une ligne d'objet qui ait un impact

Sachant que la plupart des gens décident en l'espace de trois à quatre secondes s'ils vont ouvrir ou non un e-mail, la ligne d'objet est l'élément le plus important. Elle doit susciter l'intérêt du destinataire et l'inciter à ouvrir l'e-mail. Ensuite, le corps du texte peut faire le reste.

Remplir judicieusement la ligne d'objet n'est pas toujours facile. Nous connaissons une entreprise dont l'équipe de marketing prépare 25 versions différentes pour chaque e-mail avant d'en choisir une. Cela peut prendre du temps, mais cette entreprise obtient ainsi continuellement des taux d'ouvertures et d'engagement supérieurs à la moyenne de son secteur d'activité. Vous ne disposez peut-être pas de ressources suffisantes pour préparer 25 lignes d'objet avant chaque envoi, mais il est souhaitable d'envisager plusieurs possibilités, surtout pour les envois automatiques qui se répètent dans le temps.

Dans les sections suivantes, nous vous présentons les trois types de ligne d'objet que vous pouvez utiliser, selon la raison que vous voulez donner aux destinataires d'ouvrir l'e-mail.

Une ligne d'objet qui suscite la curiosité

Il s'agit de piquer la curiosité du destinataire pour l'inciter à cliquer afin d'en savoir plus. Ainsi, Kate Spade, une styliste, a envoyé à ses abonnés un e-mail intitulé « Prêt pour vos gros plans ? ». Cet e-mail contenait une offre pour des bijoux.

Une ligne d'objet qui mentionne un avantage

Il s'agit d'énoncer clairement la raison pour laquelle le destinataire a intérêt à ouvrir l'e-mail et ce que cela lui apportera. Ainsi, par exemple, OfficeVibe, une société de solutions de service logiciel qui aide les dirigeants d'entreprises à mesurer l'engagement et la satisfaction de leurs salariés, a adressé à ses abonnés un e-mail intitulé 38 idées pour motiver ses salariés. L'inverse d'une ligne d'objet mentionnant un avantage, c'est une ligne d'objet sous forme d'avertissement. OfficeVibe, par exemple, a aussi envoyé à ses abonnés un e-mail intitulé 11 statistiques qui feront peur à tous les P.D.-G. Ce type d'intitulé doit toutefois être utilisé avec parcimonie, mais il peut être très efficace lorsqu'il est employé à bon escient.

Une ligne d'objet qui suggère la rareté

Il s'agit de suggérer au destinataire l'idée qu'il risque de rater quelque chose d'important s'il n'ouvre pas l'e-mail. Home Depot, par exemple, a adressé à ses abonnés un e-mail intitulé Dépêchez-vous ! Nos soldes de la fête du Travail se terminent ce soir afin de les inciter à profiter d'une vente à prix réduit.

Rédiger le corps du texte

La rédaction d'un texte est un art, et non pas l'application d'une formule. Il n'en demeure pas moins qu'il est possible, grâce à une méthode de formulation, de mettre au point rapidement un texte d'e-mail convaincant.

Cette méthode consiste à répondre aux questions dont nous avons dressé la liste dans la rubrique « Répondre à quatre questions », précédemment dans ce chapitre. En divisant votre texte en quatre grandes parties, chacune constituant une réponse à l'une de ces questions, vous vous assurez que votre texte couvrira les principaux points qu'il importe pour vous de ne pas négliger.

Chacune de ces parties doit être accompagnée d'un lien. Ainsi, le destinataire qui aura lu l'e-mail en entier y aura trouvé la réponse à ses questions, tout en ayant à plusieurs reprises la possibilité de cliquer sur un lien pour en savoir davantage.

Voici de quelle manière nous vous recommandons d'articuler votre e-mail :

- **Introduction :** dans cette section, répondez à la question « **Qui s'en soucie** ? » en expliquant au lecteur pourquoi il devrait se soucier de cette promotion.

- **Corps de texte :** ici, aidez votre lecteur à répondre à la question « **Pour quelle raison devraient-ils s'en soucier** ? » en lui expliquant quels sont les avantages ou les résultats prouvés qu'apporte votre produit ou votre service.
- **Conclusion :** c'est le bon moment pour répondre à la question « **Pourquoi maintenant** ? » en précisant au lecteur, le cas échéant, qu'il dispose d'un temps limité pour profiter de cette promotion.
- **P.S. :** le post-scriptum est une excellente occasion de répondre à la question « **Pouvez-vous le prouver** ? » en indiquant une preuve sociale, par exemple un témoignage, le commentaire positif d'un utilisateur ou l'histoire d'un client dont votre produit ou votre service a changé la vie.

Dans chacune de ces quatre parties de votre e-mail, ajoutez un lien pointant vers une rubrique appropriée de votre site Web. Plusieurs liens peuvent pointer vers la même destination. Veillez simplement à ce que le lecteur ait amplement l'occasion de s'engager davantage.

Assurer le clic

Vous avez trouvé une ligne d'objet vraiment accrocheuse, et vous avez mitonné un magnifique corps de texte, avec dans chaque partie un lien pertinent. Vous commercialisez un produit ou un service en lequel vous croyez. Vous avez donc parcouru 99,4 % du chemin. Il vous reste encore une chose à faire : demander très clairement au lecteur de cliquer.

Voici quelques méthodes qui pourraient être efficaces :

- **Poser une question mentionnant une gratification.** Exemple : « Aimeriez-vous apprendre à faire pousser des tomates dans votre salon ? Cliquez <lien> ».
- **Reliez la preuve au produit.** Exemple : « Nos clients font pousser 20 % de tomates en plus en plein hiver grâce à notre *Treillis à tomates* ! Découvrez ici comment cela fonctionne : <lien> ».
- **Montrez ce qui se passe « après ».** Exemple : « Avec notre *Treillis à tomates*, vous aurez des tomates mûres sur plant, même en plein hiver. Pour obtenir votre *Treillis à tomates*, cliquez ici : <lien> ».

  Pour plus de détails sur les notions d' « Avant » et « Après » en marketing, consultez le Chapitre 1.

- **Présentez une offre.** Exemple : « Voici votre dernière chance d'obtenir le *Treillis à tomates* avec 35 % de réduction : <lien> ».

Obtenir plus de clics et d'ouvertures

Quand vous ouvrez votre boîte de réception, sans doute n'accordez-vous une attention soutenue qu'à un petit nombre d'e-mails, peut-être 10 % seulement.

Quel est le problème avec la masse des 90 % d'e-mails que vous négligez de lire attentivement ? Peut-être le message n'est-il pas très intéressant, ou bien la présentation n'est pas attrayante, ou encore, les produits ou les services de l'émetteur ne vous intéressent pas. Peut-être n'avez-vous pas établi une relation de confiance avec l'envoyeur.

Comme nous l'avons dit précédemment dans la section « Écrire une ligne d'objet qui ait un impact », vous disposez de 3 à 4 secondes pour attirer l'attention du destinataire. Une excellente ligne d'objet, une présentation et un texte parfaits et une magnifique promotion ne suffisent pas toujours. Cela peut sembler quelque peu injuste.

Pour renforcer l'impact de vos e-mails, voici quelques conseils :

- **Choisissez le bon moment.** Envoyez vos e-mails au moment où peu d'expéditeurs en envoient. Ainsi, vos e-mails seront plus visibles dans la boîte de réception des destinataires et leur taux d'ouvertures sera plus élevé. D'après notre expérience, les meilleurs moments pour les envoyer sont entre 8 h 30 et 10 h, entre 14 h 30 et 15 h 30 et entre 20 h et minuit.
- **Appelez les gens par leur nom.** Nos études montrent que lorsque la ligne d'objet contient le prénom du destinataire, le taux d'ouvertures des e-mails augmente de 23 %. C'est un chiffre remarquable, mais n'abusez pas de ce truc, ou il cesserait d'être efficace.
- **Soyez positif le matin et négatif le soir.** Nous nous levons le matin stimulés par la perspective de profiter de notre journée (certes, il nous faut d'abord prendre notre petit déjeuner). Tirez-en parti en envoyant des messages positifs. Le soir, les messages négatifs sont mieux acceptés.

  Si vous avez l'intention d'envoyer un message négatif, concernant par exemple un marché en déclin ou un besoin urgent, ne manquez pas de proposer dans le même e-mail une solution au problème évoqué. Personne n'aime être désespéré.

- **Soyez provocateur ou pertinent.** Distinguez-vous en abordant un sujet controversé (même si vous craignez que certains de vos abonnés soient en désaccord avec vous) ou en offrant un contenu pertinent.
- **Utilisez des chiffres inhabituels ou spécifiques.** Quel que soit le sujet, les annonces publicitaires proposent presque toujours dix trucs, dix conseils, un prix de 9,90 euros, *etc.* Essayez avec des chiffres différents : « 6 façons de métamorphoser votre entreprise ce soir », « 14 idées simples pour enseigner les maths à vos enfants », ou « L'idée à 234,423 euros qui a tout changé », par exemple.

  N'arrondissez jamais. Vous passeriez pour un menteur. Si vous n'avez que neuf bonnes idées de décor de fête, annoncez neuf bonnes idées. En annonçant dix idées et en n'en présentant finalement que neuf, vous paraîtriez malhonnête.
- **Écrivez une ligne d'objet qui soit courte.** Les meilleures lignes d'objet comportent six à dix mots, ou 25 caractères. Une ligne d'objet courte se lit plus facilement et est plus visible sur un smartphone, et elle suscite davantage l'intérêt du destinataire.
- **Utilisez une seconde ligne d'objet.** Avec de nombreuses messageries électroniques, vous disposez d'une rubrique pour la ligne objet et d'une seconde rubrique qui, si elle n'est pas remplie, affiche par défaut la première ligne du corps de texte. Plutôt que de négliger cette possibilité, écrivez une seconde ligne d'objet, et placez-la le cas échéant dans la partie de la description ou du corps de texte afin d'en dire plus aux destinataires sur le contenu de votre e-mail.
- **Dans la ligne d'objet, faites figurer des symboles.** Un symbole dans la ligne d'objet permet d'accroître le taux d'ouvertures de 15 %. Ce symbole peut être de nature professionnelle, par exemple un symbole de copyright, ou ludique, comme un bonhomme de neige dans le cas d'un e-mail de promotion d'un produit pour l'hiver.

  Vous trouverez un tas de symboles à utiliser dans vos lignes d'objet à l'adresse http://emailstuff.org/glyph, par exemple des choses intéressantes comme une horloge pour symboliser une vente qui est sur le point de se terminer. Tic-tac.
- **Affichez un bouton « Lecture ».** Plutôt qu'inclure un lien, mettez dans votre e-mail une image fixe extraite d'une vidéo, avec un bouton « Lecture » superposé. Cette technique peut vous permettre d'accroître considérablement les taux de clics dans vos campagnes de courriers électroniques.

» **Demandez à vos destinataires ce qu'ils pensent.** Dans tous les types de campagnes que nous lançons, c'est ce qui nous permet d'augmenter le plus les taux de clics dans nos e-mails, encore et encore. Cette stratégie consiste à poser une question en proposant quatre à cinq réponses possibles, chacune assortie d'un lien (voir Figure 11-9). Tous les liens envoient au même endroit, et nos destinataires y trouvent les réponses à nos questions.

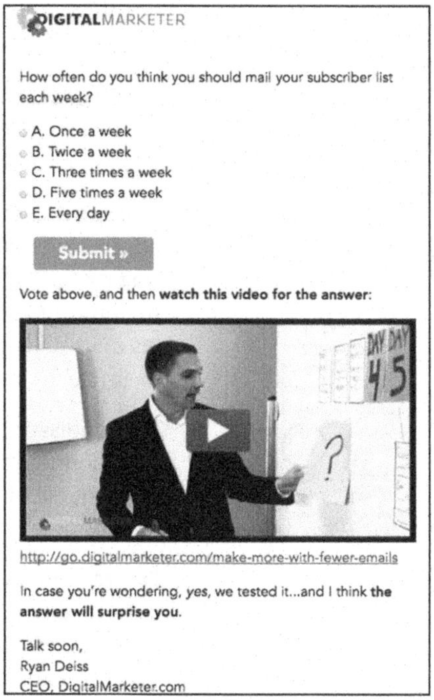

FIGURE 11-9
Un exemple d'e-mail qui engage le destinataire en lui demandant ce qu'il pense.

» **Combinez une vidéo et des questions.** Une vidéo engendre toujours des taux de clics et d'engagement élevés. Incluez dans un e-mail une vidéo et une question sur les « pensées » du destinataire, et vos abonnés regarderont la vidéo pour avoir la réponse.

Les responsables du marketing craignent souvent de ne pas avoir le charisme ou le budget qui leur permettraient de réaliser des vidéos très professionnelles. Ne soyez pas rebuté ! Les e-mails étant une question de relations, une simple conversation en vidéo peut révéler votre personnalité et votre voix à vos abonnés, et vous permettre de communiquer avec eux d'une nouvelle manière.

» **Ajoutez un compte à rebours.** Des expressions comme « Dans quatre jours cette vente sera terminée ! » ou « Vous ne retrouverez jamais une telle offre ! » accentuent l'urgence de la promotion. Vous pouvez augmenter l'urgence davantage encore en ajoutant une horloge ou un minuteur affichant le compte à rebours, afin de montrer à vos destinataires combien de temps il leur reste exactement.

» **Utilisez des GIF animés.** De jolies images amusantes dans une boîte de réception attirent l'attention des gens. Si vous en avez la possibilité, faites appel à un designer qui puisse créer pour vous des GIF animés sur mesure. Sinon, vous trouverez sur des sites comme Giphy (`http://giphy.com`) des GIF gratuits qui donneront à vos e-mails un attrait supplémentaire.

Assurer la délivrabilité des e-mails

Tout ce dont il a été question jusqu'ici serait vain si vos e-mails n'atteignaient pas la boîte de réception de vos abonnés. Saviez-vous que dans le monde, 21 % des e-mails n'atteignent jamais leurs destinataires ? Une grande quantité de travail et d'efforts est ainsi produite en pure perte, sous forme d'e-mails qui s'égarent dans le cyberspace.

Comment vous assurer que tout votre travail ne sera pas gaspillé de cette manière ? La réponse se résume à une chose : vous devez apporter la preuve que vous n'êtes pas un spammer et que vous n'avez aucunement l'intention d'en être un.

Malheureusement, les fournisseurs d'accès qui ont la charge de déterminer si ce que vous envoyez est du spam considèrent les auteurs d'envois en masse comme coupables jusqu'à preuve de leur innocence. Ils supposent d'emblée que vos e-mails sont du spam, et tant que vous ne leur avez pas montré que vous n'agissez pas comme un spammer, la délivrabilité de vos e-mails en souffre.

Dans les sections qui suivent, nous vous proposons quelques méthodes pour améliorer cette délivrabilité. Ces méthodes sont généralement très techniques. Si vous êtes un as de la technique, mettez vous-même en place une infrastructure pour garantir la délivrabilité de vos e-mails. Si vous avez besoin d'une assistance, trouvez la bonne personne ou adressez-vous à votre fournisseur de services de messagerie électronique, afin de disposer d'un système vous permettant de vous assurer que vos e-mails atteindront leurs destinataires.

Contrôler votre réputation

Pour assurer la délivrabilité, vous devez surveiller l'évolution de vos interactions avec vos destinataires. Procédez comme suit :

- » Surveillez les taux de plaintes et le volume des plaintes que vous recevez. Votre fournisseur de services de messagerie électronique doit vous permettre de disposer de rapports sur ces grandeurs. Pour des prestataires recommandés, consultez le Chapitre 16.
- » Répondez aux réclamations en temps et en heure.
- » Ne manquez pas de désinscrire quiconque vous le demande, et de cesser de lui envoyer des e-mails. Votre fournisseur de services de messagerie élec-

tronique doit garantir l'accès à une procédure de désinscription sur chaque e-mail reçu et retirer automatiquement de votre liste de diffusion quiconque se désinscrit.

» Maintenez un volume de messages constant. N'envoyez pas un million d'e-mails pendant un mois, puis aucun pendant six mois.

» Vérifiez votre situation par rapport aux listes noires sur les principaux sites spécialisés, comme Spamhaus (`https://www.spamhaus.org/`) et Spamcop (`https://www.spamcop.net/`). Ces sites sont référencés par des fournisseurs de messageries comme Gmail, de Google, pour leur permettre de déterminer si vos e-mails doivent être transmis à la boîte de réception de leurs destinataires. Le processus de retrait d'une liste noire peut varier pour chaque liste : vous pouvez trouver cette information sur le site concerné.

Obtenir l'engagement des abonnés

Le meilleur moyen de garantir aux fournisseurs d'accès Internet (FAI) que vous n'êtes pas un spammer est de leur prouver que vous engagez vos abonnés chaque fois que vous leur envoyez un e-mail. Si les gens ouvrent vos e-mails, les lisent, puis cliquent sur les liens qu'ils contiennent, alors vous n'êtes pas un spammer.

Les taux d'engagement des abonnés se calculent sur la base des facteurs suivants :

» **Votre taux d'ouvertures :** il s'agit du pourcentage d'e-mails ouverts.

» **Votre taux de défilement latéral :** ce chiffre indique dans quelle mesure vos destinataires parcourent vos e-mails de haut en bas.

» **Votre taux d'échecs (ou de renvois de messages) :** une mauvaise adresse électronique est considérée comme un *hard bounce*, ou échec définitif. Un *soft bounce*, ou échec provisoire, est un renvoi qui peut se produire pour diverses raisons, notamment une boîte de réception saturée ou un message accidentellement considéré comme un spam.

Si vous continuez à envoyer des e-mails à des adresses qui provoquent leur rejet, vous commencerez à ressembler à un spammer.

Exportez l'intégralité de votre liste, et envoyez-la à une compagnie appelée BriteVerify (www.briteverify.com/) pour qu'elle l'analyse et vous dise quelles adresses sont réellement bonnes, lesquelles sont douteuses, et lesquelles sont mauvaises. En retirant de votre liste les adresses qui sont douteuses ou mauvaises, vous ferez preuve d'une bonne hygiène en matière de diffusion et vous accroîtrez votre délivrabilité.

» **Vos taux de désinscription et de plaintes :** si vous recevez un grand nombre de réclamations et de demandes de désinscription, examinez vos campagnes pour voir si vous ne feriez pas quelque chose qui importune vos abonnés.

DES OUTILS QUI GARANTISSENT LA DÉLIVRABILITÉ DES E-MAILS

Plusieurs applications peuvent vous permettre de garantir un pourcentage élevé de délivrabilité des e-mails. Parmi nos préférées, figurent celles-ci :

» Mail Monitor (`http://mailmonitor.com`), qui décompose la livraison des e-mails par adresse IP, par message et par service de messagerie.

» Return Path (`https://senderscore.org`) qui vous permet, si vous avez votre propre adresse IP, de contrôler votre réputation et de mettre en place des alertes. Vous obtenez un score de délivrabilité de référence.

» EmailReach (`www.emailreach.com`) est un service qui vous permet d'assurer un suivi des listes noires par domaine et par IP et qui scanne quotidiennement ces listes noires et vous prévient si l'on vous y a ajouté.

IV

Évaluer, analyser et optimiser les campagnes

DANS CETTE PARTIE...

Évaluez la santé et l'efficacité de vos campagnes de marketing à l'aide d'indicateurs en utilisant des outils comme Google Analytics.

Apprenez à utiliser des split tests pour optimiser vos campagnes de marketing numériques et votre site Web.

Chapitre 12

Faire ses calculs : pratiquer une gestion axée sur les données

DANS CE CHAPITRE

» **Suivre les visiteurs grâce aux hyperliens**

» **Utiliser Google Analytics pour voir qui franchit le pas**

» **Segmenter votre public pour rendre vos annonces plus spécifiques**

» **Mieux connaître votre public pour obtenir davantage d'engagements**

Dans le monde du marketing, l'importance de la collecte des données est généralement admise. Cependant, pour rester compétitive, une entreprise ne doit pas se contenter de compiler des données : elle doit véritablement en dégager de la valeur. Simplement connaître ses moyennes ne suffit pas. Pour tirer parti des données qu'elles rassemblent, les entreprises doivent pratiquer ce que l'on appelle l'analyse des données, et une analyse digne de ce nom s'accompagne d'un plan. Des outils de collecte de données comme Google Analytics vous permettent de contrôler le rendement du capital investi (RCI) dans le trafic dans le cadre de vos campagnes d'e-mails, de vos campagnes sur les réseaux sociaux, de vos annonces payantes, etc.

Quand vous avez la possibilité d'effectuer un suivi du RCI de vos campagnes, vous pouvez éliminer le superflu et privilégier de qui est vraiment efficace. Ainsi, vous transformez une entreprise, qui jusqu'alors consacrait son temps, son argent et ses autres ressources à des stratégies dont elle espérait qu'elles seraient appropriées, pour en faire une entreprise qui prend des décisions intelligentes sur la base des données et qui sait quelles sont les bonnes recettes.

Dans ce chapitre, nous étudions ce qu'est l'analyse des données et ce qu'elle peut apporter à votre entreprise. Nous examinons des méthodes de valorisation des données à l'aide de Google Analytics (qui est gratuit). Ces méthodes vous permettront de préparer des rapports adaptés dont vous pourrez véritablement tirer des leçons et dont vous pourrez partager le contenu avec vos collaborateurs et vos clients.

Tirer parti des cinq suites de rapports de Google Analytics

Google Analytics est le service de statistiques relatives aux sites Web le plus largement utilisé. Une fois que vous l'avez correctement installé sur votre site, Google Analytics rassemble des données sur le trafic de votre site et vous permet de pratiquer un bon marketing et de prendre des décisions intelligentes. Cette suite analytique permet de suivre les visiteurs depuis les moteurs de recherche, les réseaux sociaux et les visites directes. Google Analytics propose un service de base qui est gratuit, ainsi qu'une version premium. Pour en savoir plus sur Google Analytics et sur la façon de l'installer sur votre site, visitez le Centre d'aide de Google Analytics.

Google Analytics comporte cinq suites de rapports que vous pouvez utiliser pour décomposer vos données. Vous trouverez ces rapports sur le côté gauche du site Web :

- **Les rapports « Temps réel » :** ils fournissent des données et montrent quelle est l'activité sur votre site sur le moment. Vous pouvez voir, par exemple, combien de visiteurs sont sur votre site, quelles pages ils consultent et quelle est leur localisation géographique en temps réel. La Figure 12-1 montre des informations affichées par le rapport « Vue d'ensemble ».
- **Les rapports « Audience » :** ces rapports concernent les internautes qui sont sur votre site et ils vous fournissent un éclairage sur leurs caractéristiques : données démographiques, centres d'intérêt et comportements, appareils et navigateurs utilisés pour accéder à votre site, *etc.*
- **Les rapports « Acquisition » :** utilisez ces rapports pour découvrir la façon dont les utilisateurs sont arrivés sur votre site. Vous apprendrez, par

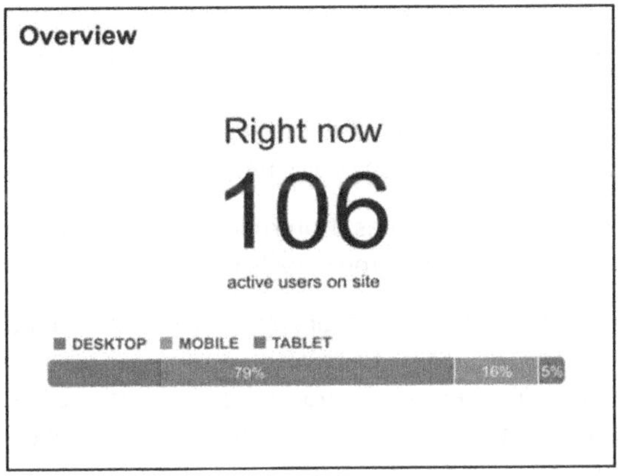

FIGURE 12-1 Un aperçu du rapport « Temps réel » de Google Analytics.

exemple, où ils étaient avant d'y arriver, ou quelle expression clé ils ont saisie sur un moteur de recherche pour atterrir sur votre site Web.

- » **Les rapports « Flux de comportement » :** ces rapports vous disent ce que font les gens une fois arrivés sur votre site. Ils vous permettent de savoir quelles pages les gens visitent, combien de temps ils y restent et combien d'entre eux quittent la page.
- » **Les rapports « Conversion » :** ces rapports vous permettent de déterminer si les utilisateurs répondent aux objectifs que vous avez fixés, par exemple s'ils s'abonnent à votre newsletter ou s'ils achètent un produit ou un service.

Chacune de ces suites de rapports est constituée de plusieurs rapports qui vous permettent d'aller plus loin dans le détail. Dans les rapports « Audience », par exemple, vous pouvez vous intéresser au rapport « Appareils mobiles » afin de savoir dans quelle mesure le comportement des visiteurs change selon qu'ils visitent votre site Web depuis un ordinateur de bureau, un téléphone mobile ou une tablette électronique. Dans ce même rapport, Google Analytics vous donne la possibilité de modifier les paramètres afin d'étudier le comportement par fournisseur d'accès (comparer AT&T et Verizon) et par système d'exploitation (comparer iOS et Android). Si vous voulez aller plus loin dans le détail, cliquez sur un des systèmes d'exploitation et vous pourrez observer le comportement des visiteurs selon la version du système d'exploitation concernée.

Savoir d'où vient votre trafic

Les gens peuvent se retrouver sur votre site Web par différents moyens, aussi bien en cliquant sur des annonces qu'en lançant des requêtes sur les moteurs de recherche, ou bien en revenant sur votre page qu'ils avaient ajoutée à leurs favoris. Voici les sources de trafic courantes par défaut enregistrées par Google Analytics :

- **Les e-mails :** visites d'internautes ayant cliqué sur les liens contenus dans vos e-mails de promotion et dans votre newsletter.
- **La recherche organique :** visites d'internautes ayant saisi des requêtes sur des moteurs de recherche comme Google ou Bing.
- **Le trafic direct :** trafic des utilisateurs ayant saisi dans leur navigateur le nom de domaine exact de votre site Web, comme par exemple Pepsi.com, et qui sont arrivés directement sur votre site. Si un internaute marque votre page dans ses favoris puis revient sur votre site en utilisant ce marquage, cette visite sera aussi enregistrée dans le trafic direct.
- **Le trafic payant :** il s'agit du trafic que vous avez acheté, par exemple sous forme d'annonces au coût par clic sur les moteurs de recherche.
- **Les références :** visites depuis des blogs, forums ou autres sites comportant un lien vers votre site Web.
- **Les réseaux sociaux :** visites depuis des réseaux sociaux comme Twitter ou Facebook.

Un des rapports les plus éclairants de Google Analytics est le rapport « Vue d'ensemble », dans la série des rapports « Acquisition ». C'est le premier rapport que vous devriez consulter lorsque vous désirez évaluer la santé et la performance d'un site Web. La Figure 12-2 représente un diagramme circulaire extrait de ce rapport, concernant les diverses méthodes d'acquisition de trafic pour un site Web.

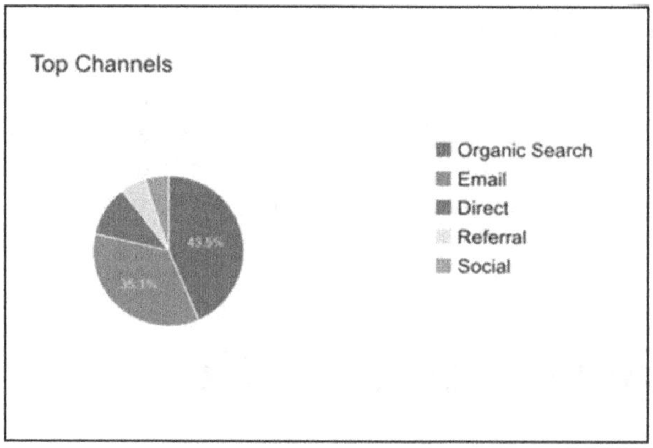

FIGURE 12-2 Le rapport « Vue d'ensemble » de la série « Acquisition » de Google Analytics.

Connaître l'origine des visiteurs d'un site Web

Des programmes d'analyse comme Google Analytics indiquent l'origine des visiteurs de votre site en se fondant sur leur configuration par défaut, mais vous trouverez peut-être que cette configuration par défaut est trop générale pour qu'il soit possible d'observer des données significatives. Pour obtenir des données plus détaillées (et donc plus utiles), vous pouvez ajouter des paramètres UTM aux liens que vous partagez sur Internet. UTM signifie Urchin Tracking Module, il s'agit d'un système de repérage des URL (Uniform Resource Locators). Le système UTM permet à ses utilisateurs de marquer les hyperliens afin de déterminer l'origine des visiteurs.

Ainsi par exemple, si vous voulez suivre le nombre de leads générés par un unique lien partagé par vos abonnés sur Facebook, vous pouvez utiliser Google Analytics et un lien avec les paramètres UTM. Pour simplifier, vous placez un UTM à la fin d'un hyperlien afin de savoir comment les gens arrivent sur votre site et ce qu'ils y font.

Pour chaque hyperlien que vous désirez suivre et qui dirige le trafic vers une de vos pages d'atterrissage, qu'il soit sur votre blog ou sur vos réseaux sociaux, ajoutez des paramètres UTM. L'ajout de ce code de suivi aux hyperliens vous permet de connaître l'origine des visites.

Parmi les divers paramètres que comporte un UTM, voici ceux qui comptent le plus :

- Campaign source (utm_source)
- Campaign medium (utm_medium)
- Campaign content (utm_content)
- Campaign name (utm_campaign)

Nous expliquons chacun de ces paramètres dans les sections qui suivent.

Campaign source (utm_source)

De façon générale, la source d'un UTM indique d'où viennent vos visiteurs. Elle vous renseigne sur l'endroit précis où le lien référant a été partagé. Les possibilités sont les suivantes :

- un e-mail promotionnel ;
- un réseau social ;
- un site Web référant ;

Les sources habituelles sont les suivantes :

- Facebook
- Les newsletters
- Twitter
- Google
- YouTube

La source vous permet de savoir quel e-mail, quel moteur de recherche ou quelle annonce sur Facebook (ou autre source) vous a amené le visiteur. Savoir d'où vient le trafic peut être bien utile, car cela vous indique à quoi les utilisateurs répondent.

Campaign medium (utm_medium)

Ce paramètre identifie le support ou le véhicule sur lequel le lien a été utilisé, et qui peut être par exemple l'e-mail. Il vous indique de quelle manière les visiteurs sont arrivés sur votre site. Les supports les plus courants sont les suivants :

- les e-mails ;
- le coût par clic (CPC) ;
- les bannières publicitaires ;
- L'accès direct (lorsque l'utilisateur a saisi directement l'adresse de votre site).

Campaign content (utm_content)

Ce paramètre décrit l'annonce, la bannière ou l'e-mail utilisé pour partager le lien. Il vous fournit des détails supplémentaires à exploiter avec le test A/B ou les annonces à contenu ciblé, et vous permet de déterminer quelle formule de mise en page est la plus efficace pour promouvoir une offre ou distribuer un contenu.

Concernant la structure d'appellation de ce paramètre, soyez aussi descriptif que possible afin de pouvoir facilement vous rappeler à quel e-mail ou à quelle annonce cet UTM fait référence.

Campaign name (utm_campaign)

Ce paramètre sert d'identifiant pour un produit ou une campagne de promotion en particulier, par exemple une vente de printemps ou une autre promotion. L'objectif essentiel de ce nom de campagne est de mettre en évidence des offres promotionnelles ou des stratégies de distribution de contenu afin de pouvoir facilement comparer les performances dans le temps, d'une plateforme à une autre.

Pour toute campagne de promotion, une cohérence s'impose entre les liens placés sur les différentes sources et sur les différents supports, afin de faciliter l'analyse globale de la campagne.

Décortiquer un UTM

Les sections qui précèdent traitent des paramètres les plus importants dont est constitué un UTM ; celle-ci est consacrée à l'étude de la structure d'un UTM. Voici l'exemple d'un UTM pour une vente flash d'un produit de DigitalMarketer, le Moteur de contenu :

http://www.digitalmarketer.com/lp/the-content-engine?utm_source=house-list-email-boradcast&utm_medium=email&utm_content=content-engine-flashmail-1&utm_campaign=content-engine-flash-sale-1-1-16

Votre UTM pourrait ressembler à ce qui précède. Voici une décomposition de cette URL avec un UTM par section :

- **http://www.digitalmarketer.com/lp/the-content-engine :** l'hyperlien.
- **?utm_source=house-list-email-broadcast :** la source référente du trafic. En l'occurrence, il s'agit d'un e-mail vers notre liste de diffusion « maison ».
- **&utm_medium=email :** le support, ou la manière dont l'utilisateur a été dirigé. En l'occurrence, c'était par un e-mail.
- **&utm_content=content-engine-flash-mail-1 :** le contenu, c'est-à-dire l'identifiant assigné à l'annonce ou à la campagne. En l'occurrence, il s'agit du premier e-mail pour la promotion de la vente flash du Moteur de contenu.

» **&utm_campaign=content-engine-flash-sale-1-1-16 :** le nom de la campagne, qui fait référence à une promotion ou à une stratégie en particulier. En l'occurrence, il s'agit de la vente flash du Moteur de contenu, qui commençait le 1er janvier 2016.

Créer des paramètres d'UTM pour vos URL

Créer des liens UTM est extrêmement facile avec l'Outil de création d'URL de Google. Visitez la page, suivez les instructions et saisissez vos données pour générer automatiquement un hyperlien avec des paramètres d'UTM que vous pourrez ensuite suivre avec Google Analytics, du moins, si vous avez créé correctement un compte. Si ce n'est déjà fait, visitez le Centre d'aide de Google Analytics. Vous y trouverez d'autres instructions sur la manière d'utiliser les différents paramètres d'UTM.

Il faut un temps d'adaptation pour créer des hyperliens avec des attributions correctes, mais les données que l'on obtient ainsi valent leur pesant d'or. Pour faciliter la cohérence, créez un document unifié dans lequel vous suivrez tous vos hyperliens. Ainsi, vous pourrez plus facilement vous y référer par la suite, lorsque vous procéderez aux analyses.

Les paramètres d'UTM sont sensibles à la casse. Si vous utilisez « abc » pour vos tags utm_campaign sur certains liens et « ABC » pour vos tags utm_campaign sur d'autres liens, ils apparaîtront comme deux campagnes distinctes dans vos résultats de Google Analytics.

Se fixer des objectifs et voir qui effectue une action

Après avoir créé un repérage UTM comme indiqué dans la section qui précède, vous pouvez vous fixer des objectifs dans Google Analytics. Les objectifs permettent de suivre les actions effectuées par des groupes d'internautes sur votre site en pointant des comportements spécifiques. Ce qui rend les objectifs réellement utiles, c'est la possibilité non seulement de suivre le nombre de fois qu'une action a été effectuée, mais aussi de voir quelles catégories d'internautes l'ont effectuée. Si Google Analytics ne vous permet pas, dans le suivi des comportements, de remonter jusqu'à des données permettant d'identifier la personne, par exemple son nom ou son adresse, il vous permet cependant de connaître les appareils utilisés, leur localisation géographique et les autres pages visitées sur votre site Web. Grâce aux paramètres d'UTM, vous pouvez réellement voir ce que font les internautes lorsqu'ils arrivent sur votre site.

L'objectif le plus immédiat que vous fixerez sur Google Analytics, c'est l'option d'adhésion générant un lead. Souvent, quand un internaute remplit un formulaire, il est dirigé vers une page de confirmation. Pour mesurer le nombre d'options d'adhésion que vous recevez, il vous suffit de paramétrer Google Analytics pour la mesure du nombre d'internautes qui visitent la page de confirmation après avoir visité la page d'adhésion.

Pour paramétrer le remplissage d'un formulaire dans Google Analytics, procédez comme suit :

1. **Cliquez sur la rubrique « Admin » de Google Analytics.**

   Le menu « Admin » apparaît.

2. **Cliquez sur « Objectifs », sous « Toutes les données ».**

   La boîte de dialogue « Objectifs » apparaît.

3. **Cliquez sur le bouton « + Nouvel objectif » pour créer un nouvel objectif.**

   La page de paramétrage des objectifs apparaît.

4. **Descendez et sélectionnez le type d'objectif « S'inscrire », puis cliquez sur le bouton « Continuer ».**

   La page de description des objectifs apparaît. Google propose une variété d'exemples d'objectifs qui devraient correspondre à vos besoins spécifiques (mais vous pouvez aussi en créer à votre guise). Sachant que vous désirez suivre les options d'adhésion, la fonctionnalité « S'inscrire » devrait parfaitement convenir.

5. **Nommez votre objectif, puis, sous le champ « Type », sélectionnez « Destination » et pressez le bouton « Continuer ».**

   La dernière page de paramétrage, celle des détails des objectifs, apparaît.

6. **Paramétrez les caractéristiques de votre objectif.**

   Pour le champ « Destination », optez pour la règle « Commence par » et ajoutez l'URL de votre page « Merci » : c'est la page sur laquelle se retrouveront les internautes qui se seront inscrits. L'utilisation de « Commence par » permet de garantir que toutes les options d'adhésion seront prises en compte comme il se doit. L'autre moyen de garantir un suivi des options d'adhésion réelles, et non pas simplement des internautes qui visitent votre page « Merci » de façon fortuite, est la création d'un entonnoir. Pour cela, ajoutez l'URL de la page d'adhésion (voir Figure 12-3). Pour mettre en place un entonnoir, basculez l'option Entonnoir sur ON (activé) et ajoutez une étape avec le champ de la page avec l'URL qui précède votre page de destination. Rendez cette étape obligatoire, et la règle est ajoutée ! Ensuite, vérifiez que vous avez fixé votre objectif de façon correcte.

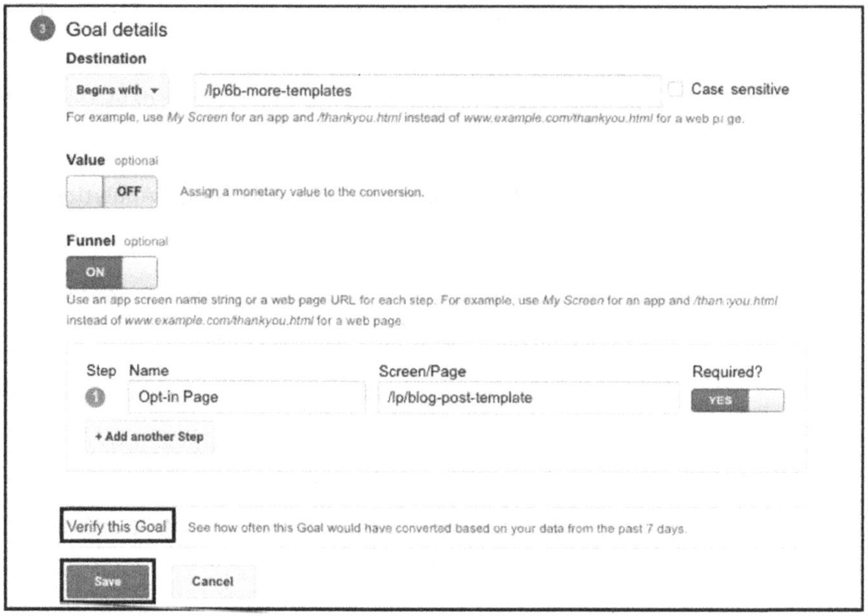

FIGURE 12-3 Le paramétrage d'un objectif.

Source : www.digitalmarketer.com

7. **Cliquez sur « Enregistrer ».**

   Vous avez paramétré votre premier objectif sur Google Analytics !

Pour vos paramètres URL, utilisez toujours votre nom de domaine, et non pas l'URL complète : Google connaît déjà le domaine racine.

Après avoir recueilli pendant plusieurs jours les données répondant à votre objectif dans Google Analytics, vous pouvez les examiner. L'objectif que vous avez fixé avec les paramètres d'UTM vous permet d'obtenir des informations sur vos clients. Les objectifs sont aussi un excellent moyen de voir quels canaux, par exemple Facebook, les e-mails ou votre blog, vous apportent le plus de visites. Pour y jeter un coup d'œil, reportez-vous à la section des rapports dans Google Analytics et, choisissez « Conversions » dans le menu de gauche. Ensuite, déroulez le menu « Objectifs » et cliquez sur « Vue d'ensemble ». Le rapport « Vue d'ensemble » s'ouvre et vous montre comment progressent les objectifs que vous avez définis. Ce rapport présente des données globales pour tous les objectifs fixés. Pour étudier un objectif en particulier, cliquez sur le menu déroulant du choix des objectifs en haut de la page, et sélectionnez l'objectif en question. Ce rapport vous permet de suivre l'achèvement des objectifs et indique le taux de conversion pour l'objectif sélectionné.

Avec un peu de savoir-faire et un bon travail d'attribution, vous pouvez assurer un suivi de votre campagne sur Google Analytics et bénéficier d'un éclairage remarquable ! Vous disposez ainsi des bases nécessaires pour suivre vos progrès de la bonne manière, vous concentrer sur les actions les plus efficaces et éliminer le superflu. Ce type d'évaluation est essentiel pour prendre des décisions éclairées à mesure de la croissance de votre entreprise.

Segmenter l'audience avec Google Analytics

Les sections précédentes de ce chapitre vous apportent les données de base dont vous avez besoin pour suivre vos progrès comme il se doit et déterminer les canaux qui permettent ces progrès, mais comment allez-vous les exploiter ? Il s'agit pour vous de segmenter votre audience, un sujet qui est aussi abordé dans les Chapitres 4 et 10. Les précieuses informations que vous ont apportées les paramètres d'UTM et la création d'objectifs dans Google Analytics vous permettent de décomposer votre audience en segments en fonction des critères suivants :

- Le canal
- La source de trafic
- Les actions effectuées
- Les conversions

Dans le cadre de l'analyse, un segment représente des groupes de visiteurs qui ont en commun certaines caractéristiques ou un certain comportement. La segmentation de votre audience dans Google Analytics vous permet :

- de savoir qui trouve votre message intéressant, et par suite, de présenter l'offre en question à une audience plus large ;

» de personnaliser votre message, d'améliorer ainsi le texte de vos annonces et de donner forme à vos campagnes de suivi.

Segmenter peut sembler ordinaire, mais c'est un bon moyen de tirer le meilleur parti de votre budget, ou de savoir comment consacrer votre temps et votre énergie à attirer de nouveaux clients. En segmentant votre audience, vous parvenez à une meilleure compréhension de ce qui est efficace et de ce qui ne l'est pas, et vous pouvez planifier en conséquence. Dans la section suivante, nous vous expliquons comment créer une segmentation utile et comment étudier vos segments afin de mieux connaître les internautes qui effectuent les actions que vous espériez.

Créer des segments d'audience

La stratégie de segmentation de l'audience sert à privilégier la partie du public la plus précieuse, celle au sein de laquelle vous obtiendrez le plus de conversions. Il s'agit d'avoir une idée plus précise des motivations des clients. Avant de voir plus avant quelles informations vous devez rechercher et comment les obtenir, nous allons vous indiquer la façon de réaliser cette segmentation.

Créer des segments est rapide et facile. Établissez une série de règles pour inclure ou exclure telle ou telle partie du public, et restreignez votre audience pour vous intéresser à un sous-ensemble spécifique plutôt qu'à l'ensemble de vos visiteurs, notamment à ceux qui ont accepté une offre accessible après identification.

Après avoir créé un segment, vous pouvez analyser le comportement de ce sous-ensemble de visiteurs ou sa composition, afin de savoir quelles offres proposer à cette audience. Pour créer vos propres segments, procédez comme suit :

1. **Dans Google Analytics, allez dans la rubrique des rapports.**

   Les suites de rapports apparaissent.

2. **Sélectionnez la suite « Audience », puis cliquez sur « Vue d'ensemble ».**

   Le rapport « Vue d'ensemble » de la partie « Audience » apparaît.

3. **Cliquez sur le champ « + Ajouter un Segment », en haut de la page.**

   Le menu « Segment » apparaît.

4. **Cliquez sur le bouton « Nouveau Segment » pour créer un nouveau segment (voir Figure 12-4).**

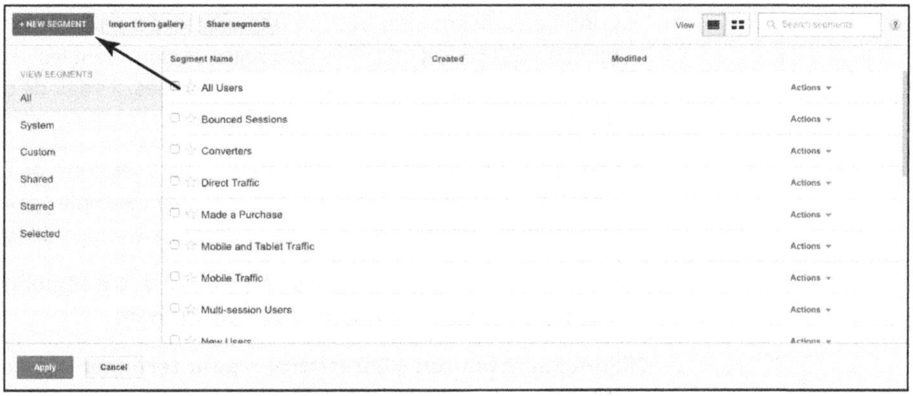

FIGURE 12-4 Création d'un nouveau segment dans Google Analytics.

Le menu des segments s'ouvre, et vous pouvez fixer des conditions que votre segment devra satisfaire et des exclusions que votre segment devra ignorer. Ainsi, par exemple, pour pourriez fixer une condition relative à l'âge, ou bien au système d'exploitation.

5. **Fixez des conditions pour votre segment à l'aide des cases à cocher, ou en remplissant le champ dans une des catégories suivantes :**

   - Données démographiques : segmentez vos utilisateurs en fonction de données démographiques comme l'âge, le sexe, la localisation géographique, etc. Il s'agit soit de cases à cocher, soit de champs à remplir, selon l'option choisie dans la catégorie des données démographiques.
   - Technologie utilisée : segmentez les sessions de vos utilisateurs sur la base des technologies Internet et mobiles utilisées, comme le navigateur, la catégorie d'appareil ou la résolution d'écran. Il s'agit soit de cases à cocher, soit de champs de formulaire, selon l'option choisie dans la catégorie « Technologie ».
   - Comportement : segmentez vos utilisateurs en fonction de la fréquence de leurs visites (ou sessions) et de leurs transactions : nombre de sessions, durée de la session, nombre de jours écoulés depuis la dernière session. Ce sont des champs de formulaire.
   - Date de la première session : segmentez vos utilisateurs (créez des cohortes) en fonction de la date de leur première visite de votre site. Il s'agit d'un champ.
   - Sources de trafic : segmentez vos utilisateurs en fonction de la manière dont ils vous ont trouvé : le mot-clé utilisé, l'annonce, le support utilisé. Il s'agit de champs de formulaire.

- Conditions : segmentez vos utilisateurs, leurs sessions, ou l'un et l'autre en fonction des conditions dans lesquelles se déroulent les sessions : temps passé, conversions et variables personnalisées. Il s'agit de champs de formulaire.
- Séquences : segmentez vos utilisateurs, leurs sessions, ou l'un et l'autre en fonction des conditions séquentielles, par exemple selon les étapes franchies pour atteindre votre site. Il s'agit de champs de formulaire.

6. **Après avoir défini les conditions associées à votre segment, nommez votre segment en remplissant le champ du nom.**
7. **Cliquez sur le bouton « Enregistrer » pour terminer la création de ce segment.**

Votre nouveau segment se charge, et vous pourrez y revenir par la suite lorsque vous effectuerez des recherches de données et des analyses.

Après le chargement de votre nouveau segment, les données qui lui correspondent s'affichent, ce qui vous permet de procéder à des évaluations. Vous pouvez voir, par exemple, de combien d'utilisateurs ce segment est constitué. La Figure 12-5 montre un exemple de segment créé : ce segment est celui des utilisateurs d'appareils mobiles et il est constitué de 122 263 utilisateurs.

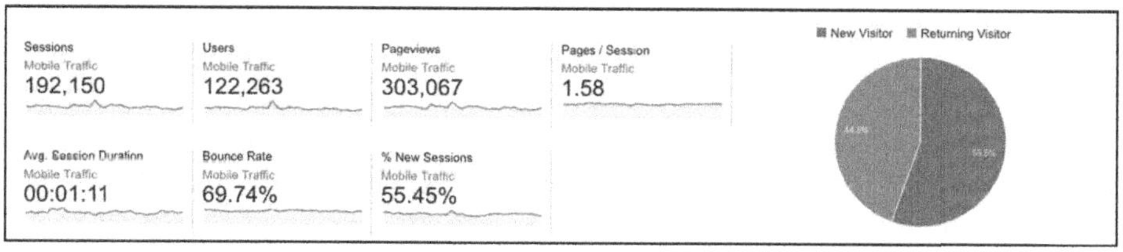

FIGURE 12-5 Un segment pour les utilisateurs d'appareils mobiles.

En règle générale, il s'agit de viser un minimum de 3 000 personnes dans un segment d'audience, afin de disposer d'assez de sous-groupes pour que le regroupement soit fiable. Vous pouvez essayer de créer des segments plus petits, mais les données sont plus fiables quand les segments sont plus vastes, et c'est ce qui vous permet de prendre les bonnes décisions.

Les segments ne se limitent pas aux rapports d'audience. Vous pouvez créer un segment pour chacun des types de rapports suivants : Audience, Acquisition, Comportement, Conversion. Choisissez la série de rapports qui correspond le mieux à vos besoins et dans la série choisie, sélectionnez « Vue d'ensemble ». Même si vous choisissez une série de rapports autre que « Audience », la procédure décrite dans cette section pour créer un segment reste la même.

Étudier plus avant votre Audience

Après avoir segmenté vos audiences, vous pouvez aller plus loin dans le détail. Le moment est venu de produire des rapports pour savoir qui effectue l'action souhaitée, par exemple l'option d'adhésion, et qui ne l'effectue pas, afin de faire porter les efforts sur ce qui est le plus utile. Les rapports vous permettent de mieux connaître votre audience, et mieux connaître votre audience vous permet de réduire le coût de vos annonces et de mettre au point de meilleures stratégies pour monétiser les leads que vous obtenez !

Intéressez-vous à deux principaux types de données :

- Les données démographiques
- Les données psychographiques

Les données démographiques indiquent qui sont les personnes. Elles incluent généralement l'âge et le sexe, mais elles peuvent inclure aussi le type d'appareil utilisé ainsi que la localisation géographique. Elles vous permettent de savoir précisément à qui vous vous adressez et elles guident le ciblage dont vous vous servez dans vos campagnes.

Au contraire, les données psychographiques indiquent ce que les gens aiment. Il s'agit de leurs centres d'intérêt, de leurs hobbies, etc. Ces données concernent davantage la personnalité de votre audience. Les données psychographiques sont particulièrement utiles lorsqu'il s'agit de rédiger un message.

La Figure 12-6 montre une décomposition des types de données et leur principale utilité.

Dans les sections qui suivent, nous constituons un rapport pour étudier les données démographiques et un autre pour étudier les données psychographiques. Ainsi, vous pourrez facilement produire ces rapports pour tous les segments d'audience.

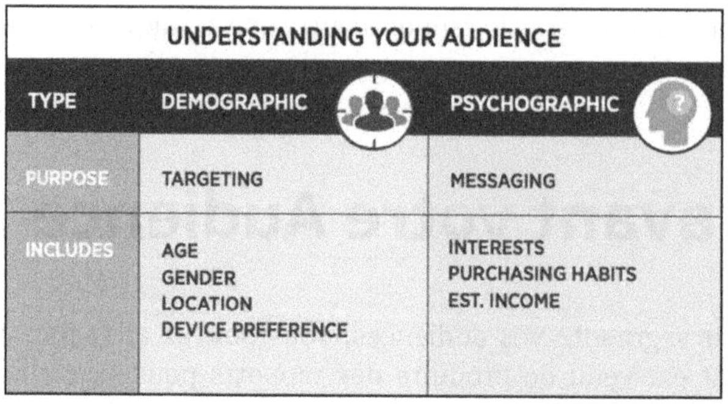

FIGURE 12-6 Les meilleures utilisations des données démographiques et psychographiques.

Source : https://analytics.google.com/analytics/web/?authuser=1#report/visitors-overview/a54278530w87158541p110653994/%3F_.useg%3Dbuiltin28/

Étudier les données démographiques

Les données démographiques de ces rapports sont généralement assez claires et nettes et apportent un éclairage très intéressant. Vous pouvez consulter un exemple sur l'onglet « Audience » dans Google Analytics, mais il s'agit d'un rapport qui concerne les sessions (les visites). Pour aller au-delà des sessions et centrer plutôt l'étude sur vos utilisateurs, vous devez créer un rapport personnalisé.

Pour créer un rapport personnalisé avec des données démographiques, procédez comme suit :

1. **Dans Google Analytics, allez dans la section « Personnalisation » et sélectionnez le bouton « + Nouveau rapport personnalisé ».**

   La page correspondante apparaît. Créez autant de rapports distincts que vous le désirez. Dans notre société, lorsque nous nous intéressons aux données démographiques, nous créons quatre rapports : un pour l'âge, un pour le sexe, un pour la localisation et un pour le type d'appareil.

2. **Dans la section « Contenu du rapport », créez des onglets « Rapport ».**

   Nommez l'onglet en fonction des données démographiques à étudier. Si vous étudiez l'âge, par exemple, appelez-le « Âge ». Si vous avez l'intention d'étudier plusieurs données démographiques dans ce rapport, comme nous le suggérons à l'étape 1, vous pouvez créer un nouvel onglet « Rapport » en cliquant sur le bouton « + Ajouter un onglet », sous la section « Contenu du rapport ». Nommez chaque onglet en fonction de la donnée étudiée.

3. **Sur cette même page, sélectionnez l'indicateur relatif aux utilisateurs en cliquant sur le bouton « + Ajouter une statistique » puis en sélectionnant « Utilisateurs » dans le menu déroulant, pour chaque onglet créé.**

   Le mot Utilisateurs va s'afficher dans la rubrique des groupes de statistiques. Parmi tous vos onglets, « Utilisateurs » est une constante.

4. **Sur cette même page, dans la rubrique « Détails des dimensions », choisissez les données démographiques pour chaque onglet « Rapport » que vous créez en cliquant sur le bouton « +Ajouter une dimension ».**

   Pour l'âge, la dimension est « Âge » ; pour le sexe, c'est « Sexe », et pour l'appareil, c'est « Catégorie d'appareil ». La donnée démographique correspondante apparaît dans la rubrique « Détails des dimensions ». La localisation est la seule donnée atypique. Pour les autres données démographiques, laissez « Type » (au-dessus de « Groupes de statistiques ») sur le choix présélectionné « Explorateur ». Cependant, pour la localisation, réglez « Type » sur « Synthèse géographique », et la localisation s'affichera sur une carte, ce qui compensera le besoin de détails des dimensions.

   La Figure 12-7 montre le paramétrage pour la création d'un rapport sur l'âge.

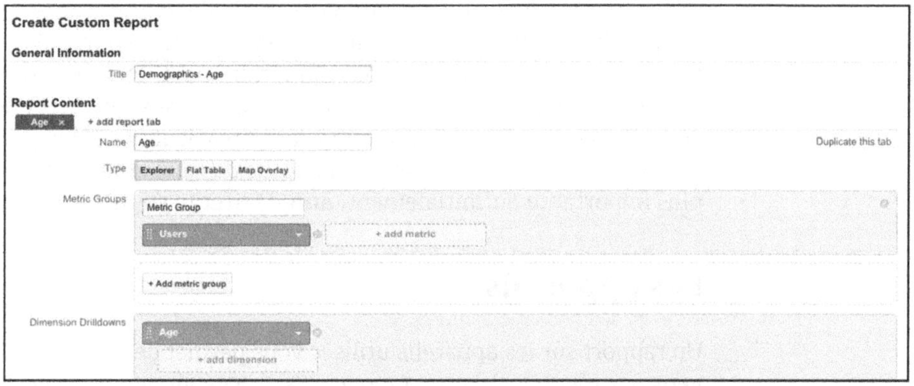

FIGURE 12-7 Créer un rapport personnalisé concernant l'âge.

5. **Quand vous avez terminé, cliquez sur le bouton « Enregistrer ».**

   Le rapport créé se charge, et vous disposez désormais d'un rapport de données démographiques que vous pourrez utiliser maintes fois.

Les sections qui suivent vous disent quoi rechercher dans le rapport de données démographiques pour éclairer votre campagne.

L'âge

Étudiez tout d'abord l'âge des internautes qui répondent à vos annonces. Qui franchit le pas ? Y a-t-il des surprises ? Les tranches d'âge les plus intéressées correspondent-elles à l'avatar client que vous avez créé (voir Chapitre 1) ? Dans le cas contraire, vous devrez probablement revoir le contenu de votre annonce. Ce rapport vous permet de préparer une campagne plus personnalisée, et d'obtenir ainsi davantage d'options d'adhésion et une baisse du coût par clic (CPC).

Le sexe

Ensuite, quel est le sexe des utilisateurs qui ont répondu à votre annonce ? Si un sexe domine nettement, vous aurez probablement intérêt à mettre en place une seconde version de votre campagne destinée à ce sexe uniquement. Ainsi, votre annonce sera plus pertinente, vous obtiendrez davantage de clics et votre CPC se réduira.

La localisation

La localisation peut constituer un ensemble de données utiles, surtout si vous envisagez de vous implanter sur un nouveau marché géographique. Un rapport sur la localisation des utilisateurs vous apprendra peut-être que votre campagne a plus de succès ailleurs, dans une certaine ville ou dans une certaine région à laquelle vous n'aviez pas attaché une importance particulière. Vous pourrez alors prendre une décision éclairée et allouer au ciblage de cette zone une partie de votre budget plus importante qu'initialement, afin de tirer parti de cette situation.

Les appareils

Un rapport sur les appareils utilisés vous permet de savoir avec quels appareils les gens ont répondu à votre annonce. Est-ce généralement avec un appareil mobile, une tablette, un ordinateur de bureau ? Ce paramètre vous permet de mieux concevoir votre campagne. Ainsi, par exemple, si votre offre accessible après identification (voir Chapitres 3 et 4) rencontre davantage de succès auprès des utilisateurs d'appareils mobiles, alors il importe que vous en teniez compte dans la conception de votre entonnoir de conversion pour que ceux qui téléchargent votre offre deviennent des acheteurs.

Étudier les données psychographiques

Les sections précédentes vous expliquent comment vous informer sur les faits bruts, concernant votre audience, et vous pouvez vous servir de ces informations pour peaufiner le ciblage de votre campagne au cours de la phase d'optimisation. Mais qu'en sera-t-il du message ? Qu'en sera-t-il de la stratégie de suivi ? Ici, pour déterminer les meilleures tactiques, nous nous intéresserons aux données psychographiques.

Là encore, il s'agit de créer un rapport personnalisé, cette fois en optant pour les Catégories d'affinités et les Segments de marché. Alors que les Catégories d'affinités concernent plutôt les goûts et les centres d'intérêt de vos utilisateurs, les Segments de marché indiquent ce que cette audience désire acheter (ou ce que les gens viennent d'acheter). Ce processus suit en grande partie les mêmes étapes que celui de la création de votre rapport personnalisé sur les données démographiques :

1. **Dans Google Analytics, choisissez « Personnalisation » puis « + Nouveau rapport personnalisé ».**

   La page de création de rapports personnalisés apparaît.

2. **Dans la section « Contenu du rapport », créez des onglets « Rapport », un pour les Catégories d'affinités et un autre pour les Segments de marché.**

   Pour ajouter un onglet, cliquez sur le bouton « + Ajouter un onglet », sous la rubrique « contenu du rapport ». Nommez vos deux onglets en fonction de leurs objets respectifs.

3. **Sur cette même page, réglez le paramètre « Groupes de statistiques » sur « Utilisateurs » en cliquant sur le bouton « + Ajouter une statistique », puis en sélectionnant « Utilisateurs » dans le menu déroulant pour chaque onglet créé.**

   Le mot Utilisateurs va s'afficher dans la rubrique des groupes de statistiques. Parmi tous vos onglets, « Utilisateurs » est une constante.

4. **Sur cette même page, dans la rubrique « Détails des dimensions », réglez vos paramètres pour chaque onglet créé en cliquant sur le bouton « +Ajouter une dimension ».**

   Les détails que vous sélectionnez sont respectivement « Catégories d'affinités » et « Segment de marché ».

   La Figure 12-8 donne une idée du paramétrage dans le cas de la création d'un rapport dans la catégorie « Segment de marché ».

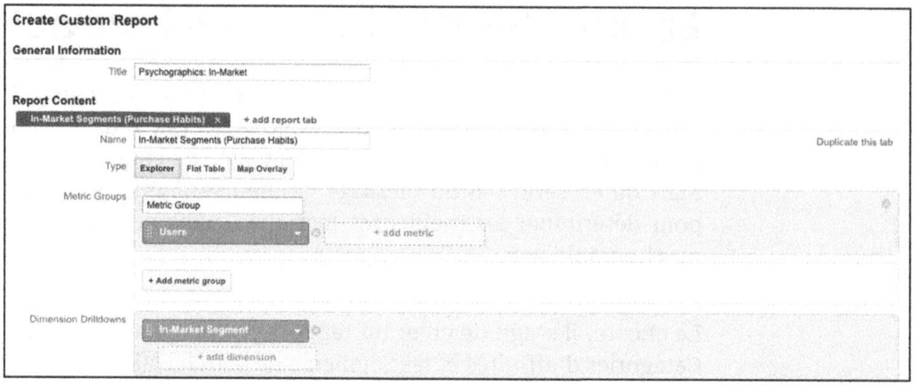

FIGURE 12-8 Création d'un rapport personnalisé pour le segment de marché.

Source : https://analytics.google.com/analytics/web/?authuser=1#crbuilder/cr-builder/a54278530w87158541p90451453//CREATE/

5. **Une fois que vous avez terminé, cliquez sur le bouton « Enregistrer ».**

Le rapport que vous avez créé se charge, et vous obtenez un rapport sur lequel vous pourrez revenir à maintes reprises pour avoir une idée plus précise de ce qui intéresse les utilisateurs qui ont répondu à votre annonce.

Le rapport des Catégories d'affinités

Là encore, ce rapport indique ce que vos utilisateurs aiment et ce qui les intéresse. Ces informations vous permettent de lancer des campagnes plus personnalisées en ciblant des intérêts spécifiques. Pour étudier ces données, le mieux est d'opter pour le type de visualisation « Comparaison » (cliquez sur le bouton éponyme situé sur la droite de la page). Cette présentation est plus parlante que de simples chiffres. Les intérêts sont classés du plus fort au plus faible, comme le montrent les Figures 12-9 et 12-10.

Avec les rapports sur les Catégories d'affinités, vous pouvez commencer à améliorer votre message marketing. L'audience représentée sur la Figure 12-9, par exemple, est visiblement intéressée par le cinéma, la télévision, les stars et les paillettes. Cette information vous permet d'optimiser votre campagne en rendant votre annonce plus spécifique. Ainsi, une annonce demandant « Votre entreprise récolte-t-elle autant de mentions « J'aime » sur les réseaux sociaux que Kim Kardashian ? » connaîtrait certainement un grand succès auprès de ce public. En revanche, comme l'indiquent les données de la Figure 12-10, des annonces sur le thème du sport seraient très vraisemblablement un fiasco. En choisissant un thème lié au sport pour votre prochaine campagne d'annonces, vous iriez sans doute au-devant d'un échec.

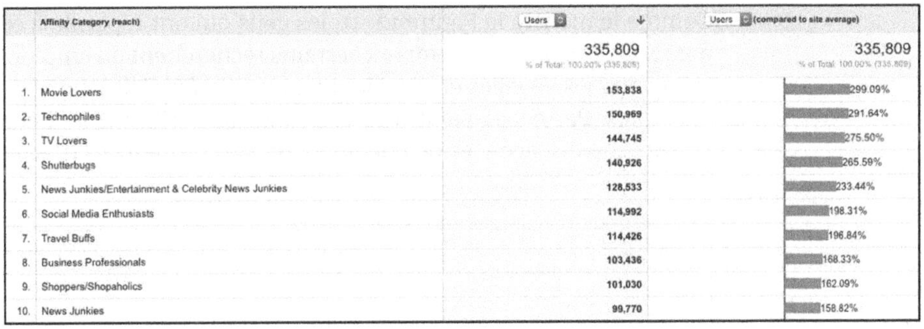

	Affinity Category (reach)	Users	Users (compared to site average)
		335,809 % of Total: 100.00% (335,809)	335,809 % of Total: 100.00% (335,809)
1.	Movie Lovers	153,838	299.09%
2.	Technophiles	150,969	291.64%
3.	TV Lovers	144,745	275.50%
4.	Shutterbugs	140,926	265.59%
5.	News Junkies/Entertainment & Celebrity News Junkies	128,533	233.44%
6.	Social Media Enthusiasts	114,992	198.31%
7.	Travel Buffs	114,426	196.84%
8.	Business Professionals	103,436	168.33%
9.	Shoppers/Shopaholics	101,030	162.09%
10.	News Junkies	99,770	158.82%

FIGURE 12-9 Un rapport sur les Catégories d'affinités qui montre ce qui intéresse le plus cette audience.

Source : https://analytics.google.com/analytics/web/?authuser=1#crbuilder/cr-builder/a54278530w87158541p90451453//CREATE/

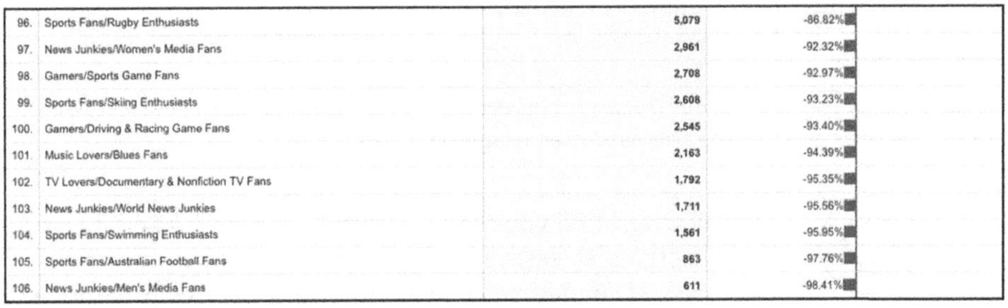

96.	Sports Fans/Rugby Enthusiasts	5,079	-86.82%
97.	News Junkies/Women's Media Fans	2,961	-92.32%
98.	Gamers/Sports Game Fans	2,708	-92.97%
99.	Sports Fans/Skiing Enthusiasts	2,608	-93.23%
100.	Gamers/Driving & Racing Game Fans	2,545	-93.40%
101.	Music Lovers/Blues Fans	2,163	-94.39%
102.	TV Lovers/Documentary & Nonfiction TV Fans	1,792	-95.35%
103.	News Junkies/World News Junkies	1,711	-95.56%
104.	Sports Fans/Swimming Enthusiasts	1,561	-95.95%
105.	Sports Fans/Australian Football Fans	863	-97.76%
106.	News Junkies/Men's Media Fans	611	-98.41%

FIGURE 12-10 Un rapport sur les Catégories d'affinités qui montre ce qui intéresse le moins cette audience.

Source : https://analytics.google.com

Pour concevoir des messages plus adaptés à l'audience, distinguez des catégories plus précises, comme par exemple « Amoureux de la TV/Fans de jeux télévisés et de télé-réalité » plutôt que simplement « Amoureux de la TV ».

Le rapport des Segments de marché

Comme nous l'avons précisé précédemment dans ce chapitre, les Segments de marché vous donnent des indications sur ce que votre audience est susceptible d'acheter (ou vient d'acheter). C'est une information extrêmement utile, qui vous permet de cibler votre marché en fonction des produits et des services qui intéressent ce public. Comme pour le rapport sur les Catégories d'affinités, le mieux est de choisir le type de visualisation « Comparaison ». Cette visualisation est plus parlante que de simples chiffres. La Figure 12-11 est un exemple de rapport sur les Segments de marché.

Comme le montre la Figure 12-11, les gens qui ont répondu à cette campagne sont aussi sur le marché de l'emploi, certains recherchent un emploi, d'autres sont intéressés par les voyages et les séjours, ou par la publicité, pour ne citer que quelques exemples. Par conséquent, des annonces qui utilisent le langage des agences de voyages ou des agences de publicité ont plus de chances d'avoir du succès.

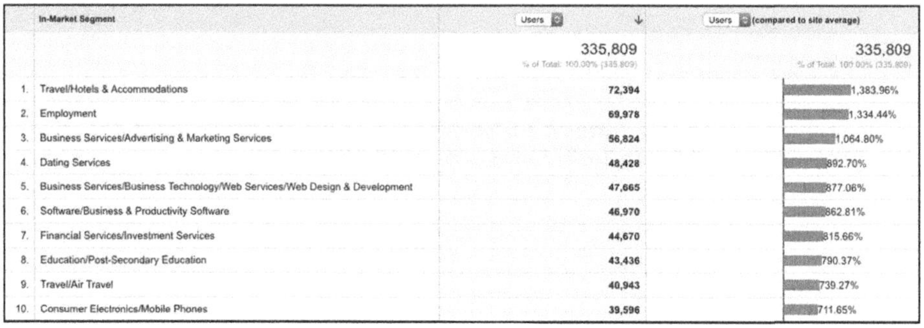

	In-Market Segment	Users	Users (compared to site average)
		335,809 % of Total: 100.00% (335,809)	335,809 % of Total: 100.00% (335,809)
1.	Travel/Hotels & Accommodations	72,394	1,383.96%
2.	Employment	69,978	1,334.44%
3.	Business Services/Advertising & Marketing Services	56,824	1,064.80%
4.	Dating Services	48,428	892.70%
5.	Business Services/Business Technology/Web Services/Web Design & Development	47,665	877.06%
6.	Software/Business & Productivity Software	46,970	862.81%
7.	Financial Services/Investment Services	44,670	815.66%
8.	Education/Post-Secondary Education	43,436	790.37%
9.	Travel/Air Travel	40,943	739.27%
10.	Consumer Electronics/Mobile Phones	39,596	711.65%

Source : https://analytics.google.com

FIGURE 12-11 Les résultats d'un rapport sur les Segments de marché.

Vous pouvez aussi vous servir des rapports sur les Segments de marché pour jouer les détectives et essayer de connaître la tranche de revenu de vos utilisateurs. Cherchez si ce marché cible est intéressé par des produits de luxe, et vous pourrez situer vos prospects sur l'échelle des revenus. Pour ce faire, cherchez où se concentre l'intérêt pour les catégories indicatives de la richesse, c'est-à-dire les produits de luxe.

Pour cette analyse, voici quelques catégories générales à utiliser :

- Catégories liées au prestige
- Clientèle de luxe
- Amateurs de voitures/Amateurs de belles voitures de sport et de luxe
- Voyages d'aventure/Voyageurs de grand luxe
- Marché du luxe
- Vêtements et accessoires/Bijoux et montres/Montres
- Vêtements et accessoires/Bijoux et montres/Bijouterie fine
- Automobile/Automobiles par marque/Audi
- Automobile/Automobiles par marque/BMW

» Automobile/Automobiles par type/Voitures de luxe (neuves)

» Automobile/Automobiles par type/Voitures de sport (neuves)

» Automobile/Automobiles par marque/Porsche.

Cette stratégie vous donne une autre technique pour connaître la tranche de revenu de vos utilisateurs et pour savoir quels produits pourraient les intéresser. Ainsi, par exemple, si ce rapport vous indique que seulement 3 % des internautes ciblés par votre campagne apparaissent dans ces segments, vous pouvez en conclure sans risque de vous tromper que les gens qui répondent à votre offre accessible après identification ne sont pas des gens fortunés. Par conséquent, une campagne de promotion pour un produit particulièrement coûteux aura moins de succès qu'une campagne de promotion pour des offres plus modestes, sous forme de ventes flash par exemple.

En guise de synthèse

En possession des informations tirées de vos rapports personnalisés, vous pouvez maintenant exploiter vos données démographiques et psychographiques en les combinant, afin de mieux savoir qui répond à votre campagne de promotion et qui a le profil du candidat idéal pour cette campagne. Plutôt que de jouer aux devinettes, vous disposez de données éprouvées qui vous permettront d'optimiser et d'élargir votre campagne, et ainsi, d'obtenir davantage d'options d'adhésion, de rendre vos annonces plus pertinentes et d'abaisser votre CPC. C'est l'avantage d'une activité commerciale fondée sur les calculs et l'analyse de données. Voici un exemple de ce à quoi pourrait ressembler votre avatar client quand vous tenez compte de tous les points de données recueillis sur votre audience :

» **Sexe :** féminin

» **Âge :** la trentaine

» **Appareil préféré :** le smartphone

» **Estimation du revenu moyen :** moins de 30 000 euros par an

» **Catégorie socioprofessionnelle :** agent de maîtrise ou équivalent

» **Centres d'intérêt :** cinéma, divertissements, stars, musique pop, éducation, conseil en ressources humaines, clubs de rencontres, décoration et jardinage

» **Aversions :** sports, films d'horreur, jeux de plateau, jeux vidéo, accessoires automobiles

Sur la base du succès passé, vous pouvez retenir ce profil de candidate idéale et préparer une campagne mieux ciblée, ou étendre votre campagne à d'autres plateformes de trafic, mais désormais votre campagne peut être plus spécifique encore. Fort de ces informations, vous pouvez envisager votre campagne sous un nouvel angle et vous adresser plus directement à votre public cible. Imaginez comment vos collaborateurs, à l'aide du trafic payant, pourront tirer parti de ce niveau de détail.

Vous pouvez appliquer les stratégies d'exploitation de données présentées dans ce chapitre, non seulement aux internautes qui répondent à vos annonces, mais aussi aux acheteurs, ou bien, moyennant un ciblage précis, aux internautes abonnés à votre site Web. En outre, vous pouvez utiliser cette stratégie sur toute plateforme recevant un volume de trafic suffisant.

Chapitre 13

Optimiser vos campagnes pour un RCI maximal

DANS CE CHAPITRE

- » **Optimiser vos campagnes en effectuant des split tests**
- » **Utiliser les outils nécessaires aux split tests**
- » **Savoir quelles pages tester et quelles pages ne pas tester**
- » **Lancer un test et interpréter le résultat**
- » **Analyser un test**

Imaginons que vous ayez créé une page Web destinée à vendre une croisière aux Antilles. En haut de cette page, le titre serait : Une croisière aux Antilles à un prix imbattable ! Votre partenaire commercial vous propose de nouvelles idées de titre qu'il croit susceptibles de susciter davantage de réservations. Devez-vous vous fier à son intuition et changer votre titre, ou vous en tenir à votre idée initiale ?

La bonne réponse est qu'il faut tester l'idée. Dans le domaine du marketing, comme on l'a vu au Chapitre 12, une entreprise qui axe sa gestion sur l'analyse des données ne doit pas prendre ses décisions en fonction d'impressions ou d'intuitions. Pour vraiment maximiser le rendement du capital investi (RCI), vous devez rassembler des données et effectuer des tests permettant de mesurer l'impact de votre campagne. Autrement, ce serait comme si vous jetiez des spaghettis sur un mur pour voir s'ils y restent collés : ce n'est certes pas ainsi qu'on maximise le profit d'une entreprise.

Dans ce chapitre, nous examinons le processus reproductible de l'optimisation d'une campagne. Ce processus, on a vite fait de le compliquer à outrance, mais nous allons le décomposer en éléments faciles à appréhender pour vous aider à réussir l'optimisation de votre campagne, depuis le choix des outils nécessaires jusqu'à l'analyse finale des tests.

Savoir en quoi consistent les split tests

L'optimisation d'un site Web repose sur le split test, qui consiste à réaliser des expériences contrôlées et randomisées en vue d'améliorer un indicateur pouvant être le nombre de clics, le nombre d'options d'adhésion ou le nombre de ventes. Il existe deux formes de split tests : le test A/B, une technique de comparaison entre deux versions d'une même page du point de vue de leur efficacité, et le test à variables multiples, une méthode consistant à tester plusieurs variables en même temps.

Le split test consiste à répartir le trafic entrant entre la page originale (page de contrôle) et différentes variantes. Ensuite, il s'agit de chercher où apparaissent des améliorations par rapport aux objectifs étudiés (nombre de leads, de ventes ou d'engagements, etc.) afin de déterminer la version qui a eu le plus de succès. Les split tests servent à tester les domaines dans lesquels un objectif mesurable est susceptible d'améliorations, comme votre processus de règlement en ligne. Les tests vous aident à déterminer les facteurs qui favorisent les conversions, les facteurs qui les empêchent, et ceux qui peuvent engendrer un accroissement du nombre de commandes.

Obtenir les outils dont vous avez besoin pour effectuer des split tests

Pour effectuer des split tests, il vous faut des outils efficaces. Cette section vous informe sur la technologie dont vous avez besoin pour optimiser votre campagne et obtenir un maximum de résultats grâce à ces tests.

Un outil logiciel d'analyse

Ce sont les outils d'analyse de site Web qui vous permettent de faire le bon choix des pages à tester sur votre site. Ce chapitre est consacré à Google Analytics, une solution d'analyse de sites proposée par ce géant du moteur de recherche qu'est Google. Cet outil mesure des indicateurs numériques relatifs au site Web et aux applications, ainsi que des données hors ligne, et vous permet de mieux connaître vos clients. Google Analytics propose une version gratuite et une version supérieure payante. Pour la plupart des entreprises, la version gratuite est plus que suffisante. Le prix annuel de la version premium est à six chiffres : les avantages de cette version sont des limites de données plus élevées, davantage de variables personnalisées, une équipe de support spécialisée, etc. Pour une introduction à l'utilisation de Google Analytics, lisez le Chapitre 12 ou visitez la page https://www.google.com/analytics/.

Une technologie de test

Les split tests supposent une technologie permettant de créer des variantes, de les tester et de suivre les conversions. Vous pouvez choisir parmi plusieurs services, notamment :

- **Visual Website Optimizer :** un outil de split test facile à utiliser, qui vous permet d'effectuer des tests A/B et des tests à plusieurs variables pour optimiser votre site Web en vue d'accroître les taux de conversion et les ventes. Cet outil payant, destiné aux utilisateurs individuels comme aux grandes organisations, se décline en plusieurs versions. Pour en savoir plus, visitez le site `https://vwo.com/`.
- **Unbounce :** cet outil, destiné aux entreprises, permet de créer, de publier et de tester des pages d'atterrissage. Il permet aussi d'effectuer des tests A/B. Consultez le site `http://unbounce.com/`.
- **Optimizely :** une des plus grandes plateformes de tests dans le monde pour les sites Web, les applications mobiles et les appareils connectés. Optimizely propose aux entreprises des logiciels d'optimisation de l'expérience client qui leur permettent d'effectuer des tests A/B et des tests à plusieurs variables. Il en existe trois versions. Consultez le site `https://www.optimizely.com/`.

Ne manquez pas d'intégrer votre outil de test à Google Analytics pour que les données de vos rapports soient pertinentes.

Un calculateur de durée du test

Un calculateur de durée du test est un calculateur simple qui détermine le temps nécessaire pour exécuter un split test donnant un résultat fiable. Les données entrées sont les taux de conversion actuels, le nombre de variantes à tester, la quantité de trafic que votre site reçoit, etc. Le calculateur détermine le nombre de jours pendant lesquels doit se dérouler le test pour obtenir un résultat fiable. La Figure 13-1 représente le calculateur de durée de test gratuit qu'offre Visual Website Optimizer.

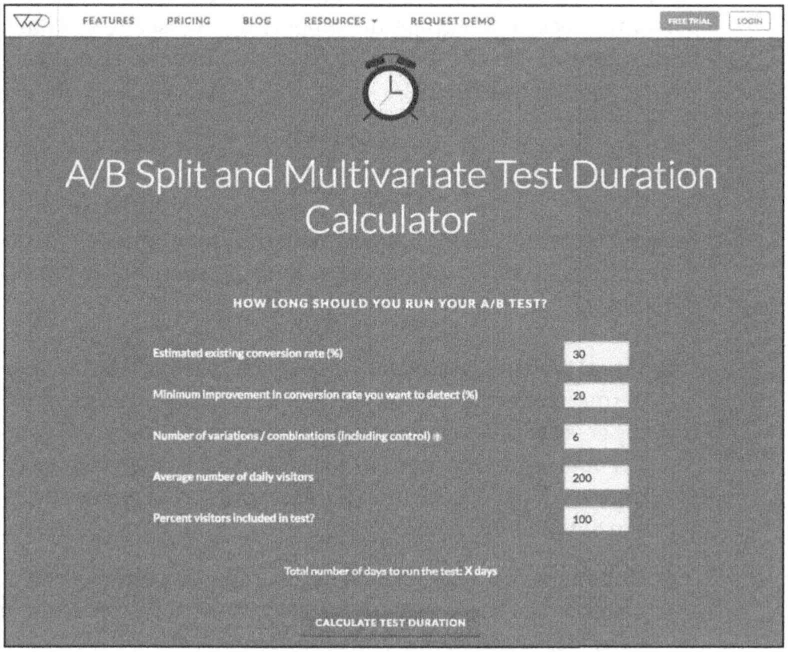

FIGURE 13-1 Le calculateur de durée de test de Visual Website Optimizer.

Source : https://vwo.com/ab-split-test-duration/

Toutes les pages de votre site ne doivent pas être testées, et toutes n'ont pas besoin d'une optimisation. Dans la prochaine section, nous vous expliquons comment isoler les pages à tester pour maximiser le rendement des capitaux investis (RCI).

Suivre les instructions relatives aux split tests

Les instructions qui suivent vous permettront de savoir quelles pages vous devez tester. Tout d'abord, voici ce que vous ne devez pas tester :

- » Les pages les moins performantes (cela peut sembler paradoxal, mais nous allons en expliquer la raison).
- » Les pages qui n'ont pas d'impact sur vos objectifs commerciaux à long terme, par exemple votre page d'erreur 404.
- » Les pages qui ne reçoivent pas assez de trafic pour qu'il soit possible d'exécuter un split test.

Mais alors, pourquoi ne pas tester vos pages les moins performantes ? Parce qu'il s'agit de s'intéresser aux pages d'opportunités, c'est-à-dire aux pages qui exerceront le plus fort impact sur vos objectifs. Si vous espérez accroître de 10 % le nombre de conversions, par exemple, préférez-vous que ce progrès concerne une page qui convertit 50 % des prospects, ou une page qui en convertit 5 % ? La page d'opportunités, c'est bien sûr la page à 50 %.

Par ailleurs, vos pages les moins performantes n'ont pas besoin d'être testées : ce dont elles ont besoin, c'est d'être remaniées. Quand le bateau coule, on n'a pas le temps de se demander ce que l'on fera ensuite : un changement drastique s'impose, qui n'a généralement pas lieu d'être testé d'abord. Dans un tel cas de figure, on ne teste pas, on agit !

Pour la même raison qui nous fait dire que les pages les moins performantes n'ont pas besoin d'être testées, vous n'avez pas besoin de tester les pages qui n'interviennent pas dans la conversion. Il s'agit, notamment, de la page « À propos... » et de la page « Page non trouvée » (erreur 404).

Néanmoins, l'optimisation de la page 404 se révèle utile en marketing. Même sur cette page, il est souhaitable de faire figurer une offre, un appel à l'action ou des étapes supplémentaires pour entretenir l'intérêt de l'utilisateur. Tester l'ajout de ces éléments n'est toutefois pas nécessaire : ajoutez simplement un contenu répondant à vos objectifs, puis passez aux pages les plus importantes, celles dont dépend la conversion. La page 404 d'Amazon (Figure 13-2) renvoie l'internaute à la page d'accueil d'Amazon ou suggère une poursuite de la recherche.

Enfin, la dernière instruction à suivre pour savoir sur quelles pages effectuer un split test, concerne le trafic. Notez le nombre de visites et le nombre de conversions qu'engendre votre page sur la période susceptible de faire l'objet du test. Notez à quel moment le trafic diminue considérablement.

Vous pourrez facilement identifier vos pages et leurs statistiques de trafic en utilisant Google Analytics. Pour les pages sur lesquelles vous envisagez le split test, notez le nombre de pages uniques visualisées. Le meilleur rapport à utiliser pour cela dans Google Analytics est celui de la rubrique « Comportement » (voir Chapitre 12). Dans Google Analytics, allez dans la section « Rapports », puis sélectionnez Comportement -> Contenu du site -> Toutes les pages. Le rapport « Pages » se charge. Utilisez alors le filtre de Google Analytics pour rechercher les pages pour lesquelles vous envisagez un split test.

FIGURE 13-2 Une page d'erreur 404, à l'image de celle d'Amazon, doit proposer à l'utilisateur une étape suivante, mais n'a pas besoin de faire l'objet d'un split test.

Source : https://www.amazon.com/pizza

Après avoir obtenu les données du rapport « Page », vous devez « contextualiser » les pages. Vous constaterez toujours une diminution massive du nombre de pages vues (le nombre total de pages visualisées par un utilisateur, sachant que les visualisations répétées d'une même page sont comptées) après la page d'accueil. Cependant, votre page d'accueil est si éloignée de la principale action de conversion qu'il n'y a aucune raison de la tester. Maintenant, si vous constatez une chute massive de la fréquentation entre une page de produit et la page de paiement, vous pouvez en conclure que quelque chose cloche sur votre page de produit, qu'il faut l'optimiser, et que cela mérite un split test.

En suivant les conseils donnés dans cette section, vous pourrez mettre au point des pages qui vaudront largement le temps et les ressources que vous leur aurez consacrés. Quand vous considérez qu'une page mérite d'être testée au vu de ces conseils, ne manquez pas de vous poser ces quatre questions.

1. **Cette page attire-t-elle suffisamment de visiteurs uniques ?**
2. **Cette page engendre-t-elle suffisamment de conversions ?**
3. **Cette page a-t-elle un impact direct sur mes objectifs ? Si l'impact est indirect, quelle est la distance entre cette page et la principale action de conversion ?**
4. **Quel est l'impact potentiel sur mon objectif, par exemple en termes de ventes ou de leads ?**

En répondant à ces quatre questions avant d'entreprendre de tester une page :

- Vous vérifiez si cette page mérite que vous consacriez des ressources à la tester.
- Vous avez une idée de l'utilité réelle d'un test de cette page.

En déterminant quelles pages ne méritent pas un split test, vous pouvez déterminer quelles pages le méritent.

Sélectionner des éléments de page à optimiser

Une fois que vous avez trouvé une page à optimiser, quelle est la prochaine étape ? Qu'allez-vous tester en particulier sur cette page ? Quand vous déterminez les fonctionnalités à tester, vous devez tenir compte de plusieurs facteurs.

Ces éléments vous permettront de préparer de nouvelles versions, ou de nouvelles variantes, de votre page à tester. Pour créer vos variantes, vous pouvez vous servir de données qualitatives (voir section suivante).

Étudier les données qualitatives

Les données qualitatives sont des informations qui s'observent, mais ne se mesurent pas. Dans le domaine du marketing digital, les données qualitatives concernent le comportement de l'utilisateur. Recueillir des données qualitatives est relativement facile et peu coûteux, et c'est extrêmement utile pour choisir les bons éléments et optimiser une page.

Parmi les données qualitatives les plus élémentaires, il y a le suivi des clics, du mouvement de la souris et du défilement. Ces données sont en grande partie comptabilisées sous forme de ce que l'on appelle une carte thermique. Une carte thermique est une représentation visuelle des utilisateurs actifs sur votre site. Elle montre ce qui les intéresse. La Figure 13-3 en est un exemple.

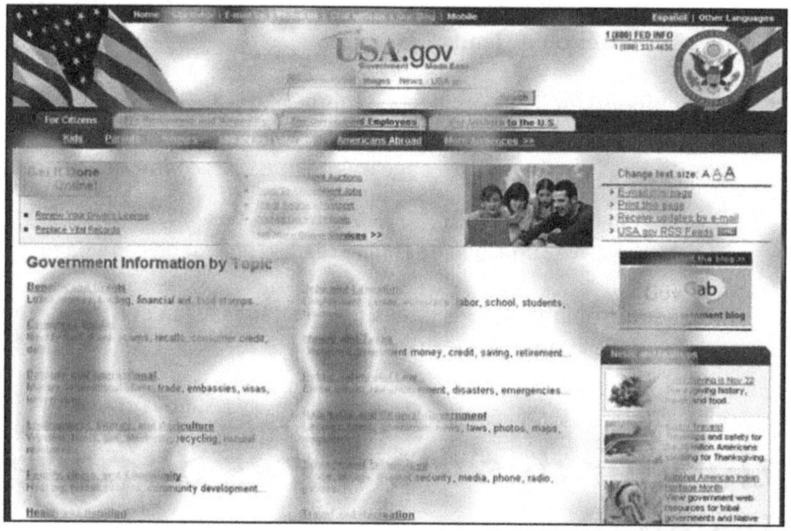

FIGURE 13-3 Une carte thermique montre les interactions de l'utilisateur avec votre page.

Source : http://webmaxformance.com/attention-scroll-click-heatmaptracking-services

Il est judicieux d'utiliser une carte thermique pour chaque page faisant l'objet d'un split test. La plupart des bons outils de test, comme Visual Website Optimizer, utilisent cette technologie. Les cartes thermiques et les rapports sur les données qualitatives permettent de savoir si un appel à l'action engendre des clics, ou si les gens consomment votre contenu.

Voici d'autres types de données qualitatives, et comment les recueillir :

- **Enquêtes sur les utilisateurs :** utilisez un outil comme TruConversion (`https://www.truconversion.com/`) pour enquêter sur les visiteurs de votre site et obtenir des données qualitatives à analyser.
- **Enregistrements de sessions :** utilisez aussi TruConversion pour enregistrer les sessions des visiteurs et analyser ces enregistrements en vue de trouver des éléments à tester sur la page.
- **Questions au service clients :** les salariés qui sont en contact direct avec les clients représentent souvent une mine d'informations qualitatives.

Utiliser des outils qualitatifs

Les données qualitatives sont grandement sous-exploitées malgré leur importance considérable. Il existe d'excellents outils, choisissez-en un pour commencer puis utilisez-en d'autres pour compléter vos données sur vos utilisateurs :

- **TruConversion** (`https://www.truconversion.com/`) : cet ensemble d'outils comprend les cartes thermiques, les enregistrements de sessions, les enquêtes sur les utilisateurs, l'analyse des entonnoirs et l'analyse des champs de formulaire.
- **Crazy Egg** (`https://www.crazyegg.com/`) : privilégie les cartes thermiques ainsi que le suivi des clics, des mouvements de la souris, et du défilement.
- **UsabilityHub** (`https://usabilityhub.com/`) : ce site propose cinq styles différents de tests relatifs aux utilisateurs :
  - test de préférence ;
  - test des 5 secondes ;
  - test de clic ;
  - test de la question ;
  - test Navflow.

Certains tests, comme le test des 5 secondes d'UsabilityHub, sont extrêmement utiles. Le test des 5 secondes donne une idée de la première impression des internautes qui arrivent sur votre site. Si au bout de 5 secondes, les gens ne voient toujours pas qui vous êtes et ce qu'ils sont censés faire sur votre site, alors vous devez repenser votre page.

Avant de tester

Après avoir déterminé les pages à tester et sélectionné les variantes appropriées, vous êtes pratiquement en mesure d'effectuer votre split test. Cependant, avant de commencer, il importe de garder à l'esprit quelques éléments qui sont décrits dans les sections suivantes.

Élaborer une hypothèse d'optimisation

Pour que votre test soit significatif et exploitable, il est nécessaire de poser une hypothèse. Il vous faut un plan, et il vous faut des statistiques. Le test ne doit pas être une fin en soi, ni répondre à une simple intuition, car vous ne feriez alors que gaspiller votre temps et vos ressources. Une hypothèse claire est ce qui donne au test sa pertinence.

Formulez une hypothèse sur le modèle suivant :

Ayant observé [A] et un retour [B], nous considérons que changer [C] pour les visiteurs [D] amènera [E]. Nous en aurons la confirmation lorsque nous observerons [F] et obtiendrons [G].

En vous fondant sur une hypothèse de base formulée comme ci-dessus, vous définissez le champ du test, le segment et les critères de réussite. Faute d'une hypothèse, vous ne feriez que supposer, or il ne s'agit pas de fonder le succès ou l'échec d'une campagne sur une simple supposition.

Choisir l'indicateur à suivre

Après avoir choisi une page et ses variantes sur lesquelles effectuer un split test, vous devez déterminer les indicateurs essentiels de performance que vous utiliserez pour évaluer le split test. Ces indicateurs de performance mesurent des facteurs essentiels et vous permettent de déterminer la réussite d'un test. Ainsi, par exemple, si vous effectuez un test qui ne concerne que les principaux indicateurs d'un entonnoir, comme les clics, vous n'aurez pas une bonne compréhension de l'impact réel. C'est pourquoi vous devez sélectionner vos indicateurs essentiels de performance et savoir quel est leur impact sur vos objectifs commerciaux.

Pour la définition de vos indicateurs essentiels de performance, assurez-vous d'avoir défini des objectifs pour chaque page et pour chaque campagne, et ce, pour tous vos tests. Les objectifs des split tests peuvent être comme suit :

- **Objectif de la page :** des leads générés.
- **Objectif de la campagne :** un produit spécifique acheté.

Les objectifs de la page et de la campagne vous donnent une vue à très court terme, dans la mesure où ils vous indiquent ce qui s'est passé sur la page, et une vue à plus long terme, c'est-à-dire l'impact sur votre campagne de ce qui s'est passé sur la page. Il est possible d'observer un progrès de la performance au niveau de la page et en même temps une diminution de la performance au niveau de la campagne. Dans notre exemple précédent, il est possible qu'un test génère plus de leads au niveau de la page, mais avec une baisse réelle du nombre de produits achetés au niveau de la campagne.

En utilisant vos indicateurs essentiels de performance, conservez une ligne directrice et servez-vous-en pour mesurer des indicateurs liés, comme le taux d'ajouts au panier et le nombre de ventes.

Calculer la durée des tests

Pour tout test, il faut un point d'arrêt définitif. Autrement, on ignorerait la possibilité qu'aucun changement ne se produise entre les variantes. Il importe de définir précisément une période de test avant de commencer à tester, et de s'en tenir ensuite au temps imparti.

Utilisez votre calculateur de durée, dont il est question dans la section « Obtenir les outils dont vous avez besoin pour effectuer des split tests », précédemment dans ce chapitre, et arrondissez à la semaine suivante. Par exemple, si le calculateur de durée vous indique que vous obtiendrez des résultats exploitables dans 10 jours, effectuez le test sur 14 jours. Le comportement des gens change d'un jour à l'autre, ce dont vous devez tenir compte. Cette astuce vous permettra d'obtenir des données plus complètes.

Se préparer à lancer le test

Une fois que vous avez votre hypothèse, vos variantes, vos indicateurs essentiels de performance et votre durée de test, vous êtes pratiquement prêt pour le lancement du split test. Pour vous y préparer, procédez comme suit, et vous n'aurez plus qu'à cliquer sur le bouton « Démarrer » de votre outil de test !

Définir les objectifs dans Google Analytics

Disposer de Google Analytics pour votre site ne suffit pas : vous devez encore fixer vos objectifs (à propos de la fixation d'objectifs dans Google Analytics, voir Chapitre 12). Vous pouvez tout aussi bien définir des événements personnalisés ou un suivi de votre commerce électronique : il vous faut simplement quelque chose à mesurer.

Il est important d'avoir un objectif mesurable, car grâce à des rapports corrects sur l'e-commerce ou sur un objectif dans Google Analytics, les résultats de vos tests sont déterminés par des données chiffrées objectives plutôt que par une opinion subjective. Il est remarquablement utile de définir des objectifs dans Google Analytics, et c'est ainsi que vous pouvez obtenir un bon aperçu de l'efficacité de vos campagnes sur une seule plateforme.

Vérifier que la page s'affiche correctement sur tous les navigateurs

Une page qui ne fonctionne pas correctement corrompra les données. Vous pourrez croire que la variante testée n'est pas bonne parce que votre hypothèse était incorrecte, alors qu'il peut s'agir d'un problème technique. Ainsi, par exemple, si l'une des pages que vous testez montre une image incomplète, la variation positive ou négative du taux de conversion pour cette page sera liée non pas à la variable modifiée, mais à la fonctionnalité de la page, auquel cas votre test ne vaudra rien. Avant de lancer votre test, vérifiez bien l'absence de problèmes sur votre page, en utilisant un outil comme BrowserStack ou en effectuant une prévisualisation des options avec Visual Website Optimizer.

Vérifier l'absence de conflit entre les tests

Il ne faut pas que les tests se recoupent. Par conséquent, n'effectuez jamais des tests multiples sur la même page au même moment. Un second test lancé sur une page alors qu'un premier test est déjà en cours sur la même page entraînerait l'obtention de données contradictoires.

Vous pouvez lancer des tests au même moment sur des pages différentes, mais non sans vous être assuré que le trafic pris en compte dans un test n'est pas pris en compte dans l'autre.

Vérifier les liens

De même que vous devez vous assurer que votre page fonctionne correctement, vous devez veiller à ce que vos liens fonctionnent bien et aboutissent à la bonne page. Un split test entre une page avec des liens et une page dont les liens ne fonctionnent pas correctement sera fatalement faussé et ne vous donnera pas des résultats fiables.

Avoir des temps de chargement comparables

Lors de l'optimisation, pensez au temps de chargement. Si le temps de chargement est plus court avec une version qu'avec les autres, cette version l'emportera sur les versions concurrentes et cela faussera les résultats. Utilisez des outils comme PageSpeed (https://developers.google.com/speed/pagespeed/) pour analyser les temps de chargement et les égaliser le plus possible.

Arrêter un test

Comme mentionné précédemment, un test ne doit pas se dérouler indéfiniment. Il importe de déterminer une durée de test et de s'y tenir, afin de pouvoir analyser les données et prendre des décisions éclairées. Voici quand vous devez mettre fin à un test :

- **La durée de votre test correspond au délai prévu :** effectuez bien votre test sur la période prévue. N'arrêtez pas un test plus tôt parce que les choses ont l'air de bien se passer et parce que vous obtenez des données encouragéantes. De même, n'allongez pas la durée d'un test parce que vous n'avez pas obtenu les résultats que vous vouliez. Une fois que la durée prévue est écoulée, arrêtez le test.

» **Vous avez atteint une semaine entière :** sauf indication contraire de votre calculateur de durée de test, votre test doit s'être déroulé sur sept jours entiers avant que vous l'arrêtiez. En d'autres termes, un test commencé un mardi doit se terminer un autre mardi si vous voulez recueillir des données suffisantes pour prendre des décisions éclairées.

Savoir ce qu'a donné un test

Dans certains cas, les résultats du test montrent sans l'ombre d'un doute que la version testée est excellente, ou au contraire, qu'elle est ratée. Au contraire, si vous avez des difficultés à déterminer le niveau de performance d'une version, procédez comme suit :

» **Votre version se révèle bonne et mérite d'être retenue si**

- le progrès est statistiquement significatif ;
- il y a eu au moins 100 conversions avec cette version.

» **Votre version se révèle être un raté et ne doit pas être retenue si**

- la perte est statistiquement significative ;
- il y a eu moins de 100 conversions avec cette version.

» **Votre version n'a pas d'intérêt si**

- il n'apparaît aucune différence statistiquement significative ;
- les chiffres sont normalisés ;
- le test s'est déroulé sur la durée totale prévue.

Analyser le Test

Vous disposez maintenant d'un résultat de test positif, négatif ou nul. Vous pouvez donc analyser les données obtenues pour déterminer ce qui s'est produit au cours de la période de test et fixer les prochaines étapes. Pour analyser les données du split test, procédez comme suit :

1. **Faites un rapport sur vos conclusions.**

   Recueillez les données du test et faites-en un rapport. Vous pouvez utiliser une fiche de test ou une présentation PowerPoint :

   - Diapo 1 : Titre du test, URL, durée, indicateur(s) mesuré(s)
   - Diapo 2 : Hypothèse
   - Diapo 3 : Toutes les versions testées
   - Diapo 4 : Résultats détaillés
   - Diapo 5 : Résultats mettant en évidence la version la plus performante, l'augmentation du taux de conversion, et le taux de confiance
   - Diapo 6 : Analyse
   - Diapo 7 : Autres observations
   - Diapo 8 : Recommandations

2. **Notez la plage de conversion.**

   La plage de conversion est l'écart entre le plus petit et le plus grand taux de conversion possibles. Cet écart peut être noté sous forme de formule, par exemple + 30 % ± 3 %, ou bien vous pouvez écrire que le taux de conversion attendu est compris entre 27 et 33 %. Indiquez toujours une fourchette. Il ne serait pas judicieux de faire état d'une hausse du taux de conversion de 40 % si le vrai chiffre est compris entre 35 et 43 %, car vous ne préciseriez pas correctement les attentes, et la validité de vos résultats ou de vos recommandations en souffrirait.

   Il ne faut pas que votre patron ou votre client croit que le taux de conversion est une valeur statique. Établissez des attentes appropriées en mentionnant le taux de conversion dans une fourchette. Des outils comme Visual Website Optimizer calculent cette fourchette pour vous.

3. **Étudiez la carte thermique de chaque version.**

   Observer la carte thermique de chaque version vous permet de découvrir de nouveaux éléments à optimiser et à tester. Mentionnez ces résultats dans la partie « Autres observations » de votre rapport.

4. **Analysez les principaux segments dans Google Analytics.**

   Ici, il s'agit de déterminer si le test indique un taux de conversion plus élevé ou moins élevé pour certains types de visiteurs.

5. **Mettez en œuvre la version qui a donné de bons résultats.**

Dans le meilleur des cas, grâce aux résultats du split test, vous êtes fixé. Vous pouvez mettre en application la connaissance ainsi acquise. Les données dont vous disposez vous permettent de prendre des décisions éclairées, concernant les éventuels changements à apporter à votre page.

6. **Si le résultat du split test est nul, choisissiez la version que vous préférez.**

   À ce stade, si aucune de vos versions ne sort vainqueur de ce test, vous pouvez choisir celle que vous avez envie de mettre en place. Utilisez ces données pour élaborer une nouvelle hypothèse et un nouveau test.

7. **Utilisez vos résultats pour élaborer de nouvelles hypothèses et préparer de futurs tests.**

   L'optimisation est un processus. Vos derniers résultats doivent orienter vos travaux futurs. Vous pouvez tirer un enseignement de vos segments, de vos cartes thermiques et de vos tests et élaborer votre prochaine version ou exploiter cette expérience dans le cadre d'un test effectué sur une nouvelle page.

8. **Faites état de vos résultats.**

   Au minimum, adressez votre rapport à votre patron ou à votre client, ainsi qu'à ceux de vos collègues qui sont concernés par ce test. Pour aller plus loin, vous pouvez même publier vos résultats en tant que recherche primaire.

Les études de cas constituent des ressources utiles qui vous permettent de vous imposer sur un marché et de générer des leads. Pour plus de détails sur l'importance des recherches primaires et sur la façon de les exploiter, reportez-vous aux Chapitres 3, 4 et 6.

V
La Partie des Dix

DANS CETTE PARTIE...

Recensez les dix erreurs les plus fréquentes en marketing digital qui limitent votre croissance, et retenez des conseils permettant de les éviter.

Découvrez les dix grandes compétences à acquérir dans le domaine du marketing digital, avec les intitulés des postes, la description des fonctions, et des données relatives aux salaires correspondants.

Prenez connaissance des dix types d'outils nécessaires pour mener des campagnes de marketing digital efficaces, depuis la conception d'un site Web et son hébergement jusqu'à l'utilisation d'un processeur de paiement, en passant par la gestion de profils sur les réseaux sociaux.

Chapitre 14

Les dix erreurs les plus courantes dans le domaine du marketing digital

DANS CE CHAPITRE

- **Pourquoi le trafic sur un site Web est la dernière chose dont on doit se préoccuper**
- **La bonne et la mauvaise manière de présenter votre offre**
- **Les deux indicateurs que toute entreprise devrait surveiller**
- **Comment rester concentré sur ce qui importe vraiment en marketing digital**

Le marketing digital évolue rapidement, et vous êtes amené à essayer fréquemment de nouveaux outils et de nouvelles tactiques. Or, quand vous êtes constamment en train de vous aventurer sur un terrain inconnu, vous êtes sûr de commettre des erreurs. Ne vous en faites pas : c'est en commettant des erreurs que l'on apprend.

Cela dit, toutes les erreurs ne sont pas égales. Celles mentionnées dans ce chapitre sont liées à un état d'esprit plutôt qu'à une méthode, comme par exemple lorsque vous envoyez un e-mail sans en avoir testé les liens. Dans vos activités de marketing, vous commettrez inévitablement des erreurs tactiques, et vous retomberez sur vos pieds. Cependant, des erreurs comme celles décrites dans ce chapitre sont préjudiciables à votre croissance, et en les évitant, vous devriez constater un important effet positif sur vos résultats.

Se préoccuper des visites plutôt que des offres

Sur votre site Web, cela peut vous surprendre, mais vous n'avez pas de problème de trafic. Quand vous ne réalisez pas de ventes, la solution ne consiste pas à obtenir davantage de visites sur votre page. Les visites peuvent s'acheter (comme on le verra plus loin), mais le plus important, ce sont les messages et les offres que vous présentez à vos visiteurs.

Lorsque les choses tournent mal, et nous parlons bien des situations les plus mauvaises, ne gaspillez pas votre énergie à optimiser votre page d'atterrissage pour obtenir davantage de trafic en provenance de Google ou à programmer davantage de tweets concernant votre offre. Modifiez plutôt votre offre pour mieux répondre à la demande de votre marché. Tout d'abord, rendez votre offre convaincante ; ensuite, relancez le trafic. Pour plus de détails sur l'élaboration d'une excellente offre, reportez-vous au Chapitre 3.

Oublier de parler de ses clients (et de leurs problèmes)

Ce qui intéresse les gens, ce n'est pas votre produit, mais la façon dont votre produit peut leur rendre la vie plus facile. Cessez de décrire les fonctionnalités de votre produit et parlez plutôt des transformations que votre produit apportera chez votre client.

Le commerce, c'est assez simple. Nous gagnons notre vie en faisant passer les gens d'un état « Avant » à un état « Après ». À l'état « Avant », les clients ont un problème. Il peut s'agir d'une douleur, d'un ennui, d'une crainte ou d'une insatisfaction, laquelle peut être liée à un certain nombre de raisons.

À l'état « Après », la vie est plus belle. Les gens sont soulagés, distraits, ou libérés d'un souci ou d'une crainte. Ce que les gens achètent, ce ne sont pas des produits ou des services : ils achètent une transformation. En d'autres termes, ils achètent l'accès à l'état « Après ». Une offre excellente amène véritablement le client à l'état « Après », et un bon marketing consiste simplement à organiser le passage de l'état « Avant » à l'état « Après » désiré.

Quand une entreprise connaît l'échec, surtout dans ses débuts ou lorsqu'elle pénètre sur de nouveaux marchés, c'est le plus souvent parce qu'elle n'a pas su offrir l'état « Après » auquel les gens désiraient accéder (c'est l'offre qui n'est pas bonne) ou parce qu'elle n'a pas su organiser le passage de l'état « Avant » à l'état « Après » (c'est le marketing qui n'est pas bon).

Il va sans dire qu'exprimer clairement le résultat désiré auquel votre offre permet d'accéder est fondamental au succès de votre marketing. Pour plus de détails sur les états « Avant » et « Après », reportez-vous au Chapitre 1, et concernant le processus d'élaboration d'une offre, voyez le Chapitre 3.

Demander trop aux prospects, et trop tôt

Imaginons qu'un jeune homme élégant entre dans un bar, s'approche de la première jeune femme seule qu'il rencontre, et lui propose tout de suite de l'épouser. Même si celle-ci songe déjà à se marier, et même si le jeune homme lui paraît séduisant au premier abord, elle n'est pas pour autant prête à s'engager dans une relation avec lui, et encore moins à envisager de l'épouser.

Cela semble on ne peut plus évident lorsqu'il s'agit de relations entre des individus, mais il se trouve que dans le domaine du marketing, nous avons trop souvent tendance à proposer un « mariage » de façon prématurée (c'est-à-dire à solliciter un engagement important chez nos prospects). Qu'il s'agisse d'une activité de type entreprise à consommateur (B2C) ou entreprise à entreprise (B2B), en réalité le marketing est d'abord une relation d'être humain à être humain (H2H).

En conséquence, les offres que vous présentez à vos prospects et à vos clients actuels doivent suivre la même logique de progression que les relations normales et saines qui se nouent entre les individus. Les relations humaines évoluent selon un certain processus, et il en est de même des relations entre les entreprises et leur clientèle. Demandez-vous comment vous pourriez structurer les offres que vous présentez à vos prospects et à vos nouveaux leads de manière à faire évoluer la relation.

Ne pas vouloir payer pour obtenir du trafic

Il fut un temps où l'optimisation des moteurs de recherche et les réseaux sociaux ne posaient pas de difficulté et où le trafic gratuit en provenance de plateformes comme Google et Facebook était fiable et abondant. Aujourd'hui, cependant, même si le marketing de recherche et le marketing des réseaux sociaux restent importants, le temps du trafic facile et gratuit est terminé.

Aujourd'hui, un trafic fiable et de bonne qualité sur un site Web est quelque chose qui s'achète et se vend comme les céréales et les carburants. Votre source fiable de carburant pour votre voiture, c'est la station-service où vous payez votre essence. De la même manière, le trafic fiable vers votre site Internet est une marchandise, et si vous voulez faire du marketing sur une certaine échelle, il faut vous rendre là où vous pourrez vous fournir en trafic et en payer le prix. L'Internet ne manque pas de fournisseurs (Google, Bing, Facebook, Pinterest, YouTube et d'autres encore) qui ne demanderont pas mieux que de vous vendre du trafic de bonne qualité au juste prix. Pour plus de détails sur le trafic payant, consultez le Chapitre 10.

Être axé sur un produit

Dans leurs activités de marketing, la plupart des entreprises ont tendance à tout centrer sur le produit. Or, les entreprises qui durent ne se définissent pas par le(s) produit(s) qu'elles vendent. Elles se définissent plutôt par le marché qu'elles servent.

Dans les années 1920, par exemple, une styliste et femme d'affaires française avait fait publier un jour dans le magazine Vogue une photo représentant une simple robe noire. Auparavant, le noir était réservé au deuil. Or, depuis son apparition il y a maintenant un siècle, la fameuse « petite robe noire » est devenue pour beaucoup de femmes un élément incontournable de la garde-robe. La styliste qui avait fait publier cette photo dans Vogue n'était autre que Coco Chanel, la fondatrice de la marque éponyme.

À cette époque, Chanel a vendu beaucoup de « petites robes noires », mais même ce produit emblématique n'a jamais été ce qui définissait l'entreprise. Au contraire, Chanel commercialise une vaste gamme de produits, aussi bien des vêtements et des bijoux que des parfums et des produits cosmétiques, et sa clientèle est constituée des femmes qui aiment les articles raffinés.

Le produit ne fait pas l'entreprise. Déterminez le marché que vous servez, et défendez ce marché en commercialisant les produits ou les services qui répondent aux besoins et aux attentes de vos clients.

Surveiller les mauvais indicateurs

Le marketing digital se prête au suivi, presque à l'excès. Vous pouvez utiliser Google Analytics, par exemple (un programme gratuit) pour suivre les ventes aux visiteurs de votre site Web qui habitent l'Ohio et qui font leurs achats le mardi en utilisant leur iPhone. Il se peut que ces données soient très pertinentes pour votre activité, mais il existe deux indicateurs primordiaux que toute entreprise devrait suivre plus particulièrement : le coût d'acquisition et la valeur moyenne d'un client.

Le coût d'acquisition est la somme que vous devez dépenser pour acquérir un client. Imaginons, par exemple, que vous vendiez des chemises pour hommes et que vous acquériez de nouveaux clients grâce à des annonces sur Facebook. Supposons que d'après vos calculs, l'acquisition de chaque nouveau client vous coûte 40 euros en frais d'annonces. Cela revient à dire que le coût d'acquisition de cette offre est de 40 euros.

Supposons que pour cette même offre de chemises, vous vouliez calculer la valeur moyenne d'un client. Vous pouvez la calculer de plusieurs manières, mais notre préférence est pour le calcul de la valeur immédiate d'un nouveau client. Dans notre exemple, chaque nouvelle vente d'une chemise se traduit par un profit net de 20 euros (recettes moins dépenses), et un nouveau client achète en moyenne deux chemises. Par conséquent, chaque nouveau client représente un profit de 40 euros pour l'entreprise. C'est une bonne chose, car cela signifie que cette entreprise peut acquérir de nouveaux clients avec cette offre et avec cette campagne de marketing au seuil de rentabilité. Toute vente supplémentaire à ces nouveaux clients entraîne un profit supplémentaire pour l'entreprise.

Il y a un temps et un lieu pour se plonger dans les chiffres, mais n'oubliez jamais que le coût qu'implique l'acquisition d'un nouveau client et la valeur moyenne qu'un nouveau client apporte à l'entreprise sont les indicateurs les plus importants à surveiller. Pour plus de détails sur l'analyse des données et les campagnes d'optimisation, référez-vous aux Chapitres 12 et 13.

Mettre tous ses actifs chez autrui

Bien que des réseaux comme Facebook, Twitter et YouTube vous mettent en contact avec des milliards de personnes, consacrer toute votre attention à créer des audiences sur ces plateformes n'est pas sans danger. En effet, ces plateformes changent leurs règles de temps à autre, et ces changements ne sont pas toujours à votre avantage.

Occupez-vous plutôt de créer des actifs sur vos propres médias, en particulier votre liste de diffusion. Bien sûr, vous devez absolument créer des liens sur de grands réseaux comme Facebook, Twitter et YouTube, mais essayez de faire migrer ces liens vers un actif sur lequel vous détenez davantage de contrôle. Pour plus de détails sur les campagnes d'e-mails, consultez le Chapitre 11.

Se préoccuper de la quantité plutôt que de la qualité du contenu

À vrai dire, l'Internet n'a pas besoin d'un nouvel article de blog, d'un nouveau podcast, ni d'une nouvelle vidéo sur YouTube. La quantité de contenu qui s'ajoute chaque jour au Web a fait couler beaucoup d'encre, et cette quantité est effectivement impressionnante. Les flux sur les réseaux sociaux et les boîtes de réception débordent de contenu.

Cela dit, il n'existe pas suffisamment de contenu remarquable sur Internet et si vous êtes en mesure d'en fournir, ce sera profitable pour vous. Plutôt que de publier dix nouveaux articles de blog au cours du prochain mois, consacrez la même quantité d'effort à rédiger un seul article qui soit remarquable. Ensuite, amorcez la pompe en achetant du trafic, afin d'avoir des visites. À propos du trafic payant, consultez le Chapitre 10.

Ne pas mettre en phase les objectifs du marketing et les objectifs de ventes

S'il existe dans votre entreprise un service de marketing et un service commercial, vous savez qu'il peut facilement exister des divergences de vues entre ces deux équipes. Si elles se chamaillent, c'est tout simplement parce que leurs objectifs ne sont pas les mêmes. Le service de marketing se préoccupe de « sensibiliser » le public, tandis que les commerciaux ne se soucient que de réaliser des ventes. Les gens du marketing sont agacés de voir que les livraisons ne peuvent pas être à la hauteur des promesses exagérées des commerciaux, et ces derniers reprochent aux premiers de se préoccuper de leads qui ne sont pas prêts à acheter, et de ne pas leur en fournir suffisamment.

Pour remédier à une telle situation, il faut réunir le marketing et les ventes sur une même page, au sens propre comme au sens figuré.

Il faut que les deux services comprennent qu'ils occupent des fonctions différentes au sein d'une même équipe et que l'objectif n'est ni de sensibiliser un public ni de réaliser des ventes, mais plutôt d'avoir des clients heureux. Pour atteindre cet objectif, le marketing doit accroître la notoriété de l'entreprise et générer des clients potentiels, et les commerciaux doivent conclure avec ces derniers, mais si l'expérience client n'est pas enthousiasmante, alors tout le monde est perdant.

Se laisser distraire par ce qui brille

Cette erreur, plus que n'importe quelle autre, cause la perte des entreprises qui exercent leur activité commerciale en ligne. Dans ce secteur d'activité en évolution rapide, de nouveaux canaux, de nouveaux outils et de nouvelles méthodes font leur apparition tous les jours et le mieux, pour vous, est de les ignorer. Comme nous le mentionnons au Chapitre 1, le marketing digital, ce n'est pas tant du « digital » que du « marketing ».

Plutôt que de vous laisser distraire par la nouveauté, concentrez-vous sur ce qui a toujours fonctionné. Cherchez à acquérir de nouveaux clients grâce à des offres judicieusement élaborées et appuyez ces efforts d'acquisition sur un contenu de bonne qualité et sur une bonne stratégie de captation de trafic. Privilégiez l'amélioration de votre suivi par e-mails (Chapitre 11) ainsi que l'évaluation de vos campagnes (Chapitre 12) et leur optimisation (Chapitre 13).

Dans tous les cas, ne tardez pas. Commencez à mettre en pratique les principes de base enseignés dans ce livre, et apprenez au fur et à mesure. Ce qui est bien avec le marketing dans un environnement numérique, c'est que presque rien de ce que vous faites n'est permanent. Pratiquement chaque campagne que vous lancez peut être modifiée en quelques clics de souris. Laissez vos concurrents se ruer sur la « dernière révélation », et concentrez-vous sur les éléments fondamentaux.

Chapitre 15

Dix compétences en marketing digital à acquérir

DANS CE CHAPITRE

- **Les compétences dernier cri dans le marketing digital aujourd'hui**
- **Des intitulés de postes et des descriptions de postes recherchés dans le domaine du marketing digital**
- **Les moyennes de salaires dans les métiers du marketing digital**

Né dans un monde d'innovation permanente, de plateformes changeantes et de stratégies d'avant-garde, le marketing digital jouit du privilège unique de perdurer sur le marché de l'emploi. Peut-être cherchez-vous à acquérir une spécialisation qui ne risque pas de devenir obsolète. Peut-être travaillez-vous déjà dans le marketing digital, et vous vous demandez si votre emploi résistera à l'épreuve du temps, ou quelles peuvent être vos perspectives de carrière.

On peut dire que dans le marketing digital, plus que dans n'importe quel autre secteur, votre carrière dépend plus de vos compétences que de l'intitulé de votre poste. Si vous avez des compétences (ou au minimum une forte motivation à apprendre), vous aurez toujours de quoi étoffer votre curriculum vitae. Ce chapitre est consacré aux compétences en marketing digital, ainsi qu'aux emplois et aux salaires possibles dans ce secteur.

Le marketing de contenu

Les origines du marketing de contenu remontent à 1895, avec un magazine publié par John Deere et dont le nom était The Furrow. Ce magazine était destiné à montrer aux agriculteurs comment dégager des profits, et pour faire bonne mesure, il comportait de belles photos des plus récents modèles de machines agricoles. Il est toujours publié aujourd'hui, ce qui en dit long sur la durabilité de ce savoir-faire particulier.

L'utilisation d'un contenu dans le cadre d'une stratégie de marketing digital est très propice au développement d'une carrière. Non seulement il faut des compétences pour créer et distribuer un contenu intéressant sur une variété de plateformes, mais ce contenu doit être conçu pour attirer un public cible spécifique et pour inciter les gens à effectuer une action mesurable (comme par exemple acheter un tracteur). Le domaine du marketing digital recèle une grande variété de types de contenus : des articles de blog qui servent à segmenter le public potentiel, des podcasts qui instruisent et font connaître l'enseigne, des publications sur les réseaux sociaux, des infographiques, et même des livres électroniques qui font découvrir votre entreprise et vos offres. Cela ne s'arrête pas là. Les créateurs de contenu produisent aussi des ressources éducatives, des enquêtes et des webinaires qui permettent aux prospects d'évaluer leurs choix. Les créateurs de contenu trouvent et diffusent des témoignages de clients et rassemblent des fiches techniques pour inciter les prospects à prendre des décisions d'achat.

Imaginons à présent que tous ces éléments de contenu concourent à inciter les gens qui ont fait connaissance avec votre enseigne à vous acheter quelque chose. Tous ces efforts relèvent du marketing de contenu, qui consiste à constituer de façon stratégique d'excellentes ressources permettant de faire d'une personne qui n'a jamais entendu parler de votre entreprise ni de vos produits un acheteur, et même un supporteur de votre enseigne. En acquérant des compétences en marketing de contenu, vous vous ouvrirez des portes et accéderez à toutes sortes d'opportunités dans le domaine du marketing digital.

Journaliste d'entreprise

Les brand journalists, ou journalistes d'entreprise, sont spécialisés dans la production d'une variété de médias qui font la promotion d'une enseigne auprès de la clientèle de celle-ci. On pourrait assimiler cette activité à un journalisme interne à une entreprise, sauf que l'objectif est de générer des leads et des ventes. Ainsi, par exemple, les journalistes d'entreprise cherchent souvent comment les clients d'une entreprise utilisent ses produits, et ils en font un compte-rendu intéressant pour convertir les leads en acheteurs.

Les meilleurs journalistes d'entreprise présentent certaines qualités personnelles particulières. Ils adoptent généralement une approche stratégique et se montrent capables d'adapter un contenu à la stratégie globale de contenu de l'entreprise. Ils doivent être capables de raconter un certain nombre de faits ou d'anecdotes sous une forme inédite et de façon intéressante sur une variété de plateformes : blogs, vidéos, podcasts, etc. Ils doivent souvent respecter des dates butoirs, et savent donc s'organiser. Le salaire d'un journaliste d'entreprise est généralement compris entre 25 000 et 40 000 euros par an.

Directeur de publication

Pour qui veut se lancer dans le marketing de contenu, c'est là une autre possibilité de métier « dans le vent ». Le directeur de publication, comme le journaliste d'entreprise, s'occupe de la publication au jour le jour d'histoires et de récit à l'échelle d'une entreprise. Il n'est pas toujours la principale source du contenu produit, mais il est responsable de la programmation, de la publication et de la cohérence générale des efforts de marketing de contenu. Il est souvent en quête d'auteurs d'articles de blog ou d'invités pour des interviews en podcast.

Ce travail exige donc une bonne organisation. Le responsable de publication doit jongler entre les projets, les personnes et les dates butoirs. Il doit aussi faire preuve d'adaptabilité. Il arrive qu'un auteur ne remette pas son texte dans les délais, ou qu'un article soit refusé : un bon responsable de publication doit être capable de faire face à des changements de dernière minute. Souvent, il s'agit aussi de traiter avec des créateurs de contenu extérieurs à l'entreprise, aussi est-il indispensable de faire comprendre clairement à des tiers extérieurs quels sont les objectifs de l'entreprise en termes de contenu. Un responsable de publication peut espérer gagner entre 30 000 et 70 000 euros par an.

Responsable de marketing de contenu

Le responsable de marketing de contenu dirige l'équipe chargée du contenu et fait en sorte que tous les contenus soient en phase avec la stratégie globale de marketing. Il est responsable de la gestion du contenu, de l'approbation du design, et du développement des ressources et de l'audience.

Les gens qui exercent cette activité sont des créatifs : ils ne s'occupent pas uniquement de la technique du marketing de contenu, ils mettent aussi à l'œuvre leurs talents pour compléter les contenus et pour les adapter à de nouvelles plateformes. Ils ont aussi la responsabilité de déléguer les tâches, de répartir le travail entre leurs différents collaborateurs et de gérer les priorités. Compte tenu des exigences habituelles de délais, une expérience dans la gestion de projets est également nécessaire pour réussir à ce poste. Un responsable de marketing de contenu gagne généralement entre 40 000 et 90 000 euros par an.

L'achat média et l'acquisition de trafic

L'achat de trafic est un élément essentiel de la stratégie de marketing, sachant que le trafic payant est une source abondante et fiable de trafic pour vos offres. Si vous savez comment rendre une entreprise rentable, vos compétences sont recherchées. L'achat média consiste à négocier, acheter et gérer de l'espace publicitaire, et dans le domaine du marketing digital, cela suppose que l'on sache comment générer le plus de leads et de ventes au meilleur prix possible.

Un responsable d'achat média compétent sait que le trafic payant est un système permettant de créer des relations avant de vendre. Il doit s'être familiarisé aux techniques de recherche en marketing pour pouvoir placer ses annonces sur la bonne plateforme et les adresser à la bonne audience. Ses compétences doivent couvrir diverses formes de publicités : search advertising, placard publicitaire, publicité native, publicité mobile, vidéo et publicité par des tiers. Il sait quand et comment utiliser les pixels dans les campagnes de publicité et il est expert dans la transformation de données brutes en indicateurs utiles comme la valeur moyenne d'un client, le coût d'acquisition, etc. Il sait concevoir une campagne d'annonces efficace en conjonction avec un travail de marketing de contenu.

L'achat média étant un élément important de toute stratégie de gestion du trafic, les entreprises investissent beaucoup dans cette partie de leur activité. Une bonne stratégie de publicité payante est essentielle dans le domaine du commerce électronique.

L'acquisition de médias peut être désignée par plusieurs termes, comme achat média ou planification de médias numériques, mais la description du poste ne change pas : il s'agit d'élaborer une stratégie de publicité payante et de savoir la mettre en œuvre sur une variété de canaux numériques. Le responsable d'achat média gère les campagnes du début à la fin et doit prendre en charge des budgets et des clients. Il recherche constamment de meilleurs moyens de rentabiliser le plus possible les campagnes de marketing.

Un bon spécialiste de l'acquisition de trafic distingue bien les différences que peuvent présenter entre elles les plateformes de publicité digitale et se tient constamment au courant de leur évolution et de leurs conditions d'utilisation. Il fonde ses décisions sur des données concernant le budget, le rendement du capital investi (RCI), le CPC (coût par clic) et le clic payant, et il surveille l'évolution de tous ces paramètres. L'achat de trafic s'inscrit nécessairement dans une stratégie, et les spécialistes de l'acquisition ont une connaissance approfondie de la structure et du déroulement des campagnes d'annonces qui sont fondées sur des objectifs commerciaux spécifiques. Le salaire annuel d'un spécialiste de l'acquisition de trafic peut varier entre 30 000 et 55 000 euros.

Le marketing de recherche

L'optimisation des moteurs de recherche n'appartient pas au passé, seulement elle a changé. Grâce aux nouveaux algorithmes de Google Panda et de Penguin, les anciennes règles ne sont plus applicables. Aujourd'hui, pour être référencés (et pour conserver leur référencement), les administrateurs des sites Web doivent mettre en avant l'expérience utilisateur plutôt que des variables traditionnelles comme les liens et la densité de mots-clés.

Dans le monde du marketing, les spécialistes de l'optimisation savent concevoir et mettre sur pied des campagnes de marketing de recherche qui permettent à leur entreprise de se développer. Ils savent que la recherche doit être optimisée pour une utilisation sur des appareils mobiles, et ils savent comment optimiser le contenu pour une grande variété de moteurs de recherche, de Google à YouTube en passant par Bing et Google Maps. Ils maîtrisent l'aspect technique du marketing et emploient des techniques adaptées aux conditions d'utilisation des moteurs de recherche pour accroître le rendement du capital investi grâce à des stratégies de recherche.

L'intitulé de poste correspondant est par exemple OMR (optimisateur des moteurs de recherche, ou spécialiste en OMR). L'OMR mène la stratégie globale de référencement naturel et d'amélioration de la visibilité des sites Web, il assure la croissance du trafic en provenance des publics cibles et facilite la génération de leads qualifiés et de ventes. Il sait surveiller le contenu des articles de blog, des podcasts et des vidéos sur YouTube et emploie des méthodes conformes aux conditions d'utilisation de grands moteurs de recherche comme Google et Bing. Il veille à la bonne performance des sites Web, notamment dans le domaine du partage social, de la vitesse de chargement des pages et d'autres questions techniques liées au marketing de recherche.

Cette activité suppose un souci du détail, utile notamment pour identifier les possibilités de croissance du trafic de recherche de contenu et de produits en se fondant sur l'analyse. Les spécialistes de ce domaine sont aussi des chercheurs, et ils sont constamment à l'affût des plus récentes règles et directives relatives aux moteurs de recherche, pour pouvoir adapter la stratégie en conséquence. Ils fondent leurs décisions sur l'analyse des données. Ils assurent aussi le suivi d'indicateurs et veillent à l'amélioration continue de la stratégie d'optimisation. Leur salaire annuel varie entre 28 000 et 50 000 euros.

Le marketing des réseaux sociaux

Le marketing des réseaux sociaux est un des domaines de compétence les plus recherchés, du côté des entreprises qui mettent en place des stratégies de marketing digital. Depuis l'essor de leur popularité au début des années 2000, les réseaux sociaux sont devenus une force irrépressible que les entreprises exploitent pour se faire connaître et canaliser le trafic vers leurs sites Web, générer des leads et des ventes, et établir un lien direct avec leur audience et leur communauté. Il peut arriver qu'une grande plateforme de réseaux sociaux connaisse une récession (désolé, Myspace), mais il est difficile de trouver quelqu'un qui ne pense pas raisonnablement que les réseaux sociaux sont là pour durer, ce qui signifie que les stratégies de marketing sur les réseaux sociaux ont elles aussi un avenir.

Les spécialistes compétents du marketing sur les réseaux sociaux savent comment positionner au mieux un contenu, quelle que soit la plateforme : ils savent quoi présenter à quelle audience. En général, ils ont aussi la responsabilité de gérer des listes et de créer des liens sur les réseaux sociaux avec d'autres leaders du secteur susceptibles d'aider leur entreprise à se développer. Ils savent être à l'écoute des besoins et des préoccupations des clients, et assurent l'interface avec ceux qui doivent créer des contenus pertinents et des produits répondant à ces besoins. Souvent, ils s'occupent de la sensibilisation et veillent à ce que celle-ci ne soit pas perçue comme une activité intrusive ou comme un battage publicitaire. Ils travaillent à affirmer la présence de l'entreprise sur les réseaux sociaux, entretiennent des échanges dynamiques avec leur audience et s'emploient à créer une communauté autour de l'enseigne.

Le marketing sur les réseaux sociaux consiste donc à être à l'écoute, à créer et entretenir des liens sur des réseaux, à exercer une influence, et à vendre. Il s'agit d'exploiter les ressources de contenu de l'entreprise et de veiller à ce que le message soit accessible, engageant, et adapté aux différents réseaux sociaux.

Le responsable des médias sociaux gère du contenu en s'appuyant sur des données et il est le porte-parole de son entreprise sur des sites comme Facebook, Twitter, LinkedIn, ou tout autre site sur lequel l'entreprise assure une présence en ligne. Il assure le bon fonctionnement de la communication sur ces canaux en créant et en programmant un contenu tel que photos, vidéos et images. Il mesure le RCI en fonction des mentions « J'aime » et autres indicateurs, de l'audience, de l'engagement, des leads obtenus et des ventes réalisées.

Entre autres qualités, un bon gestionnaire de médias sociaux doit être imaginatif. Compte tenu de la création d'un contenu abondant destiné à des plateformes variées, la capacité d'adapter ces mêmes informations à différents types de contenu est essentielle. La facilité à écrire dans un style familier est également importante. Il ne faut pas que tous vos messages ressemblent à de la publicité. Les responsables de médias sociaux savent comment procéder. Outre la créativité, ils justifient de compétences en analyse. Ils peuvent calculer leur prochaine action sur la base de données brutes. Leur salaire annuel est compris entre 20 000 et 45 000 euros.

La gestion communautaire

De nombreuses entreprises se lancent dans la gestion communautaire pour faire progresser la relation client au-delà d'une simple relation entre acheteur et vendeur. Les communautés en ligne sont des groupes de personnes qui nouent entre elles des relations autour d'un vif intérêt commun : votre enseigne, vos produits, vos collaborateurs ou votre mission. Grâce à l'Internet, vous pouvez facilement trouver et entrer en relation avec des gens qui partagent vos centres d'intérêt, et la gestion communautaire est une activité en plein essor, destinée à créer un environnement favorable aux contacts entre passionnés et à faciliter, encourager et renforcer ces relations.

Les compétences en matière de gestion communautaire s'enracinent dans la psychologie comportementale et sociale, et elles consistent surtout à guider et influencer le comportement collectif et à faciliter le développement des relations. Les professionnels dans ce domaine du marketing digital savent que la constitution d'une communauté est une entreprise de longue haleine et que le retour sur investissement peut demander des mois, sinon des années de travail sans relâche. En l'occurrence, il s'agit de développer des relations, non seulement entre l'entreprise et sa clientèle, mais aussi entre les clients. Or, le développement des relations demande du temps, et un espace de sécurité est nécessaire pour cela. Les communautés en ligne servent à un certain nombre de fins, qu'il s'agisse d'accroître les taux de rétention, de réduire le nombre de réclamations, d'identifier les insuffisances d'un produit ou d'un contenu, mais le résultat final est le même : une plus grande fidélisation, davantage de promoteurs de l'enseigne, une clientèle plus satisfaite, et un accès direct aux expériences des clients.

Dans ce domaine, la fonction de gestionnaire de communauté consiste à combler le fossé entre l'entreprise et sa clientèle. Alors que le marketing sur les réseaux sociaux consiste à cultiver une image séduisante de l'enseigne et à susciter l'engagement des prospects sur des plateformes variées, la gestion de communauté consiste à cultiver et renforcer les relations humaines que sous-tend la communication sur les réseaux sociaux. Être à l'écoute des « tribus » qui se rassemblent en ligne autour de l'entreprise et de ses produits et jouer le rôle de modérateur font partie des responsabilités courantes dans cette activité. Le gestionnaire de communauté doit exceller dans la défense des intérêts du consommateur comme de ceux de l'enseigne.

Par conséquent, quelles sont les qualités qui permettent de réussir à ce type de poste ? Le gestionnaire de communauté doit briller avant tout par son empathie. On ne saurait exagérer l'importance qu'il y a communiquer l'empathie auprès de la communauté en question. Sachant qu'une activité sur les réseaux sociaux peut aussi demander beaucoup de temps, un gestionnaire de communauté doit être capable de bien gérer son temps et ses priorités. Il doit aussi entretenir des relations enrichissantes avec les membres de la communauté dont il a la charge et avec divers membres des équipes internes de son entreprise, afin de pouvoir représenter efficacement les intérêts des clients. Son salaire annuel est compris entre 28 000 et 55 000 euros.

Le marketing vidéo et la production vidéo

Le marketing vidéo est un créneau dans la stratégie de marketing de contenu, mais qu'on ne s'y trompe pas : rien n'est plus parlant qu'une vidéo, et les entreprises l'ont bien compris. Le marketing vidéo est une spécialisation qui n'est pas près d'être passée de mode, sachant que le meilleur moyen de communiquer une chose est de la montrer. De nouvelles fonctionnalités comme YouTube Cards et Facebook Video rendent la vidéo plus intéressante et plus accessible que jamais. La maîtrise des stratégies en matière de marketing vidéo est indispensable dans le domaine du marketing digital.

Les spécialistes du marketing vidéo savent exploiter les interviews, les témoignages, les démonstrations et autres méthodes de narration de manière à répondre aux besoins du public cible. Ils passent en revue les plateformes et les applications disponibles et veillent à ce que le contenu soit sur le bon canal. Ils doivent aussi optimiser la vidéo pour les moteurs de recherche en utilisant des descriptions et des tags avec des mots-clés, et avoir une connaissance approfondie du montage vidéo, de la production et de l'animation, afin d'être capables de présenter un produit de communication de la manière la plus attractive.

Le marketing vidéo est une des stratégies de marketing digital les plus utiles, et c'est un savoir-faire technique, analytique et créatif qui est recherché. Être capable d'exploiter la narration visuelle de manière à renforcer un sentiment d'appartenance et des niveaux d'engagement et comprendre comment tous ces aspects s'articulent pour former un entonnoir de marketing, c'est là une compétence précieuse que les entreprises recherchent activement.

Spécialiste de la production vidéo

Si vous recherchez un emploi de spécialiste de la production vidéo, vos responsabilités concerneront l'aspect technique du marketing vidéo. Les spécialistes de la production dirigent, organisent et facilitent les projets vidéo de l'entreprise. Leur travail consiste à planifier le contenu, à filmer, monter, mixer, compresser, prendre en charge les autres aspects de la préparation physique du contenu et mettre celui-ci à la disposition du public.

Un spécialiste de la production doit être capable, à partir d'une idée, de créer une narration visuelle convaincante. Il travaille souvent dans des délais stricts, et doit donc être capable de gérer ses projets efficacement. Les meilleurs spécialistes de la production sont aussi des gens avenants, sachant qu'une personnalité communicative peut faire des merveilles, même avec des sujets difficiles à gérer. Le salaire annuel d'un spécialiste de la production vidéo est compris entre 30 000 et 56 000 euros.

Responsable du marketing vidéo

À l'instar des spécialistes de la production, les responsables du marketing vidéo s'occupent généralement des aspects techniques de la création de contenu, avec la responsabilité supplémentaire de la communication de la valeur unique du contenu au public cible. Ils s'occupent de la fréquence des publications, des aspects analytiques et ils déterminent la destination précise du contenu vidéo dans l'entonnoir du marketing de contenu.

Les meilleurs responsables de marketing vidéo sont axés sur les méthodes et les recherches et demeurent à la pointe des connaissances techniques. Leur approche stratégique de la création de contenu vidéo leur permet de savoir dans quelle partie de l'entonnoir leur contenu va se retrouver. Le marketing vidéo implique aussi des recherches approfondies en vue de garantir que le bon message sera bien présenté aux bons destinataires. C'est grâce à une attention constante aux dernières nouveautés en matière d'outils, de techniques, de plateformes et de fonctionnalités que l'on s'assure que les vidéos seront toujours affichées de la meilleure façon possible. Le salaire annuel d'un responsable du marketing vidéo est compris entre 30 000 et 55 000 euros.

La conception et le développement de sites Web

De plus en plus souvent, c'est sur le site Web de l'entreprise que les prospects se font leur première impression de l'enseigne. Un site Web bien conçu et de qualité professionnelle peut générer des leads et des ventes à un rythme plus soutenu qu'un site mal conçu. Compte tenu du nombre toujours plus important de personnes qui accèdent à l'Internet à partir d'un appareil mobile ou d'une tablette électronique, il existe aujourd'hui un plus grand besoin de concepteurs et de développeurs bien formés, capables d'appréhender l'impact des technologies mobiles sur la navigation sur Internet.

Développeur front-end

Les développeurs front-end veillent au bon fonctionnement des sites Web et autres actifs numériques de l'entreprise du côté de l'utilisateur. Ils analysent les éléments du design des sites Web et recommandent des solutions techniques aux projets. Ils analysent aussi le code de programmation et les systèmes de débogage lorsque quelque chose ne fonctionne pas. En un mot, les développeurs front-end créent, mettent à jour et corrigent les pages Web afin que vos prospects, vos clients et vous-même ayez une excellente expérience sur votre site.

Pour les développeurs front-end, la performance technique est un « must ». Ils doivent avoir une connaissance approfondie des langages de programmation, du HTML, de CSS, et de JavaScript. Ils doivent savoir s'adapter, en particulier lorsqu'il s'agit d'adopter la nouvelle version d'un logiciel. Il est aussi souhaitable d'avoir de bonnes notions de gestion de projet, afin de pouvoir traiter des demandes et répondre à des exigences, tout en satisfaisant à des objectifs de dates et de qualité. Un développeur front-end peut gagner entre 25 000 et 50 000 euros par an.

Développeur back-end

Les développeurs back-end programment et entretiennent la structure du site Web de l'entreprise ainsi que d'autres actifs numériques. Dans les coulisses, ils construisent le site, coordonnent les pages, les formulaires, les fonctionnalités et les bases de données et font en sorte que tout cela fonctionne de façon harmonieuse.

Les développeurs back-end ont une bonne connaissance de langages comme PHP, Ruby ou Python. Ils ont une connaissance approfondie de JavaScript et d'environnements logiciels comme WordPress ou Drupal, et une connaissance de base des configurations de serveurs Web. Étant souvent le dernier maillon de la chaîne dans un projet, ils doivent faire preuve de créativité et être en mesure de régler des problèmes qui n'avaient pas été anticipés au cours du développement. Le salaire d'un développeur back-end est compris entre 28 000 et 100 000 euros par an, une fourchette évidemment très élargie qui s'explique par les importantes différences de responsabilité entre le niveau d'un développeur junior et celui des développeurs les plus expérimentés.

Le marketing électronique

Le marketing électronique n'est pas une nouveauté, mais bien un domaine qui perdure. Le courrier électronique reste en effet la méthode de vente la plus rentable dans le domaine du marketing digital, ce qui signifie que plus vous êtes compétent en marketing, plus vous avez d'avenir dans cette branche. Dans cette spécialité, il s'agit de maîtriser la stratégie qui sous-tend l'automatisation des envois d'e-mails à chaque étage de l'entonnoir et de connaître l'importance des titres et autres accroches. Pour réussir dans cette activité, il faut être capable de mesurer et d'analyser les taux de clics, les taux d'ouverture, les taux de conversion, la délivrabilité, l'engagement, les tendances et les anomalies. Il faut être capable de coordonner la programmation du courrier électronique et des ressources de campagne comme les images et les textes.

Rédacteur publicitaire

Sauriez-vous rédiger un contenu intéressant et convaincant qui inciterait le lecteur à agir immédiatement ? Pour obtenir des réponses directes, il faut avoir assimilé la méthodologie permettant d'obtenir que les prospects agissent immédiatement après avoir lu l'e-mail et être capable de trouver un titre irrésistible grâce auquel le destinataire se hâtera d'ouvrir l'e-mail pour le lire.

Un rédacteur publicitaire doit montrer son pouvoir de persuasion, sachant que le texte d'un e-mail de marketing doit être conçu pour influencer le lecteur et le pousser à l'action. Les bons rédacteurs publicitaires connaissent bien leur audience : ils savent comment faire réagir les destinataires (et ils savent quoi écrire pour que ces derniers cliquent). Ce sont aussi des narrateurs accomplis, qui excellent dans l'exploitation d'éléments factuels sous forme de texte captivant. Leur salaire annuel est généralement compris entre 30 000 et 65 000 euros.

Analyste de marketing électronique

Responsables des campagnes de marketing électronique du début à la fin, les analystes de marketing (parfois appelés spécialistes du marketing électronique) assurent une grande partie de la coordination des campagnes au jour le jour, notamment les calendriers promotionnels, la planification et la mise en œuvre, et la résolution des éventuels problèmes qui peuvent se poser en cours de route.

Le sens de l'organisation est nécessaire dans ce métier, car il faut être en mesure de gérer plusieurs campagnes à la fois. L'attention au détail est également essentielle. La capacité de réviser attentivement le contenu des e-mails est toujours appréciée. Ces analystes doivent aussi examiner une grande quantité de chiffres et prendre des décisions de façon méthodique, informée et en s'appuyant sur les bonnes données. Dans cette spécialité, vous pouvez espérer un salaire annuel compris entre 40 000 et 65 000 euros.

L'analyse de données

Dans ce domaine du marketing, il s'agit de prendre des décisions à partir de données plutôt qu'en se fondant sur son intuition. La capacité de déterminer les indicateurs essentiels que l'entreprise doit surveiller, de les recueillir et de les analyser fait partie de cet ensemble de compétences indispensables dans un secteur d'activité où l'on procède à des changements et à des ajustements en fonction de ce que les chiffres indiquent.

Nombreux sont ceux qui éprouvent des réticences à se lancer dans l'analyse de données, car tous ces chiffres à étudier et à comprendre peuvent être décourageants. L'analyste ne doit pas seulement se plonger dans les chiffres, il doit aussi savoir quelles questions poser en vue de pouvoir interpréter correctement l'information. Il doit produire des rapports qui soient précis et faciles à comprendre, à destination de ses employeurs, de la clientèle et des autres parties concernées. De nos jours, il ne suffit pas de savoir où trouver les chiffres : il faut encore en comprendre la signification. L'interprétation correcte des données permet à votre entreprise de se développer, de disposer d'un bon aperçu de la situation et d'éviter de ne se fier qu'à l'intuition.

Analyste de données

Les analystes de données ont la responsabilité de rassembler et d'interpréter une variété d'informations chiffrées. Ils recherchent de nouvelles méthodes de collecte des données, analysent l'information et en tirent des conclusions. Ils trouvent de nouvelles sources de données et développent ou améliorent des méthodes de collecte, d'analyse et de présentation de rapports. L'analyse consiste généralement à identifier des relations et des types de comportement susceptibles d'influencer les décisions en marketing. Ils travaillent principalement sur des données et des rapports générés par des programmes.

Les analystes de données maîtrisent des logiciels comme Excel, Access, SharePoint ainsi que les bases de données SQL, et des outils spécifiques comme les logiciels de gestion de relation clients, Google Analytics, les plateformes de commerce électronique, etc. Les bons analystes ont l'œil pour les détails qui peuvent permettre de relier les fluctuations des indicateurs à des événements particuliers ou à des initiatives spécifiques de l'entreprise. Un analyste de données gagne entre 28 000 et 65 000 euros par an.

Data engineer

Les data engineers (parfois appelés ingénieurs de l'information) sont spécialisés dans la collecte et l'analyse des données brutes, et doivent également réaliser des systèmes de suivi et d'affichage des données. Ils développent, réalisent, testent et administrent des bases de données et des systèmes de traitement des données, et bien souvent ils appliquent leurs propres algorithmes et modèles prédictifs et filtrent les informations pour les besoins de l'analyse. Ils travaillent sur des données brutes pour en extraire des informations exploitables et font en sorte que ces informations puissent être affichées sous un format qui en facilite la compréhension.

C'est certes assez technique. Les data engineers travaillent souvent en collaboration avec leurs collègues informaticiens, mais des compétences en langage de script et en développement de logiciels spécifiques, ainsi que la capacité de s'adapter aux nouvelles technologies, sont très souhaitables pour ce type d'emploi. Un esprit ordonné est souhaitable également : il faut souvent travailler sur des ensembles de données non structurées et des bases de données qui ne sont pas intégrées. Un data engineer peut espérer gagner entre 50 000 et 90 000 euros par an.

Data scientist

Les data scientists sont spécialisés dans la collecte et l'analyse de données provenant de sources variées et dans la formulation d'hypothèses. Leur rôle est d'éviter que l'entreprise ne prenne ses décisions sur la base de données incomplètes, et ils doivent identifier les relations et les types de comportements en comparant des séries de données provenant de canaux différents.

Les data scientists doivent être capables de maîtriser un haut niveau de complexité des données et faire preuve d'un esprit analytique aiguisé. De bonnes compétences techniques sont aussi nécessaires, car un data scientist doit pouvoir gérer une grande quantité de données en utilisant des codes. Le salaire annuel d'un data scientist est généralement compris entre 35 000 et 80 000 euros.

Les tests et l'optimisation

Le marketing fait partie des sciences sociales. Il consiste à faire des essais, examiner les résultats et en tirer des conclusions, puis procéder aux changements nécessaires. Dans le monde du digital, les entreprises les plus avisées cherchent à obtenir davantage de ce qu'elles ont déjà, une activité appelée optimisation du taux de conversion (OTC). C'est ce qui explique que la spécialisation dans les tests et l'optimisation ait le vent en poupe dans ce secteur.

L'OTC est de plus en plus à la mode et représente un besoin important dans le monde du marketing chez tous ceux qui savent quoi tester, comment tester et quelle est la meilleure manière d'analyser les résultats. L'optimisation est la méthodologie qui consiste à rendre les sites Web et les pages d'atterrissage aussi fonctionnels et performants que possible. C'est bien ce que signifie optimiser (et ré-optimiser). On comprend que ce soit une compétence importante, recherchée par les entreprises.

Les compétences en matière de test et d'optimisation comprennent l'aptitude à rechercher ce qui se fait de mieux pour l'optimisation d'un site Web et la capacité d'appliquer des tests A/B et des tests à plusieurs variables aux fonctionnalités des pages d'atterrissage, sites et autres ressources Web. Les spécialistes de l'optimisation ont une compréhension approfondie de la relation de cause à effet des conversions, et ils savent quels indicateurs il convient de suivre à chaque étage de l'entonnoir de marketing. Ils font en sorte que les pages Web engendrent des conversions et que les prospects répondent à l'appel à l'action. Quand les conversions sont nombreuses, les entreprises sont satisfaites !

La concurrence étant forte dans le secteur du commerce électronique, l'optimisation d'un site Web est une priorité majeure. Dans ce domaine d'activité, l'optimisation des sites Web est une spécialité qui consiste à veiller à la rapidité du chargement des pages, à optimiser les campagnes de marketing et à garantir la facilité d'utilisation de toutes les ressources Internet de l'entreprise.

Un bon spécialiste doit être curieux de nature, se demander pourquoi les choses fonctionnent d'une certaine manière plutôt qu'une autre, et être capable de déceler la cause d'un problème et de trouver des solutions créatives. Il doit aussi être à l'affût de nouvelles méthodes créatives permettant d'augmenter les taux de conversion et d'améliorer l'ergonomie des sites Web. Il doit donc avoir un esprit novateur. Un spécialiste de l'optimisation gagne entre 50 000 et 75 000 euros par an.

Chapitre 16

Dix outils essentiels pour réussir une campagne de marketing digital

DANS CE CHAPITRE

» **Les outils d'une campagne de marketing digital**

» **Choisir le bon outil**

Savoir utiliser le bon outil au bon moment pour la bonne tâche est la clé du succès de votre campagne de marketing digital. Compte tenu de la place qu'occupent l'ordinateur et l'Internet dans votre activité, il est normal que vous disposiez des logiciels et des applications dont vous risquez d'avoir besoin. Cependant, la surabondance d'outils à votre disposition est à la fois une bonne et une mauvaise chose, car le choix est parfois difficile.

Chez DigitalMarketer, nous testons un grand nombre d'outils. Nous sélectionnons les plus performants, et nous nous en servons pour développer nos activités. Dans ce chapitre, nous vous présentons les dix types d'outils dont vous avez besoin pour vos campagnes de marketing digital, et plus précisément, nous vous indiquons lesquels conviennent pour chaque tâche.

Créer un site Web

Dans les premiers temps de l'Internet, il fallait créer les sites Web ex nihilo, avec un code personnalisé. Aujourd'hui, même la personne la plus profane en la matière peut créer et publier des textes, des images, des vidéos ou des séquences audio sur le Web à l'aide d'un système de gestion de contenu (SGC), c'est-à-dire d'une application logicielle servant à gérer le contenu numérique et l'ergonomie d'un site Internet. Dans la création d'un site, le choix le plus important à faire est celui du SGC à utiliser.

Les meilleurs SGC sont :

- **Intuitifs :** avant tout, un SGC doit être facile à utiliser, même pour les non-initiés.
- **Adaptés à l'indexation par les moteurs de recherche :** le SGC doit structurer le site Web de telle sorte que les moteurs de recherche y accèdent facilement.
- **Adaptés à une utilisation mobile :** de plus en plus, vos clients et vos prospects accèdent à l'Internet en utilisant des appareils mobiles, par conséquent votre SGC doit permettre une visualisation facile sur ces appareils.
- **Modulaires :** votre SGC doit être capable d'ajouter une fonctionnalité, par exemple un calendrier d'activités ou des boutons de partage social.
- **Multi-utilisateurs :** votre SGC doit vous permettre d'ajouter des utilisateurs et de contrôler le niveau d'autorisation qui leur est attribué pour procéder à des changements sur votre site.
- **Sécurisés :** bien qu'il n'y ait pas de garanties de sécurité, votre SGC doit être aussi résistant que possible aux tentatives de piratage et d'infection.

Vous trouverez ci-après plusieurs SGC que nous vous recommandons.

WordPress.org

www.wordpress.org

Cette plateforme gratuite, en open source, a d'abord été une plateforme de blogs, puis elle est devenue un SGC à part entière. Elle est extrêmement modulaire et facile d'accès pour les moteurs de recherche, et permet l'accès par des utilisateurs multiples avec des niveaux d'autorisation variés. La différence entre WordPress.com et WordPress.org est que WordPress.org est une plateforme indépendante, tandis que WordPress.com est hébergée sur les serveurs de WordPress. En tant qu'entrepreneur, vous utiliserez le SGC indépendant WordPress.org pour avoir la maîtrise totale de votre site Web. Si vous cherchez un SGC flexible pour un budget limité, WordPress.org est un excellent choix.

Shopify

www.shopify.com

Que vous vendiez déjà des produits physiques en ligne ou que vous l'envisagiez, Shopify est une possibilité qui mérite d'être étudiée. Shopify gère l'ergonomie et la présentation de votre boutique en ligne, mais aussi les paiements, l'expédition, les stocks, etc.

Héberger un site Web

L'hébergement d'un site consiste à stocker les fichiers dont ce site et son contenu sont constitués et à le rendre accessible sur Internet. Vous pouvez vous-même configurer un serveur Web pour cela, mais les entreprises préfèrent généralement faire appel aux services d'un hébergeur.

Les meilleurs hébergeurs présentent les caractéristiques suivantes :

- **Disponibilité :** quand votre site Web cesse d'être accessible, vous perdez de l'argent. Votre hébergeur doit vous garantir une disponibilité au moins égale à 99 % du temps.
- **Support :** choisissez un hébergeur qui vous offre une assistance client à toute heure du jour et de la nuit sept jours sur sept, aussi bien par téléphone que par chat en direct.
- **Vitesse :** vos clients et prospects s'attendent à ce que les pages de votre site Web se chargent rapidement, et si le chargement est trop long, ils abandonneront. Or, la vitesse de chargement dépend essentiellement de l'hébergeur.
- **Sécurité :** le piratage de votre site Web est bien la dernière chose que vous aimeriez voir se produire. Il vous faut un hébergeur qui attache à la sécurité de votre site la même importance que vous.

» **Sauvegarde :** choisissez de préférence un hébergeur qui assurera la sauvegarde quotidienne de votre site Web. Ainsi, vous ne craindrez pas de perdre tout ce que vous avez travaillé si dur à construire.

Vous trouverez ci-après les hébergeurs que nous recommandons.

WP Engine

wpengine.com

Si vous choisissez WordPress comme SGC, WP Engine sera un excellent choix d'hébergeur. Cette compagnie est réputée pour sa disponibilité exceptionnelle, pour la rapidité de chargement des pages Web et pour le niveau de sécurité sans précédent qu'elle garantit.

Rackspace

www.rackspace.com

Quel que soit le contenu que vous comptez publier sur le Web, il y a de fortes chances que Rackspace sache le gérer. Rackspace a une excellente réputation dans ce secteur et la qualité de ses prestations n'est plus à démontrer.

Choisir un logiciel de marketing électronique

Comme expliqué précédemment dans ce livre (voir le Chapitre 11), le marketing électronique est essentiel pour le succès de la plupart des campagnes de marketing digital. Il existe des centaines d'outils logiciels de marketing électronique, mais quelques-uns seulement sont remarquables.

Les meilleures applications de courrier électronique présentent les caractéristiques suivantes :

» **Délivrabilité :** si vos e-mails n'atteignent jamais la boîte de réception de vos prospects, alors tout le reste est vain. Choisissez un fournisseur de services de courrier électronique qui ait une réputation sans faille, afin que vos e-mails ne finissent pas dans le courrier indésirable.

- **Automatisation :** si vous voulez que votre activité de marketing électronique se poursuive même pendant votre sommeil ou vos vacances, choisissez un prestataire capable de gérer le déclenchement automatique de vos campagnes d'e-mails en fonction du comportement des clients ou prospects.
- **Rapports :** vous devez, entre autres, contrôler les taux d'ouverture et de clics sur vos e-mails. Il vous faut donc un prestataire qui vous propose une suite logicielle complète pour la production de rapports.
- **Ergonomie mobile :** de plus en plus, les e-mails sont lus sur les petits écrans des appareils mobiles. Votre fournisseur de services de messagerie électronique doit être capable de transmettre des e-mails lisibles sur les téléphones et autres appareils mobiles.

Vous trouverez ci-après quelques fournisseurs de messagerie électronique que nous recommandons.

Maropost

www.maropost.com

Maropost est une solution logicielle professionnelle pour le marketing électronique, adaptée à la gestion de campagnes complexes d'e-mails automatisés et à une segmentation élaborée des e-mails.

AWeber

www.aweber.com

Malgré son faible coût, AWeber jouit d'une excellente réputation pour sa délivrabilité et son système logiciel s'intègre harmonieusement à d'autres outils logiciels comme WordPress. Si votre budget est serré, AWeber est la solution à privilégier.

Klaviyo

www.klaviyo.com

Klaviyo propose une bonne solution pour le marketing électronique des entreprises qui vendent des produits physiques. Le logiciel s'intègre à votre panier d'achat, à votre plateforme de paiement, à votre système de gestion de la relation client (GRC), etc.

Envisager un logiciel de gestion de la relation client (GRC)

À mesure que votre activité se développe, vous aurez probablement besoin d'acquérir un logiciel de gestion de relation client (GRC). Dans certains cas, le GRC remplacera le logiciel de messagerie, mais un GRC est bien plus qu'une messagerie électronique. Il est même difficile de cerner le rôle exact d'un GRC, car ce rôle varie largement d'une solution à une autre. Cela dit, tous les GRC sont conçus pour gérer votre relation avec vos clients et prospects, ainsi que les données associées à cette relation.

Les meilleurs GRC présentent les caractéristiques suivantes :

- » **Des données centralisées :** essayez un GRC et assurez-vous que le logiciel recueille et centralise les données dont vous avez besoin dans votre situation particulière.
- » **Une assistance et une formation :** plus nombreuses sont les fonctionnalités associées à votre GRC, plus vous aurez besoin d'une assistance et d'une formation. Choisissez une entreprise réputée pour ses services d'assistance et de formation.
- » **Des rapports :** les données relatives à vos clients et prospects ne vous seront utiles que si elles vous permettent de prendre les bonnes décisions. Votre GRC doit comporter un système robuste et intuitif de production de rapports.

Vous trouverez ci-après les GRC que nous recommandons.

Infusionsoft

www.infusionsoft.com

Avec ce GRC, vous avez ce qu'il faut pour gérer des produits, enregistrer les données qui concernent vos clients et prospects, traiter les paiements, envoyer des e-mails et plus encore, tout cela à partir d'un système unique.

Salesforce

www.salesforce.com

Salesforce est un GRC dans le nuage qui offre des solutions pour les entreprises de toutes les tailles. Salesforce est réputé pour sa compatibilité avec des milliers d'applications, de QuickBooks à Evernote.

Ajouter une solution de paiement

Le processeur de paiement est certainement votre outil le plus important, puisque c'est ce qui vous permet de faire payer vos acheteurs. Il gère les transactions à partir de plusieurs systèmes, avant tout les cartes bancaires.

Les meilleurs processeurs de paiement possèdent les caractéristiques suivantes :

- **Ils sont sécurisés :** quiconque est partie prenante dans le traitement des informations relatives à une carte bancaire doit se conformer aux normes de sécurité du secteur des cartes de crédit. Assurez-vous que votre processeur de paiement prend ces normes très au sérieux.
- **Ils sont intuitifs :** choisissez un processeur de paiement qui vous permette de mettre en place des formulaires de commande, par exemple, ou qui puisse s'intégrer à votre logiciel de facturation.
- **Ils permettent la facturation récurrente :** si vous devez pouvoir accepter des paiements récurrents de la part de vos clients, vérifiez que le processeur de paiement peut gérer ce type de facturation.

Nous vous recommandons les processeurs de paiement suivants :

Stripe

stripe.com

Stripe est un système de traitement des paiements fiable et facile à configurer, doté d'un riche ensemble de fonctions, qui gère la facturation récurrente et s'intègre à des applications comme WordPress, Shopify ou FreshBooks.

Square

squareup.com

Si vous voulez que vos clients puissent utiliser leur carte de crédit ou de débit dans votre magasin ou ailleurs, Square peut faire l'affaire. L'application Square transforme votre smartphone ou votre tablette électronique en machine de traitement des cartes bancaires.

Utiliser un logiciel de création de pages d'atterrissage

Les outils de création de pages d'atterrissage comportent des modèles pour la création de pages d'atterrissage performantes, et certains s'accompagnent même de fonctionnalités intégrées de split test. Pour plus de détails sur les pages d'atterrissage, consultez le Chapitre 7 et concernant l'optimisation et les split tests, consultez le Chapitre 13.

Les caractéristiques des meilleurs outils de création de pages d'atterrissage sont les suivantes :

- **Ils sont intuitifs :** la mise au point de la page est rapide.
- **Ils sont adaptés aux technologies mobiles :** votre page d'atterrissage doit être facile à parcourir sur un appareil mobile, faute de quoi vous risqueriez de manquer les options d'adhésion des utilisateurs de ces appareils.
- **Ils sont intégratifs :** les pages d'atterrissage sont conçues pour rassembler les leads et proposer des produits et des services à la vente. Cherchez un logiciel de création de pages d'atterrissage capable de transférer automatiquement les nouveaux leads vers votre logiciel de messagerie électronique et de fonctionner parfaitement avec votre processeur de paiement.

Envisagez les logiciels de création de pages d'atterrissage proposés ci-après.

Instapage

instapage.com

Instapage vous permet de créer de belles pages d'atterrissage sans toucher une seule ligne de code. Ce logiciel est compatible avec d'autres outils comme AWeber (un fournisseur de services de messagerie électronique), Infusionsoft et Salesforce (CRMs), GoToWebinar (une plateforme de webinaires), etc.

Unbounce

unbounce.com

Un outil de développement de pages d'atterrissage plus technique avec du code « propre », de beaux modèles et la possibilité de lancer des split tests A/B depuis la plateforme. Si vous aimez le beau design, ne manquez pas d'essayer Unbounce.

Trouver et traiter des images et des photos

Il semble que chaque jour qui passe, l'Internet devienne plus visuel. Avec l'essor de plateformes sociales comme Pinterest et Instagram, même des supports à base de texte comme Twitter se mettent à exploiter le pouvoir de l'image. Dans votre activité de marketing digital, vous serez sans doute amené à créer des images pour toutes sortes d'applications, aussi bien une annonce sur Facebook qu'une campagne de promotion par e-mails. Pour la création graphique, l'application de référence est Adobe Photoshop, et c'est celle que vous devez absolument utiliser si vous avez les connaissances nécessaires. Cela dit, vous avez le choix entre un certain nombre d'applications peu onéreuses et faciles d'utilisation pour produire de belles images répondant généralement aux besoins de la profession.

Les meilleures applications de traitement d'image sont :

» **Basées sur le nuage :** préférez un logiciel graphique qui soit facilement accessible en ligne.

» **Intuitives :** pour un traitement d'image pas trop élaboré, il vous faut une application dotée d'une interface simple et facile d'utilisation.

» **Économiques :** les images sont essentielles dans vos campagnes de marketing digital, mais les outils que vous utilisez pour les créer ne doivent pas peser trop lourdement sur votre budget.

Vous trouverez ci-après les logiciels graphiques que nous vous recommandons.

Canva

www.canva.com

Canva est une application graphique « dans le nuage », qui utilise le glisser-déposer et avec laquelle vous pouvez choisir entre plusieurs millions d'images, d'agencements, d'icônes, de formes et de polices de caractères.

SnagIt

www.techsmith.com/snagit.html

Effectuez la capture de n'importe quel type d'image sur votre écran d'ordinateur et utilisez l'éditeur dynamique de SnagIt pour recadrer, redimensionner, ajouter des légendes ou du texte, et bien plus encore.

Pixlr Express

pixlr.com/express/

Cette application graphique gratuite vous permet d'ouvrir une image et d'y apporter des changements tels que rotations, recadrages et redimensionnements, sur un éditeur « dans le nuage ». Vous pouvez ajouter des effets, des superpositions, des étiquettes, etc.

Gérer les réseaux sociaux

Des milliers d'applications permettent d'assurer le suivi nécessaire et la publication de contenu sur les réseaux sociaux. Les prix varient selon la taille de votre organisation et les fonctionnalités dont vous avez besoin, mais pour la gestion de votre présence sur les réseaux sociaux, vous disposez d'un vaste choix de possibilités, sans devoir assumer un coût élevé.

Les meilleures applications présentent les caractéristiques suivantes :

» **Basées sur « le nuage » :** envisagez une application de marketing sur les réseaux sociaux qui soit utilisable sur n'importe quel appareil, y compris votre téléphone mobile.

» **Multi-utilisateurs :** une campagne de marketing sur les réseaux sociaux suppose le plus souvent la participation de plusieurs collaborateurs. Il vous faut donc une application qui vous permette d'ajouter facilement des participants à votre compte.

» **Génératrices de rapports :** des plateformes de réseaux sociaux comme Twitter et Facebook ont leur propre système de rapports et d'analyse, mais la bonne application est celle qui vous indique plus clairement ce qui fonctionne et ce qui ne fonctionne pas.

Nous recommandons les médias sociaux suivants :

Hootsuite Pro

hootsuite.com

La meilleure application dans le nuage et bon marché pour gérer Twitter est Hootsuite. Cet outil permet de gérer aussi Facebook et LinkedIn, mais vous en apprécierez l'utilité surtout pour organiser votre activité sur Twitter. Vous pouvez utiliser la version gratuite, mais Hootsuite Pro présente l'avantage de générer de bons rapports et de permettre d'ajouter facilement des paramètres UTM (urchin tracking module) aux liens (pour plus de détails sur les UTM, consultez le Chapitre 12).

Edgar

meetedgar.com

Avec l'application Edgar, vous pouvez publier de façon automatique des mises à jour sur Facebook et Twitter. Edgar donne un souffle nouveau à votre meilleur contenu grâce à un partage constant en mode automatique.

Mention

mention.com

Trouvez des conversations sur vos marques, sur vos collaborateurs, sur vos concurrents, etc., avec cette application de social listening et d'e-réputation à prix raisonnable.

Mesurer sa performance : données et analyses

De nombreux distributeurs prétendent avoir l'application qui peut mettre fin à tous vos problèmes de données et d'analyse. Heureusement, il existe la plupart du temps des solutions gratuites que Google met à votre disposition. Ces outils sont faciles à utiliser et offrent des fonctionnalités qui répondent aux besoins de la plupart des entreprises (pour plus de détails sur l'analyse des données, référez-vous au Chapitre 12.)

Les meilleurs outils de données présentent les qualités suivantes :

- **Facilité d'utilisation :** disposer du bon rapport au bon moment peut faire toute la différence pour votre entreprise. Cherchez des solutions en termes d'analyses et de données qui vous permettront de trouver ce dont vous avez besoin grâce à une interface intuitive.
- **Gratuité :** les grandes compagnies doivent souvent effectuer une dépense importante pour disposer d'une solution d'analyse adaptée, mais la plupart des entreprises peuvent se contenter de solutions économiques ou gratuites comme Google Analytics.
- **Capacité :** choisissez une application d'analyse capable de traiter un vaste ensemble de données. Toutes les données recueillies ne vous seront pas utiles tout de suite, mais elles seront à votre disposition lorsque vous en aurez besoin.

Intéressez-vous aux applications suivantes :

Google Analytics

www.google.com/analytics/

Comme mentionné au Chapitre 12, Google Analytics suit et comptabilise le trafic sur les sites Web. Nous avons essayé les solutions les plus coûteuses, mais nous préférons toujours ce bon vieux Google Analytics.

Google Data Studio

datastudio.google.com/

Utilisez cette application pour créer de magnifiques rapports et graphiques intéressants et interactifs que vous pourrez partager avec des tiers. Obtenez les données à partir de sources comme Google Analytics, Google AdWords et Google Docs.

Google Tag Manager

www.google.com/analytics/tag-manager/

Mettez à jour les balises sur votre site Web et ajoutez-y des scripts, même si vous n'êtes pas un as de la programmation. La maîtrise de Google Tag Manager passe par une phase d'apprentissage, mais une fois que vous vous y serez familiarisé, vous vous demanderez comment vous avez pu vous en passer jusqu'ici.

Optimiser son marketing

Il existe sur le marché des outils logiciels remarquables qui vous permettront d'obtenir plus de leads, plus de ventes, et plus d'engagement à partir du trafic que vous recevez déjà. La plupart de ces outils sont vendus à des prix raisonnables et il vous est généralement proposé un essai gratuit (pour plus de détails sur l'optimisation de vos campagnes de marketing, référez-vous au Chapitre 13).

Les meilleures applications d'optimisation présentent les caractéristiques suivantes :

» **Une aide appréciable :** les outils d'optimisation de la conversion peuvent être un peu rebutants. Optez pour un outil réputé pour son système d'aide et dont l'apprentissage vous soit facilité grâce à une abondante documentation.

» **Une certaine polyvalence :** il vous faut un outil qui vous serve pour un certain nombre d'activités d'optimisation différentes, du suivi du comportement des visiteurs jusqu'aux split tests, en passant par les enquêtes.

Les applications d'optimisation que nous recommandons sont les suivantes :

Visual Website Optimizer

vwo.com/

Pour un paramétrage intuitif et une configuration facile des split tests et des tests de sites à plusieurs variables, nous recommandons Visual Website Optimizer. Grâce à son interface de type « pointer-cliquer » et à sa documentation, commencer les tests est facile.

TruConversion

truconversion.com

TruConversion est un outil d'optimisation polyvalent. Cartes thermiques, enregistrements de sessions, enquêtes auprès des utilisateurs, toutes ces fonctionnalités et d'autres encore sont rassemblées dans une seule application.

Index

Imprimé en France
N°: 45504143I29I7
Dépôt légal: 05/2017